プライマリー
法学憲法

石川　明
永井博史　編
皆川治廣

不磨書房

はしがき

　法学・憲法入門の講義にあたり，初学者がいかに興味をもつかという問題は教師の大きな関心事である。
　そこで執筆者一同は，初学者が魅力を感じてくれるような入門書，そして独学でも十分理解できるような入門書を出版しようということになって刊行にこぎつけた。
　本書がこの目的を達成しているとすれば数多い法学・憲法の入門書のなかで若干なりとも特色のあるものとして存在価値があるように思われる。
　刊行を引き受けていただいた不磨書房に対し，加えて執筆者各位に対し，深く感謝の意を表したい。

　2005年3月1日

　　　　　　　　　　　　　　　　　　　　　　編者　石　川　　　明
　　　　　　　　　　　　　　　　　　　　　　　　　永　井　博　史
　　　　　　　　　　　　　　　　　　　　　　　　　皆　川　治　廣

目　次

はしがき

I　法解釈学序論

第1章　法とは何か……………………………………………… 2
　　1　「法」という言葉 …………………………………………… 2
　　2　社会規範としての法 ………………………………………… 4

第2章　法の理念 ………………………………………………… 7
　　1　法の理念 ……………………………………………………… 7
　　2　正　　義 ……………………………………………………… 9
　　3　合目的性 ……………………………………………………… 10
　　4　法的安定性 …………………………………………………… 11
　　5　法の理念における3つの究極的価値の関係 ……………… 12

第3章　法の体系 ………………………………………………… 13
　　1　現行の国法体系 ……………………………………………… 13
　　2　法の種類 ……………………………………………………… 16
　　3　法の存在型式 ………………………………………………… 19
　　4　法の効力 ……………………………………………………… 21

第4章　法の解釈 ………………………………………………… 25
　　1　法の適用 ……………………………………………………… 25
　　2　法の解釈 ……………………………………………………… 28

II　市民生活と法

第5章　法における人間 ………………………………………… 34
　　1　民法における人間 …………………………………………… 34

2　医療技術の発達と人間 …………………………………………39

第6章　契約自由の原則 ……………………………………………………42
　　　1　契約自由の原則 ………………………………………………42
　　　2　契約自由の原則と制限 ………………………………………50
　　　3　消費者保護法（消費者法） …………………………………52

第7章　不法行為 ……………………………………………………………55
　　　1　不法行為——損害の公平な分担 ……………………………55
　　　2　特殊な不法行為 ………………………………………………60

第8章　所有権 ………………………………………………………………67
　　　1　所有権の絶対性とその制限 …………………………………67
　　　2　生活妨害——日照妨害を中心として ………………………71

第9章　家族生活と法 ………………………………………………………77
　　　1　婚約 ……………………………………………………………77
　　　2　婚姻の成立 ……………………………………………………78
　　　3　離婚 ……………………………………………………………79
　　　4　親子関係 ………………………………………………………80

第10章　犯罪と刑罰 …………………………………………………………84
　　　1　犯罪とは何か …………………………………………………84
　　　2　刑法という法律 ………………………………………………85
　　　3　刑法の目的と機能 ……………………………………………87
　　　4　犯罪論の体系 …………………………………………………89
　　　5　刑罰の意義 ……………………………………………………91

第11章　労働条件と法 ………………………………………………………93
　　　1　市民法と労働法 ………………………………………………93
　　　2　勤労の権利と労働基本権 ……………………………………94
　　　3　労働条件に関する女性差別 …………………………………94
　　　4　男女雇用機会均等法 …………………………………………95

          5 育児・介護休業法 …………………………………………………97

第12章　社会保障と法 …………………………………………………99
     1 社会保障とは ……………………………………………………99
     2 社会保障制度の変遷 …………………………………………100
     3 社会保障法体系 ………………………………………………106
     4 社会保障における権利擁護 …………………………………106
     5 社会保障と少子化 ……………………………………………109

第13章　ジェンダーと法 ……………………………………………112
     1 ジェンダーと法の関わり ……………………………………112
     2 性差の階層と法をめぐる歴史 ………………………………115
     3 民法と刑法における性差別規定の残滓 ……………………117
     4 ジェンダー法学の射程 ………………………………………120

第14章　民事訴訟の手続 ……………………………………………122
     1 民事紛争とその解決方法 ……………………………………122
     2 民事訴訟のしくみ ……………………………………………125

第15章　刑事訴訟の手続 ……………………………………………137
     1 刑手続の意義 …………………………………………………137
     2 刑事手続のアウトライン ……………………………………141
     3 裁判の迅速化の要請 …………………………………………149
     4 裁判員制度の意義 ……………………………………………150
     5 少年事件に対する手続の特色 ………………………………151

第16章　法とコンピュータ――情報化社会が司法に与える影響――
     …………………………………………………………………152
     1 デジタル化・ネットワーク化 ………………………………152
     2 日本の司法のIT化 ……………………………………………153
     3 海外での司法IT化の試み ……………………………………155
     4 裁判手続のIT化の可能性 ……………………………………157
     5 司法へのIT利用の意義 ………………………………………158

第17章　情報と法 …………………………………… 162
1　メディア法 …………………………………… 162
2　マス・メディアによる人権侵害 …………… 166

Ⅲ　日本国憲法

第18章　日本国憲法の成立 …………………… 172
1　憲法とは ……………………………………… 172
2　日本国憲法の成立 …………………………… 174

第19章　国民主権と象徴天皇制 ……………… 180
1　国民主権 ……………………………………… 180
2　天皇の地位 …………………………………… 181
3　天皇の権能 …………………………………… 183
4　皇位継承および皇室の財産 ………………… 185

第20章　個人の尊厳と幸福追求権 …………… 187
1　基本的人権の享有・個人の尊厳 …………… 187
2　幸福追求権 …………………………………… 189
3　プライバシーの権利 ………………………… 190
4　環境権 ………………………………………… 194

第21章　法の下の平等 ………………………… 196
1　平等原理 ……………………………………… 196
2　差別的取扱いの禁止 ………………………… 197
3　合理的区別 …………………………………… 201

第22章　思想及び良心の自由 ………………… 202
1　思想及び良心の自由の独自性 ……………… 202
2　思想及び良心 ………………………………… 203
3　保障の態様 …………………………………… 205
4　私人間における人権規定の効力 …………… 208

第23章　信教の自由······210
1. 信教の自由の保障の意義と内容······210
2. 信教の自由の限界······212
3. 政教分離原則······213

第24章　表現の自由······216
1. 表現の自由の意義······216
2. 表現の自由の制約······217
3. 具体的諸問題······219

第25章　知る権利······224
1. 報道の自由······224
2. 取材の自由······225
3. 情報公開請求権······228
4. アクセス権・反論権······229

第26章　学問の自由······231
1. 学問の自由とは······231
2. 学問の自由の内容······232
3. 大学の自治······235

第27章　人身の自由······238
1. 奴隷的拘束・苦役からの自由······238
2. 適正手続の保障······240
3. 被疑者の権利······243
4. 被告人の権利······246
5. 拷問及び残虐な刑罰の禁止······247
6. 刑罰法規の不遡及・二重処罰の禁止······248

第28章　経済的自由······249
1. 経済的自由の意義······249
2. 職業選択の自由······250
3. 居住・移転の自由と制限······256
4. 財産権の保障と制限······257

第29章　社会権の保障 … 260
1　社会権の意義 … 260
2　生　存　権 … 260
3　教育を受ける権利 … 263
4　勤労の権利 … 265
5　労働基本権 … 265

第30章　国　　　会 … 267
1　国会の地位 … 268
2　国会の組織 … 270
3　国会の活動 … 273

第31章　内　　　閣 … 277
1　議院内閣制 … 277
2　内閣の構成 … 278
3　内閣総理大臣の地位と権限 … 280
4　内閣の行政権 … 282
5　内閣の職務 … 282
6　内閣府の設置 … 283
7　内閣の責任 … 284
8　独立行政委員会 … 284
9　今後の問題点―首相公選論― … 285

第32章　裁　判　所 … 286
1　裁判所の性格・司法権 … 286
2　裁判官の（職権の）独立 … 290
3　裁判所の種類・構成 … 291
4　裁判の公開 … 294
5　違憲法令審査権 … 296

第33章　戦　争　放　棄 … 298
1　憲法における平和主義 … 298
2　憲法第9条と自衛隊 … 300
3　自衛隊の海外派遣 … 304

    4　日米安保条約と自衛隊との関係 ……………………………………305

第34章　地　方　自　治 ……………………………………………………308
    1　地方自治の保障 …………………………………………………………308
    2　地方公共団体の種別・事務 ……………………………………………310
    3　条例の制定 ………………………………………………………………311
    4　住民の権利 ………………………………………………………………314

【資料】　日本国憲法 ……………………………………………………………319
事項索引 ……………………………………………………………………………329

I
法解釈学序論

第 1 章 ■ 法とは何か

> **設 問**
> (1) 船が嵐の中難破し，溺れかけている乗客2人の前に1枚の板が漂ってきた。1人がつかまれば浮き輪代わりに使うことができるが，2人つかまれば沈んでしまう。このような極限状況で，その板を奪い，結果として1人の人を殺してしまうことは，非難されるべきことであろうか（ギリシャ神話，カルネアデスの板）。
> また，これとは逆の実話がある。
> (2) 青函連絡船「洞爺丸」が嵐で沈没した際，救命具を着けることができず絶望していた乗客に，1人の修道士が自分の救命具を差し出した。
> 翌日，修道士は海岸で溺死した状態で発見されたが，乗客は命を存えることができた。
> 法規範は，また，他の規範は，これをどう評価するのであろうか。

1 「法」という言葉

　広辞苑で「法」という言葉を引いてみよう（資料1参照）。仏教用語である梵語としての「法」(dharma) と並んで，通常使われる「法」という言葉の意味がいくつか並んでいる。この本で扱う「法」の意味は，この中の「社会生活維持のための支配的な（特に国家的）規範」である。日本におけるこの国家的規範「法」の特質を明らかにするために，現在の日本の法制度の生い立ちをたどる必要がある。

　日本の法制度には，明治維新をはさんで大きな断絶がある。明治政府は，西洋諸国による植民地化の危険という現実を前にして，富国強兵政策を採り，西洋諸国の技術・諸制度を導入した。法制度もその例外ではなく，特に治外法権，領事裁判権を中心とする不平等条約を是正するためにも，西欧的意味での法制

> **資料1**
>
> ほう〔法〕(『広辞苑』第3版, 2175頁)
> ①物事の普遍的なあり方。物事をする仕方。また, それがしきたりになったもの。のり。おきて。「―則」「―式」「方―」「作―」②社会生活維持のための支配的な(特に国家的)規範。

度の確立が急がれていた。

　このようにして導入された西欧的法制度は, その後の歴史的変動を経て現在の形になっているが, これを比喩的に表現すると,「ビヤダルに赤ワインを詰め, コカコーラのレッテルを貼ったようなもの」と言うことができる。枠組み, 体系はビヤダル, すなわちドイツ式。内容には赤ワイン, フランスの影響が強く見られ, 戦後の憲法, 刑事訴訟法等にはコカコーラのレッテル, すなわちアメリカの影響が見られるのである。

　こういった事情から,「法」という言葉の意味も, 当時の導入の中心となったドイツ法のレヒト (Recht), フランス法のドロワ (droit) の訳語として捉えなおさなければならない。

　この2つの単語を辞書で見てみると, 面白いことに気づく。いずれもまず「右」という日常生活に密着した単語である。さらに見ていくと「正しいこと」「権利」「法」という意味が並んでいる。そこでは,「権利」と「法」の区別はなく, 両者を区別する必要があるときには,「権利」「法」をそれぞれ「主観的レヒト (ドロワ)」(人の面から—主観的に—「法」をとらえると「権利」になる)「客観的レヒト (ドロワ)」(秩序という面からとらえると—客観的「法」になる) と表現する。

　このように, 原語のレヒト, ドロワという言葉は, 日本語の「法」と異なり「正しいこと」「右」といった, 日常用語として普段使われ, 慣れ親しまれている言葉である。レヒトとかドロワという1つの言葉に「正しいこと」「法」ないし「権利」という, 関連はするが意味の異なる3つの意味が含まれている点に注意しなければならない。各個人が主張するさまざまな具体的「権利」(たとえば幸福を追求する権利, 土地の所有権など) は,「法」をその基礎とするものであり (すなわち権利とは法によって保護される利益である), この「法」および「権利」は,「正しいこと」ないし「正義」と密接に関係する(第2章参照)のである。

2　社会規範としての法

　前節では，辞書に依拠しながら，「法」という意味に若干の考察を加えた。そこでは，法とは「社会生活維持のための支配的な（特に国家的）規範」であった。以下，この意味するところを，やや専門的に（すなわち法学的に）検討してみよう。

(1)　社会生活を維持するための規範（一般化・抽象化された命令）としての法

　孤島に1人で暮らしていたロビンソン・クルーソーにとっては，法は無縁のものであった。しかし，彼がフライデーを従者にするやいなや，そこには対人関係が発生し，その共同生活を維持するために，法が現れてくる。「社会あるところ法あり」といわれるゆえんである。
　しかし，このような社会生活を維持するための規範，すなわち社会規範は，なにも法だけとは限らない。たとえば，宗教規範，道徳規範，儀礼上の規範，さらには習俗上の規範なども，また社会生活の維持に奉仕する。法とは何かを明らかにするためには，こうした法以外の社会規範との区別および関係を考察しなければならない。

(2)　法と道徳ないし倫理

　道徳ないし倫理の目的は「人間の人格的完成」であり，善悪という観点からみた人間の行為を対象とする。法は，これと異なり平和的共同生活，社会秩序の維持を目的とし，最低限国家やその構成員である国民等が遵守を義務づけられている人間の行為を対象とする。この意味では，道徳の領域の方が法よりも広い社会規範である。著名な法哲学者G.イェリネックの言葉によれば，法は「倫理的最小限」であるとされる。すなわち「現代の多元的社会においては個人の価値観が多種多様であるから，このような社会の中で法律を制定しようとする場合，国民全てが認め得る範囲内でのみ，道徳的要求を〔法として—筆者注〕顧慮することが可能となる。」（ホセ・ヨンパルト『法哲学入門』）　法は，社会生活を維持していくうえで不可欠と考えられる最小限の道徳ないし倫理（たとえば，「人を殺すなかれ」とか「約束は守るべし」）のみを自己の中に取り込み，

それを後述するような法的な強制のもとで強制するのである。そこで，たとえば，「汝の敵を愛せ」という規範があるとしても，これは決して法規範として強行されることはないであろう。

なお付言すれば，法規範の中には，道徳または倫理と無関係のものが少なくなく，こうしたものについては，法は倫理的最小限という言葉はあてはまらない。たとえば，団体の組織を定める法規範や道路交通法上の多くの法規範が，これに属する。

さらに，法と道徳ないし倫理は，その強制力の点でも大きな相違を有する。道徳は，「人格的完成」を目的とすることから，本来的には，各人の良心に従った自らの主観的な義務意識に支えられるべきものである。たとえば「親を大切にせよ」という道徳規範に従ったとしても，強制されてあるいは制裁があるがゆえに従ったのであれば，決して道徳的とはいえない。ただし，いわゆる社会道徳規範，たとえば「他人に嘘をつくことなかれ」といったものに違反すれば，社会的非難という制裁があり，極端な場合には社会的に孤立する結果がもたらされることもありえよう。これに対して，法は，社会秩序の維持を目的とするから，実効性を有しなければならず，国家権力による物理的・実力的な強制および制裁が伴う。法の実効性の問題については第2章で扱う。

設例に即して考えてみよう。人を殺すことは，殺人罪として処罰の対象となる（刑199条）。しかし，自己の生命に対する現在の危難をさけるためにやむを得ずにした行為は緊急避難行為（刑36条）として，処罰されない。修道士の行為は他者を救うための自己犠牲の精神，それも，自己の命を危険にさらすという行為であり，宗教的，倫理的に称賛に値するものである。しかし，この行為を全ての国民に対して求めることはできない以上，法に取り込むことはできないのである。

(3) 法と習俗・儀礼

たとえば，「家にはいるときは履物を脱ぐ」という習俗上の規範，あるいは，「人に出会えば挨拶をする」という礼儀上の規範は，いずれも社会生活の維持に役立っている。しかしながら，これら習俗や儀礼は，法や道徳と異なり，必ずしも「正しさ」とか「善」とかの理念を持つわけではない（たとえば，正しいと評価された風俗を「善良の風俗」と特に呼称することを想起せよ）。さらに，

これらが法と区別されるのは，特にその強制力の点である。すなわち，法規範に違反した場合と異なりこれらの規範に違反したとしても，国家権力による制裁という結果がもたらされるわけではない。このことは，たとえば「お正月にはお雑煮を食べる」という習俗上の規範を考えれば容易に理解できよう。また，たとえその違反に対してなんらかの制裁があるとしても，道徳ないし倫理の箇所で見たのと同様に，社会的非難を受けたり，極端な場合でも社会的に孤立する程度の制裁にとどまるのである。たとえば，知人に出会っても挨拶しない者は，社会的に非難を受けるとともに，知人との関係がうまく行かなくなり，ひいては社会的に孤立することを覚悟しなければならないであろう。

ただし，民事法の領域では，かなり広く個人の自由（後述，「私的自治」・「契約自由の原則」）が尊重されるため，国家機関により明文規定どおりに強制されない領域（任意法規）がある。また地域の慣習がそのまま法の内容として取り込まれることがある（慣習法）。

(4) 法と宗教

宗教についても，道徳ないし倫理の場合と同様のことが言える。特に強制力の点について見れば，たとえば，「人を殺すなかれ」，「日曜日を安息日とせよ」，「牛肉を食すなかれ」などの宗教規範は，各人の信仰に従った自らの主観的な義務意識に支えられているものであり，外部からの強制や制裁とは本来的には相容れないものであろう。ただし，このような宗教規範も，宗教団体として組織化されることにより，あるいは政治と結びつくことにより国家権力ないし，これに類似した組織的強制力を持つことがある。

また，宗教規範も倫理ないし道徳と同様，あるいは，これらと重なり合う部分で，一定のものは（たとえば「人を殺すなかれ」），法の中に取り込まれることは言うまでもない。

(5) 支配的な（特に国家的）規範としての法

社会生活を維持するための規範としての法が，他の社会規範とどのように相違するかを見てきた。その相違のもっとも顕著な点は，法が「国家により」制定もしくは承認され，「国家により」強制される点にある。法学の対象としての「法」に，この国家の法を中心として据え，次章以下，考察していく。

第2章 法の理念

> **設問** 周知のように，古代ギリシャの哲人ソクラテスは，獄舎において毒杯を仰ぎ自らの命を絶った。彼は，自分が正しいと信じることをアテネの市民に説いてまわったが，このことが青年を惑わすものとして，死刑の判決を受けたのである（プラトン著『ソクラテスの弁明』）。そして，処刑の前日，老友のクリトンが密かにソクラテスを訪ね，その死刑判決は不当であるとして脱獄を勧めたが，彼は，断固として国法を守るべきことを説き，かつ自ら命を絶つことによって，それを実践した（プラトン著『クリトン』）。
>
> このソクラテスの死については，哲学および倫理学上，さまざまな評価がなされているが，法学の観点からはどのように考えるべきであろうか。以下の問題を検討してみよう。
> (1) 裁判所がソクラテスに対して死刑の判決を下したことの当否について。
> (2) ソクラテスは，死刑判決を不当であると考えながらも，自らの生命を絶つことでそれを実行した。このことの当否について。

1 法の理念

　法の理念とは，「法の概念に内在しながら法をして法たらしめるところのものであり，したがってまた，法の形成・実現の指標ともなるところのものである」（団藤重光『法学の基礎』222頁）。法の理念は，このように定義されるのが一般的である。ところで，この定義を記憶する前に，これが意味するところを，もう少し説明しよう。

　「法律ではこうなっている」。このようにいわれて返す言葉もなく，それに従った経験を，少なくとも一度や二度は持っているであろう。はたして，法律

は，それが「法律」であるがゆえに，絶対に守らなければならないのであろうか。ここで，法の理念が問われる必要がある。法は，自己を究極の目標とするのでは決してない。法はあくまで1つの手段にすぎず，その手段によって実現されるべきことが期待される一定の目標あるいは究極的な価値が，別に存在する。

そこで，あるものが「法」と認められるためには，それによって実現されるべき究極的な価値が，そこに当然そなわっていなければならない。そして，それゆえに，その究極的な価値は，「法」の正・不正を評価する基準をも提供することになろう。このような究極的な価値が，法の理念と呼ばれるものである。

それでは，法がその実現に奉仕すべき究極的な価値とはいったいどのようなものであろうか。20世紀を代表する法哲学者の1人であったラートブルフは，価値相対主義の立場から，法の理念として，以下の3つのものをあげた。すなわち，①正義，②合目的性および③法的安定性である（資料2参照）。以下では，設問の「ソクラテスの死」を素材としながら，この3つの究極的な価値に

資料2

ラートブルフ著＜田中耕太郎訳＞『法哲学』（207〜208頁）

「法とは，法理念に奉仕することを本来の使命とするものである。われわれはこの法理念を正義の中に見出し，かつ正義——配分的正義についていうが——の本質は平等である。すなわち，同じ人または事象を同じように取扱い，異なった人または事象をその差異に応じて異なったように取扱うことであると規定した。しかしわれわれは，正義を拠処とすることによって，法概念に方向づけを与えることはできたが，法内容を導き出すに事欠かないだけの十分な指針を得ることはできなかった。けだし，正義はわれわれに，等しいものを等しく，異なったものを異なったように取扱うことを指示するけれども，まずその前に，それらを等しいものまたは異なったものと認めるについていかなる観点が必要かということについては何事も語らず，また正義は取扱いの比例を規定するのみで，その具体的な様式を規定しないからである。これら二つの問題は，法の目的に立脚しなければ答えられないものである。こうして，正義と並んで法理念の第二の要素として合目的性が現れたのである。ところで，何が目的および合目的性であるかという問題は一義的に答えられるものではなく，法および国家に関するさまざまな見解すなわちさまざまな政党的見解の体系的展開を通じて，相対主義的にしか答えられないものであった。だがこの相対主義も法哲学の最後の言葉にはなりえない。法は共同生活の秩序であって，各個人の見解の相違に委ねられたままであることができず，すべての者の上に位する一つの秩序とならなければならない。

こうして，法に対するまさるとも劣らぬ第三の要求，法理念の第三の要素がたち現われる。これが法的安定性である。」

ついて概観する。

2 正　義

　欧米諸国の言語において，「法」あるいは「権利」を示す言葉が，「正しい」，「正当な」という意味をも，あわせ持っている場合が少なくない（たとえば，right〔英〕，Recht〔独〕，droit〔仏〕）。このことから，法と正義とは，密接不可離な関係を有することが理解できよう。まず，法の理念は正義でなければならない。それでは，「正義」とは何か。この問題に対しては，古今東西を問わず，優れた思想家たちがさまざまな解答を示してきた。しかし，今日においてもまだ定説を見るに至っていない。

　たとえば，よく知られているように，アリストテレスは正義を以下のように区分し説明した。すなわち，均分的正義（交換的正義，平均的正義とも呼ばれる）と配分的正義（分配的正義，幾何学的正義とも呼ばれる）である。前者は，同等な各個人の間の給付と反対給付の均衡を意味する。たとえば，売買における商品とその代金の均衡，損害とその賠償の均衡は，均分的正義の表れである。他方，後者は，各個人に値する分に応じて（能力や功績など），その者を取り扱うことを意味する。たとえば，支払能力に応じた累進課税や，経験年数に応じた給料の支払いは，配分的正義の表れである。ちなみに，この2つの正義の関係であるが，ラートブルフも主張するように，配分的正義こそが正義の原形式であり，均分的正義は正義の派生形式といえよう。なぜなら，均分的正義は，対等の者同士の間に妥当するものであるが，そのためには，まず配分的正義によって，各人に対等な立場が与えられていなければならないからである。たとえば，労働者は労働の対価として，企業から賃金を得るのであるが（均分的正義），まず労働者と企業を対等の立場に置くために，労働者には，団結し，団体交渉をし，団体行動をすることが認められなければならない（配分的正義）。

　このように，アリストテレスは，正義をして，等しいものは等しく取り扱い（均分的正義），等しくない者は等しくなく取り扱うこと（配分的正義）であると主張した。すなわち，正義は，配分的正義を中核とする（実は均分的正義も同等の者どうしの間の配分の一方法であると考えることもできる）「平等」を意味する。しかしながら，ここで解決不可能な問題が生じる。それは，何が同じと

みなされ，何が異なっているとみなされるべきかという問題である。本質的に意味のない相違は無視されたうえで，等・不等の取扱いがなされるべきであるが，何が本質的に意味のある相違で，何が本質的に意味のない相違なのか，このアリストテレスの正義に関する定式は，何も指示しないのである。そこで，われわれは，「正義」を単にこのような形式的なものとして受け取ることで，満足せざるをえない。そして，この正義に実質的な内容を充填するのは，以下に述べる法の目的ないし合目的性であるといえよう。

　ところで，右で述べたように，われわれは，「正義」を何ら実質的な内容を持たない単に形式的なものとして受け取らざるをえないのであるが，このことを理由に，正義は全く空虚なものにすぎないと考えるのは誤りである。なぜなら，このような形式的なものでしかない正義といえども，「理由のない単なる恣意的な取扱い」を禁止するからである。たとえば，仮にソクラテスが諸君と無二の親友であったとして，単にこのことゆえに，諸君が「ソクラテスに対する死刑判決は不当である」と主張することは，正義に反して許されない。というのは，この主張は，「自分にとって他人ならいざ知らず，自分と親友であるソクラテスは別格に扱え」というものであり，単に恣意的な取扱いを要求しているにすぎないからである。

3　合目的性

　いかなる配分が平等なのかを決定するものが，法の目的である。ところで，法はいかなる目的を実現すべきであるのか。この問いに関しては，各人の世界観に応じて，実にさまざまな答えが返ってこよう。たとえば，個人主義的な世界観に立てば，法の目的はすべての「個人の完成」に求められる。そこで，国家は，個人の権利や利益を最大限に尊重すべきことになる。また，団体主義的な世界観に立てば，法の目的は各個人を超えた国家や民族といった団体の繁栄に求められる。そこで，各個人の権利や利益は，そのような団体の存続・発展のためには容易に犠牲にされることになる。

　ところで，右のような例としてあげた2つの類型の法の目的は，純粋に理念的なものにすぎない。現実に存在する（あるいは存在した）国家においては，主権者によって（たとえば国民の総意に基づいて），特定の世界観に立脚した

「法の目的」を選択するわけであるが，そこでの法の目的は，そのような理念的なものの混合形態となろう。現代のわが国では，原則として個人主義的な世界観に立脚しながら，「公共の福祉による制約」によって団体主義的な要素をも加味された究極の法の目的が，憲法においてまず明らかにされている（憲12条・13条）。そして，この目的を達成する具体的な手段として憲法の各法条が規定され，さらにその手段を具体化するため，民法，商法，刑法などの法律の各法条が規定されているのである。

　ここで，前述した純粋に理念的な法の目的のもとで，設問に掲げたソクラテスに対する死刑判決の当否を検討してみよう。個人主義的世界観に立脚し，法の目的をすべての「個人の完成」に求めれば，以下の結論を導きやすい。すなわち，個人の生命は全地球よりも重い。したがって，懲役や禁錮刑ならばまだしも，死刑は絶対に許されない。さらに，そもそもソクラテスを処罰することすら疑問である。なぜなら，人格の完成は自由な言論の表明・交換を抜きにしては考えられないのであるが，対論を求めて遊説したことを理由にソクラテスを処罰するのは，そのことに反するからである。一方，団体主義的世界観に立脚し，法の目的を「国家の繁栄」に求めれば，以下の結論を導きやすい。すなわち，明日の国家の繁栄を担う青年を惑わす者は厳罰に処さねばならない。国外追放はもちろん，死刑を科することも不当ではない。

　このように，それぞれの世界観に基づき異なった法の目的が考えられる。いずれの法の目的が妥当か。有限の時間しか持っていないわれわれは，この難問を克服するためにも，次に述べる法的安定性が重要になってくる。すなわち，それに関する議論を無限に続ける代わりに，一応のところで，ある特定の目的を有する法を定立するよう決断するのである。つまり，「無秩序よりは，どのような悪い秩序であっても，それはあった方がましだ」といわれるように，安定性の要請こそは，あらゆる世界観の対立を超えて，まず達成されるべき「手近な」重要価値である。正義や合目的性は，このような安定した秩序が存在することを前提にしてのみ，はじめて問題になるといえよう。

4　法的安定性

　法的安定性は，法による社会生活の安定の意味に使用される場合（たとえば，

殺人や強盗のない平和な生活秩序の維持）もある。また，法それ自体の安定の意味で使用される場合もある。そして，後者の意味での法的安定性は，以下の3つのことを要請する。すなわち，第1に，法は確実に認識でき，かつその内容が明確でなければならない。仮に，予め内容を知らせることなく，「王たる朕の命令するところのものが法である」とすれば，人々は予め何が法であるのかを知ることすらできない。今日わが国では，ほとんどの法が制定法であることは，この認識可能性から理由づけられる。また，たとえ法が認識可能であるとしても，その内容が不明確であれば，人々は安心して行動できない。たとえば，「青年を惑わした者は死刑に処す」という法があるとしても，あまりにも漠然としすぎており，どのような行為が青年を惑わすことになるのかが，はっきりしないからである。第2に，法は実効性を持たなければならない。たとえば，「人を殺したものは死刑に処す」という法があったとしても，この法がまったく行われなければ，社会には殺人が蔓延し，法を定めた意味がなくなるであろう。設問において，ソクラテスは，まさにこのことを理由にして自ら毒杯を仰いだといえよう。第3に，法はあまりにたやすく変更されてはならない。いわゆる朝令暮改が戒められるべきは当然である。さらに，たとえば，いったん判決が確定した後には，再審が容易に認められないことも，この観点から理由づけられよう。

5 法の理念における3つの究極的価値の関係

すでにみたように，正義は形式的なもので満足せざるをえず，その実質を補うものが合目的性である。そして法的安定性は，通常これらの正義や合目的性と相互に補完しあう関係にあるが，時として相互に矛盾する場合も生じる。このような正義および合目的性と法的安定性が緊張関係に立ったとき，いずれの価値を優先すべきかは，きわめて困難な問題である。結論を述べれば，最終的・究極的には，各人の「実践的かつ主体的な決断」によって，いずれかの価値を選択するしかない。ソクラテスも，まさに「実践的かつ主体的な決断」のもとに，自ら毒杯を仰いだのであろう。しかしながら，そのような「実践的かつ主体的な決断」に至るまでに，あれやこれやと模索する方法を，以下の各章で説かれる具体的な法の解釈・適用において，各人が自ら考えかつ学んでほしい。

第3章　法の体系

> **設問**
> (1) 法にはどのような種類があるか。
> (2) 刑法の殺人罪の規定は以下の場合にも適用されるか。
>   ① 刑法施行前の殺人行為
>   ② 外国人が日本で行なった殺人行為
>   ③ 日本人が外国で行なった殺人行為

1 現行の国法体系

(1) なぜ法には体系が必要なのか

たとえばある国に,「信号が赤のとき,歩行者は止まれ」という法律と「信号が赤のとき,歩行者は進んでよい」という法律が同時にあったとする。これではわれわれは危なくて道を歩けない。安全な生活のためには,交通法は矛盾のない体系をなしていなければならないのである。このことは,法の全分野についていえる。すなわち,法は1つのまとまった体系として存在しなければならないのである。体系をなすためにそれぞれの法はその効力に強弱をつけられ,段階づけられる。下位の法は,上位の法によりその存在の根拠を与えられると同時に,上位の法により制限を受ける。そしてこれは,何が法であるかを定める最高の権威,すなわち主権者である国民の意思に基づく。わが国にはこのような法体系として,憲法―法律―命令―条例がある。以下,これらにつき概観する。

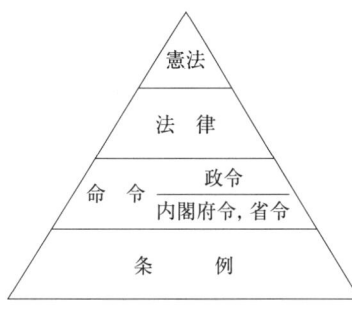

(2) 憲　　法

　憲法は，国の組織や構造に関する基本的事項を規律する最高の法である（憲98条）。下位の法はすべて憲法に適合するように制定されなければならないから，制定にあたる公務員の憲法尊重擁護義務は特に強調される（憲99条）。また裁判所は，具体的事件の解決にあたり，下位の法が憲法に適合しているかどうかを審査できる（憲81条）。これが違憲法令審査権である。

(3) 法　　律

　「法律」という語は，法と同じ意味で用いられることも多い。しかしここでいう法律は，国会により憲法59条に従って制定される法である。国会は主権者である国民により全国民の代表とされた国会議員（憲43条）によって構成され，国の唯一の立法機関である（憲41条）から，そこで制定される法律は，憲法につぐ効力をもつ。

(4) 命　　令

　法律が制定された場合でも，その実施にはさらに細則を定める必要が生じることがある。国会では多数人が議論するため，細則までもすべて法律により定めなければならないとすると審議に時間がかかりすぎる。また今日の国家は機能拡大の結果，さまざまな分野で技術的専門的施策の必要が生じているが，これらの事項を国会ですべて緻密に検討し，決定しなければならないとすることは国会の能力を超える。命令は，このような場合に行政機関によって制定される法である。このうち法律を執行するために必要な細則を執行命令，法律の委任を受けて法律を補完するものを委任命令という（憲73条6号）。命令は，誰がこれを制定するかによって，内閣の制定する政令，総理大臣が制定する内閣府令，大臣が制定する省令などに分類される。命令は，法律の実施手段としての性格をもつため，その効力は法律に劣る。命令のうち，政令は総則的な性格をもつことから命令の中では最も上位に置かれるのに対し，内閣府令，省令の効力はこれに劣る。

(5) 条　　例

　条例とは，都道府県，市町村などの地方公共団体が自主的な立法権にもとづいて制定した，その地方公共団体内に適用される法である。憲法は94条で，地方公共団体は「法律の範囲内で条例を制定することができる」とする。したがって条例は法律の下位に属し，その効力は法律に劣る。しかし法律に規定のない事項について条例を制定することは妨げられない。また法律に規定がある場合でも，その規定が全国一律の規制を行う趣旨ではなく，それぞれの地方の実情に応じた別段の規制を認めていると解されるときには，法律よりも厳しい内容の条例を制定することも認められる。公害規制条例のような，いわゆる上乗せ条例がその典型である（資料3参照）。

資料3

徳島市条例事件（最判昭50・9・10刑集29巻8号489頁）
　法律と条例が抵触する場合について，最高裁は次のように述べている。
　「条例が国の法令に違反するかどうかは，両者の対象事項と規定文言を対比するのみでなく，それぞれの趣旨，目的，内容及び効果を比較し，両者の間に矛盾抵触があるかどうかによってこれを決しなければならない。例えば，ある事項について国の法令中にこれを規律する明文の規定がない場合でも，当該法令全体からみて，右規定の欠如が特に当該事項についていかなる規制をも施すことなく放置すべきものとする趣旨であると解されるときは，これについて規律を設ける条例の規定は国の法令に違反することとなりうるし，逆に，特定事項についてこれを規律する国の法令と条例とが併存する場合でも，後者が前者とは別の目的に基づく規律を意図するものであり，その適用によって前者の規定の意図する目的と効果をなんら阻害することがないときや，両者が同一の目的にでたものであっても，国の法令が必ずしもその規定によって全国的に一律に同一内容の規制を施す趣旨ではなく，それぞれの普通地方公共団体において，その地方の実情に応じて，別段の規制を施すことを容認する趣旨であると解されるときは，国の法令と条例との間にはなんらの矛盾抵触はなく，条例が国の法令に違反する問題は生じえないのである。」

2 法の種類

(1) 公法，私法と社会法

　公法と私法の区別の基準については争いがあるが，通説である法律関係説によれば，公法は国家と国民との統治権力関係を規律するのに対し，私法は国家の統治権力関係と直接関係のない自由・平等な個人と個人の間の生活関係を規律する法である。憲法，刑法，訴訟法などは公法であり，民法，商法などは私法である。公法上の紛争につき行政事件訴訟法が適用される点にこの区別の主な実益があるが，今日では両者の中間に属する社会法の規律する領域が著しく拡大してきている。

　そもそも公法と私法の区別は，交換経済が社会の基本となった近代市民社会において，各人の自由・平等を確保するために，私人間の契約への国の介入を阻止する手段として主張された。ところが資本主義が発達し，労働者，小作人などの経済的弱者と，資本家，地主などの経済的強者の間に極端な貧富の差が生じると，経済的弱者は日々の糧を得るために不利な条件でも経済的強者と契約せざるをえなくなる結果，これを放置したのでは両者が真に自由・平等な立場で契約を締結できないことになる。そこで経済的弱者の自由・平等を実質的に保障するため，長時間の労働を禁止し，最低賃金を法定するなど，国家が私人間の経済活動に積極的に介入することが求められた。このような立場から労使関係を規律するのが労働法である。労働法は社会法の一部であり，社会法は，資本主義，自由主義を前提とする近代私法では対処できない問題を，個人の生存権保護の立場から規律する法領域であるといえる。社会法には労働法のほか，年金・労働保険法，医療・介護保障法，公的扶助法をはじめとする社会保障法，独占禁止法などを中心とする経済法などが含まれる。

(2) 一般法と特別法

　法の効力の範囲を基準とする区別である。法適用の対象となる人，事項，または法適用の場所などに制限のない法が一般法であり，これらが限定される法が特別法である。

人については，たとえば民法の身分に関する規定は一般人に適用されるため，皇室に属する人にのみ適用される皇室典範の一般法であり，皇室典範は民法の特別法である。また民法は民事に関する事項一般に適用されるため，商事に関する事項のみに適用される商法の一般法であり，商法は民法の特別法である。さらに借地借家法は日本全国に適用されるため，罹災地にのみ適用される罹災都市借地借家臨時処理法の一般法であり，罹災都市借地借家臨時処理法は借地借家法の特別法である。ただしこの区別は相対的なもので，たとえば商法は民法の特別法であるが，保険業法に対しては一般法である。この区別は，特別法は一般法に優先する点に実益を持つ。すなわち特別法と一般法が同時に適用される可能性があるときには，まず特別法が適用される。

(3) 実体法と手続法

　法の内容を基準とする区別である。実体法は権利義務の内容，性質，発生，変更，消滅などを規定するのに対し，手続法は権利義務実現の具体的手続を規定する法である。憲法，民法などは実体法であり，民事訴訟法，不動産登記法などは手続法である（資料4参照）。これを区別する実益は以下の2点にある。まず法改正がなされた場合，実体法に関しては権利保護，法的安定性の見地から旧法時のできごとには原則として旧法が適用される（法律不遡及の原則）。これに対し手続法に関しては，新法が適用されるのが望ましい。なぜなら，手続法のような技術的な法が改正されるのは，旧法によるよりも新法による取り扱いのほうが合理的と考えられたためであり，また遡及を認めても権利保護，法的安定性を害する危険がないからである。第2に，国際的な商取引や国際結婚などに関して事件が起こった場合（渉外事件），実体法については国際私法により外国の法が基準とされる場合がある。これに対し手続法に関しては，原則として審理の行われる裁判所所在地の法規が適用される。

資料4

中川善之助著，泉久雄補訂『法学』72頁
「実体法なしに手続法だけが存在するということはないし，同時に，手続法のない実体法も，出されたビフテキにナイフがついていないようなものである。ビフテキは手にもって，かぶりついたり，手で引きちぎって食べられないこともないが，そうした実力行使は通常許されないことになっている。」

(4) 強行法と任意法

　法の適用が絶対的か，任意的かによる区別である。強行法は，主に公益上の理由から，当事者がそれを望むか否かにかかわらず適用される法である。これに対して任意法は，当事者が望むときには法規と異なる法律効果の発生が認められる法である。任意法は当事者の意思の不明瞭・不完全な部分を解釈補充し，明瞭完全なものにする作用をもつ。憲法，刑法，訴訟法などの公法は公益に関する規定が多いため，大部分が強行法である。これに対して民法，商法などの私法は当事者の自由にまかせてよい規定が多いため，任意法に属するものが多い。しかし，たとえば民事訴訟法は公法であるが，その中にも任意管轄の規定のような任意規定があることからもうかがえるように，公法・私法の区別と強行法・任意法の区別は完全には一致しない。「～することを要す」などの強行法を示す文言や「別段の意思表示がないときは……効力を生ずる」などの任意法をあらわす文言が条文中にある場合には区別は明確であるが，これがない場合には法規の趣旨を判断してどちらかを定めることになる。

(5) 国際法と国内法

　主として国家間の関係を規律する法が国際法（国際公法）である。これには条約，国際的な慣習法などがある。なお国際私法は，私人間の国際的な婚姻や取引などの渉外私法事件に関してどの国の私法が適用されるかを定める国内法である。わが国では法例がこれにあたる。国内法は一国内で行われる法である。国際法，特に条約と憲法が抵触する場合の優劣については，国際協調主義から条約が憲法に優位するという見解，条約の締結承認権を与えられた内閣や国会が自らに権限を与えた憲法を改廃するのは法理論上不可能との立場から憲法が条約に優位するとの見解などが対立している。

(6) 固有法と継受法

　固有法は，ある民族や国家に固有な風俗・習慣などが発達し，法となったものであり，継受法は，外国法を採用（継受）した法である。継受の対象となった法を母法という。わが国では明治期にドイツ，フランスなどの大陸法からの継受が行われ，第2次世界大戦後はアメリカの影響の下に憲法が制定された。

継受法の解釈に際しては，母法における研究結果が重要な手がかりの1つとなる。

3 法の存在型式

　以上のような法は，どのような形で存在し，法として認識されるのだろうか。これが法の存在型式（法源論）の問題である。まず思いつくのは憲法典，民法典などの法典である。このような，文書で表現された法が成文法である。成文法は，内容が明確であり，改正されるまでは同じ内容が適用されるため，法的安定性に資する点に長所がある。このため近代国家の多くは，成文法を中心に法体系を形成する。これを成文法主義といい，わが国やドイツ，フランスなど，大陸法系諸国がこれに含まれる。反面，成文法は時代が進み現実の社会生活が変化してもすぐにそれに対応できない点に短所があるため，成文法主義の国では慣習法などの不文法による補充がなされるのが通常である。

　これに対し，文書に表わされない法が不文法である。不文法主義の国にはイギリス，アメリカなどがある。不文法は成文法と逆に流動する現実の社会生活に即応できる長所をもつ反面，不明確であり法的安定性を欠くため，不文法主義の国では通常，成文法による補充がなされる。成文法の内容はすでに説明した。不文法には慣習法，判例法などがあり，また条理が含まれるかどうかも問題となる。

(1) 慣　習　法

　慣習とは，反覆によりその社会の構成員が一般に行うものとして法則化された行為である。慣習法は，社会の慣習から発した社会生活の規範が，成文化されることなく法として拘束力を有するようになったものである。慣習法の法としての根拠については見解が分かれるが，これは，ある慣習の長期間の反覆により，社会の構成員がそれを社会生活を円滑に営むのに必要と意識し，慣習を積極的に法として支持するようになる点に求められるべきである。成文法主義が原則のわが国も，慣習法を補充的に認める。すなわち法例2条は①ある慣習が存在し，②これが公序良俗に反せず，③慣習が法令の規定によって認められるものか（民228条など）または法令に規定のない事項に関するものであり，④

慣習の内容が法としての価値をもつ（この要件は解釈から導かれる）場合には，その慣習は慣習法として法律と同一の効力を有するとする。また民法92条は①ある慣習が存在し，②その慣習が任意規定と異なっており，③当事者がその慣習による意思を有しているものと認められるときには，当事者が特にその慣習による旨の意思表示をしない場合でも，その慣習は当事者の意思解釈の補充的基準となる結果，任意規定に優先するとする。

なお理論的には慣習法はすべての法領域で成立するが，刑法では罪刑法定主義のたてまえから慣習法を認めない。実際上慣習法が重要な役割をするのは商法と国際法の分野である。まず商法は，営業という非個性的・反復性の高い事項を対象とするため，慣習の生じる機会が多い。また新しい取引方法などの開発に対応する法制度が常に必要とされ，制定法によってはこれに即応できないため，商慣習法を積極的に認めることが必要となる。他方商慣習は経済的合理性にそうものであるから，これを認めても制定法の体系を壊すおそれはない。そこで商法は1条で「商事ニ関シ本法ニ規定ナキモノニ付テハ商慣習法ヲ適用シ商慣習法ナキトキハ民法ヲ適用ス」と定めた。また国際法の分野は，国内法に比べると成文法が少ない。そのうえ個々の事項が国家対国家の先例としての重要性をもつため，国際慣習の働く余地が大きい。このため国際慣習も1つの法型式として認められている。たとえば国際司法裁判所は，裁判について条約などのほか「法として認められた一般慣行の証拠としての国際慣習」も法として適用する（国際司法裁判所規程38条1項b）。

(2) 判 例 法

裁判所における具体的な事件の裁判により，法の規定は具体化する。たとえば，ある土地を買う契約を結んだが売主が期日になっても引き渡さない場合は，買主は「相当の期間を定め」て土地を引き渡せと催告し，その猶予期間内に引渡しのないときは契約を解除できる（民541条）が，この「相当の期間」がどれだけかは，条文からは分からない。このような場合に2週間の猶予期間をとって催告，解除した者がいて，裁判所がこの解除を有効と認めれば「相当の期間」は当該取引について具体化する。このような，先例としての意味をもつ裁判が判例である。これが最高裁判所の下した判決に限られるか，一定の場合には下級審判決も含まれるかについては見解が分かれる。

不文法主義のイギリスでは，数百年にわたる判例の集積からなるコモンローが重要な地位を占めており，成文法はコモンローを修正・補充する必要がある場合に制定されるにすぎない。これを支えたのが，上級裁判所の判決は同種の事件につき下級裁判所を拘束するという先例拘束性の原理である。これに対し成文法主義であるわが国では，まず成文法が裁判の基準とされる。憲法76条3項は「すべて裁判官は，その良心に従ひ独立してその職権を行ひ，この憲法及び法律にのみ拘束される。」と規定するから，裁判官は上級裁判所の先例には拘束されない。したがって，わが国ではイギリスのような厳格な先例拘束性の原理は認められていないといえる。しかしわが国でも，判例は実際上は非常に大きな役割を果たす。すなわち判例がすでにある場合には，国民は同種の事件について裁判所が同じ判断を下すであろうとの期待をもつ。他方，訴訟当事者は，判決に不服があるときには上級裁判所，多くは最高裁判所まで上訴できるが，最高裁判所での判例変更は実際にはきわめて困難である。最高裁判所が自己の判断を容易に変えない以上，たとえ下級審が最高裁判所と異なる判断をしても当事者が上訴すれば結局は最高裁判所で破棄される可能性が強いため，下級審の裁判官も最高裁判所の判断に従う場合が多くなる。この結果，判例は制定法や慣習法と同じ意味での法型式ではないが，具体的事件に適用され表明された法の型式として事実上拘束力をもつことになるのである。

(3) 条　理

条理とは，物事のすじみちであって，われわれの理性に基づいて考えられるものである。裁判の際，裁判官がその事件に適用できる制定法も，慣習法も，判例法も見つけられない場合がある。刑事事件の場合には，被告人は無罪となる。該当する制定法がない場合には罪とならないという原則（罪刑法定主義）が，刑事事件には存在するからである。これに対し民事事件には，このような原則はない。かといって裁判官は判決を下さない訳にはいかない。このような場合に，公正な裁判のために裁判官の最後のよりどころとなるのが条理である。

4　法の効力

たとえば，刑法の殺人罪の規定は，第1に，刑法施行前の殺人行為にも適用

されるか。第2に，外国人が日本国内で人を殺した場合にも適用があるか。第3に，外国で日本人が人を殺した場合にも適用されるか。法の効力の問題は，これらの面から考えなければならない。

第1が時に関する，第2が場所に関する，第3が人に関する，法の効力の問題である。

(1) 時に関する法の効力

(a) 法の公布，施行

慣習法，判例法などの不文法の場合は，その存在する期間と効力を有する期間は重なり合う。これに対し成文法の場合は，法が成立してもそれが直ちに効力をもつわけではない。法律は国会で議決されたときに成立し，政令，省令などの命令はその制定権者である内閣，各省大臣などがその命令の内容を最終的に決定したときに成立するが，それが現実に効力を発生するには公布，施行が必要となる。まず，法の内容を知る前には，人々はそれに従うことはできない。そこで成文法が成立した場合には，これを人々に知らせることが必要となる。法の成立を知らせる手続を公布といい，官報への記載が慣行とされる。公布の時期は憲法改正の場合は「直ちに」（憲96条2項），法律の場合は議決の奏上の日から30日以内（国会法66条）である。

法の効力を現実に発生させることが施行であるが，全国民が公布と同時に法の内容を知ることは不可能であるから，国民が不利益を受けないように公布と施行の間には，ある程度の期間を設けることが望ましい。この期間を周知期間という。施行日は通常その成文法中か附則で定められるが，国民生活に関係の深い法律については長い周知期間がおかれる。これに対し，特に周知期間を設ける必要のないものや緊急を要するものは，公布の日から直ちに施行されることも多い。たとえば国家賠償法はその附則1項で「この法律は，公布の日から，これを施行する」と定める。当該法律や附則に施行日の指定がないときは，これらは公布日から起算して20日を経過した日から施行される（法例1条）。条例も指定なき限り，10日を経過した日から施行される（地方自治法16条3項）。

(b) 法の廃止

法の効力を絶対的に消滅させることが法の廃止である。以下の4つの原因がある。

第1に，法の施行期間があらかじめ定められている場合がある。これを限時法といい，いわゆるテロ対策特別措置法が，附則3項で「この法律は，施行の日から起算して4年を経過した日に，その効力を失う。」とするのがその例である。第2に，法の目的が消滅する場合がある。戦前の朝鮮，台湾などに関する法律はこれらが日本の領土でなくなったときに当然に消滅したと考えられる。第3に，新法が旧法を廃止，改正する旨の規定を置く場合には旧法は当然に廃止，改正される。たとえば裁判所法は「裁判所構成法，裁判所構成法施行条例，判事懲戒法及び行政裁判法は，これを廃止する」とする。第4に，新法が旧法よりも同等か上位にあり，旧法と矛盾する場合には旧法は新法によって廃止されたと解すべきである。法秩序は統一された体系だからであり，これを「新法は旧法を破る」原則という。

(c) 法律不遡及の原則

　法が施行前にさかのぼって適用されると，行為当時適法だった行為が後になって違法とされ，不測の損害や混乱の生じるおそれがある。したがって法は原則として施行前の事項に遡及して適用されない。これが法律不遡及の原則である。特に刑事法の遡及適用は人権侵害となるので絶対に許されない（憲39条）。しかしその他の分野では，遡及を認めても関係者の権利を害さない場合や，政策上強い要求がある場合には例外的に遡及が認められる。公務員の給与をさかのぼってベースアップする法律が前者の例であり，戦後の民法の親族相続編の改正規定が新法施行前の事項に及んだのは後者の例である。法が改正されたときに，新法旧法の効力，遡及効の有無などの問題を処理するための法が経過法である。施行法，附則がこれにあたる。

(2) 場所および人に関する法の効力

　これについては属人主義と属地主義がある。人の所在にかかわらずその属する国の法を適用するたてまえが属人主義である。しかし時代が進み商業，交易の発達により人の交流が盛んになると，属人主義では，たとえば外国人が自国内で犯罪を犯した場合，その国はその者を捕えられないため国の秩序が保たれなくなってしまう。そこで，近代になって一国の法はその領域内にいるすべての人に適用されるという原則が確立した。これが属地主義である。現在の多くの国では属地主義が原則とされ，補充的に属人主義が採用されている。

(a) 場所に関する法の効力

　一国の法の効力は原則としてその国の全領域，すなわち領土，領海，領空に及ぶ。刑法1条1項は「この法律は，日本国内において罪を犯したすべての者に適用する。」とするから，日本国内での外国人の殺人行為にも日本法が適用される。領海は原則として12カイリである。領空は領土，領海上の空間であるが大気圏外に特定国家の主権は及ばない。属地主義の延長として，公海上の自国の船舶内と公海上空の自国の航空機内にも本国法が適用される。軍用，公用の船舶，航空機は国家の公権力の行使であるから，その中では他国の領域内でも本国法が適用される。また管理地，租借地，占領地では条約などによって管理国，租借国，占領国の法が適用される。

　これに対し法が一国の全領域に適用されない場合がある。条例が，ある地域にのみ適用されるのがその例である。また大使館，公使館は国際慣習法上不可侵とされ，本国法が適用される。

(b) 人に対する法の効力

　属地主義により，法は一国内のすべての人に適用されるが，以下の例外がある。

　まず国内にいる者であっても君主，大統領，外交使節などの治外法権をもつ者は本国法の適用を受け，その国の法は適用されない。反対に特別の規定により法が外国にいる自国の国民に自国の法を適用する場合がある。たとえば刑法3条は「この法律は，日本国外において次に掲げる罪を犯した日本国民に適用する」とし，殺人，強盗などの罪を挙げる。これにより，日本国民が外国で人を殺した場合には日本法が適用される。もっともわが国の裁判権は外国で行使できないから，現実にその者を処罰するには犯罪者引渡条約に基づく引渡しを受けなければならない。

　属地主義と属人主義の法の効力が矛盾することを避けるために，各国とも国際私法で規定を設けている。わが国では法例がこれを定める。

第4章　法の解釈

> **設問**
> (1) Aは，自らの自家用車を運転中，歩行者のBをはね，怪我をさせた。Aは業務上過失傷害罪で起訴されたが，無罪となった。Bは，この怪我によりこうむった損害の賠償をAに請求できるだろうか。
> (2) Cの所有する自家用車を，Cに無断でDが運転中，歩行者のEをはね，怪我をさせた。Eは，この怪我によりこうむった損害の賠償をCに請求できるだろうか。

1　法の適用

　社会規範として存在する法が，その目的を実現するためには，法の適用がなされなければならない。法の適用とは，抽象的な法規範を個々の具体的な事実にあてはめて，法の内容を実現させることをいう。その際，あてはめられる抽象的な法規範は，往々にしてその意味内容が不明確であることが多い。この適用される法規範の意味内容を明らかにすることが法の解釈である。具体的事件における法の公権的適用は，終局的に，裁判所によって裁判の形式においてなされる。

　法の適用は，適用されるべき法を大前提とし，具体的な事実を小前提として，この大前提と小前提とから結論を導き出すいわゆる三段論法の論理形式にしたがって行われる。たとえば，設問(1)では，大前提として，「業務上必要な注意を怠り，よって人を死傷させた者は，5年以下の懲役若しくは禁錮又は50万円以下の罰金に処する。」（刑211条）という適用法規が決定される。そして，小前提として「Aは業務上の不注意によってBに怪我をさせた」という事実が確定されたとすれば，刑罰を選択したうえ，「Aを禁錮×年に処する」という結論が判決として出てくることになる。

このように，法の適用には，第1に，事実を確定することが，第2に，事実に適用すべき法規を明らかにし（法の検索——広い意味での法の解釈），当該法規の意味内容を明らかにする（狭い意味での法の解釈）ことが必要である。

(1) 事実の確定

社会現象として生じる事実関係は複雑多岐にわたるから，事実の確定は非常に難しい場合がある。裁判官は，数ある事実の中から，法的判断の対象となる事実だけを選び出して，法規を適用しなければならない。

確定される事実は，正確かつ事実に合致していなければならない。そのため，わが国の裁判においては，事実の認定は必ず証拠に基づくこととされており，証拠の証明力に対する判断は裁判官の自由心証にまかされている（刑事訴訟法317条，318条，民事訴訟法247条）。いわゆる証拠裁判主義，自由心証主義の原則である。

① 刑事訴訟においては，実体的真実主義が採用され，事実の認定は，すべて証拠によることを要し，人権保障の見地から，犯罪事実の証明につき，証拠能力を有しかつ適式な証拠調べを経た証拠による厳格な証明が必要とされている（刑事訴訟法319条ないし328条等）。立証責任（証明責任ともいう）は検察側にあり，検察側が立証できない犯罪について有罪判決をすることはできない（疑わしきは罰せず）。設問(1)の例では，Aが起訴されても検察側が犯罪事実の立証ができなければ，Aには無罪の判決が言い渡されることになる。

② 一方，民事訴訟においては，弁論主義——裁判の基礎となる事実と証拠の収集を当事者の権能ないし職責とする建前——が採用されている関係上，次のような取り扱いがなされる。すなわち，当事者間に争いのない事実は，証拠によらずに，裁判所はこれをそのまま認め，争いのある事実について，真偽不明の場合は，立証責任を負っている当事者の不利益に事実を確定することになる。この立証責任は，実体法の規定の仕方や規定相互間の関係等によって定まる（判例・通説）。すべての主要事実については立証責任が当事者のいずれか一方に配分されている。設問(1)の例では，自動車損害賠償保障法（以下，自賠法という）3条但書に規定する「自己及び運転者が自動車の運行に関し注意を怠らなかったこと」「被害者又は運転者以外の第三者に故意又は過失があったこと」「自動車に構造上の欠陥又は機能の障害がなかったこと」の3点をAが

立証できなければ，損害賠償の責任を負わされることになる。実際には，この証明は難しい場合が多い。したがって，Aは，刑事事件について無罪となっても，民事事件で敗訴し，Bに対して損害賠償の責任を負うこともある。

事実の確定については，立証が通常困難であると考えられる事実につき立証を簡易化するため，「推定」というテクニックが用いられ，また公益上の必要から，「擬制」というテクニックが用いられることがある。

(a) 推　　定

推定とは，一定の事実の存否が不明瞭である場合，周囲の事情や事物の道理から考えて，一応，事実の存在または不存在を推論することをいう。これは一応の便宜上の取り扱いであるから，反対の事実を主張しようと思う者は，それとは反対の証拠をあげて，推定の結論をくつがえすことができる。法文に「推定する」という字句を用いている場合がその例である。たとえば，民法772条1項は「妻が婚姻中に懐胎した子は，夫の子と推定する」と規定している。したがって，夫は妻が懐胎した子は自分の子ではないという事実を立証すれば，推定をくつがえすことができるが，反対の立証がない場合には，夫の子であることが確定される。

(b) 擬　　制

擬制とは，公益その他の理由から，事実の存在または不存在を法政策的に確定することである。擬制は，法政策上の結論であるから，実際には反対の事実が真実であることを立証したとしても擬制の結論をくつがえすことはできない。法文に「みなす」という字句を用いている場合がその例である。たとえば，民法721条は「胎児は，損害賠償の請求権については，既に生まれたものとみなす」と規定し，刑法245条は「電気は，財物とみなす」と規定している。

(2) 適用法規の検索

次に，適用されるべき法の検索が問題となる。設問(1)では，刑事的には，刑法209条（過失傷害罪の規定）か，刑法211条（業務上過失障害罪の規定）か，民事的には，民法709条（不法行為の規定）か，自賠法3条か，いずれが適用されるべきかが問題となる。この場合，一般法と特別法の関係に従うから，刑事的には刑法211条，民事的には自賠法3条が，適用法規となる。後述の狭い意味での法の解釈に加え，このような法の検索も含めて，広い意味での法の解釈と

呼ぶ。

　法の検索の結果，適用法規の不明・不備・不存在（いわゆる法の欠缺）が判明する場合がありうる。刑事裁判において，刑罰法規の不存在は，無罪または免訴の判決が下される（憲31条）。一方，民事裁判においては，法の欠缺を理由として，裁判を拒否することはできない（裁判所法3条，憲32条）。この場合には，裁判官に法創造的作用が認められるかという問題がある。

　次に，項を改めて狭い意味での法の解釈について詳述する。

2　法の解釈

(1)　法の解釈の必要性

　事実が確定し，事実に適用されるべき法規が確定したが，法規の意味内容が明確でない場合がありうる。たとえば，設問(2)について，具体的事実が，次の(イ)，(ロ)，(ハ)のケースのとおり確定された場合を考えてみよう。

　(イ)　C会社所有の車を，従業員であるDが休日に私用で運転したケース（以下，(イ)のケースという）。(ロ)　Cがドライブインで食事中，自分の車にキーをしたまま，ドア・ロックもせずに駐車していたところ，Dが無断で運転したケース（以下，(ロ)のケースという）。(ハ)　Cが自分の車を，自分の家の車庫に停めていたところ，車庫の鍵を壊して中に侵入したDが無断で運転したケース（以下，(ハ)のケースという）。

　これらの事実に，自賠法3条を適用しようとする場合，Cが同条の「自己のために自動車を運行の用に供する者」に該当するか否かを判断するには，同条の字句からは，その意味内容が必ずしも明確でない。そこで，これらを明らかにする必要が生じる。このように，法を個々の具体的事実にあてはめるために，法の意味内容を明らかにすることを，法の解釈（狭い意味での法の解釈）という。以上の各ケースの法の解釈については後出の論理解釈の部分で述べる。

　法の解釈は，実際には，事実の確定と独立の過程としてなされるのではなく，相互に関連をもった一連の審理過程として行われる。

(2) 法の解釈の目的

法の解釈の目的は，法の探求と発見である。この目的を立法者の意思の探求におくべきなのか（立法者意思説），法律の意思の探求におくべきなのか（法律意思説）が問題となる。たしかに，立法者は，自ら創造した法律は，常に解釈を必要としない完全なものであることを期待する。しかし，実際には，社会現象は千差万別であり，また絶えず生成発展するものであるから，必ず，立法者の予想しなかったような事態が起こってくる。したがって，法の解釈の目的は，立法者の意思を現時点にひき直し，「存在する法」ではなく「存在すべき法」を探求すること，言い換えれば，立法者の心理的意思ではなく立法者の合理的意思（法律の意思）を探求することにあるととらえるべきである。

(3) 法の解釈の方法

法の解釈の方法については，まず，これを解釈の主体を基準にして有権解釈と学理解釈に分けることができる。次に，解釈の基本的な手法によって学理解釈を文理解釈と論理解釈とに分け，さらに論理解釈を拡張解釈，縮小解釈，補正解釈，反対解釈，勿論解釈，沿革解釈等に細分することができる。

(a) 有権解釈

国家機関が行う拘束力を有する法の解釈である。狭い意味では，立法機関により，立法の形式で与えられる法規解釈（立法解釈）を指す。立法解釈には，①同一の法令中に解釈法規を設ける場合，②付属の法令で解釈法規を設ける場合，(c)法文中に実例を設ける場合がある。自賠法2条2項が，「この法律で『運行』とは，人又は物を運送するとしないとにかかわらず，自動車を当該装置の用い方に従い用いることをいう」と規定しているのは，①の例である。②の一例を挙げると，民法467条のいわゆる「確定日付ある証書」の意義を，民法付属の法令である民法施行法5条において詳細に規定しているのがそうである。③は，たとえば，民法34条が公益法人の「公益」についての具体的な実例を示しているのがそうである。また，広い意味では，司法機関たる裁判所により，裁判の形式でなされる解釈（司法解釈），および行政機関により，訓令，通達，あるいは行政処分等の形式で与えられる解釈（行政解釈）をも含めて有権解釈という。

(b) 学理解釈

学理的思考に基づいて行う解釈である。法の運用において直ちに拘束力を有しない点で有権解釈と異なる。しかし，学問的立場にたつ解釈として世論に対する説得力も強く，国家機関が法を解釈する場合に，参考とされる。

① 文理解釈　法文の字句から語法，文法に従って法規の意味内容を確定することである。成文法の解釈にあたって，法規の意味をまず法文の字句に求めることは当然である。したがって，文理解釈は，まず経なければならない第1段階の解釈である。しかし，法文の字句は法を表現する手段であって法そのものではないから，あまり法文の字句にとらわれると，杓子定規に陥ってかえって法の真義を見失うことになりかねない。

② 論理解釈　法秩序ないし法典の論理的体系，立法精神および沿革，適用結果の具体的妥当性等を総合的に考慮して，論理法則を用いてなされる解釈のこと（目的論的解釈）である。そして，文理解釈を基礎としつつ，その欠陥を修正するためになされる第2段階の解釈である。

具体的に，設問(2)について考えてみよう。自賠法3条の「自己のために自動車を運行の用に供する者」の解釈をめぐって，多数説は，立法趣旨や母法国のドイツの理論を参考に，自動車の使用を支配している「運行支配」と自動車の使用から利益を得ている「運行利益」の2つの要素で決するとしてきた。これに対して，このような解釈では，実際上，損害を負担する加害者の範囲が狭く限定されるという理由から，次のような反対説が主張されている。1つは，自動車の保有自体が，社会に与える危険を考慮し，「運行支配」のみを判断要素とする解釈である。もう1つは，訴訟手続上，事故時の「運行支配」「運行利益」の喪失を，加害者が主張立証すべきとする解釈である。これらの解釈によれば，Cが同条の賠償義務者に該当するか否かは，(イ)のケースでは肯定され，(ハ)のケースでは，否定され，(ロ)のケースでは，解釈のあり方によっていずれかに決まることになるであろう。

③ 拡張解釈　法文の字句を文理解釈したのでは意味内容が狭すぎて法規本来の意味を確定できないので，法文の字句の意味を文理解釈によるよりも拡張して解釈することである。たとえば，憲法81条の「一切の法律，命令，規則又は処分」には地方公共団体の条例にあたる字句がないが，これを「法律」または「命令」に含める解釈がそうである。

④　縮小解釈　　法文の字句の文理解釈の結果では意味が広すぎて法規本来の意味を確定できないので，文理解釈によるよりも縮小して解釈することである。たとえば，民法177条にいう登記がなければ不動産物権の変動を対抗できない「第三者」を，すべての第三者ではなく，登記の欠缺を主張するについての正当な利益を有する第三者という意味に制限する解釈がそうである。

⑤　補正解釈　　立法上の誤りによって明らかに法文中の字句に誤りがある場合，文理解釈をすると明らかに法の真意を確定できないので，これらの字句を補正して解釈することである。たとえば，借地借家法13条１項にいう「請求」という字句を，相手方の承諾を要しない一方的行為，すなわち告知の意味に修正する解釈がそうである。

⑥　反対解釈　　法文の規定する要件と反対の要件が存在する場合，法文の規定する効果とは反対の効果が発生するものと解釈することである。たとえば，自賠法３条は「自己のために自動車を運行の用に供する者」について賠償責任を認めているが，この規定から，雇用されている運転手は少なくとも同条によっては責任を負わないとする解釈がそうである。

⑦　勿論解釈　　法規の立法趣旨より考えて当然同一の規定をもって律すべき必要がより強いと考えられる場合，右法規の規定するのと同一の法効果の発生を認める解釈である。たとえば，民法738条は「成年被後見人が婚姻をするには，その成年後見人の同意を要しない」とするが，この規定から，明文のない被保佐人の婚姻について，保佐人の同意が不要であるとする解釈がそうである。

⑧　沿革解釈　　法規制定の沿革に照らして法規の不十分な表現を補充して法規の真の意味を確定する解釈である。したがって，沿革解釈の資料としては，当該法規の成立史とりわけ法案の理由書，立案者の意見，議事録ないし政府委員の説明などが考えられる。たとえば，自賠法３条の「自己のために自動車を運行の用に供する者」とは，法律を起草した運輸省自動車局の担当者の意見から，あるいは，沿革的に自賠法の基礎となったドイツの道路交通法のハルター (Halter＝保有者) 概念から，「運行支配」と「運用利益」の２つの要素で判断する解釈がそうである。

(c)　類推（解釈）と準用

類推とは，一定の事項についての法規がある場合，その法の趣旨に照らして，

立法理由を同じくする他の法規なき類似事項に必要な修正を加えて適用する解釈を類推という。類推は，適用すべき法規が不存在の場合（法の欠缺）の解釈方法である点で，拡張解釈とは異なる。
　類推は，法規の文理上の制約がないため，適用者によって濫用される危険性も大きい。したがって，刑法では，被告人の人権保障のため類推が禁止されている。
　一方，類推と区別すべきものに，準用がある。準用は，法規中に「準用する」として掲げる他の法規に修正を加えて応用することである。準用される法規中に準用される法規の文言を繰り返すべきところを体裁上の理由から立法技術的に省略して「準用する」と表現したにすぎないのだから，法規は存在する，という点で，類推と異なる。

II
市民生活と法

第 5 章　法における人間

> **設問**
> (1)　猫のタマが首につけている鈴は，タマのものなのだろうか。
> (2)　おばあさんAは，孫の赤ん坊Bのところを訪れて，「これをこの子にあげて」といって，おもちゃのガラガラと1万円を，孫の母親Cに手渡した。それらは，母親Cのものではなく，赤ん坊Bのものなのであろうか。
> (3)　5歳の女児Dが，高価な真珠のネックレスを家から持ち出して遊んでいた。そこを通りかかった古物商Eは，「そのネックレスとこれを交換しよう」といって，大きなチョコレートを差し出した。後に，その交換の事実を知ったDの父親Fは，そのネックレスを取り戻すことができるか（そのネックレスは今は亡き母親がDに残した形見の品であった）。

1　民法における人間

(1)　民法の基本原理

　われわれの日常の生活はさまざまな法律によって規律されているが，その中心となる法律が民法である。民法は，いかなる場合に権利や義務が発生・変更・消滅するのか，という視点からわれわれの生活を規律する実体法であり，次のような考え方を基本としている。すなわち，各人の生活は各人自らの意思や行為によって自由に決定でき，その結果については各人がそれぞれ責任を負うべきで，国家はこれに介入しないという考え方である。そのために，民法はまず，すべての人間が平等な存在であること（権利を取得し義務を負担しうる資格，すなわち権利能力を平等に有すること）を宣言したうえで，①各人の財産権を保障し（所有権絶対の原則——第8章参照），②たとえば売買によって所有権

を取得・譲渡できるように，相手方との意思が合致すればその内容に応じて自由に権利関係を変動しうること（契約自由の原則——第6章参照），あるいは，③不可抗力で他人に損害を与えても賠償責任を負担しないこと（過失責任の原則——第7章参照）を認めた。これを市民法の三原則と呼ぶ。民法は，これを基礎に，各人の生活を各人自ら維持・形成させようとしたのである。ここで想定されているのは，自らの意思や行為の結果を正しく理解できる判断能力（これを意思能力という）を備えた存在としての人間である。民法は，そのような判断能力を備えた人の意思や行為を尊重し，その意図したとおりの効力を法的に保障することで，各人を自立させようとしたのである。

(2) 権利能力

民法などが規定する権利義務の主体となることのできる資格，あるいは，権利を取得し義務を負担することのできる資格を，権利能力と呼ぶ。われわれ人間には生まれながらにして平等にこの権利能力が認められている（民3条1項）。したがって，生まれたばかりの赤ん坊も，所有権や相続権といった権利の主体となりうるのである。もっとも，このように，すべての人間に等しく権利能力が認められるようになったのは人権尊重の思想が普及した近代になってからのことである。それ以前の時代にあっては奴隷のように，同じ人間でありながら権利義務の主体ではなく，売買取引の対象（客体）とされた人々が存在したことを忘れてはならない。なお，胎児にも一定の場合（721条・886条・965条）に権利能力が認められている。また，国家・市町村・会社・学校法人などといった「法人」にもこの能力が認められている。法人も人間と同じように，社会において取引行為を行うなど重要な役割を果たしており，それ故に，権利義務の主体とするのに相応しいからである。法律上，人間のことを「自然人」といい，この自然人と法人とをあわせて「人」と呼んでいる。設問(1)については，猫には権利能力が認められていないため，所有権の主体にはなれない。

(3) 意思能力と行為能力

われわれは，人間としては確かに平等である。しかし，現実には判断能力などに差があることも事実である。たとえば，生まれたばかりの赤ん坊は何もできないし，小さな子供にはまだ十分な判断能力がないであろう。精神病者など

についても同じ状況がある。このような人々に対しては普通の大人と同列に扱うことはできず，何らかの保護や保護者が必要である。

それについて民法は，上述したように，意思能力の制度を設けている。すなわち，各人は一定水準の判断能力のもとでなした意思や行為によって現実に権利を取得し義務を負担するのであり，そのような判断能力を欠く者の意思や行為には法的に何らの効果も認めない（無効）という制度である。判断能力については個人差があるが，大体満6歳くらいになれば意思能力があるとされる。しかし，普通の大人でも泥酔している場合などは意思能力がなく，したがって，この状態の下でなされた約束などは無効になる。ただし，そのためには，無効を主張する者が意思能力のなかった旨を具体的・個別的に証明しなければならない。

この意思能力制度の他に，民法は，行為能力という制度を設けている。行為能力とは，現実に権利を取得し義務を負担する行為を単独で有効にできる資格のことである。民法はあらかじめ，この資格を制限される者（制限行為能力者と呼ぶ）を定型化・類型化し，併せて，それに適した保護者や保護の態様などを定めておくことで，判断能力の十分でない者を保護しようとした。民法が定める制限行為能力者には，①未成年者，②成年被後見人，③被保佐人，④被補助人の4種がある（20条1項参照）。これらの制限行為能力者がたとえ不都合な契約を結んだとしても，制限行為能力者であることだけを理由に（したがって，意思能力の有無を問うことなく）制限行為能力者の側からこれを取り消すことができる（120条1項）。契約が取り消されると，その契約は初めからなかったもの（無効）と扱われる（121条）。逆に，契約に不都合なところがなければ契約を追認（取消権の放棄）することもできる。追認すれば初めから有効な契約だったものと扱われる（122条）。しかし，取消権も追認権も行使されないと契約の有効・無効が確定せず，制限行為能力者の相手方が不安定な地位に立たされるため，相手方には催告権が与えられている（20条）。これは，制限行為能力者の側に対して一定の期間内に追認するか否かにつき確答を要求する権利で，その期間内までに確答がないと契約を追認したものとみなされ，契約を取り消すことができなくなる。なお，制限行為能力者が相手方を欺いて行為能力者であると誤信させた場合には，取消権は否定される（21条）。このような場合には，制限行為能力者を保護する必要がないからである。

(a) 未成年者

満20歳にならない未成年者は，原則として1人では売買のような取引行為を有効に行うことはできず，そのためには法定代理人の同意が必要となる。すなわち，未成年者は，（事前に）法定代理人の同意を得ることで単独で有効な行為ができるが，未成年者が同意を得ずに単独で行った行為は（事後に）取り消すことができる（5条1項・2項）。未成年者の場合には通常，その父母（親権者）が法定代理人になり，原則として父母双方の同意が必要である（818条3項）。ただし，父母の一方が死亡している場合には，生きている親の同意で足りるので，設問(3)については，Dの父親のFが交換契約（586条）を取り消すことで形見の品を取り戻すことができる。

以上の原則に対してはいくつかの例外が認められている。すなわち，①無償で贈与を受けたり借金を免除してもらうように，単に権利を得または義務を免れる行為は，未成年者が単独で有効に行うことができる（5条1項ただし書）。この場合，未成年者は，得をすることはあっても損をすることはないからである。また，②親が旅行の費用にと目的を定めてお金を与えた場合には，未成年者はその目的の範囲内で単独で随意にお金を使うことができる（5条3項前段）。③親から貰ったお小遣いで好きなお菓子を買う場合にも，親の同意はいらない（同条同項後段）。さらに，④未成年者が婚姻した場合には，それ以降，成年に達したものとみなされる（753条。婚姻については父母の同意が必要である。737条1項）。⑤営業が許された未成年者も，その営業に関しては成年者と同一に扱われる（6条1項）。

なお，生まれたばかりの赤ん坊や意思能力もない幼児については，親権者が法定代理人として本人のために本人に代わって（これを代理という），取引行為を行うことになる。設問(2)については，赤ん坊Bは，母親Cを通して贈与契約（549条）の効果を受け，目的物の所有権を取得する。

(b) 成年後見制度

従来，精神上の障害により判断能力が十分でない成年者を保障するための制度としてはの禁治産および準禁治産の制度があったが，本人の意思ないし自己決定権の尊重や，ノーマライゼーションの理念を考慮して，(i)後見，(ii)保佐，(iii)補助という3つの類型からなる新しい成年後見制度（法定後見制度）が2000年4月より施行された。プライヴァシーに配慮するため，従来の戸籍記載に代

わる新しい登記制度（「後見登記等に関する法律」）が採用されている。
　(i) 後　　見

　禁治産に代わる制度である。保護の対象者（成年被後見人と呼ぶ）は，「事理を弁識する能力」を欠く常況にある者で，本人，配偶者その他一定範囲の者（4親等内の親族など）の請求により家庭裁判所から後見開始の審判を受けた者である（7条）。成年被後見人の行為は常に取り消すことができ（9条），単独では有効な取引行為はできない。ただし，本人の自己決定権を尊重して，日用品の購入など日常生活に関する行為については単独でできる（9条ただし書）。その保護者は，成年後見人（8条）と呼ばれる法定代理人であり，本人のために本人に代わって取引行為をすることになる。

　(ii) 保　　佐

　準禁治産に代わる制度である。保護の対象者（被保佐人と呼ぶ）は，事理弁職能力が著しく不十分な者で，本人，配偶者などの請求により，家庭裁判所から保佐開始の審判を受けた者である（11条）。その保護者は保佐人と呼ばれる（12条）。被保佐人は，民法13条1項に列挙されている重要な財産上の行為（借金，保証，不動産の売買，建物の新増改築，訴訟の提起など）については単独ではできず，保佐人の同意が必要となる。ただし，日常生活に関する行為については後見の場合と同様に単独でできる（同条1項ただし書・2項ただし書）。

　法定行為以外の行為については保佐人の同意は要求されていないが，被保佐人の意思や状況によっては，保佐人に対して個別的に同意権・取消権を追加付与することができる（13条2項・4項）。保佐人が不当に同意を与えない場合には，被保佐人は家庭裁判所に対してその同意に代わる許可を求めることができる（同条3項）。なお，例外的に，保佐人が特定の行為につき代理権をもつ場合もある（被保佐人本人の請求ないし同意と家庭裁判所の審判が必要である。876条の4第1項・2項）。

　(iii) 補　　助

　認知症の状態にある人など軽度の精神上の障害者を保護するために創設された制度である。すなわち，保護の対象者（被補助人と呼ぶ）は，事理弁職能力が不十分な者で，本人，配偶者などの請求により家庭裁判所から補助開始の審判を受けた者である（15条1項）。本人以外の者の請求による場合には，本人の同意が必要となる（同条2項）。その保護者は補助人と呼ばれる（16条）。補

助の場合には，補助人に対して，前述した保佐の場合の法定行為（13条1項）の一部についてだけ，本人の意思や状況に合わせて個別的に同意権・取消権を付与することができる（17条1項ただし書）。補助の制度は，不十分ながらも一定程度の判断能力のある者の保護を目的としているからである。なお，補助人が不当に同意を与えない場合には，その同意に代わる家庭裁判所の許可の制度がある（同条3項）。また，補助人に特定の行為についての代理権が付与される場合がある（876条の9第1項）。ただし，代理権の付与には，同意権・取消権の付与の場合と同様に，本人の請求ないし同意と家庭裁判所の審判（しかも，この審判は補助開始の審判と同時になされなければならない）が必要である（15条2項・3項）。

2 医療技術の発達と人間

(1) 生殖医療

　人間は，自然の営みの中で生まれ天寿を全うして死に至る。おそらく，これが一般的・理想的な人間像であり，法もこれを前提にしていると考えてよいであろう。しかし，最近の医療技術の発達は，この人間像に革命をもたらし，法の世界にも大きな問題を投げかけている。たとえば，人間の「誕生」の場面でいえば，生殖医療の発達がある。1949年に慶応大学病院でわが国で初めてのAID（非配偶者間人工授精）による子が誕生した。以来，同病院では，AIH（配偶者間人工授精）を含めた人工授精児は1万人を数え，そのうちの7千人前後がAID児とみられている。全国的にみても，人工授精児は2万人を超えると推定されており，やはり，AIDがAIHよりも多いといわれている。AIHの場合であれば，生まれた子は遺伝的にも夫婦間の子であるから，通常はその嫡出子となるし，相続の点でも問題は比較的少ないといえる。これに対して，AIDの場合は，夫以外の精子による授精であることから，生まれた子の父は誰になるのか，その法的地位はどうなるのか，子は自分のルーツを尋ねることができるのか，といった点が法律上問題になる。生殖医療の進歩は真に不妊に悩む夫婦にとっては歓迎すべき朗報であろう。しかし，生殖技術そのものはすでに不妊治療の領域をはるかに越えるまでに発達しており，男女の産み分けの可否，AIDにおける精子の選定，婚姻や性を前提としない人工授精への対応などと

いった問題については，法律だけでなく，倫理・宗教・哲学などさまざまな観点からの検討が必要になろう。

(2) 安楽死問題

人間の「死」の場面では，森鷗外の小説『高瀬舟』でも扱われたテーマである安楽死の問題がある。山内事件（名古屋高判昭37・12・22高刑集15巻9号674頁）では，次の6つの要件が安楽死の合法性判断の基準とされた。すなわち，①病者が，現代医学の知識と技術からみて不治の病に冒され，しかもその死が目前に迫っていること，②病者の苦痛が甚だしく，何びとも真にこれを見るに忍びない程度のものであること，③もっぱら，病者の死苦の緩和の目的でなされたこと，④病者の意識が，なお明瞭であって，意思を表明できる場合には本人の真摯な嘱託，または承諾のあること，⑤医師の手によることを本則とし，これによりえない場合には，医師によりえないと首肯するに足る特別な事情があること，⑥その方法が倫理的に妥当なものとして認容しうるものであること，がこれである。事件は，脳溢血で倒れ激痛の中で「殺してくれ」と叫ぶ父親を，息子が事情を知らない母親を介して殺虫剤を飲ませ死亡させたもので，上記⑤⑥の要件がないとして執行猶予のついた有罪判決（嘱託殺人罪。刑202条）が下された。

また，東海大学病院事件（横浜地判平7・3・28判時1530号28頁）では，医師による致死行為が安楽死として許容されるためには，次の4つの要件が必要であるとされた。すなわち，①患者が耐えがたい肉体的苦痛に苦しんでいること，②患者は死が避けられず，その死期が迫っていること，③患者の肉体的苦痛を除去・緩和するために方法を尽くし，他に代替手段がないこと，④生命の短縮を承諾する患者の明示の意思表示があること，がこれである。事件は，医師が，家族の要請で末期ガンの患者に塩化カリウム製剤を注射し死亡させたというもので，上記①④の要件がないとして執行猶予のついた有罪判決（殺人罪。刑199条）が下された。以上2つの判決は，判断基準に微妙な差異があるものの，ともに安楽死が一定の要件の下で許容されることを認めた点で注目される。そもそも人間の自己決定権が，自己の生命の処分にまで及ぶのかどうか，死期の迫った激痛の中で判断能力を失った，あるいは，失いつつある患者の同意ないし承諾をいかに確保・確認するのかが，安楽死問題の課題であると思われる。

(3) 脳死と移植医療

　脳死とは，植物状態とは異なり，呼吸や循環機能の調節など生きてゆくために必要な働きをつかさどる幹脳を含めた脳の全体の機能が失われた状態である。わが国では法律上，人の死については心臓死説や三徴候死説（心臓拍動停止，呼吸停止，瞳孔散大）がとられ，脳死状態になったからといって臓器移植が許されるというわけではなかった。しかし，1997年10月に臓器移植法（「臓器の移植に関する法律」）が施行され，脳死者からの心臓，肝臓，肺，腎臓，膵臓，小腸などの移植が法律上可能になった。脳死判定・臓器摘出には，本人の書面による生前の意思表示（現在のところ15歳以上の意思表示を有効としているが，その改正の是非が問題になっている）と家族の承諾が必要である。前者については通常，臓器提供意思表示カード（いわゆるドナー・カード）に自己の意思を記入し署名する方式がとられる。もっとも，臓器移植法によって死の概念が新たに定義ないし創設されたわけではない。脳死を人の死とするためには，何よりも国民のコンセンサスの形成が必要である。

(4) クローン人間

　1997年2月，英国の科学雑誌に，体細胞の核移植という方法でクローン羊（ドリーと名付けられた）が誕生したとの論文が発表された。クローン羊とは，お互いに全く同じ遺伝子構造をもつ羊のことである。この技術はすでに牛，馬，豚などにも適用され，それぞれのクローン個体が誕生している。しかし，この技術をヒトに応用し，すでに存在する人と全く同じ遺伝子構造をもつ「クローン人間」などが作成されることになれば，人の尊厳の保持，人の生命・身体の安全確保ならびに社会秩序の維持という観点から重大な問題が生ずる可能性がある。そこで，かかる事態を防止するために制定されたのが，クローン規制法（「ヒトに関するクローン技術等の規制に関する法律」）であり，2001年6月より施行された。クローン人間などの作成（その技術的前提となる人クローン胚などの胎内移植行為）は，罰則をもって禁止されている（同3条・16条）。

第6章　契約自由の原則

> **設問**　次のような契約は認められるのか。また，後から契約を取り消すことはできるのか。
> (1)　客観的にはほとんど価値のない古物を，自分の趣味に合うからといって，その所有者から100万円で譲り受けた。この売買契約は有効か。
> (2)　12月24日に必要なスーツを洋服屋にオーダーしたところ，その洋服屋は12月23日までに作ることを快諾し，「万が一，期日に間に合わないようなことがあったら，お詫びに100万円支払う」といって約束したが，実際には12月23日に間に合わなかった。このとき洋服屋は，100万円支払わなければならないか。
> (3)　10万円の小切手を振り出す際に，本人は10万円のつもりで，小切手に「1,000,000円」と記入してしまった場合に，この小切手はどう扱われるのか。
> (4)　セールスマンが自宅に押しかけてきたので，「帰ってくれ」といったにもかかわらず帰らなかったので，帰ってもらうために，しぶしぶ契約に応じた。この契約は有効か。

1　契約自由の原則

(1) 契約自由の原則

　私たちの生活は自給自足の社会で行われているわけではない。さまざまな人との関わり合いの中で生活している。そして，この関わり合いは，多くの約束によって生じている。ここでの「関わり合い」，「約束」は，法律的には「権利関係の変動」，「契約」と呼ばれる。
　もっとも身近な例を挙げれば，私たちの生活に必要なものを売買によって売

主から購入する。それは，その品物の所有権が売買という契約を原因として相手（売主）から自分（買主）へ移転したと説明できる。また，その契約は，相手がその品物を「売ろう」（＝申込），こちらがそれを「買おう」（＝承諾）という，それぞれの意思表示が合致することで成立するのである。他にも，日常生活の中で何気なく行っていることも，法律的に見ればさまざまな契約に基づいている。たとえば，DVDのレンタルやアパートを借りるのは賃貸借契約，バスや電車に乗るのは運送契約，お金を借りるのは金銭消費貸借契約，そして就職やアルバイトをするのは雇用契約という契約になる。

　ここで大切なことは，「契約は当事者の意思（自由意思）に基づく」ということであり，その前提には「契約の当事者は対等である」ということがある。これは，いうまでもなく，民主主義＝「個人の尊重」から導かれるものである。すなわち，その背景には「一人一人の人間（個人）は自由かつ平等である」ことがあり，そこから，われわれは自らの責任において自分のことを行う（＝私的自治）という原則が導かれるのである。平等である以上，他者からの強制は認められない。それ故，私たちは，欲しくないものを買う必要はないし，また，欲しいからといっても契約条件について相手の提案に一方的に従う必要もないのであり，自らの思う条件に合わなければ断ることができる。逆に両者が納得していれば，どのような内容の契約でも——殺人依頼契約や愛人契約などのように，いわゆる「公序良俗」に反するものを除いて（民90条参照）——原則として自由に締結することができるのである（契約自由の原則）。

　したがって，客観的に価値の殆どない古物を100万円で買うことも，時価200万円のダイヤモンドをプレゼントすることも，公共工事の入札において，非常に安価な入札することも当事者が自由にできるのであり，それ自体両当事者の自由意思でなされた以上，なんの問題も起こらない。

　契約とは，このように一定の権利関係を変動させる行為であって，それ（＝法律効果）を望む人（＝当事者）の意思表示が合致することによって成立するものである。当事者の自由意思に従って権利関係の変動を自由になすことができるという原則を，「契約自由の原則」という。これは個人の意思を尊重することに他ならず，各人の生活を自ら形成・維持させようとする民法の基本原理の実現に不可欠なものなのである。契約成立に向けて，先になされた意思表示を「申込」といい，申込に対してなされる他方当事者の直ちに契約を成立させ

ることを内容とする意思表示を「承諾」という。

　私たちが生活を送る中で，契約は無数に締結され，その内容は百人百様である。このように多様な契約について，民法は，契約の典型的な類型を13種類定めている。その13種類とは，民法549条の贈与から始まり，売買・交換・消費貸借・使用貸借・賃貸借・雇用・請負・委任・寄託・組合・終身定期金，そして696条の和解までである。これらの民法に定められている13種類の契約類型を「典型契約」といい，それぞれの契約には特徴があり，その契約形態に関して民法にはいろいろな規定がおかれている。

　しかしながら，私たちが社会生活の中で締結するすべての契約が，この典型契約の1つの類型に収まるものでもない。すなわち，複数の契約の特徴をあわせもった契約もある（非典型契約）し，その契約をどのように捉えるかによって，異なる契約に分類されるものもある。たとえば，自分が病気になって医師に診療してもらうことを考えれば，その医師に治療を委ねたとも（この場合には法律行為ではない治療を委ねたので，民法656条の準委任契約となる），自らの病気を完治させることを依頼したとも（この場合には民法632条の請負契約となる），いろいろに捉えることができる。

(2) 動的安全と静的安全

　契約に不可欠な意思表示について考えよう。意思表示を概説すれば，私たちが「何か」を表示する場合，その過程は，条件反射を除いては，動機→効果意思→表示行為となっている。たとえば，疲れた→タクシーに乗りたい→道ばたで手を挙げる，という一連の行動となる。しかしながら，相手が認知するのは，この一連の行動のうち「表示行為」のみなのである。契約を含め，他者と関わる私たちの行動は，「表示行為」を信頼することが前提となっている。空車で流していたタクシーの運転手が，道ばたで手を挙げている人を見かけたら，「タクシーに乗りたい」のだと思う（＝信頼する）。

　そして，私たちの社会の中では，ほとんどの場合に，動機→効果意思→表示行為という一連の流れに齟齬（不一致）がないので，他者の表示行為を信頼して行動しても問題は起こらない。それ故，民法には〇〇〇〇についての特別の規定は置かれていない。私たちの社会の中で相手の表示行為を「信頼する」ことは，社会の中の前提となっており，その相手方の「信頼」を保護する必要が

出てくる。確かに，法の一般原則からすれば，いったん権利を取得した者はみだりに権利を奪われないことが原則ではあるが，元々の権利者の権利を犠牲にしても取引関係に入った者を保護する必要のある場合も生じるのである。前者の原則を「静的安全」，後者の要請を「動的安全（取引の安全）」という。

　動的安全が図られる一方で，静的安全も同様に保護される必要があり，この2つが衝突する場合に両者の調和が必要となってくる。たとえば，動機→効果意思→表示行為という一連の流れに齟齬がある場合，すなわち表意者の真意（意思）と表示行為との間に不一致がある場合に問題となり，民法93条から95条ではその1つの場合について規定している。たとえば，①親がその子供に対して，勉強するのを励ます意味で，そのつもりもないのに，「法学で『優』をとったら，車を買ってやる」といった場合，②自分では10万円のつもりで，小切手に「1,000,000円」と書いてしまった場合などがその例である。①の場合，親の真意は「買ってやるつもりはない」にもかかわらず，表示行為としては「買ってやる」といっているのであるし，②では「10万円」のつもりで「100万円」と書いているのである。

　ここでの大きなポイントは，①の場合には，表意者は自らの真意が「買うつもりはない」と認識していながら「買ってやる」といっているのに対し，②の場合には，表意者は自らが誤った表記をしたことに気付かずに「1,000,000円」と書き込んだことである。すなわち，両方ともに表意者の真意と表示行為とが不一致である点で同じであるが，①の場合には勉強を励ます方法には他にいくつもの手段がある＝「買ってやる」といわずに済んだ＝にもかかわらず，「車を買ってやる」ことを自ら選んだのに対して，②の場合には自らも気付いておらず，そのミスを防ぐことはできなかったということである。民法は，一方で自由意思の発現を尊重し，他方でわれわれには誤ることがある（＝100％の完璧はありえない）という観点から，この2つの場合に違った効果を与えている。①の場合（いわゆる「冗談」）を「心裡留保」といい，民法93条では，原則は表示どおりの効果を要求し（動的安全の保護，表示主義），例外として，相手方が表意者の真意を知っているか知り得たであろう場合にその意思表示を無効とした（静的安全の保護，意思主義）。これに対して，②の場合（いわゆる「勘違い」）を「錯誤」といい，95条で，原則として無効とした（静的安全の保護，意思主義）。これを当てはめれば，①の場合には，その子が親の『買ってやるつもり

はない』という真意を知っていたら親は車を買う必要はないが、そうでない（正面からその言葉を信じた）場合には車を買う必要があることになるし、②の場合では、原則として、その『1,000,000円』の小切手は無効となる。他にも、意思と表示の不一致に関して、民法94条では（通謀）虚偽表示を規定している。

　また、静的安全の保護を図る必要がある場合としてもう1つの場合がある。すなわち、表意者の意思形成はその自由意思に基づく必要があるが、他から何らかの影響を受けて、完全な自由意思に基づかずに意思表示がなされる場合である。たとえば、③相手方に「これを売らないとひどい目に遭わせる」などといわれて売ることを決めた場合、④相手方に「これを買えば、大儲けができる」などといわれて買うことを決めた場合である。この2つの場合の共通点は、表意者は「売る」・「買う」と決めて、「売る」・「買う」と意思表示をしているのであるから、前述の2つの場合のように意思と表示の齟齬はないが、その意思決定が完全な自由意思に基づいていないという点で表意者を保護する必要が認められる。このような意思表示を「瑕疵ある意思表示」といい、③の場合を「強迫」、④の場合を「詐欺」として、民法96条は表意者を保護しているのである。ただし強迫と詐欺では、その意思表示に、前者の場合には自らの自由意思が全く入っていない（＝相手の要求を避けることができない）のに対し、後者の場合には相手の言葉に従わないこともできたのに、100％ではないにしろ、自らの判断で契約をしてしまったという点で、表意者保護の程度に差が付けられている。

　以上でわかるとおり、契約の当事者は対等であるから、その契約の成立自体に問題があった場合には、動的安全、静的安全のどちらを保護するか＝両者のうちどちらを優先するか、が問題となるのである。これについて民法は解決法（基準）を与えているのである。

(3)　契約が破られた場合＝債務不履行

　契約という語は広く多様な意味で用いられるが、そのうち、もっぱら債権の発生を目的とする契約を債権契約という（以下、この章では債権契約を契約と表すことにする）。

　次に、契約が破られた場合にはどうなるのであろうか。両当事者の自由意思に基づいて契約が締結された以上、両当事者はその契約を内容どおりに行う

(＝約束を守る，履行する）義務がある。それにもかかわらず，締結された契約が履行されなかった場合には，当事者は責任を負わなければならない。当事者が契約通りの履行をしないことを「債務不履行」といい，民法415条では，その責任として相手方に損害を賠償することを規定している（同規定では，損害賠償を請求することができる，となっている）。さらに同541条〜543条では，その契約を解除できると規定している。ここでも，自由意思に基づいて契約を締結した以上，当事者はその履行をすることが要求されるのであり（＝義務），もし履行ができないときにはその責任を負うことが規定されている。

契約自由の原則から導かれる規定の1つとして，民法420条1項「当事者は，債務の不履行について損害賠償の額を予定することができる。この場合において，裁判所は，その額を増減することができない」があげられる。たとえば，「5万円のスーツを12月23日までに仕立てる」という契約を締結した洋服屋が，契約時に「債務不履行などあり得ない。もし不履行したら100万円支払う」と約束をした場合などがそうである。5万円のスーツに対して損害賠償の予定額が100万円というのは——洋服屋の自信の表れであったかもしれないが——，客観的にはあまりにも釣り合っていないと思われるが，そのような約束も自由なのであり，実際に洋服屋が期日の12月23日までに仕立て上げられなかったら，100万円を支払わなければならないのである。そしてこの額（賠償の予定額）は，裁判所も増減することはできない。

(4) 典型契約のいくつかの例

次に，上述した民法の規定する13種類の典型契約のうち，私たちに馴染みの深い，売買・贈与・消費貸借・賃貸借・雇用の5種類の契約を取り上げ，民法がどのようにそれぞれの契約の当事者の利益を調整しているのかを概説する。

(a) 売買——双務契約の中の典型——

もっとも私たちの社会の中でなじみのある契約であろう。私たちは生活に必要な財を購入することで暮らしが成立している。では，売買とはどのような契約なのであろうか。

民法555条は，「売買は，当事者の一方がある財産権を相手方に移転することを約し，相手方がこれに対してその代金を払うことを約することによってその効力を生ずる」と規定する。すなわち，売買は売主が，商品や土地等の「物」

の所有権などの財産権を買主に移転し，買主がその代金を支払う契約である。ここで注意したいのは，売買契約は，当事者（売主・買主）の「売る」・「買う」という意思表示の合致だけで，目的物の引渡しとか，代金の支払いとかがなくても成立するという点である。この「売る」・「買う」という意思表示のうち，先になされたものを「申込み」といい，これに対する相手方のものを「承諾」という。よって，売買契約の成立には，売主・買主の申込みと承諾が一致することが要件となる。このように意思表示の合致だけで成立する契約は諾成契約と呼ばれ，典型契約の多くはこの諾成契約である。

　売買契約が成立すれば，その効果として売主には目的物を買主に完全に引き渡す義務（債務）が生じ，他方，買主には代金の支払義務が生じる。この双方の義務は互いに対価関係にある。このように契約の効果として双方の当事者が対価的意義を有する債務を負担する契約を双務契約という。民法は公平の観念に基づき，双務契約当事者の一方は，相手方がその債務の履行を提供するまでは自己の債務の履行を拒みうるとし，この権利を「同時履行の抗弁権」という（民法533条）。

　典型契約の多くはこの売買のように双務契約であり，民法上，売買はこの双務契約の典型であるとされ，他の双務契約で売買の規定が準用されている（民595条）。また，売買契約による売主の義務は目的物の引渡義務であり，その義務が守られればよいのであるから，契約時点において，その目的物が自己所有でなくても構わない（他人物売買，民560条）。その目的物を所有者から取得して，買主に引き渡せばよいのである。これに対して，買主は，対価を払って権利を取得したのであるから，もし売買の目的物である品物や権利に不完全な点があれば，売主に対して，代金の減額請求，契約の解除（一方的な意思表示によって，契約の効力を失わせること）あるいは損害賠償の請求ができる。これを売主の瑕疵担保責任という。

　(b) 贈　　与

　無償，つまりタダで他人に財産を与える契約である（民549条）。あげる・もらうという意思表示の合致だけで成立する（諾成契約）。契約であるから，贈与の申し出を断われば，贈与は成立しない。贈与は，売買と違い，贈与をする者だけがそれを実現する義務を負担しており，相手方はこれと対価関係にある義務をもたない。このような契約を片務契約という。

贈与の約束は，それが片務であること，そして口頭での贈与の約束はしばしば軽率になされることがあるし，また，言ったの言わないのと後日争いになることも多いことから，原則として双務契約よりも当事者を拘束する力は弱い。贈与が書面にされて明確になっていれば別であるが，そうでない場合には，一方的に取り消すことができる（民550条）。しかし，口頭での約束であっても，それが履行されてしまえば，もはや返せとはいえない。贈与は無償で他人に財産を与えるものであるから，その目的物に不完全な点があっても，売買とは異なり，贈与者は担保責任を負担しないのが原則である。ただし，贈与者がその不完全性を知りながら相手に知らせなかった場合は別である。

(c) 消費貸借

あまり聞き慣れない言葉であるが，借金の契約がその代表である。金銭その他の代替物（米・麦・酒など）を借りて，後日，それと種類・品質・数量の同じ物を返すという契約である（民587条）。借主が受け取った同一物を返すのではなく，それを消費したうえでそれと同価値のものを返すことから，この名がある。たとえば1万円を借りたときに，後日返すのは借りたその紙幣（紙幣固有の記号・番号が同一のもの）ではない。

消費貸借は諾成契約ではない。すなわち，「貸す」・「借りる」という意思表示の合致だけでは成立せず，返還約束があり実際に金銭などが貸主から借主に渡されたときに成立するとされる。この種の契約を要物契約という。消費貸借には利息を付ける場合とそうでない場合とがあるが，借主の利息支払義務は双方の特約により生ずるのが原則である。この消費貸借契約からは，借主の返還義務が生じるが，貸主はこれと対価関係にある義務を負担していないのであり，消費貸借契約は片務契約となる。利息を払う特約があっても同様である。

(d) 賃貸借

貸主（賃貸人）が借主（賃借人）に土地・建物などを使用収益させるのに対して，借主が貸主に賃料を支払うという諾成契約である（民601条）。アパートや駐車場，あるいはDVDなどを借りる契約がそれである。賃貸借において貸主は，目的物を引き渡す義務を負うが，その他に目的物を借主の使用・収益に適した状態におく積極的義務を負う。使用・収益に適した状態であるからこそ「借りる」のであるからである。その中で重要なものとして修繕義務がある。貸主がこの義務を履行しないときは，その程度に応じて借主は，賃料の支払い

を拒絶できる。その一方で借主は，賃料支払義務・賃借物返還義務，賃借物を返還するまで注意して使用収益しなければならないという保管義務を負担することになる。

ところで，土地や建物などの不動産の借主は，貸主に対して不利になることが多い。たとえば，その土地や建物などが売却され，その所有者が代わると，借主は新しい所有者に対してその賃借権を対抗できなくなる。これを，「売買は賃貸借を破る」という。民法は，賃借権を登記すれば対抗できると規定するが（民605条），土地や建物の賃貸借において登記がなされるのは実際上は稀であり，借主の保護が十分ではない。また，民法上は特約があれば，どんなに短い期間の賃貸借も可能であるし，その期間を決めなかった場合には，各当事者はいつでも解約申入をすることができ，解約申入から，土地については1年，建物については3カ月の期間を経て賃貸借は終了する（民617条1項）。しかし，生活基盤となっている不動産を賃借している人（借地人，借家人）からすれば，このような規定の存在により，賃貸人の都合で賃貸借契約が終了してしまうことになり，賃借人はきわめて不安定な地位に立たされることになる。そこで，民法に優先する特別法である「借地借家法」により，その保護を図っている。借地借家法によれば，①建物の所有を目的とする土地の賃貸借では，その借地権の登記がなくとも借地権者が登記をした建物を有するときは，土地の新所有者といった第三者に賃借権を対抗できるし（借地借家法10条），また，建物の賃貸借では，その登記がなくとも引渡しがあれば新所有者に対抗できるとし（同31条），②借地権の存続期間を法定化し（同3条），③正当な事由がない限り，貸主は解約の申入や更新の拒絶ができない（同6条・28条）と規定し，賃貸人に比べ弱い立場にある賃借人を保護している。

(e) **雇用（労働契約）**

労働者が使用者に対して労務に服することを約束し，使用者がこれに対して報酬を与えることを約束する契約である（民623条）。これは，労働者の労働力を使用者が購入する売買契約を焼き直したものと考えればよい。雇用契約は，働く義務と給料を支払う義務とが相互に対価関係にあるため双務契約であり，意思表示のみで成立するため諾成契約である。資本主義社会では，労働者が不利な条件で働かされるおそれがあるので，労働者を保護するために各種の特別法が定められている。たとえば，最低の労働条件を法定化し，これに反する契

約を無効とする労働基準法や最低賃金を保障した最低賃金法がある。ここでも，契約自由の原則が大きく制限を受けていることに注意したい。

2 契約自由の原則と制限

「契約自由の原則」は，個人の意思の尊重を日常生活の権利関係の形成に反映させることによって，経済取引を活発化し，資本主義的な自由経済を発達させることに貢献した。しかし，その発達の中で大企業が生まれ，本来対等な立場にあるはずの当事者の間に力関係が生じ，経済的な強者と弱者との対立が出現し，格差を生じることとなった。すなわち，「契約自由」の名のもとに，経済的強者が一方的に自己に有利な契約内容を決定し，逆に，経済的弱者はどんなに不利な契約でも受け入れざるをえないという状況が生じたのである。そこで，実質的な自由・平等の関係を確保するために，契約自由の原則の制限が考えられるようになった。基本的人権にも，それまでの自由権・平等権に加えて，1919年のワイマール憲法以降，新たに「社会権」が規定されるに至ったことにもつながる。ここでは，①契約の締結，②契約の内容決定，③契約の方式といった各場面での自由として現れる「契約自由の原則」が，どのように制限されているのかをみていくことにする。

(a) 契約締結の自由と制限

契約を結ぶか結ばないかは，本来，各人の自由にゆだねられている。しかし，公共性の強いもの，たとえば日常生活に不可欠なものについて，契約の締結が一方的に拒否されうるとしたら問題である。そこで，電気・ガス・水道などの独占的企業，医師・薬剤師といった公共的な職業などについては，契約の締結が強制されている。また，前述したように，借地人・借家人を保護するために，土地や家屋の貸主は，正当な理由がない限り契約の更新を拒めない。

(b) 契約の内容決定の自由と制限

各人は契約の内容を自由に決定できるのが原則である。しかし，公共性の強い独占的な事業については，その契約内容（たとえば，料金など）につき，あらかじめ国の許認可を受けることが要求される場合がある。また，借地人・借家人や労働者に不利な特約については，関係法令によってその効力が否認される場合がある。さらに，契約がすでに締結された後でも，インフレなど，当事

者の予想もしなかった経済的な事情の変動によって，契約内容が著しく不当になった場合に，契約内容の改訂や契約の解除が認められることがある。

(c) 契約の方式の自由と制限

契約の成立には原則としてなんらの形式をも要しない。しかし，消費貸借などについては民法が要物契約とし，契約の成立に金銭などの物の引渡しが必要とされる場合もあるし，また，契約の存在や内容を明らかにして争いを防ぎ，経済的弱者が不利益を受けないように，一定の書面の作成が求められている場合もある（労働組合法14条）。

3 消費者保護法（消費者法）

1960年代から日本は高度経済成長期に入り，経済成長率は高水準で推移したが，その一方で，危険な商品や欠陥商品などで消費者が被害を受ける事件が多発するようになり，大量生産・大量販売・大量消費の中で，被害の範囲や額は拡大し，深刻な社会問題となった。また，誇大広告や悪徳商法などによる被害も顕在化した。

時期を同じくして，消費者保護につき，①安全を求める権利，②情報を受ける権利，③選ぶ権利，④意見を聴いてもらう権利という「消費者の4つの権利」が1963年にアメリカで提唱され，消費者の権利の保護にあたり，これがその後の消費者保護政策の基本原理とされた。日本においても，1968年に消費者行政や消費者保護政策に指針を与えるための「消費者保護基本法」が制定・施行され，消費者を「保護すべき立場」にあるものと位置づけた。これ以降，消費者保護を目的とした行政や立法の動きが本格的に展開されるようになった。

(1) **消費者基本法**（2004年施行）

この法律は従来の「消費者保護基本法」を改正したものであり，2004年6月に成立，施行された。この法律の特徴は，消費者が「保護される立場」から「権利をもつ自立した立場」として位置づけられたことである。①複雑化・多様化している消費者トラブルの急増，②BSE問題をはじめ，有名食品メーカーの偽装表示や自動車会社のリコール隠し，原発のトラブル隠しなど，暮らしに直結した事件の企業の不祥事の続発，③人・物・サービスが国境を越えて

行き来され，インターネットを使った犯罪や国際的な取引をめぐるトラブルが急増している現状（＝国際化する消費者問題）をふまえて，行政が業者規制を通じて消費者を保護するのではなく，消費者が自分の権利を行使できるルール作りや被害救済のための支援体制を整備しようという考え方へと変わってきた。つまり，消費者保護という目的は同じであるが，その保護する手段が従来のものとは変化しているといえよう。その結果，この法律では，消費者被害を未然に防ぎ，事業者（企業）の責任を問いやすくなった一方で，「事業者が情報公開しているにもかかわらず，知らなかった消費者に責任がある」といった，自己責任が問われることにもなりかねない。これからの社会では，法の趣旨を理解し，私たち一人一人が賢い消費者になることを目指す必要がある。

(2) 消費者保護立法

経済や社会の複雑化などにともなって，消費者保護の要請は強まっていく。そこで，1976年には訪問販売や通信販売，連鎖販売取引を公正にし，購入者の利益保護および商品等の流通を円滑にし，国民経済の発展に寄与することを目的に「訪問販売法（訪問販売等に関する法律）」が制定され，以後の改正において，電話勧誘販売や特定継続的役務提供，業務提供誘引販売取引が加わり，現在では6つの取引形態を対象としており，その名称も「特定商取引法（正式名：特定商取引に関する法律）」となっている。

また，消費者保護の一環として，独占禁止法や不正競争防止法などの既存の法についても見直され，時代の変遷を背景に改正がなされているほか，さらに個別の業法，例えば貸金業法，割賦販売法，宅建業法などの制定・改正も進められてきている。

これらの動きを総括すれば，契約当事者の地位の対等を前提に，「両当事者が各自の自由意思で契約を締結することの実現」を図っているということができる。

また，近年，消費者保護を目的とする「柱」となる3法，(a) PL法，(b)消費者契約法，(c)消費者基本法が施行されたが，ここでも，「契約自由の原則」が修正されていることがうかがえる。

(a) PL（製造物責任）法 (1995年施行)

製造物責任法とは，製品の欠陥によって生命，身体または財産に損害を被っ

たことを証明した場合に，被害者は製造会社などに対して損害賠償を求めることができる法律であり，本法は円滑かつ適切な被害救済に役立つ法律である。具体的には，製造業者等が，自ら製造，加工，輸入または一定の表示をし，引き渡した製造物の欠陥により他人の生命，身体または財産を侵害したときは，過失の有無にかかわらず，これによって生じた損害を賠償する責任があることを定めている。この法律の施行に合わせて，企業はPLセンターを設置するなどの窓口を設けるようになった。

(b) 消費者契約法（2001年施行）

消費者契約法は，消費者と企業との間に情報の質・量や交渉力に格差があることを考慮し，消費者の利益擁護を図るために，消費者に不公正な契約の取消権を与え，また，不当な契約条項を無効とする旨を規定している（1条）。この法律の対象は，消費者と事業者が結んだ契約のすべてであり，契約上での弱者になりやすい消費者を保護しようとするものである。

すなわち，具体的には第1に，契約締結過程において，①不実告知（契約の重要事項について事実と異なることを告げること），②断定的判断（将来における不確実な事項につき断定的な判断を告げること），③不告知（消費者に不利益となる事実を故意に告げないこと），④不退去・監禁（自宅に居座ったり，勧誘している場所から退去させないこと）などがあった場合には，消費者契約の申込みや承諾の意思表示を取り消すことができる（4条）。ただし，この取消権は，追認をすることができる時から6カ月，また，契約締結時から5年で時効消滅する（7条1項・2項。民法では追認をすることができる時から5年，行為の時から20年と規定されている——民126条）。第2に，契約内容に関しては，①企業の損害賠償責任を全部免除するような条項（8条），②消費者の利益を一方的に害する条項（10条）は無効とし，③契約解除の場合などに消費者が支払うべき法外な損害賠償の予定額や違約金を定める条項（9条）については，一定額を超える不当な部分について無効とした。なお，労働契約については本法の適用が除外されている（12条）。

第7章 不法行為

> **設問**
> (1) Aが自動車を運転中，信号を無視して交差点に進行したために，道路を横断中の歩行者Bをはねてケガをさせた。
> (2) 川の流域に住む住民のあいだに，有機水銀中毒症の患者が多数発生した。そこで，被害者Cらは，上流にあるD会社の工場の排水に原因があるとして，D会社に対して損害賠償を請求した。

1 不法行為——損害の公平な分担

(1) 不法行為とは

　1つの事故がいくつかの法的問題にかかわってくることがある。すなわち，設問(1)の場合，Aの行為は業務上過失致傷罪（刑211条）に該当する。これが刑事責任である。また，道路交通法違反として，運転免許の取消し，または停止の処分を受けることがありうる（道交103条）。これが行政処分である。さらに，AはBに対して，治療費等の損害を賠償しなければならない。これが民事責任である。このような民事責任を発生させるものが不法行為制度である。不法行為とは，故意または過失によって他人の権利ないし法律上の利益を違法に侵害する行為である。ある人が他人に損害を加えた場合，被害者は加害者に対して損害賠償を請求できる。この不法行為は多彩である。たとえば，人を殴ってケガをさせることや，名誉毀損をすることのほか，最近では，自動車事故，公害，医療過誤，欠陥商品による事故（後述する製造物責任）などが問題になっている。
　不法行為は，一般的不法行為と特殊な不法行為とに分けられる。民法709条が不法行為の一般原則について定めており，不法行為の成立要件が，主に民法

709条によるものを一般的不法行為といい，それとは異なる特殊な要件で成立するものが，後述する特殊な不法行為である。

(2) 一般的不法行為の成立要件

不法行為が成立するためには，①加害者の故意・過失，②加害者の責任能力，③違法な権利侵害，④損害の発生，⑤権利侵害行為と損害の発生との間の因果関係が必要である。②の責任能力については，民法712条・713条が，その他の要件については，709条が定めている。

(a) 故意・過失

民法709条は，不法行為が加害者の故意または過失によることを要するとしている。故意とは，自分の行為によって，ある結果が発生することを認識しながら，あえてその行為をするという心理状態をいい，これに対して過失とは，不注意により認識しないでその行為をするという心理状態をいう。これを総称して過失責任という。したがって，不可抗力で他人に損害を生じさせても責任がないことになる。もっとも，注意の内容は具体的な事件によって異なる。過失責任の原則の下では，通常の注意を払っていれば責任を負うことはない。日常生活において人々は安心して行動することができ，企業も発展することができた。その反面，この原則を貫くと被害者救済の点で問題が生じる。そこで，たとえ注意深く行ったとしても，生じた損害について責任を認めるべきであるとする，無過失責任論が台頭することになった。民法では717条が，また特別法では，鉱業法109条，大気汚染防止法25条，水質汚濁防止法19条，独占禁止法25条などが無過失責任を定めている。さらに，法規上は過失責任が規定されていても，これを法解釈によってできるだけ無過失責任に近づける場合もある。

失火責任の特別法として，「失火ノ責任ニ関スル法律」（失火責任法）があり，同法は，「民法第709条ノ規定ハ失火ノ場合ニハ之ヲ適用セス但シ失火者ニ重大ナル過失アリタルトキハ此ノ限ニ在ラス」と定める。重過失とは，著しく注意を欠いた場合をいう。同法が軽過失の場合に失火者に責任を負わせないとするのは，失火者自身も自己の財物を焼失していること，またわが国は木造家屋が多く，火災による被害が広範囲に及ぶこともあり，失火者の責任を軽減するためである。しかし，被害者保護の点から批判もある。

(b) 責任能力

故意・過失が要求されるかぎり，その前提として，加害者に責任を判断する能力が必要である。これを責任能力という。この能力を欠く者は責任無能力者と呼ばれ，その者の不法行為責任を問うことができない。この場合，その監督者の責任が問題になる（民714条参照）。

① 未成年者の場合，「自己の行為の責任を弁識するに足りる知能を備えていなかったとき」に責任を免れることができる（民712条）。これは，当該行為が，違法なものとして法律上非難されるものであることを理解しうる能力がなければ，賠償責任を負わないという意味である。この能力は画一的に決められるものではなく，個別的に判断される。大体12歳ぐらいが責任能力の有無の基準となる。したがって，たとえば，幼児が石を投げて他人をケガさせたとしても，その子供自身に責任はないことになる。

② 精神上の障害により自己の行為の責任を弁識する能力を欠く状態にある間に，他人に損害を加えた者も損害賠償責任を負わない（民713条）。ただし，故意または過失によって一時的にその状態を招いたものであれば，免責されない（同条ただし書）。

(c) 違法な権利侵害

他人の権利ないし利益を違法に侵害したことが必要である。民法709条は，法文上，「権利」の侵害を成立要件としている。そこで，当時著名な浪曲家であった桃中軒雲右衛門が吹き込んだレコードを，他人が権限なしに複製販売した事件において，大審院は，その旋律は常に必ずしも一定するものではなく，浪花節に著作権はない。そのレコードを複製販売しても権利侵害とはいえないから，不法行為にならないとした（雲右衛門事件・大判大3・7・4刑録20輯1360頁）。この判決に対して，何々権という名称をもった権利を侵害しなければ不法行為は成立しないことになり，権利概念を狭く解した点が批判された。その後，大学湯という名称で風呂屋をしていた者が，建物の賃貸借終了のときに，その老舗を売るのを妨げた家主に対して損害賠償を請求した事件において，原審は，老舗は権利ではないとしたが，大審院は，権利侵害をゆるやかに解し，家主の不法行為の成立を認めた（大学湯事件・大判大14・11・28民集4巻670頁）。すなわち，法律上保護すべき利益の侵害があれば，不法行為が成立することになる。学説も，この事件を契機に，何々権の侵害があったというよりも，行為

58 　第7章　不法行為

```
不法行為 ─┬─ 一般的不法行為（一般原則，民709条）
         │    自己の加害行為についての責任（自己責任の原則）
         └─ 特殊な不法行為 ─┬─ 他人の加害行為についての責任
                           │    （民714条，715条，716条）
                           ├─ 物による加害についての責任
                           │    （民717条，718条）
                           └─ 共同不法行為（民719条）
```
（このほかに，特別法による特殊な不法行為がある）

が違法であれば不法行為が成立すると解するようになった（権利侵害から違法性への展開）。

　権利の侵害があるかのようにみえても，特別な事情があるために違法性がなく，不法行為が成立しない場合がある。これを違法性阻却事由という。民法は，正当防衛（民720条1項。たとえば，強盗に襲われ，やむをえず反撃し，これを負傷させた場合）と緊急避難（同条2項。たとえば，他人が飼っている犬に襲われ，これを殺傷する場合）を定めている。このほか，正当行為（たとえば，医師の治療行為）は，原則として違法性がない。

　(d)　損害の発生

　不法行為法は，生じた損害の填補を目的としているために，加害行為によって，損害が発生したことが必要である。たとえ違法行為がなされても，損害が発生しなければ，不法行為は成立しない。

　(e)　因　果　関　係

　損害が，加害者の行為によって生じたという関係（因果関係の存在）が必要である。因果関係があることは，原則として原告，すなわち被害者側が証明しなければならない。人を殴ってケガをさせた場合，この証明は容易であるが，因果関係が不明確な場合がある。たとえば，公害事件，医療過誤事件など，いわば現代型不法行為がそれである。このような事件では，因果関係の有無の認定がきわめて困難であり，しかも，その存否が訴訟の重要な争点となることが多い。裁判所は，必ずしも厳密な科学的証明を要求しているわけではなく，証明の負担の軽減を図っている裁判例もある。設問(2)に類似した事件において，新潟地方裁判所は，因果関係のすべてにわたって証明が必要なのではなく，汚染源の追及がいわば企業の門前にまで到達した場合には，むしろ企業側におい

て，自己の工場が汚染源になりえない理由を証明しないかぎり，その存在を事実上推認され，その結果，すべての法的因果関係が立証されたものと解すべきであるとした（新潟水俣病事件・新潟地判昭46・9・29下民集22巻9=10号別冊1頁）。

(3) 不法行為の効果

(a) 損害賠償の方法

不法行為の成立が認められれば，その効果として，被害者は加害者に対して損害賠償を請求できる（民709条）。損害賠償の方法は，原則として金銭賠償である（民722条1項・417条）。財産的損害ばかりでなく，精神的損害（慰謝料）も金銭に評価してなされる。民法は，例外として，名誉毀損の場合には適当な処分を命ずることができるとしている（民723条）。通常，新聞紙上に謝罪広告を掲載する方法がとられる（判決において謝罪広告を命じることと憲法19条との関係について，第20章参照。名誉を回復するその他の手段として反論権が考えられる。このことについて第23章参照）。

損害賠償に関して，何が損害なのか，損害額をどのように算定するかが問題になる。たとえば，設問(1)において，被害者Bが払う治療費，入院費などの積極的に支出した費用（積極的損害）は賠償の対象となる。これに対して，Bが成人の男性労働者であって，受傷した結果，働けなくなった場合には，Bの収入を基準にしながら，将来の得べかりし利益（逸失利益）を計算することになる。もし，Bが死亡した場合，死亡当時の収入を基準にして，生存していたならば得べかりし利益を計算し，そこから必要な経費を控除する方法がとられる。判例は，被害者が幼児または主婦である場合にも損害賠償請求を認めている（最判昭39・6・24民集18巻5号874頁，最判昭49・7・19民集28巻5号872頁）。死亡したBが女子の幼児・年少者である場合，その逸失利益を算定するにあたり，現実社会において男女間に所得格差があるため問題になる。従来，基礎収入の額として，女子労働者の平均賃金を用いてきたが，東京高判平13・8・20判時1757号38頁は，男女を併せた全労働者の平均賃金を用いるのが合理的であるとした点が注目された。

(b) 損害賠償請求権者

被害を受けた本人が損害賠償を請求できるが，胎児も被害者と扱われ，請求できる（民721条）。被害者が死亡した場合，被害者の「父母，配偶者，子」と

いう近親者にも固有の慰謝料請求権が認められる（民711条）。同条所定以外の人も，これに準じるものとして慰謝料を請求できる場合がある（最判昭49・12・17民集28巻10号2040頁は，死亡した被害者の夫の妹について，本条を類推適用した）。また，身体傷害であっても，被害者が生命を害された場合にも比肩すべき精神上の苦痛を受けたときは，近親者に慰謝料請求権が認められる（最判昭33・8・5民集12巻12号1901頁。民709条，710条を根拠にしている）。

被害者が死亡した場合，判例は，その相続人が当然に慰謝料請求権を相続すると解している（最判昭42・11・1民集21巻9号2249頁）。しかし，学説においては，相続否定説が有力である。

(c) 過失相殺

設問(1)において，もし歩行者Bが，赤信号を無視して飛び出したためAの自動車にはねられた場合，Bの行為を考慮しないで，BのAに対する損害賠償を全額認めることは不公平となる。そこで，民法722条2項は，被害者に過失があったとき，当事者間の公平の立場から，裁判所は，これを考慮して，損害賠償額を定めることができると定めている。つまり，被害者は，加害者に対して，必ずしも全額の請求はできないことになる。被害者が未成年者であっても，事理を弁識するに足りる知能を備えていれば過失相殺ができる（最判昭39・6・24民集18巻5号854頁。小学2年生について肯定した）。Bが幼児であった場合はどうであろうか。幼児は，判断能力に欠ける。判例は，被害者の過失とは，被害者本人の過失だけでなく，ひろく被害者「側」の過失をも含むとし，被害者の父母に監督上の過失があれば，これを斟酌できるとしている（最判昭34・11・26民集13巻12号1573頁。被害者側とは，「被害者と身分上ないしは生活関係上一体をなすとみられるような関係にある者」の過失をいい，保育園の保母（当時）について否定している。最判昭42・6・27民集21巻6号1507頁）。

2 特殊な不法行為

(1) 民法上の特殊な不法行為

(a) 監督者責任（民714条）

前述のように，未成年者や精神病者などは他人に損害を加えても，責任無能

力者として賠償責任を負わない場合がある（民712条，713条参照）。そこで，被害者を救済するために，法定の監督義務者（親権者，後見人など）およびこれに代わって監督する代理監督者（精神病院の医師など）が，監督者として賠償責任を負う。これらの者は，自分が監督義務を怠らなかったことを証明すれば責任を免れることができるが，この免責はほとんど認められず，実質的には無過失責任に近くなっている。たとえば，5，6歳くらいの子供が不法な行為をした場合，その子供に責任はなく，原則として，その監督義務者である父母が責任を負うことになる。

　民法714条は，「責任無能力者がその責任を負わない場合」と規定しているために，未成年者に責任能力がある場合には，未成年者自身が責任を負い，監督義務者は責任を負わない。しかし，未成年者には賠償能力がないことが多く，これに対する請求は実効性に欠けてしまう。そこで，判例は，「未成年者が責任能力を有する場合であっても監督義務者の義務違反と当該未成年者の不法行為によって生じた結果との間に相当因果関係を認めうるときは，監督義務者につき民法709条に基づく不法行為が成立する」とし，親の責任を認めた（最判昭49・3・22民集28巻2号347頁。これは中学3年生が，新聞代金の集金をしていた中学1年生を殺害し，その代金を強奪した事件である。なお，民法714条と失火責任法との関係であるが，責任を弁識する能力のない未成年者の行為により火災が発生した場合，監督義務者に未成年者の監督について重大な過失がなかったときは，損害賠償義務を免れると解されている。最判平7・1・24民集49巻1号25頁。これは小学4年生がマッチで紙に火をつけ，倉庫を全焼させた事件である）。

(b)　**使用者責任**（民715条）

　他人に使用されている者が，その事業の執行について第三者に損害を加えた場合，使用者またはこれに代わる代理監督者（工場長，現場監督者など）が，この損害について賠償責任を負うことになる。本条ただし書は免責の余地を認めているが，それが認められることはほとんどなく，使用者責任は実質的には無過失責任に近くなっている。この規定は，使用者は，他人を使用して収益をあげている以上，それにともなって生ずる損害を負担すべきであるという考え方（報償責任）に基づいている。

　使用者責任が認められるためには，使用者・被用者の関係があること，被用者が事業の執行について不法行為をしたことが必要である。判例は，事業の執

行にあたるか否かについて，行為の外形からみて事業の執行とみられればよいと解している（外形理論または外形標準説）。この考え方は，株券偽造のような取引的不法行為（大判大15・10・13民集5巻785頁）ばかりでなく，自動車事故のように取引行為が介在しない事実的不法行為にも採用されている（最判昭30・12・22民集9巻14号2047頁）。なお，相手方が被用者の職務権限外であることを知っていたか，または重大な過失によりこれを知らなかった場合には，使用者責任を問うことができない（最判昭42・11・2民集21巻9号2278頁）。

(c) 注文者責任（民716条）

注文者は，工事中に請負人が第三者に加えた損害について，原則として責任を負わない。ただし，例外的に注文者も責任を負う場合もあるとされるところに本条の意義がある。

(d) 土地工作物責任（民717条）

土地の工作物の設置または保存に瑕疵（すなわち，欠陥）があることによって他人に損害を加えた場合（たとえば，屋根が崩れて通行人がケガをした），第1次的に工作物の占有者（たとえば，借家人）が，そして占有者が損害の発生を防止するのに必要な注意をしたときは，所有者が損害を賠償することになる。占有者には免責の余地があるが，所有者にはなく，無過失責任を負う。この規定は，危険を及ぼすおそれのある物を占有ないし所有する者は，危険防止に十分注意を払うべきであり，これから損害が生じた場合には，その賠償責任を負わせることが妥当であるという考え方（危険責任）に基づいている。

土地工作物責任が成立するためには，第1に，土地の工作物から損害が生じたことが必要である。土地の工作物とは，たとえば建物，塀などである。しかし，現代社会には数多くの危険な施設が存在しているために，判例・学説は，「土地の工作物」概念をできるだけ拡張的に解釈し，被害者を救済しようとしている。第2の要件として，設置または保存に瑕疵があることが必要である。瑕疵とは，その工作物が本来備えるべき安全性を欠くことを意味する。何ら保安設備を設けなかったことが瑕疵に該当する場合がある（最判昭46・4・23民集25巻3号351頁。踏切事故について，本条に基づいて鉄道会社の責任を肯定した）。

(e) 動物占有者責任（民718条）

動物の占有者または管理者は，動物が他人に加えた損害について賠償責任を負う。ただし，相当の注意を払って管理したときには責任を免れることができ

る。しかし，裁判所は，免責事由の立証をなかなか認めない。たとえば，飼い主の手を離れて走り出したダックスフント系の愛玩犬が近づいてきたために，7歳の子供が自転車の操縦を誤り，川に転落し左眼を失明した事件で，飼い主の責任を認めた（最判昭58・4・1判時1083号83頁）。この規定は，動物から生ずる危険はこれを所持している者が負担すべきであるという，一種の危険責任の考え方に基づいている。動物の種類に制限はないが，通常問題となるのは，犬，牛，馬などである。Aが動物をけしかけてBに損害を加えた場合には，Aについて民法709条の責任が問題になる。ペットブームが続いており，本条は，その重要性を増している。

なお，ペットをもてあまし捨てる飼い主もいる。平成12年に「動物の愛護及び管理に関する法律」（動物愛護法）が施行され，飼い主の責任・罰則が強化されている。

(f) 共同不法行為（民719条）

数人が共同して不法行為をすることを共同不法行為といい，被害者救済のため，各人が連帯して賠償責任を負う。これには3つの態様がある。すなわち，第1に，数人が共同の不法行為により他人に損害を加えた場合（1項前段。たとえば，数人が共同してAを殴打した場合），第2に，共同行為者のうちいずれの者が加害者か不明の場合（1項後段。たとえば，殴打の最中，誰かがナイフでAを傷つけたが，それが誰であるかがわからない場合），そして，第3に，教唆・幇助の場合（2項）である。

共同不法行為は，複数企業による公害の場合にも問題になる。たとえば，四日市市でコンビナートを形成する会社が煤煙を排出し，住民がぜんそくにかかったために，被害者が企業6社に対して損害賠償を請求した事件がある。この6社の煤煙の排出量に違いがあったために共同不法行為が成立するかどうかが問題になった。裁判所は，強い関連共同性が認められる場合には，「たとえ，当該工場のばい煙が少量で，それ自体としては結果の発生との間に因果関係が存在しないと認められるような場合においても，結果に対して責任を免れない」として，企業6社の責任を肯定した（四日市ぜんそく事件・津地四日市支判昭47・7・24判時672号30頁）。

(2) 特別法上の不法行為責任

不法行為について，いくつかの特別法が制定されているが，そのうち主要なものは次のとおりである（失火責任法については，1(2)(a)参照）。

(a) 国家賠償法

憲法17条は，公務員の不法行為による損害について，国または公共団体の賠償責任を定めているが，国家賠償法がこれを具体的に規定している。同法1条は，民法715条とほぼ同趣旨のことを定めている。ただし，不法行為をした公務員に対する国または公共団体の求償権が制限されている（国賠1条2項。なお，民715条3項参照）。また，同法2条1項は，公の営造物の設置または管理の瑕疵についての国または公共団体の責任を定めている。これは民法717条と同趣旨の規定である。公の「営造物」の概念は，土地という制限がないので，「土地の工作物」よりも広く，たとえば河川や道路，その他に自動車などの動産も含まれる。

(b) 自動車損害賠償保障法（自賠法）

自動車が普及し，それに伴って発生する事故の被害を救済するために，昭和30年に制定された特別法である。今日，自動車事故による損害賠償のほとんどが本法によって処理されている。自賠法3条は，原則としていわゆる運行供用者の責任を定め，例外として，ただし書で免責の余地を認めている。しかし，ただし書に掲げた3つの要件をすべて証明しないかぎり免責されないので，実質的には無過失責任に近くなっている。運行供用者には，「運行支配」と「運行利益」の2つの要件を満たした者がこれにあたると解されている。すなわち，当該自動車の使用について支配権をもち，その使用によって利益を得る者である。ほとんどの場合，自動車の所有者の責任が認められている。しかし，自動車を盗んだ者が事故を起こした場合，盗難車の所有者には責任がないとされた裁判例がある（いわゆる泥棒運転・最判昭48・12・20民集27巻11号1611頁）。3条によれば，「他人」の生命または身体を害したときに賠償責任が生じることになる。夫が運転中に事故を起こし，同乗していた妻がケガをした場合，保険金請求の前提として，夫からみて妻は他人にあたると解されている（最判昭47・5・30民集26巻4号898頁）。なお，同条によれば，救済の対象になるのは，他人の生命または身体を害した場合（人身損害）に限られ，物についての損害（物的

損害）には適用がない。この場合には，民法709条以下が適用される。

　自賠法は，被害者を救済するための措置を講じている。すなわち，まず，強制的な保険制度を定め，損害を保険でカバーしようとしている（自賠5条）。被害者が直接保険会社に請求することもできる（自賠16条）。実際にはこれだけでは不十分なので，任意に保険に加入することが多い。交通事故の場合，示談によって解決することがあるが，示談当時予想できなかった後遺症が発生した場合，改めて損害賠償を請求できる余地がある（最判昭43・3・15民集22巻3号587頁）。また，同法は，ひき逃げ事故のように加害者が明らかでない場合について，政府の保障事業を定めている（自賠71条以下）。

(c) 製造物責任法

　たとえば，AがB社製のテレビを販売店Cから購入したが，テレビから出火してAが火傷を負ったとする。製造物責任とは，このように消費者が購入した商品に欠陥があり，そのために消費者が被害をこうむった場合，商品の製造業者などが負担する損害賠償責任のことをいう。Cはテレビを販売したにすぎず，また資力の点を考慮すると，被害者はテレビを製造したB社に対して，その不法行為責任（民709条）を追及することが望ましい。しかし，専門的知識を有しない消費者にとって，訴訟において加害者たるB社の過失を証明することは困難である。他方，製造業者は，商品の製造販売により利益を得ている。そこで，消費者保護のために製造物責任法が制定され，平成7年7月1日から施行されるにいたった（製造物責任を意味するProduct Liabilityから，同法はPL法とも呼ばれる）。

　製造物とは「製造又は加工された動産」である（製責2条1項）。工業製品が責任の対象の中心となる。したがって，土地・建物などの不動産，医療などのサービスの欠陥によって損害が発生しても，本法の適用はない。製造物に「欠陥」が存在することが要件となっている（製責3条）。「欠陥」とは，「当該製造物が通常有すべき安全性を欠いていること」である（製責2条2項）。製造物責任を負うのは製造業者等である（製責3条）。すなわち，製造業者のみならず，表示製造業者，輸入業者等も含む（製責2条3項）。ただし，製造物に欠陥があっても，製造業者等の責任を問えない場合がある。2つの免責事由が規定されている。すなわち，製造業者が，当該製造物を引き渡した時点における科学技術の水準によっては認識できなかった欠陥であることを証明したときは，

免責される（製責4条1号）。いわゆる「開発危険の抗弁」を認めた。これを認めないとすると，製造業者は危険の大きい製品の出荷を躊躇したり，新規製品の開発を断念するおそれがあるからである。また，部品・原材料製造業者の抗弁も認められる（製責4条2号）。なお，本法による請求権は，損害および賠償義務者を知った時から3年，引渡しの時から10年で消滅する（製責5条1項）。特に後者の場合，製造物の平均的な耐用年数や記録の保管期間を考慮し，流通後10年を超えた製造物については責任追及できないこととした。したがって，B社が出荷してすでに10数年経ったテレビであるならば，Aはメーカーの責任を問えない。薬害で問題になるように，一定期間を経過した後に症状が現れる損害については，損害発生時から責任期間を計算する（製責5条2項）。本法は，製造物責任に関する証明責任についてとくに規定していない。推定規定は導入されなかった。したがって，被害者側は，製造業者等の責任追及にあたり，欠陥の存在，欠陥と損害との間の因果関係等について証明しなければならない。

第8章 ■ 所 有 権

> **設問** Yは，自己の正当な権限（所有権）に基づき，その所有地上に5階建マンションを建築しはじめ，すでに3階まで建築中である。このマンションが完成してしまうと，隣地にある保育園Xの日照が極度に妨害されることが予測される。このような場合に，Xにはどのような救済方法が与えられるのだろうか。

1 所有権の絶対性とその制限

(1) 総　説

　権利とは何かについて一般的に定義することは困難であるが，「一定の利益に対する法律的な力」，すなわち，「法律によって保護されている利益」といってよいであろう。これに対し義務とは，国家権力により課される拘束をいい，権利，義務の関係は一応表裏一体の関係をなすものであるといえる。しかし，自由，平等を理想とする近代私法においては，形式面・理論面とも個人の権利を中心に構成されている。すなわち，日本民法典は全体を総則・物権・債権・親族・相続の5編に分け，財産権は物権・債権編に規定されている（民法以外，手形・株式等は商法典等に，また，特許権等の知的財産権は特別法に規定）。

　われわれが生活している社会には種々の物があり，われわれはその物を所有，利用する権利（財産権）をもっている。しかし，有限の物と人間の欲望との相克の中で，物の奪い合いを回避するために，物を割り当て，物の所有・利用を安全確実にする制度が必要となってくる。この目的のために財産権の一つとしての物権制度が存在する。こうした意義をもつ物権は，「特定の物を直接支配し，一定内容の利益を享受する排他的な権利」と定義される。この意味において，財産権の中の債権とは本質的に異なる。すなわち，物権はしばしば支配権

と呼ばれ，物を直接支配する権利（対物権）であり，絶対性を有するものである。かたや債権は，「特定人（債権者）が他人（債務者）に対し一定の給付（作為または不作為）を請求することができる権利」であり，他人の行為を必要とする，他人に対する権利（対人権）である。また，物権は第三者を排除して物を支配する排他性（したがって，1つの物の上には同一内容の物権は1つしか成立しえない＝一物一権主義）があるのに対し，債権にはこの性質はなく，相対性が認められるにすぎない。したがって，債務者は同一内容の給付を目的とする債権を重複して発生させることもできる（たとえば，ある人が同一日時に場所を違えて講演をする契約を締結するなど）。

　このように，物権は債権や無体財産権と同じく財産権に属するが，債権やその他の財産権とは異なり絶対性，排他性という特質をもつため，当事者間で自由に創設することができるとすると，第三者に与える影響は大きく，場合によっては取引の安全が害されることになる。そこで，物権の種類や内容に関しては物権法定主義がとられ，民法その他の法律で定める物権の他，当事者が任意に物権を創設することはできないとされている（民175条　以上のように物権法定主義が民法に採用されている理由として，取引の安全性の確保のほか，封建制度の多様な物権を整理して近代的所有権を確立するという歴史的な理由もあった）。

　民法の定める物権には，所有権，地上権，永小作権，地役権，入会権，留置権，先取特権，質権，抵当権，占有権の10種類があるが，これらの物権の中でも所有権は最も重要で中核的位置を占めている。所有権は「法令の制限内において，自由にその所有物の使用，収益及び処分をする権利」（民206条）であり，物を全面的，包括的に支配することのできる権利といわれる。かたや，他の物権は制限的な内容を有するにすぎない。たとえば，他人の所有物を使用収益しうる用益物権として地上権，永小作権，地役権，入会権，他人の所有物を自己の債権担保に利用する担保物権として留置権，先取特権，質権，抵当権があるが，これらの物権は所有権の使用収益権能，交換価値支配権能をそれぞれ内容とするために制限物権と呼ばれる。また，占有権は物に対する事実的状態を保護するものである。

(2) 所有権の性質

　物の全面的，包括的支配権としての所有権は，次のような性質を有する。

① 観念性　所有者は所有物を現実に支配する必要はなく，他人がこれを占有していても所有権を失わない。
② 恒久性　所有者が所有権を行使しなくとも所有権は消滅時効にかからない。ただし，他人の時効取得の結果反射的に所有権を失うことはある（民162条）。
③ 弾力性　たとえば所有地上に利用権や担保物権が設定されるとその権利存続中は「空虚な所有権」となるが，存続期間終了後，直ちに従来の完全な状態に戻る。
④ 全面性　所有権の内容である物的支配権能は，対象たる物の有する使用収益価値および交換価値双方に全面的に及ぶ。
⑤ 渾一性　所有権は個々の権利の集合ではなく，あらゆる権能を流出させる源泉である。

(3) 所有権の制限

　このような性質を持つ所有権は，元来絶対性・不可侵性の原則を有すると考えられてきた。この原則はすでにローマ法において認められていたといわれるが，封建社会から解放された近代市民社会においてさらに尊重され，1789年フランスの人権宣言において「所有権ハ神聖テ不可侵ノ権利」と謳われた。わが国の現行憲法29条1項も「財産権は，これを侵してはならない」と規定し，民法206条も同様の趣旨を明規している。
　こうした所有権不可侵の原則は，個人主義，自由主義思想を背景に，私有財産制度を支え，経済活動を活性化させるものであるが，富の偏在をもたらしやすく，決して無制限に行使できるものではない。憲法は，「財産権の内容は，公共の福祉に適合するやうに，法律でこれを定める。私有財産は，正当な補償の下に，これを公共のために用ひることができる。」（憲29条2項・3項）とする。民法も，この憲法の基本理念に基づいて「私権は，公共の福祉に適合しなければならない」（民1条1項）と規定し，「公共の福祉」の観点から所有権の制限が画されており，民法206条も「所有権は，法令の制限内において，自由にその所有物の使用，収益及び処分をする権利を有す」（傍点引用者）とし，所有権が法令の制限を受ける旨を明記している。また，土地の所有権の範囲は法令の制限内においてその土地の上下に及ぶ（民207条）平成12年に「大深度地下

の公共的使用に関する特別措置法」が公布され（平成13年4月1日施行），原則として国土交通大臣等の認可を受けた事業者は補償なしに大深度地下を利用することが可能となった）。

　法令による所有権の制限は，以下のように広範囲にわたる。

① 公法上の制限　　特定事業のために強制的に土地を取りあげるものとして土地収用法・都市計画法等，土地の合理的開発・利用のためにその利用処分に制限を加えるものとして，都市計画法・都市再開発法・建築基準法・森林法・農地法・土地改良法・土地区画整理法等。

② 私法上の制限　　不動産所有権相互の利用調整を目的として相隣関係の規定（民209条～239条），賃借人の用益権を保護するために土地所有権を制限するものとして借地借家法・農地法。

③ 公害防止・環境保全を目的とした制限　　土地・建物・機械設備等の所有権を制限するものとして，大気汚染防止法・水質汚濁防止法・騒音規制法・自然環境保全法等。

④ 動産所有権の制限　　保健・保安上の目的から，その所持・取引等を制

資料5

「権利濫用法理」による所有権の制限──宇奈月温泉事件（大判昭10・10・5民集14巻1965頁）

　【事案】　A鉄道会社は，温泉経営のため，温泉湧出口から温泉場まで引湯管を敷設しているが，その引湯管が，B所有の荒地2坪を無断で通っていた。これを知ったCは，本件と地続きの所有荒蕪地3000坪をBから買い，本件土地とともに法外な値段で買い取るよう求めたが，断られたため，土地所有権に基づいて引湯管の撤去を請求した。

　【判旨】　「所有権ニ対スル侵害又ハ其ノ危険ノ存スル以上所有者ハ斯ル状態ヲ除去又ハ禁止セシムル為メ裁判上ノ保護ヲ請求シ得ベキヤ勿論ナレドモ該侵害ニ因ル損失云フニ足ラズ而モ侵害ノ除去著シク困難ニシテ縦令之ヲ為シ得トスルモ莫大ナル費用ヲ要スベキ場合ニ於テ第三者ニシテ斯ル事実アルヲ奇貨トシ不当ナル利益ヲ図リ殊更侵害ニ関係アル物件ヲ買収セル上一面ニ於テ侵害者ニ対シ侵害状態ノ除去ヲ迫リ他面ニ於テハ該物件其ノ他ノ自己所有物件ヲ不相当ニ巨額ナル代金ヲ以テ買取ラレタル旨ノ要求ヲ提示シ他ノ一切ノ協調ニ応セスト主張スルカ如キニ於テハ該除去ノ請求ハ単ニ所有権ノ行使タル外形ヲ構フルニ止マリ真ニ権利ヲ救済セムトスルニアラズ即チ如上ノ行為ハ全体ニ於テ専ラ不当ナル利益ノ擒得ヲ目的トシ所有権ヲ以テ其ノ具ニ供スルニ帰スモノナレバ社会観念上所有権ノ目的ニ違背シ其ノ機能トシテ許サルベキ範囲ヲ超脱スルモノニシテ権利濫用ニ他ナラズ……」（傍点引用者）

限するものとして麻薬取締法・覚せい剤取締法・あへん法・火薬類取締法・銃砲刀剣類所持等取締法等。

　その他，法令に制限が存在しない場合にも，戦前から，判例上権利濫用禁止の法理に基づき，所有権が制限されてきた。

　この法理を用いた著名な判決として信玄公旗掛松事件（大判大8・3・3民録25輯356頁）があるが，この判決には権利濫用という言葉は使われておらず，初めてこれが使われたのが宇奈月温泉事件（〔資料5〕参照）であった。この判決後，法令による制限以外は絶対的なものと考えられていた所有権を，権利濫用法理が制限することとなる。この法理は判例上確立され（発電用トンネル撤去請求事件（大判昭11・7・17民集15巻1481頁），高知鉄道埋立工事事件（大判昭13・10・20民集17巻2057頁），板付基地事件（最判昭40・3・9民集19巻20号233頁）），昭和22年の民法改正の際に明文化されたが（民1条1項，憲29条2項），最近では，所有権制限の根拠を公共の福祉や権利の公共性に求める傾向も出てきた（天の川流木事件・最判昭25・12・1民集4巻12号625頁）。

　このように，近代市民法が当初予定していた全面的支配権という所有権の性質は確実に変容をきたし，あくまでも理論的な意味をもつにすぎなくなっているといっても過言ではない。たとえば，所有権は「物を全面的包括的に支配できる権利」と定義されながらも，不動産の利用についていえば，不動産の所有者というよりむしろその利用者の保護に傾き，一度設定された利用権は消滅しにくく（ただし，平成3年借地借家法改正により，借地期間が更新されない定期借地権（借地借家法22条），建物譲渡特約付借地権（同法23条）および事業用借地権（同法24条）を認めた），その一方で所有権者は自己の土地を賃貸して地代を徴収したり，土地を担保に銀行から融資を受けたりと，物の直接支配性という所有権本来の機能を捨象し，所有権は物の利用や価値の供与に対する対価請求権的性格が強化されてきているといえる。

2　生活妨害――日照妨害を中心として

(1)　総　　説

　前節において，所有権不可侵の原則がいろいろな観点から制約を受け，所有

権の実質的内容が変容してきている実態をみてきた。したがって，自己の利益のみを考えた所有権行使をすることはできない。これは，事業活動にともなう大気汚染，水質汚濁といった大規模なレベルにまで至らなくとも，われわれの身近な日常生活においても同様である。たとえば，近年，日照や眺望の妨害，騒音，煤煙，悪臭，振動といった，いわゆる「生活妨害」（ニューサンス Nuisance）といわれるものが大きな社会問題となってきている。これらはいわば土地所有者等がその土地所有権（ないし利用権）を行使するに際して発生するものと考えられるが，この場合に，単に所有権者側の権利を規制するという観点からのみでなく，被害を受ける側がどのような権限に基づき，具体的な保護を受けられるかという視点も重要である。生活妨害は比較的最近になって社会問題化した領域だけに，十分な法整備がなされているとはいいがたいが，その中から設問にあげた日照妨害の問題を考察することにより，他の生活妨害をも考察する一助としたい。

(2) 日照妨害の救済方法

われわれは，元来日照を空気や水と同じく，自然の恩恵として享受し，無限に存在するものと考えてきた。しかし，高度経済成長のもとでの急激な工業化，都市化が進められた結果，土地価格が高騰し，土地入手が困難になるに従って中高層建築物が林立しはじめ，日照が妨害されるという問題が頻発しはじめた。日照妨害にともなって人間が被る不利益（採光・通風阻害，電波障害，威圧感等）が肉体面，精神面に及ぼす影響は決して低く評価されるものではない。われわれの生活に重要な影響力を持つ日照が妨害された場合，いかなる救済方法が与えられているのか。

まず行政面から建築基準法上の日影規制が挙げられる。日影規制は昭和51年建築基準法改正にともない導入されたもので，建築行政上増加する日照紛争を予防することを目的とし，中高層建築物を対象に隣接地に一定時間以上の日影を生じさせてはならないとするものであるが（建基法56条の2），いったん建物建築が開始した場合には，私法面から，①加害建築物の撤去並びに建築工事の差止請求，②日照妨害により生じた損害賠償請求が可能である。

①の点について，日照が妨害されるかもしれないことは建築物の完成前にある程度の予測がつく。そこで建築物の着工もしくは完成前にその工事を差し止

めることが一番有効な手段であるが，通常の訴訟手続によると判決まで長期を要し，その間に建築物が完成する場合もある。完成後は，社会経済的観点から建築物の撤去は事実上ほとんど不可能となるので，建築工事の差止めを仮処分の形で求めることが多い。

次に②の点について，すでに最高裁は日照妨害がある場合に，不法行為に基づく損害賠償を認めている（〔資料6〕参照）。この判決以降，日照への侵害が差止め・損害賠償請求の根拠となるとの判断が定着したといえる。

(3) 日照妨害における差止請求権の法的根拠

日照妨害に基づく建築工事差止めや建物撤去請求に関して裁判所が初めて判断を下したのは大正15年（安濃津地判大15・8・10新聞2648号11頁）であった。この後しばらく日照妨害を取り扱った裁判例は存在しないが，昭和30年代末から

資料6

隣接居住宅の日照通風を妨害する建物建築につき不法行為の成立が認められた事例（最判昭47・6・27民集26巻5号1067頁）

「思うに，居宅の日照，通風は，快適で健康な生活に必要な生活利益であり，それが他人の土地の上方空間を横切ってもたらされるものであっても，法的な保護対象にならないものではなく，加害者が権利の濫用にわたる行為により日照，通風を妨害したような場合には，被害者のために，不法行為に基づく損害賠償の請求を認めるのが相当である。もとより，所論のように，日照，通風の妨害は，従来与えられていた日光や風を妨害者の土地利用の結果さえぎったという消極的な性質のものであるから，騒音，煤煙，臭気等の放散，流入による積極的な生活妨害とはその性質を異にするものである。しかし，日照，通風の妨害も，土地の利用権者がその利用地に建物を建築してみずから日照，通風を享受する反面において，従来，隣人が享受していた日照，通風をさえぎるものであって，土地利用権の行使が隣人に生活妨害を与えるという点においては，騒音の放散等と大差がなく，被害者の保護に差異を認める理由はないというべきである。……ところで，南側家屋の建築が北側家屋の日照，通風を妨げた場合は，もとより，それだけでただちに不法行為が成立するものではない。しかし，すべて権利の行使は，その態様ないし結果において，社会観念上妥当と認められる範囲内でのみこれをなすことを要するのであって，権利者の行為が社会妥当性を欠き，これによって生じた損害が，社会生活上一般的に被害者において忍容するを相当とする程度を越えたと認められるときは，その権利の行使は，社会観念上妥当な範囲を逸脱したものというべく，いわゆる権利の濫用にあたるものであって，違法性を帯び，不法行為の責任を生ぜしめるものといわなければならない。」

裁判例が増加し始めた。この傾向は日本経済の高度成長と呼応するものであり，特に仮処分事件は昭和43年以降急増した。昭和47年，前述の最高裁判決（〔資料6〕参照）において初めて日照権の判断がなされたが，日照を生活利益として法的保護の対象になることは認めたものの，日照を享受すること自体を権利として認めたとは解しがたい。そうした動きの中で，日照妨害に対する差止請求権の法的根拠をどのように理論構成するかについて，次のような諸見解が説かれてきた。

① 物権的請求権説　土地建物が侵害された場合，その所有者は所有物の返還・妨害排除・予防を求める権利（物権的請求権）を有している。この説は，騒音・悪臭・煤煙による生活妨害を排除する際に伝統的な学説・判例がとってきた理論であり，日照妨害もこれらと同種のものとして土地建物自体への侵害となると構成し，所有者は自己の所有権の侵害に対する妨害排除ないし妨害予防請求権を行使できると理論構成する。

② 人格権説　人の生命・身体・自由・名誉・氏名・肖像等は人格権の一種として認められ，これらが侵害された場合，損害賠償請求だけではなく，その支配権または絶対的な性格から物権的請求権に準じた人格権に基づく妨害排除請求権が認められるが，この説は日照の妨害も人の生命，健康等を侵害する観点から把握し，人格権侵害の一種と理論構成する。

③ 不法行為説　この説は，差止請求の根拠を民法709条に求め，差止めによって保護されるべき利益が存在し，その利益が侵害されていれば請求ができると理論構成する。

④ 環境権説　この説の理論的出発点には地域住民全体には良好な共有の法理を享受する利益が存在するとする視点がある。すなわち環境は土地所有権者ないし占有者の独占物ではなく，万人の共有に属し，その環境が破壊された，もしくは破壊されそうな場合は直ちに環境破壊行為を差し止めることができると理論構成する。日照妨害もこの環境破壊の中に包摂されると考えるのである。

各説はそれぞれの前説への批判から登場してきたものである。たとえば環境権説は，個人的色彩の強い人格権説に比べ保護範囲が広がるし，具体的健康被害の発生する前に，環境破壊をくい止めることができると主張するが，環境権は，昭和45年9月日本弁護士連合会第13回人権擁護大会公害シンポジウムにおいて初めて提唱され大反響を呼んだものである（1972年に第1回国連人間環境会

議における「人間環境宣言」（ストックホルム宣言）においても，環境が人間の基本的人権等として重要である旨が明確にされた）。日照も，空気，水，土壌，静穏といった環境に含まれると解しても問題なく，日照が妨害された場合，採光・通風妨害，威圧感，プライバシー侵害等を複合的に含んだ環境破壊へと発展していく可能性を有しており，そういった意味では，日照を「環境」の内容の１つとして把握する必要性があるといえる。しかし，環境権それ自体の裁判規範的位置づけはまだ不確かな段階にある。裁判上環境権については，その対象となる環境の内容および範囲が不明確でかつ実定法に明文規定がないとして，明確には承認されていない（豊前火力発電所操業差止訴訟・最判昭60・12・20判時1181号77頁）。

　設問におけるＹは，自己の思うがままにマンションを建設できない可能性がある。なぜならば，Ｘにも快適で良好な生活利益としての日照を享受する利益があることを否定することができないからである。この利益が侵害された場合に民法709条による損害賠償請求ができるのは当然であるが，事後的救済ではなく，事前的救済として差止請求を求める方が救済手段としては有効であろう。この場合，どの説を差止請求の根拠（現段階では，判例・学説ともにどの法的根拠に基づくかは不確定である。）とするかにより，請求権者の範囲について差が生じる。すなわち，物権的請求権説によれば，Ｘ保育園長等土地建物所有権者，利用権者に限定される。人格権説によれば，実際に生活している者と日照妨害を受ける者すべて，すなわち建物所有者・利用権者のみならず，園児等の施設利用者も含む。不法行為説によれば，居住していない土地建物の所有者も，通園している者も，日照妨害を受ける者すべてを含む。環境権説によれば，前述の３つの説以上に請求権者の範囲は拡大することになろう（たとえば，その地域の住民等）。

　しかしながら，どの説を採ろうとも差止請求認否の判断をする場合，日影規制違反の有無，日照被害の程度，地域性，住居の先後関係，加害および被害の回避可能性等の要因を利益衡量して，被害者が受ける利益が社会生活上受忍すべき程度を超えているかを基準とするため，結論が異なることはほとんどなかろう。

　設問では「日照権の侵害」の問題を，所有権の１つの制限事例として取り扱ったが，このように，所有権の範囲の制限ないし侵害の問題から論点にアプ

ローチするよりも，日照・通風・騒音等を平穏な生活を妨げることはできないとする生活利益（快適な生活環境＝アメニティ　amenity）そのものが法的保護の対象とみられるべき，すなわち，このような生活利益を享受する利益を人は有しているという観点から，このような問題を考察する見解も有力になってきている。

　このような観点を看過することができない時代にわれわれは生きているということを忘れるべきではあるまい。

第 9 章 ■ 家族生活と法

> **設 問**
> (1)　地方の名門一族であるXはZと婚約し，交際中であったが，Xの父Wの突然の反対により婚約を解消した。この時点においてZはXの子であるDを妊娠していたが，Xの中絶要求を拒否し，出産した。ZD親子とXとの関係について考えてみよう。
> (2)　数年後，XはYと結婚し，入籍し，長男Aと長女B，次女Cの3人の子供をもった。
> ①　長男Aは米国留学中，M州において同性結婚した。この事実に驚愕したXはAを相続人から廃除できるか。
> ②　長女BはSと結婚し，孫Eが生れたが，性格上の不一致から離婚を考えている。その場合離婚後の子供の親権はどのようになるか。
> ③　次女CはTと結婚したが，心臓病のため出産が不可能である。そのため，米国のある州において，代理母出産により，子を得ようと考えている。Cの希望は法的に認められるだろうか。

1 婚　　約

　XZ間の婚約は正式な婚姻が行われるまでの婚姻予約である。
　日本では従来，伝統的な家制度の下において婚約は結納という慣習的儀式において，結納金，結納品の交換を行うことでとりかわされてきた。
　この場合とりかわされた婚約の法的意味は，一種の契約的な婚姻予約であり，不当に破棄されたり，信義誠実にもとる行為があれば，慰謝料もしくは財産的な損害賠償を請求することもできる。しかし，一般的に婚約不履行訴訟を起こすことはきわめて例外的であり，結納品の返還という形で解決されることが多かった。
　一方，婚約状態および同棲状態が長期間継続して内縁関係に至った場合は別

問題である。内縁における共同生活の実態が第三者からみても明瞭な場合には、これを単なる婚約とは考えず、準婚状態としてみなし、婚姻予約不履行に基づいて損害賠償の請求ができるとしている（最判昭33・4・11民集12巻5号789頁）。

2　婚姻の成立

　婚姻の成立は憲法24条において両性の合意のみに基づいて成立するとしているが、民法においては次のように規定されている。
　年齢制限を満たしていること（男満18歳、女満16歳、民731条）、重婚でないこと（731条）、近親婚でないこと（民734条〜736条）、未成年者の場合は父母どちらか一方の同意を得ること（民737条）、女性の再婚は前婚の解消から6カ月を経ていること（民746条）、詐欺、強迫による婚姻でないこと（民747条）等の制限を課している。
　形式的要件としては、当事者のいずれか一方の本籍地または住所地の市町村長に対して、婚姻届を届け出ることにより婚姻は成立する。その場合、成人の証人2人以上の、口頭または署名した書面（通常、役所における婚姻届）により届出しなければならないとしている（民739条）。
　しかし、現実問題として、役所がいかに婚姻届の受理について慎重な取扱いをしたとしても、ストーカー的嫌がらせに基づく偽装届については巧妙な手段を用いれば受理されてしまう可能性もある。
　この結果、裁判による無効判決を得たとしても戸籍簿にはこのような事実関係が記載されるが、戸籍法11条の2の規定により戸籍の再製によって抹消することが可能ではある。しかし、実際問題として、当事者にとってこのような手続は費用も時間もかかり、精神的な負担も大きいことから、西欧諸国におけるような身分登録吏（神父牧師等が代行する場合もある）の面前での挙式を成立要件とするような改正の検討も一部では言われている。
　長男Aの同性結婚は米国のM州において正式に認められたとしても、日本では法例33条の公序規定に基づき、民法90条の公序良俗に反するものとして認められないとするのが大多数の意見である。
　なお、平成8年1月16日、民法の家族法に関する部分の改正を行う法案が国会に提出されたが与野党を通じて反対が多く、平成17年3月現在においても改

正法案の国会通過の見通しは立っていない。

　この改正要綱においては婚姻適齢を男女とも18歳とすること，再婚禁止期間を100日とすることを案としている。

　最も重要な争点となったのが夫婦別姓問題である。欧米民主主義国の大多数が夫婦別姓を導入している事実に基づき，わが国も夫婦別姓の導入をこの改正要綱にとりいれた。

　しかし，各界からの反対，賛成が相半ばし，政党間も与野党を越えた賛成，反対が拮抗したため，この制度の導入が見送られ，結果として改正要綱全体が見送られてしまった。

3 離　　婚

(1)　協議離婚

　わが国の固有の制度である協議離婚（736条）は，事実上夫婦の話し合いに基づく合意によって離婚届を提出することによって離婚が成立するという，極めて簡潔な方式である。このことから，偽装，嫌がらせなどによる届出も婚姻届同様に容易であることから，婚姻届同様に第三者機関である戸籍の管掌機関等の面前での形式的意思の確認も必要ではないかと考えられる。

　わが国の離婚件数の90％が協議離婚でしめられており，調停離婚9％，裁判離婚1％等他を圧倒している。審判離婚はほとんどみられない。

(2)　調停・審判離婚

　当事者同士で話し合いがつかない場合，調停前置主義の立場から，家庭裁判所の調停委員により，双方の意見を聴取し，話合いによる夫婦融和および円満離婚を調停する。

　離婚について合意し調書に記載されれば，確定判決と同一の効力を持つ（家事審判法21条）。

　調停不成立の場合は家裁による審判が行われるが，実際上，審判離婚は統計上ほとんどみられないことから，このような原因による離婚は裁判離婚に進んでいくものと考えられる。

(3) 裁判離婚

裁判離婚は，民法770条1項に規定された①配偶者の不貞行為，②配偶者からの悪意の遺棄，③3年以上にわたり配偶者の生死が不明な時，④配偶者が強度な精神病により回復の見込みがない時，⑤その他婚姻を継続しがたい事由がある時，などの原因から生ずる離婚に限定している。

近年，最高裁（最大判昭62・9・2民集41巻6号423頁，最判平2・11・8家月43巻3号72頁，最判平5・11・2家月46巻9号40頁）は有責配偶者からの離婚を相手方に対しての相当の配慮をすることを条件に認め，相当長期間の別居（8年から9年）があれば離婚を認める判断を示している。すでに，欧米各国とも（アメリカのほとんどの州が1年，ドイツ3年，英国5年，フランス6年）等の別居期間を定めている。しかし，これらの諸国は裁判離婚が前提であることからも，わが国のような協議離婚を認めている国とは根本的に異なりはするが，実質的にはわが国もこの制度により破綻主義を認めているとも考えられる。改正要綱では5年の別居を離婚原因の条件にして積極的な破綻主義を認めるようになった。

実質的に裁判離婚にいたる事例では，財産分与，慰謝料請求，親権者の指定，子の扶養等その他複雑な要因がからんだ問題が主たる争点になっていることが多く見うけられる。なお平成15年度の人事訴訟法の改正により離婚に関する第一審裁判所は家庭裁判所となった。

4 親子関係

(1) 嫡出子と非嫡出子

妻が婚姻中に生れた子は嫡出子であり，それ以外は非嫡出子となる。

嫡出子は共同親権のもとにあり，非嫡出子は母のみの親権のもとにある。

母子関係は出生という明確な関係があり，最高裁も出生により母子関係が生ずるとしている（最判昭37・4・27民集16巻7号1247頁）。

父子関係は民法722条の規定によって推定されるが，婚姻前に懐胎したか，婚姻後に懐胎したかは証明が困難であることから婚姻成立から200日以降に生れれば，婚姻中の懐胎が推定され，夫の嫡出子と推定されることになる。

近年，遺伝子医学の発展にともない。DNA 鑑定によって父子関係における遺伝子的関係は99％証明できるようになった。

これにより，親子関係確認および不存在確認訴訟，任意認知，強制認知等においてこの DNA 鑑定は決定的な判断材料となっている。

(2) 生殖補助医療に基づく親子関係

人工受精において，特に第三者の精子による体外受精によって生れた子は法的には婚姻中に生れた嫡出子であり，父子関係についても夫婦の同意のもとに行われていることからも法的には問題は生じないが，遺伝子的関係については父子関係は生じない。

問題となるのは代理母出産の場合である。この方式はわが国においては医師会の倫理規定によって認められていないため，ほとんどの事例はアメリカ合衆国において行われたものである。

アメリカ合衆国の州法は，代理母に出産を依頼した女性を母とすることを認めていることから，出生証明書にその女性の名が記載される。この代理母出産は年齢を問わず多くの女性が利用していることは明らかであり，すでに数千組に達しているとも予想されている。しかしながら，高齢出産者の場合，領事館における出生届は保留され，代理母出産でないことが証明されないかぎり，受理されない。

このような事例においては，父子関係がはっきりとしていれば，日本国籍は認められるが，母子関係については，出生により生ずるとする最高裁判例からも，母と子は養子縁組をしなければならない。

実際問題として，高齢者による代理母出産の場合のみが養子縁組をしなければならないという不平等が生じるとして，国際私法上の法例の改正，国内法の整備の必要性が求められている。

(3) 親　　権

未成年者は父母の共同親権（民818条1項・3項）のもとにある。親権者は子に対し監護教育権を有し扶養義務を負う。この具体的内容は居所指定権（民821条），懲戒権（民822条），職業許可権（民823条），財産管理権（民824条以下）等である。

親権において，特に問題となるのは離婚後の未成年者の親権である。子の親

権は民法819条においてどちらか一方の親を定めなければならないが，通常，母のもとに置かれることが多い。

父は養育費の支払義務と面接の権利を持つが，面接権に関しては，必ずしも親権者が応じない場合もあり，また回数を制限することもある。

民法766条でもこの点については明確でないため，改正要綱においては，子の利益を最優先に考えた上で，面接権および養育費の支払いについて規定したことは一歩前進である。この問題は欧米においても，父が子の面接権の回数制限撤廃を求めて各地でデモが起きるなどの波紋を広げ，社会問題化している。

(4) 相 続

戦後の民法改正にともなう家制度，長子相続制の廃止は国民各層に大きな変革をもたらしたが，戦前の家制度を慣習的に残存させてきた現状においてもその影響力を残しており，均分相続制は親の扶養および家業の相続等においてさまざまな問題をひき起こしたことは事実である。

(a) 相 続 分

均分相続制に基づき，法定相続分は，配偶者 $\frac{1}{2}$ と子 $\frac{1}{2}$ の均等に相続する。子が数人いる場合は，各自の相続分も均等に分けられる（民900条1号・3号）。

非嫡出子の相続分は嫡出子の相続分の $\frac{1}{2}$ となる（民900条4号ただし書）。

非嫡出子の相続分を子の $\frac{1}{2}$ とする規定は憲法の法の下の平等に反するとして違憲訴訟を起こされたが，最高裁は10対5の多数意見おいて著しく不合理なものではないとして合憲の判断を下している（最大決平7・7・5民集49巻7号1789頁）。平成8年の改正要綱においては，嫡出子と非嫡出子の相続分を平等にしている。

(b) 相 続 順 位

相続には配偶者相続と血統相続があり，血族相続に関する第1順位は子となり，実子養子を問わず胎児は生れたものとみなされている。第2順位は直系尊属としての父母祖父母であり，第3順位は兄弟姉妹である（民887条〜890条）。

配偶者は常に相続人となる。

(c) 代 襲 相 続

代襲相続は相続人となる子が死亡したり，または，欠格事由（民891条）に該当したり，廃除（民894条）に相当とする行為があった場合，その子（孫）が

代わって相続することである（民887条2項）。

また，父と子が事故，自然災害等により同時死亡し，その死亡時刻が不明な時，民法32条の2の規定により，同時死亡と推定され，孫が代わって相続するような場合にもあてはまる。

代襲相続は直系卑属に限定され，兄弟姉妹が相続する場合は被相続人からみた甥および姪に限定される（民889条2項）。

(d) 遺　　　言

遺言により被相続人の意思を最大限実現させるため，民法は種々の規定をおいている。遺言相続はわが国では一般的ではないが，欧米諸国においては遺言相続が原則である。

遺言による相続財産の遺贈は，一般的な事例として，配偶者および特定の子，第三者もしくは慈善団体等に対して行われる。このような場合，相続人は遺留分として原則として相続財産の$\frac{1}{2}$を相続する遺留分減殺請求権をもっている（民1028条）。

また，遺留分の放棄については本人の自主的意思を確認するためにも家裁の許可が必要である（民1034条）。

(e) 相続人の廃除

相続人の廃除は遺言においてもできるが，生前においても可能である。

本件の事例のように，長男の同性結婚が民法892条の規定による重大な侮辱行為，もしくは著しい非行行為にあたるかについては，本人のプライヴァシーの問題もあり，相続財産を廃除するほど重大な侮辱行為に相当するかどうかは，家裁の判断に委ねられる。

(f) 相続放棄と限定承認

相続放棄は家業を継続，土地の分割を防止するために他の相続人が放棄して1人に財産の相続を集中させるため行われることが多い。

相続財産が明らかに債務超過の場合において負債の相続をさけるために，相続放棄は相続開始後3カ月以内に家裁に放棄を申し立ることができる（民938条・939条）。

限定承認も同様な手続であるが，相続財産が債務超過であるかないかが不明確な場合，この手続を利用すれば清算後，残余財産があればその分につき相続できる（民924条・925条）。

第10章 ■ 犯罪と刑罰

> **設 問**　刑法上犯罪とされるのは一定の行為に限られている。条文で明確に定められた犯罪行為のみが刑罰で罰せられるのである。たとえば，たった1,000円でも他人の財物を盗んだ者は窃盗になり，10年以下の懲役によって処罰されうる（刑235条）。これに対して，民法上の契約不履行によって契約の相手方に100万円の損害を与えても，刑法で処罰されることはない。損害の大小を比較した場合，この結論は何か不合理なように思えるかもしれない。犯罪と刑罰を規定する刑法がこのような結論を認める背景には一体どのような考え方があるのだろうか。

1　犯罪とは何か

　どのような行為が犯罪として処罰の対象となるかは，普遍的に決まっているわけではない。古今東西，文化の違い，時代背景の相違によって，処罰の対象となる犯罪の内容は異なっている。わが国では戦前において姦通行為が処罰されていた。西欧諸国ではキリスト教的道徳を背景に，伝統的に同性愛行為が処罰されていた。しかし，現在，姦通行為はわが国では処罰されていない。そして，現在の西欧諸国では同性愛行為は一般に処罰されなくなっている。しかし，隣りの国韓国に目を向けると，姦通行為は犯罪として，現在まさに処罰されるのである（ただし，戦前の日本とは異なり，妻だけでなく，夫も罰せられる）。アラブ諸国も同様に姦通行為を処罰している。また，イランでは同性愛行為が犯罪とされ，それに対して死刑が科せられうることになっている。このように，何が犯罪となり，法律で処罰されるかは，それぞれの地域の文化的・宗教的・時代的な背景，そこで暮らす人々の社会通念に依存しているといえるだろう。しかし，社会に重大な影響を与えるある一定の行為を禁忌すべき犯罪として位置づけ，処罰の対象とすることには，洋の東西，歴史的・宗教的背景を問わず，

共通の理解があるといってもよいだろう。たとえば，古くは旧約聖書にあるモーゼの十戒が殺人や窃盗を禁止していたことから推察されるように，殺人や窃盗を犯罪とせず，処罰しない社会はちょっと想像できない（ただし，インドにはかつて「サック」などと呼ばれる窃盗や殺人を生業とする犯罪部族が存在していた。いうなれば，その部族社会内部では窃盗・殺人は推奨される行為だったことになる）。つまり，被害者に重大な被害をもたらし，ひいては社会一般に重大な影響を与える殺人や窃盗といった一定の侵害行為は，まさに「犯罪」の核心部分をなし，地域的・文化的差異に関係なく，法律というルールで禁止され，処罰されているといえるのである。これに対して，先ほど述べた姦通行為や同性愛行為は，個人のモラルの問題としてはさておき，国によって法律で処罰されていたり，処罰されなかったりする「犯罪」の周辺部分に位置しているといえるだろう。そして，その周辺部分のどこまでが処罰され，または処罰されないかは，最終的にそれぞれの国の事情，その地域に住む人々の社会通念に左右されるのである。わが国では，どのような行為が犯罪とされ，処罰の対象になるかは，刑法典をはじめとする罰則をそなえた一連の法律から伺い知ることができる。

2 刑法という法律

　わが国で犯罪と刑罰の意義を考える場合，特に重要なのは，「刑法」という法律である。この法律は非常に古く，1907年（明治40年）に公布され，翌年施行された。そして，それから100年近くのあいだ，つまり現在においても，わが国における犯罪と刑罰に関する基本的な法律として機能している。その条文全体の構成であるが，前半部分は「第一編総則」と呼ばれ，犯罪の成否や刑罰に関する基本的な規定からなる。つまり，特にわが国で適用される刑罰の種類（9条）や刑罰の執行猶予（25条）などの刑罰に関する諸規定と，正当防衛（36条）や緊急避難（37条），故意に関する規定（38条），責任能力を定めた規定（39条以下），そして未遂（43条以下）や共犯（60条以下）といった犯罪の成否に関する諸規定からなる。そして，刑法典の後半部分「第二編罪」（「各則」と呼ばれる）では，殺人（199条）や窃盗（235条）といった個々の具体的な犯罪類型とそこで予定される法定刑が規定されている。「総則」の犯罪の成否に関す

る規定は,「各則」における個々の具体的な犯罪類型のすべてに共通して妥当する一般的な規定である。具体的にいうと,正当防衛は何か特定の犯罪類型に関してだけ問題となるのではなく,殺人であれ傷害であれすべての犯罪類型で問題となるのである。

　これに対して,「第二編罪」(「各則」)では個々の犯罪類型に特有の犯罪の成立条件が問題となる。そして,刑法各則の条文は,基本的に2つの部分からなっている。個々の犯罪類型の特別な成立条件を定めた法律要件の部分とその法定刑の範囲を定めた法律効果の部分の2つである。たとえば,刑法199条は「人を殺した者は,死刑又は無期若しくは5年以上の懲役に処する」と規定しているが,「人を殺した者は」という前半部分が法律要件,「死刑又は無期若しくは5年以上の懲役に処する」という後半部分が法律効果である。刑法各則の条文のすべてが原則としてこのような構造で規定されている。また,刑法総則の一般的な規定は,刑法各則に対して効力を有するだけでなく,軽犯罪法,暴力行為等処罰ニ関スル法律,盗犯等ノ防止及処分ニ関スル法律といった特別刑法や行政刑法の一連の法規に対しても効力を有する(刑8条)。行政刑法とは,行政取締り規定の実効性を担保するために定められた罰則規定であり,租税法や独占禁止法,証券取引法などにそれを見出すことができる。

　現行刑法典の特徴としては,そこでの犯罪類型の規定方法が非常に簡潔であり,それに対する法定刑の幅も非常に広いということが挙げられる。たとえば,殺人に関する規定は199条の1つだけであり,そこでの規定方法も「人を殺した者は」と非常に簡潔である。本来,殺人といっても,一方的に利己的な動機によって残忍な手段を用いて殺人を犯す場合から被害者に長年虐待され続けた恨みのあまり思い余って殺してしまうなど,さまざまな場合があるはずである。このような殺人のありうるすべての類型は,包括的に「人を殺した者は」として判断されることになる(これに対して,たとえば,現行ドイツ刑法典は,211条の謀殺罪,212条の故殺罪,213条の故殺の比較的重大でない事態と殺人に関して3つの条文を有している。そこでの規定方法もわが国の199条と比べて詳細である)。そして,199条の法定刑の幅は「死刑又は無期若しくは5年以上の懲役」と非常に広範囲になっている。ここで5年以上の懲役とされているが,刑法12条によりその上限は20年となる。つまり,死刑か無期,有期懲役の場合は5年から20年のあいだで科すべき刑を判断することができるのである(ただし,14条も

参照)。このような特徴は，現行刑法典制定当時にドイツをはじめとするヨーロッパ諸国で主流となっていた近代学派の刑法思想の影響を受けたものであるが，裁判官が事件を判断する際にその裁量の余地を大きくし，個々の具体的な犯罪者の特性に合わせた弾力的な刑事司法の運用を可能にしている。しかし，約100年も前に制定された法律であるので，内容的に社会の変化，現代的な要請に十分対応することができない場合も少なくない。そこで，裁判官がその裁量の大きさを活用して，国民の処罰の要請に合致できるよう，そもそも条文の適用を想定していないようなケースにまで解釈を通じて，その条文を適用し，処罰を可能にする運用がしばしば見られてきた。本来，今ある条文の適用を想定していなかった新たな犯罪現象が生じたときは，新しい条文を創設したり，新しい法律を作るなどの立法で解決するのが筋である。しかし，わが国では従来刑事立法が不活発であったことから，いわば裁判官が立法的機能を果たしてきてしまったのである。三権分立の趣旨からすれば疑問ともいえる事態である。ただし，最近では，社会の変化に対応した刑法典の改正(例としては，2001年の改正で導入された163条の2以下の支払用カード電磁的記録に関する罪，208条の2の危険運転致死傷罪，そして，2004年の改正による178条の2の集団強姦罪の創設と法定刑の一般的な厳罰化)や新規の刑事立法(例としては，2000年に成立したストーカー行為等規制法)を行う動きもでてきており，事情は変わりつつある。

3 刑法の目的と機能

　刑法の目的は，人々が社会生活を営む上で，法によって守られるべき重要な利益となる法益を保護し，それを通じて社会秩序を維持することである。したがって，刑法でまず第1に重要となる基本的な機能は，法益保護機能である。刑法は一定の法益を保護するために，それに適った行為を命じたり，それに反する行為を禁止したりする。刑法が保護する法益は，生命，身体，自由といった具体的なものから，取引手段である通貨に対する不特定多数の人々の信用や国家の存立や統治作用といった抽象的なものまでいろいろあるが，一般的に，法益の主体に応じて，個人的法益(例，生命)，社会的法益(例，通貨への信用)，国家的法益(例，国家の存立)の3つに分類することが可能である。そして，この法益の3分類に対応して，刑法各則が規定する犯罪類型も，個人的法益に

対する罪（例，殺人罪），社会的法益に対する罪（例，通貨偽造罪），国家的法益に対する罪（例，内乱罪）の3つに分けられる。国民を個人として尊重し，そして，生命，自由に対する国民の権利を最大限尊重することを要請する日本国憲法13条の趣旨からすれば，現在のわが国の法秩序の下において，もっとも重要なものとして保護されるべき法益は個人的法益である。つまり，刑法の領域でもまず第1に焦点となるのは，個人的法益であり，そしてそれに対する犯罪ということになる。法益保護機能の観点からの帰結として，個人的法益に代表される法益をできるだけ効果的に保護するような刑事司法の運用が要請されよう。

　刑法にはもう1つ重要な機能がある。刑法は刑罰という非常に重い制裁を法律効果として予定している。それは死刑というかたちで生命を，懲役・禁錮というかたちで自由を，罰金というかたちで財産を剥奪する。このような刑罰権の執行は常に個々人に保障されるべき人権と緊張関係に立つといえ，国家権力による恣意的な刑罰権の行使はまさに慎まれなければならない。そこで，刑法が国家権力の刑罰権行使に対して手かせ足かせとなる人権保障機能を発揮することが求められる。人権保障機能の具体的内容としてまず重要なのは，事前にどのような行為が犯罪となり，処罰されるかを法律で明示的に告知することによって，処罰の不意打ちをなくし，一般国民の自由を不当に侵害しないことを目指す罪刑法定主義の原則である。一般国民は，自分がどのような行為を行ったら犯罪として処罰されるのかを事前に予測できなければならない。さもないと，自分の行為がいつ犯罪として処罰の対象となるのかがわからず，自由に行動することができなくなってしまうだろう。いくら法益保護の要請があるといっても，一般国民の処罰予測可能性を侵害するようなかたちで法益を保護するという刑事司法の運用は許されないことになる。このことは慣習刑法の排除，刑罰法規不遡及の原則，類推解釈の禁止等の派生原則を導きだす。さらにまた，刑法の人権保障機能との関係で重要なのが，謙抑性の原則である。刑法の適用はまさに「最後の手段（ウルティマ・ラティオ）」として，民法や行政法といった他の法規範，社会道徳のような法規範以外のルールではもはや法益を保護できない，社会秩序を維持できないという最後の最後の段階に限られるという原則である。いくら法益保護の要請があるといっても，人権に抵触する可能性のある重大な制裁手段をそなえた刑法の投入はあくまで控えめなものでなければ

ならない。いわば，刑法による法益保護とは他の手段では十分でないときにはじめて，それを補うかたちでなされる補充的なものであり，しかも，網羅的で完璧な法益保護が図られる必要はなく，あくまで特に重要な法益を選択して断片的になされる保護ということになる。

刑法の2つの機能，法益保護機能と人権保障機能はある意味で二律背反的な矛盾する関係に立つものである。しかし，刑法の最終目的である社会秩序の維持もあくまで2つの機能の調和・バランスの下で達成されなければならない。

4 犯罪論の体系

犯罪論とは犯罪の成立に関する一般理論である。犯罪になるものとならないものを統一的な原理から限界づけ，刑事司法において犯罪の成立の有無を認定する際に感情論や恣意性が入り込まないようにするため，明確な概念に基づいて思考を整理する犯罪論の体系が要請されることになる。わが国では，行為を犯罪論の基礎としつつ，犯罪の成立要件として構成要件（該当性）・違法（性）・責任（有責性）という3つの要素を想定する体系が一般的に主張されている。

まず，犯罪という刑法的評価の対象として人の行為が重要である。刑法が問題とすべき法益の侵害は，地震や台風といった自然災害によっても発生するが，それらを犯罪として扱う必要はない。犯罪が成立するためには，外部に現れた客観的事実ではあるが，人の意思によって支配可能な身体活動としての行為が存在していなければならない。これに対して，行為として外部に現れてこない人の内心の感情や人格性は刑法上の評価の対象とはならない。法は個人の内面に介入することを厳に慎まなければならないからである。行為こそが犯罪論体系の基礎となる。

次に行為が構成要件に該当するかどうかが判断されなければならない。構成要件とは刑法各則の各条文から導き出される犯罪行為の類型（観念像）である。刑法は数多く存在する反社会的な行為から特に重要なものを選んで条文のかたちで規定しているが，条文が想定する犯罪行為の類型である構成要件に該当しないかぎり，その行為がいかに反社会的であり，倫理的に非難されようとも刑法上の犯罪とはならない。構成要件はいくつかの要素からなり，大雑把にいって客観的要素と主観的要素に分けられる。客観的要素として，行為の主体，客

体，行為それ自体，行為の状況，結果，行為と結果の因果関係などが挙げられる。主観的要素としては，故意や過失が代表的なものである。構成要件の各要素の具体的内容は，各条文で用いられている文言の意味内容を確定し，その解釈を通じて明らかにしなければならない。たとえば，199条の殺人罪の場合，「人を殺した者」である行為の主体とは一般人でよいが，197条の収賄罪の場合には主体は公務員という一定の身分がある者に限られている。このように条文ごとに構成要件要素の具体的内容は異なってくる。そして，条文の解釈を通じて明らかにされた構成要件の各要素を，問題になっている行為（によって引き起こされた事象）が具備しているかどうかを判断するのである。これこそが構成要件該当性の判断に他ならない。構成要件に該当する行為は原則として違法性と有責性をそなえていることが推定される。つまり，構成要件は違法で有責な行為の類型であるとされている。

　次に，行為が構成要件に該当し，まず違法性が推定されても，具体的状況によって違法でない場合がありうる。このような例外状況を規定する違法性阻却事由（正当化事由）が違法性判断で重要な役割を果たす。つまり，犯罪論体系における違法性の判断とは，構成要件該当性によって推定された違法性が具体的状況下で例外的に阻却されるかどうかの消極的判断のかたちをとってなされることになる。具体的な例にそくして説明してみよう。甲が乙を意図的に殴り，乙を負傷させたとする。ここで甲の行為が傷害罪の構成要件に該当することがまず認められ，違法性も推定される。しかし，甲が実は乙によって襲われていて，自分の身を守るためにやむをえずした反撃行為の結果，乙が負傷したという場合には，甲の行為は正当防衛（36条）として違法性が阻却されるのである。刑法典は違法性阻却事由（正当化事由）として正当防衛のほか，正当行為（35条），緊急避難（37条）を規定している。正当行為は法令行為と正当業務行為に分けられるが，たとえば医師が行う手術などは傷害罪の構成要件にまず該当する。しかし，正当業務行為として違法性が阻却されるのである。このような条文で定められた違法性阻却事由のほか，厳格な要件の下で超法規的違法性阻却事由も認められている。被害者の同意，自救行為，義務の衝突などである。

　また，違法性の問題を議論する際に重要となる概念は行為無価値と結果無価値である。構成要件に該当する行為が違法性を推定するというとき，この違法な構成要件該当行為の実体は，行為無価値と結果無価値の2つの側面に分けら

れる。行為無価値とは，犯罪行為が刑法の禁止規範（たとえば，刑法199条は「人を殺すな」という禁止規範を発している）に違反することであり，ここでは行為者の主観的側面も問題となる。これに対し，結果無価値とは犯罪行為によって法益侵害が惹起されるという犯罪の客観的側面に関係する概念である。違法性阻却事由の判断の際にも，この行為無価値と結果無価値という2つの概念が重要な役割を果たすことになる。

そして，行為が構成要件に該当し，違法であるという判断が下されても，さらに，そのような犯罪行為を実行することが行為者に対して主観的に非難可能であるという有責性の判断がなされなければならない。行為が構成要件に該当すれば有責性も推定されるが，そもそも，行為者が自分の行為の是非善悪を弁識する能力またはその弁識に従って行動する能力がない場合もある。このような者は責任能力のない心神喪失者（39条1項）とされ，有責性が欠けることになる。また，刑法上14歳未満の者は一律に責任無能力者とされ，罪を問えないことになっている（41条）。これは年少者の人格の可塑性に着目した刑事政策的規定である。さらに，行為者が責任能力を有していても，例外的に行為者が自己の行為の違法性を意識する可能性がない場合（いわゆる違法性の錯誤のケースで問題となる），または行為の違法性を意識しえても，具体的な状況から行為者に適法行為を期待しえない場合（期待可能性が欠ける場合）には有責性が欠けるとされている。つまり，違法性の意識（の可能性）・期待可能性の判断は，超法規的責任阻却事由として機能することになる。

以上のように，犯罪の成立は，構成要件・違法・責任という3つのカテゴリーの段階的評価をへて判断されることになる。また，刑法典は，犯罪者が犯罪の実行に着手したが結果の発生に至らなかった未遂犯（43条）や，複数の者が共働して犯罪を行う共犯（60条以下）といった構成要件の修正形式も規定している。

5　刑罰の意義

わが国の刑法典は，死刑，懲役，禁錮，罰金，拘留および科料を主刑とし，没収を付加刑として規定している（9条）。これらの刑罰は犯罪を行った行為者に対する法律効果として科される制裁である。刑罰の本質をめぐっては，応

報に重点をおくか，将来の犯罪予防に重点をおくかの争いがある。刑罰が目指すべき犯罪予防は，さらに，一般国民が将来犯罪を犯さないようにすることを念頭におく一般予防と犯罪者を社会に立ち返らせて更生させることを目指す特別予防（再社会化）の2つに分けることができる。現在の学説の主流は，刑罰を犯罪に対する応報として捉えながら，応報の枠内で可能な限り，一般予防と特別予防双方の要請をも考慮しようとする相対的応報刑論と呼ばれる立場をとっている。

第11章 ■ 労働条件と法

> **設問** X（女性）はY商事会社に勤務する事務職員で，同じ職場の男性職員と比べても能力的に何ら劣るところはなく，勤務成績は良好である。
> ところで，Y社の就業規則は，男女の定年をそれぞれ満63歳，満60歳と定めている。
> Xが満60歳の誕生日を迎えるにあたり，Y社は就業規則に基づき，その誕生月の翌月末をもってXに退職を命ずる旨を通告した。そこで，Xは，Y社の定年制は男女間に差異を設ける不平等なもので民法90条違反（公序違反）により無効であるとして，裁判所に地位保全の仮処分を申請するとともに，従業員たる地位の確認を求める訴え（本案訴訟）を提起した。
> はたして，このようなXの請求は認められるであろうか。

1 市民法と労働法

　民法623条は，雇用契約を定義して，当事者の一方（労働者）が労働に従事することを約し，相手方（使用者）がこれに報酬を与えることを約する契約と規定している。民法の雇用契約の規定は，使用者と労働者が独立対等な立場で自由に契約を締結しうることを前提としているが（契約自由の原則），近代資本主義経済の発展は，労働者を使用者に経済的に従属せしめ，その結果，民法の規定ではこのような使用者・労働者間の労働関係を正当に規律することはもはや不可能となった。
　労働法（労働市場，使用者・労働者間の個別的な労働関係，および団体的ないわゆる労働関係を規律する法の総体をさす）は，このような市民法原理を修正するものとして生成・発達し，労働者の保護のために種々の規定をおいている（後述参照）。したがって，使用者・労働者間の個別的労働関係には，まず労働法上の修正法理ないし規定が適用され，それらがない場合にはじめて民法の諸規

定が適用されることになる。

2 勤労の権利と労働基本権

　憲法27条1項は，労働の意欲をもつ国民に勤労の権利を保障し，また，同条2項は，国民の賃金，就業時間，休息その他の勤労条件の最低基準を法律で定めることを求めている。これらの規定は，憲法25条1項に基づく生存権的基本権の一種である。

　憲法27条2項をうけて，労働基準法（昭22法49）や最低賃金法（昭34法137）が定められ，労働基準法は，労働条件の原則，労働契約，賃金，労働時間，休日，災害補償，就業規則等の諸事項を規制している。同法で定める労働条件の基準は最低のものであって（1条2項参照），労働条件は，労働者が人たるに値する生活を営むための必要を充たすべきものでなければならない（1条1項）。

　また，憲法28条は，経済上劣位に立つ労働者に対して実質的な自由と平等とを確保するための手段として，労働者の団結権，団体交渉権および団体行動権（これら3つの権利を総称して労働三権または労働基本権と呼ぶ）を保障している。

　団結権とは，労働者が労働条件の維持・改善を図ることを主たる目的として団体（労働組合が典型的なものであるが，争議団のような一時的なものも含まれる）を結成し，それを運営する権利である。団体交渉権とは，労働者が，団体を交渉の主体として，使用者と労働条件について交渉を行う権利である。団体行動権とは，労働者が使用者と実質的に対等な立場に立つために，団体として行動することができる権利であり，ストライキ権をはじめとする争議権がその中核をなす。

3 労働条件に関する女性差別

　女性の社会進出・職場進出には，いうまでもなく，近時目ざましいものがあるが，それに伴い，職場における女性差別の問題もクローズ・アップされてきた。とりわけ法廷の場で問題となったのは，女子の結婚退職制，出産退職制，および設問に見られるような男女別定年制に関するものである。

　労働基準法は，労働者の国籍，信条または社会的身分を理由とする，賃金，

労働時間その他の労働条件に関する差別的取扱いを禁じ（3条），さらに，男女同一労働同一賃金の原則（4条）および強制労働の禁止（5条）を定めている。

　これらの諸規定を総合して考えると，労働基準法は，賃金以外の労働条件に関する男女差別の禁止を特に定めていないことがわかる。そこで，設問におけるように，賃金以外の労働条件に関して男女を差別する就業規則等がはたして違法なのか，また，違法であるとすればそれについていかなる法的根拠に基づくのかという点が，かつて問題となった。

　憲法学の通説的な見解によれば，このような不合理な男女差別を定める労働条件は，法の下の平等を定めた憲法14条1項の間接効力により（私人である使用者と労働者の間の私法関係には，憲法規定である同条項は直接には適用されない），民法90条違反（公序違反）で無効となる。判例も，憲法14条1項および民法2条の男女平等取扱いの原則が民法90条の「公の秩序」の一内容となっているとして，このような労働条件を同条違反により無効としている。たとえば，女子の結婚退職制については，住友セメント事件（東京地判昭41・12・20労民集17巻6号1407頁），男女別定年制に関しては，日産自動車事件（最判昭56・3・24民集35巻2号300頁）において，ともに男女差別により無効であるとされた。

4　男女雇用機会均等法

　すでに述べたように，労働基準法は，賃金以外の労働条件に関しては，男女差別を禁止する旨を定めていない。しかし，勤労婦人福祉法（昭47法113）の改正法として昭和60年に制定された「男女雇用機会均等法」（同法は平成9年に大幅に改正された。現在の正式名称は「雇用の分野における男女の均等な機会および待遇の確保等に関する法律」である。以下，平成9年改正後の法律を平9法，制定時の法律を昭60法と呼ぶ）は，明確に男女別定年制を禁じ（8条1項〔旧11条1項〕），また，女子の結婚退職制および出産退職制を禁じている（8条2項〔旧11条2項〕）。

　同法の制定により，前節で述べたような，不合理な男女差別を定めた労働条件を無効とする法的根拠をめぐる問題は，これを論ずる実益を失い，設問のごとき就業規則における男女別定年制は，同法により違法とされることとなった。

平9法の主たる改正点は以下のごとくである。

すなわち，募集・採用および配置・昇進に関して女性差別を禁止する規定をおいたこと（5条，6条。改正前は努力規定であった），調停制度の改善，ポジティブ・アクションに対する国の援助（20条），セクシュアル・ハラスメント防止のための事業主の配慮義務を定めたこと（21条），妊娠中および出産後の健康管理に関する措置を事業主の義務規定とした点（22条・23条1項。改正前は努力規定であった），25条による勧告に従わない事業主名を公表しうるものとしたこと（26条）である。

平9法の主目的は，男女の均等な雇用機会および待遇の確保を図ることならびに女性労働者の妊娠中および出産後の健康の確保を図ることであり（1条），その基本的理念は，女性労働者の差別禁止と母性尊重である（2条1項）。

確かに，平9法は，女性労働者の差別を禁止するという点では昭60法よりも一層進展してはいる。しかし，これはあくまで女性労働者に対する差別を禁止するにとどまり，男性労働者に対する差別については考慮されていない。この点は今後の検討課題といえよう。

昭60法の制定にともない，労働基準法が一部改正され，女子の時間外・休日労働の制限の緩和（旧64条の2），女子の深夜就業の制限の緩和（旧64条の3），女性（改正前は「女子」）の坑内労働禁止の緩和（64条の2〔旧64条の4〕），女性（改正前は「女子」）の危険有害業務の就業制限の緩和（64条の3〔旧64条の5〕）および産前産後の休暇の延長（65条）が定められた。さらに，その後の平9法成立にともなう労基法一部改正では，女子の時間外・休日労働および深夜就業の制限に関する諸規定（旧64条の2・旧64条の3）が廃止され，この種の労働についても男女同一の取扱いがなされることになった。それでは以下，労基法の改正規定をより詳しくみていくことにする。

まず，母性保護規定に関しては，昭60法制定にともなう労基法改正により，産後休暇は8週間に（65条2項），多胎妊娠の場合の産前休暇は10週間に（旧65条1項）それぞれ延長されたが，その後の平9法の成立にともなう改正により，後者はさらに14週間に延長された（65条1項）。

次に，女性の一般的保護規定に関しては，平9法成立にともなう改正により，女子労働者の時間外・休日労働の制限規定（旧64条の2）が廃止された。それ以前も，業務を指揮命令する者や専門的業務従事者については女性労働者で

あっても例外的に男性労働者と同様に扱われていたが（旧64条の2第4項），平9法では，時間外・休日労働については一律に男女同一の取扱いがなされることになった。もっとも，従来時間外労働制限の対象となっていた女性労働者については，育児または家族介護を行うかぎりで，その申し出により時間外労働の上限を短縮する激変緩和措置が一定期間とられることになっている（133条）。ただし，これは時間外労働に限られ，休日労働については何の措置もとられていない。

　平9法成立にともなう改正によりさらに，女子の深夜就業制限規定（旧64条の3）も廃止された。これにより，深夜就業についても男女同一の取扱いがなされることになった。もっとも平9法施行規則17条は，深夜業に従事する女性労働者の安全確保に必要な措置を講ずるよう事業主に求めている。ただし，男女を問わず育児または家族介護を行う労働者については，育児・介護休業法（次節参照）により，事業主に対して深夜就業の免除を請求する権利が認められている（同法19条・20条）。

　以上みたように，平9法成立にともなう労基法一部改正は，主として，従来からの懸案であった母性保護規定を除く一般的な女性保護規定の廃止を目的としたものである。これにより確かに男女の形式的平等は実現されたかもしれないが，実際には，女性の職場・家庭双方における過重負担を招来することになりはしないだろうか。もしそうであるならば，男女の雇用機会均等どころか，女性の職場進出をも妨げることになろう。

5　育児・介護休業法

　女性の職場進出にともない，その職業生活と家庭生活との両立をサポートする施策の必要性が認識されてきたが，その一環として，平成3年に「育児休業等に関する法律」が制定された。同法は，育児休業を労働者の権利として認めるものである。同法は平成7年に大幅に改正され，「育児・介護休業法」（現在の正式名称は，「育児休業，介護休業等育児又は家族介護を行う労働者の福祉に関する法律」）となった。同法は，従来の育児休業制度をその内容として含むのはもとより，家族の介護を行う労働者の職業生活と家庭生活との両立をサポートすることをも目的としている。同法によれば，1歳未満の子を養育する労働者

が事業主に申し出ることにより，その子が1歳に達するまでの間，育児休業をすることができるし（一定の範囲の期間雇用者も対象となる。），一定の場合には，その子が1歳6カ月に達するまでの間，育児休業をすることができる。また，家族の介護を行う労働者が事業主に申し出ることにより，要介護状態にある対象家族1人につき，常時介護を必要とする状態ごとに1回の介護休業をすることができる（期間は通算して93日まで。一定の範囲の期間雇用者も対象となる）。さらに，小学校就学前の子を養育する労働者が事業主に申し出ることにより，1年に5日まで，負傷しまたは疾病にかかったその子の看護のために，休暇を取得することができる。

第12章 ■ 社会保障と法

> **設問** 憲法25条の生存権の確立とともに戦後構築された社会保障制度は，総体的にみてわが国におけるその使命を果たしたと評価できるものであるが，各制度をみてみるとさまざまな問題を提起している。これからの社会保障制度をどのように捉えるべきであろうか。

1 社会保障とは

　社会保障という言葉は，アメリカの1935年制定の社会保障法において初めて使われたものであるが，わが国においては憲法25条2項で用いられてから一般的に使われるようになった。

　1942年，ILOが「社会保障への途」という報告書を，イギリスでチャーチルの委嘱を受けたベバリッジ委員会によりベバリッジ・プランが出され，この2つの報告書によって世界の社会保障は大きな影響を受けたといわれる。

　社会保障は，国民の生存権を確認することによって，その生活を保障するための政策，あるいは政策に基づいて行われる制度それ自体を指すこともあり，その国の事情により内容は異なったものとなる。そして，この社会保障にかかわる法律は複雑かつ多岐にわたるものであると同時に，動態的でその全貌を総括的に捉えることは容易なことではないといわざるをえない。常に社会経済の変化，国民生活の向上，社会的ニーズの変化などにそって，その立法政策の指針としての目的理念，法体系の構築が求められているからである。

2 社会保障制度の変遷

(1) 戦　後

　1946年に日本国憲法が公布され，25条1項において，すべての国民は健康で文化的な最低限度の生活を営む権利を有し，2項で国はすべての生活部面について，社会福祉，社会保障及び公衆衛生の向上および増進に努めなければならないと，生存権の確立を謳っている。

　1949年わが国における社会保障制度の確立に多大な貢献をすることになる社会保障制度審議会が設立され，翌年「社会保障制度に関する勧告」において社会保障制度の意義を明らかにした。これによれば，社会保障制度とは，疾病，負傷，分娩，廃疾，死亡，老齢，失業，多子，その他困窮の原因に対し，保険的方法または直接公の負担において経済保障の途を講じ，生活困窮に陥った者に対しては，国家扶助によって最低限度の生活を保障するとともに，公衆衛生および社会福祉の向上を図り，もってすべての国民が文化的社会の成員たるに値する生活を営むことができるようにすること，をいう。そして社会保障の内容を社会保険，国家扶助，公衆衛生および医療，社会福祉に分けた。

　しかしながら，戦後の混乱の中では，失業者，戦災者，海外引揚者などが街にあふれ，これらの生活困窮者への対応が緊急課題となっていたため，生活保護法や社会福祉事業法などが中心に制定された。

(2) 高度経済成長期

　1950年代後半から始まった高度経済成長は，国民の所得，生活水準を向上させた。社会保障の分野においては貧しさから救うのではなく，貧しくならないようにするという点に政策が移行し，医療および年金についてすべての国民に強制的に社会保険制度を適用する国民皆保険・皆年金が適用されることになった。

　さらに経済成長による租税や社会保険料収入を背景に，老人医療費の無料化をはじめとする医療保険，年金の各種給付改善が行われた。

(3) 社会保障制度の見直し

　しかしながら実質経済成長率が戦後はじめてマイナスになると，主に社会扶助にかかわる国庫補助率の引下げが行われた。生活保護費や社会福祉施設の措置費，生活保護の補助率，社会福祉施設の補助率が引き下げられた。また老人保健法が制定され70歳以上の老人医療費負担，医療保険制度の改正で被用者本人の自己負担導入などが行われた。年金制度においても基礎年金が創設された。

(4) 社会保障の構造改革

　1990年代わが国は少子・高齢化社会に突入し，経済も低成長のまま推移する。しかし，社会保障においては1989年高齢者保健福祉推進10カ年戦略が策定され，10年間の福祉サービスの整備目標が定められる。1994年には子育て支援のためのエンゼルプランが策定され，施策の計画的実施が進められるようになった。

　1997年には介護保険法が成立し，老人福祉，老人保険という従来の制度を見直した。「自立支援」を基本理念に，福祉と医療にまたがっていた介護を独立した効果的な制度に再編し，社会保障構造改革の第一歩と評価されている。

　2000年には社会福祉事業法等が改正され，介護保険と同様「自立支援」を基本理念に，社会福祉基礎構造改革が実施された。

　また，同年社会保障審議会は「新しい世紀に向けた社会保障（意見）」をまとめ，中央省庁等再編（2001年1月6日）にともなって社会保障制度審議会の機能が，経済財政諮問会議と社会保障審議会に分割されることにも関連して，これからの社会保障制度のあり方を提言している。

　2004年7月には「社会保障の在り方に関する懇談会」が年金・介護・医療・生活保護の社会保障の一体的見直しの審議に入っている（資料7，8，なお資料10参照）。経済財政諮問会議も2004年11月第27回会議において，社会保障制度改革について特に介護保険について論議されている。そこでは，負担の伸びを極力抑制し，給付については集中と選択を思い切って行い抑制の方向を示すべきである，という意見が出されている（http://www.keizai-shimon.go.jp/minutes/2004/1104/report.html，資料9参照）。

　社会保障の構造改革もまた，社会・経済の変化を受けダイナミックに進化している。それにともない，社会保障法の的確な対応が求められているといえる。

資料7

今後の我が国の社会保障制度を考える上での基本的視点―年金・介護・医療・生活保護の一体的見直しに関連して

我が国の社会保障の基本的役割及びその給付と負担の水準

〔年金〕
【役割】将来の経済社会がどのように変わろうとも，やがて必ず訪れる長い老後の収入確保を約束できる唯一の仕組みであり，国民の最大関心事項の一つ。
【水準】将来の給付と負担の水準について，先の年金制度改正において，次のように改正。

《給付》65歳支給開始時点で，現役サラリーマン世帯の平均的所得の50％を上回るよう設定
《負担》平成29年度以降，厚生年金保険料率18.3％（労使折半），国民年金保険料月額16,900円となるよう，段階的に引上げ

〔介護保険〕
【役割】要介護状態になることを予防するとともに，要介護状態になった場合でも自立した生活を営むために必要となる多額の出費のうち，相当部分を保障する仕組み。
【水準】現行の介護保険の給付と負担の水準は，以下のとおり。

《給付》在宅：要支援（月額61,500円）～要介護5（月額358,300円）を各々限度として，1割の利用者負担（上限あり）を設定
　　　　施設：施設介護費用（平均34.2万円〔16年5月〕）に対し，1割の利用者負担（上限あり）及び食費負担（1日780円（段階あり））を設定
《負担》65歳以上の保険料　平均月額3,293円〔15年度―17年度〕
　　　　40～64歳の保険料率　1.0％〔16年度・被用者保険〕（労使折半）

〔医療保険〕
【役割】現役時代から安定した社会生活を送る上での最大の不安要因は傷病であり，これに伴う多額の出費のうち相当部分を保障する仕組み。
【水準】現行の医療保険の給付と負担の水準は，以下のとおり。

《給付》必要な医療費全体を対象とした上で，一定割合（サラリーマン3割・老人1割）の患者負担（上限あり）を設定
《負担》保険料率　7.7％〔16年度・被用者保険〕（労使折半）

〔生活保護〕
【役割】資産や能力，他の社会保障制度などを活用してもなお最低生活に不足する部分に対応。
【水準】現行の生活保護の給付の水準は，以下のとおり。

《給付》生活扶助基準　標準3人世帯（33歳，29歳，4歳）　月額125,690円（地方郡部等）～162,170円（東京都区部等）
　　　　　　　　　　　高齢者単身世帯（65歳）　月額62,640円（地方郡部等）～80,820円（東京都区部等）
　　　　　　　　　　　高齢者夫婦世帯（65歳・65歳）　月額94,500円（地方郡部等）～121,940円（東京都区部等）
《負担》全額公費で負担

資料8

社会保障の一体的見直しを考える上で留意すべき視点

《社会保障と経済の関係》
- 社会保障の過度の増嵩は，経済・社会の活力を削ぎ，国際競争力低下の要因となりかねないという見方についてどう考えるか
- 社会保障は，社会・経済の安定の基盤であり，かつ，経済発展に資する側面もあるという見方についてどう考えるか

《高齢化との関係》
- 高齢化に伴い，我が国の社会保障給付は増大していくが，どの程度の規模となっていくか。我が国の社会保障の給付と負担の現状について，他の先進諸国と比較してどのように評価するか。
- 個人の自助努力や世代間の公平，世代内の公平をどのように考えるか。
- 社会保障について，その効率化や重点化を進めることと，増大するサービスについて一定の質を確保しなければならないこととの兼ね合いをどのように考えるか。
- その前提として，各社会保障制度の役割及びその相互の関係をどう評価し，どう方向付けていくか。
- これらを整理した上で，将来の社会保障給付の規模をどのように見通し，その費用を社会保険料・税でどのように負担するか。
- その際に政府全体の歳出を国・地方が歩調を合わせつつ抑制することにより，例えば潜在的国民負担率で見て，その目途を50％程度としつつ，政府の規模の上昇を抑制する，とした政府の基本方針2004との整合性をどう図るか。

各制度の一体的見直しに当って留意すべき視点

〔年金〕 今回の改正を踏まえ，年金制度の一元化も含め，今後の年金制度をどう展望するか。

〔介護保険〕 制度全体を予防重視型に転換していくなど，給付の効率化・重点化を進め，制度の持続可能性を高める必要があるのではないか。
また，施設入所時等における居住費用や食費の見直しを通じ，年金給付との重複の調整を行うべきではないか。
──【別添参照】介護保険制度改革の基本的視点・主な内容

〔医療保険〕 高齢者医療費の増大に対応して，生活習慣病の予防の徹底や，高齢者の生活の質に配慮しつつ，今後の医療費の適正化をどのように行うか。
特に，介護保険の改革を踏まえ，高齢者の「社会的入院」の解消や入院における居住費用等の在り方など，介護保険との分担・調整をどのように行っていくか。

〔生活保護〕 モラルハザードを生まないよう，扶助基準・加算等の見直しにより最低生活保障として適正な水準とするべきではないか。
また，就労・自立を促すよう，制度面・執行面での見直しが必要ではないか。

《少子化との関係》
- 将来の社会保障の給付と負担の水準を見通す上で，少子化の影響を重く受けとめるべきではないか。
- 社会保障給付について大きな比重を占める高齢者関係給付を見直し，これを支える若い世代及び将来世代の負担増を抑えるべきではないか。
- 少子化対策について，さらにどう取り組んでいくか。

(資料7，8 http://www.mhlw.go.jp/shingi/2004/09/s0929-12c.html)

第12章 社会保障と法

資料9

介護保険制度の全体概要

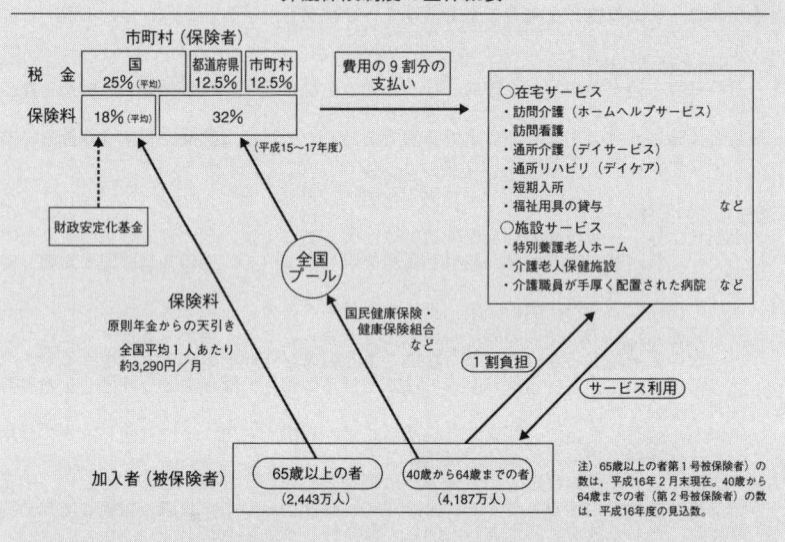

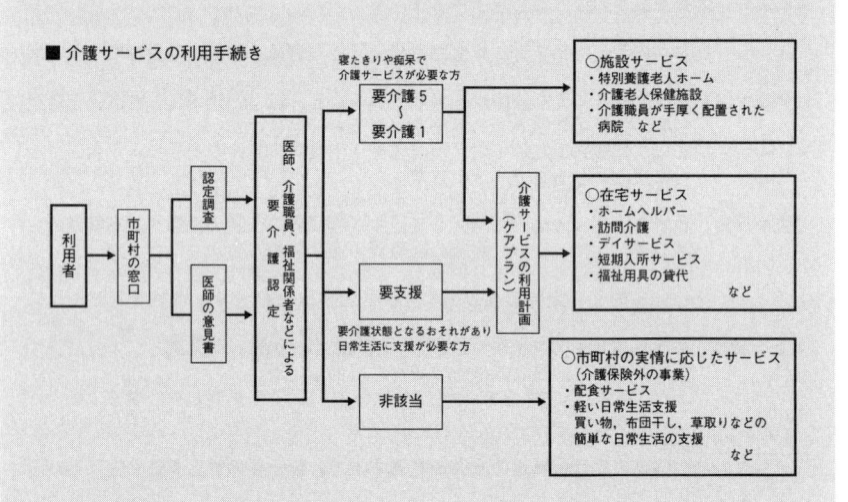

税金
- 国 25%（平均）
- 都道府県 12.5%
- 市町村 12.5%

保険料
- 18%（平均）
- 32%
（平成15～17年度）

市町村（保険者）

費用の9割分の支払い

○在宅サービス
- 訪問介護（ホームヘルプサービス）
- 訪問看護
- 通所介護（デイサービス）
- 通所リハビリ（デイケア）
- 短期入所
- 福祉用具の貸与　など

○施設サービス
- 特別養護老人ホーム
- 介護老人保健施設
- 介護職員が手厚く配置された病院　など

財政安定化基金

全国プール

国民健康保険・健康保険組合　など

保険料
原則年金からの天引き
全国平均1人あたり
約3,290円／月

1割負担

サービス利用

加入者（被保険者）
- 65歳以上の者（2,443万人）
- 40歳から64歳までの者（4,187万人）

注）65歳以上の者（第1号被保険者）の数は、平成16年2月末現在。40歳から64歳までの者（第2号被保険者）の数は、平成16年度の見込数。

■介護サービスの利用手続き

利用者 → 市町村の窓口 → 認定調査／医師の意見書 → 医師、介護職員、福祉関係者などによる要介護認定

- 寝たきりや痴呆で介護サービスが必要な方 → 要介護5～要介護1 → ○施設サービス（特別養護老人ホーム、介護老人保健施設、介護職員が手厚く配置された病院　など）
- 要介護状態となるおそれがあり日常生活に支援が必要な方 → 要支援 → 介護サービスの利用計画（ケアプラン） → ○在宅サービス（ホームヘルパー、訪問介護、デイサービス、短期入所サービス、福祉用具の貸代　など）
- 非該当 → ○市町村の実情に応じたサービス（介護保険外の事業）
  - 配食サービス
  - 軽い日常生活支援　買い物、布団干し、草取りなどの簡単な日常生活の支援　など

出典：介護保険制度の見直しについて（厚生労働省介護制度改革本部）

資料10

年金制度の体系図

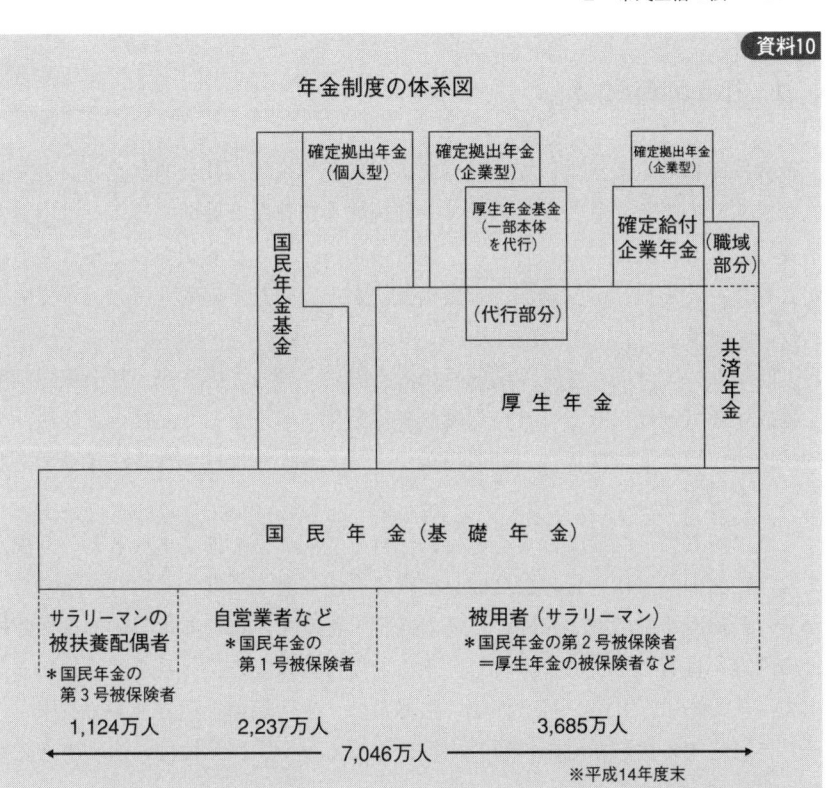

	確定拠出年金 (個人型)	確定拠出年金 (企業型)		確定拠出年金 (企業型)	
国民年金基金		厚生年金基金 (一部本体を代行)		確定給付 企業年金	(職域部分)
		(代行部分)			
		厚 生 年 金			共済年金

国 民 年 金 (基 礎 年 金)

サラリーマンの 被扶養配偶者 ＊国民年金の 第3号被保険者	自営業者など ＊国民年金の 第1号被保険者	被用者（サラリーマン） ＊国民年金の第2号被保険者 ＝厚生年金の被保険者など
1,124万人	2,237万人	3,685万人

←―――――――― 7,046万人 ――――――――→

※平成14年度末

出典：平成16年　年金制度改正のポイント～「持続可能」で「安心」の年金制度とするために～（厚生労働省年金局）

3　社会保障法体系

　社会保障に関する法は，先に述べたようにその時代の社会的状況等により立法がすすむのでその制約から逃れて，理論的な法体系を展開することは困難である。しかし，戦後の成立時には，社会保険法と国家扶助法からなるとする説がとられ，その後社会扶助法，社会福祉法が加えられた制度別区分説が提唱された。

　近時においては同じく制度別区分の考え方に立脚しているが，社会保障制度を構成する各制度にそって社会保障法を体系化すべきとして，社会保険法，公的扶助法，児童手当関係法，社会福祉サービス法から構成される法体系であると考える説もある。

　これに対して，制度ではなく給付に注目して法体系を構築すべきという説がある。社会保障法は一定の社会的な要保障事由に対する社会的給付の法であるから，要保障事由のもつ保障ニーズの内容・性質を，これに対応すべき保障給付の内容・性質とを法的に分析し，そこから社会保障の法体系を理論的に導き出すべきである，とし，社会保障の法体系は，生活保障を必要とする原因と，それに対応する保障給付の性質・内容によって，所得保障給付の法と生活障害給付の法に大別する。

　制度別や保障方法別ではなく，戦後の社会保障目的の発展とＥＣ規則における目的規定をもとに目的別の体系化を試みる説もある（資料11）。

4　社会保障における権利擁護

　社会保障における要保障者は，これまでは「社会保障制度に関する勧告」（1950年）にみられるように，疾病，負傷，老齢，失業などの困窮の原因に対し経済保障の途を講じ，文化的社会の成員たるに値する生活を営むことができるようにするということであり，その要保障者は経済的，肉体的，精神的，社会的に保護すべき弱者であると考えられてきた。

　しかしながら，「社会保障体制の再構築（勧告）～安心して暮らせる21世紀の社会をめざして～」（総理府社会保障制度審議会・1995年）によれば，社会保

資料11

社会保障法の目的別体系区分

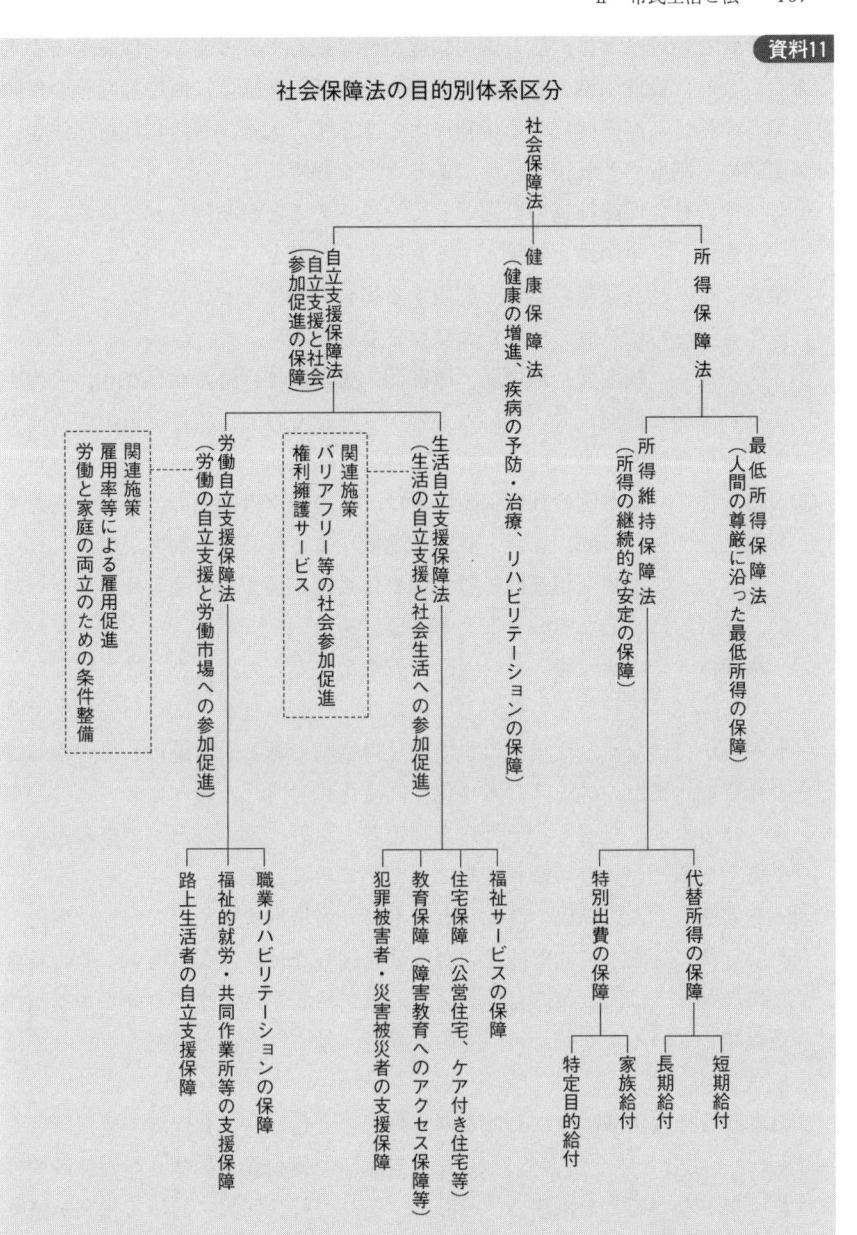

- 社会保障法
  - 自立支援保障法（自立支援と社会参加促進の保障）
    - 関連施策（雇用率等による雇用促進、労働と家庭の両立のための条件整備）
    - 労働自立支援保障法（労働の自立支援と労働市場への参加促進）
      - 路上生活者の自立支援保障
      - 福祉的就労・共同作業所等の支援保障
      - 職業リハビリテーションの保障
    - 権利擁護サービス
    - 関連施策　バリアフリー等の社会参加促進
    - 生活自立支援保障法（生活の自立支援と社会生活への参加促進）
      - 犯罪被害者・災害被災者の支援保障
      - 教育保障（障害教育へのアクセス保障等）
      - 住宅保障（公営住宅、ケア付き住宅等）
      - 福祉サービスの保障
  - 健康保障法（健康の増進、疾病の予防・治療、リハビリテーションの保障）
  - 所得保障法
    - 所得維持保障法（所得の継続的な安定の保障）
      - 特別出費の保障
        - 特定目的給付
      - 代替所得の保障
        - 家族給付
        - 長期給付
        - 短期給付
    - 最低所得保障法（人間の尊厳に沿った最低所得の保障）

出典：河野正輝『講座　社会保障法第1巻　21世紀の社会保障法』23頁，法律文化社

障制度の新しい理念とは，広く国民に健やかで安心できる生活を保障することである，とし，最低限度の生活の保障から，生活の多様化に対応した社会保障，要保障者の給付に直接関係する権利にとどまらず，人権，さらには自己決定，自律を認める制度へと転換すべきであることを提唱している。

そしてその社会保障推進の原則として，以下のことが挙げられている。

① 普遍性　全国民を対象とする普遍的な制度として，さらにこの原則を徹底させ，社会保障の給付を制限する場合の要件などについて，その合理性の有無を常に見直していかねばならない。

② 公平性　制度間，地域間，職種間，男女間等に格差が存在し，その中には合理的な根拠を欠いているものがみられるので，給付と負担の両面でより公平な制度にしていくことが不可欠である。

③ 総合性　わが国の社会保障制度は，その時々の国民のニーズを満たすものとして設けられ，また，職域や地域によって異なる制度が設けられたこともあって，制度相互間の整合性や体系性が必ずしも図られていないので，総合的に対応していくことが必要である。

④ 権利性　生活保護，社会保険，児童手当などの給付を受ける権利は，すでに国民の権利として確立しているが，社会福祉などについては必ずしも明らかではなく，今後どこまで国民の権利であるか明確にしていかねばならない。また，ニーズの多様化や高度化に対応した種々のサービスが用意されるようになると，それらを利用者の意思で選ぶことができる選択性を備えることが，その権利性を高める上で必要となる。

⑤ 有効性　人口構成の高齢化とともに一層増加する負担の増加に備え，政策を常に見直して効率的な資源配分を図らなければならない。その見直しに当たっては，政策の目的および対象に対してどこまで有効かつ無駄なく機能しているかを確かめ，その有効性・効率性を高める努力を怠ってはならない。

このような社会保障制度における基本理念の変化は，社会保障の要保障者を「保護すべき弱者という法客体」から，「自律した権利義務主体」へと位置づけなければならないことを意味し，そして，それは社会保障における権利擁護概念の確立へと向かっている，といわれている。

「権利擁護」は，社会福祉サービスの分野で発達してきたもので，判断能力

が不十分な人々の立場に立って，虐待を防止し，福祉サービスの利用を援助し，あるいは財産を管理するなど，総じて権利行使を擁護することと考えられてきている。さらに，社会保障全体に妥当する権利擁護概念として，妥当する定義とシステムを検討することの必要性が強調される。

すなわち，社会保障における権利擁護は，十分な判断能力を有しない人々，判断能力はあっても，情報の非対称性・官僚性・権力性のため十分な権利主張ができない人々，あるいは身体的問題に起因し，権利行使に支障のある人々に対し，要保障者本人の意思を尊重しつつ，本人の社会保障給付及びそれに付随する権利の行使を擁護し，ニーズの実現を支援することである。このような定義から，所得給付や医療給付も含めた社会保障全体に必要とされる権利擁護システムを検討しなければならない，と主張する（参考文献：菊池馨実『社会保障の法理念』有斐閣，河野正輝，前掲書）。

このように，社会保障に関わる法システムは，これまでの制度の変遷と現行制度の問題点をふまえ，その理念を明確にして今後の展望を打ち出していくことが必要である。

5　社会保障と少子化

これからの社会保障は少子化の問題を抜きにして考えられない。年金制度における世代間格差の解消などがあげられるところであるが，少子化社会対策基本法，次世代育成支援対策推進法といった法システム，また児童虐待にかかわる法システムなども重要な社会保障の分野と捉え，見直しをしていくことが必要である。

資料12

少子化社会対策基本法
少子化社会において講ぜられる施策の基本理念を明らかにし，少子化に的確に対処するための施策を総合的に推進することを目的とした「少子化社会対策基本法」が，平成15年9月に施行された。少子化に対処するための施策の指針として，総合的・長期的な少子化に対処するための施策の大綱を定めることや，内閣府に少子化社会対策会議を置くことなどが定められている。

次世代育成支援対策推進法
平成15年7月9日に制定。次代を担う子どもを社会全体で支援することにより，子どもが心身ともに健やかに育つための環境を整備する。国・地方公共団体・企業等が一体となって，計画的に次世代育成の支援を進めることにより，子どもを生みたいと思う人が理想どおりの数の子どもを生み育てることができる社会の実現を目指している。

第12章 社会保障と法

資料13

最近の少子化をめぐる動向について

【子どもと家庭を巡る危機的な状況】

- 下げ止まらぬ出生率
  (平成15年には、1.29と過去最低)

- 一般家庭にも広がる子育ての負担感・不安感（子育ての負担感が大きい女性 共働き29%＞片働き45%）

- 岸和田の中学生虐待事件をはじめ続発する深刻な児童虐待
  〈虐待相談〉
  6,932件→26,573件（3.8倍）
  （10年度）（15年度）
  虐待による児童の死亡事例
  155件（12年11月～15年12月）

【現状の取組】

①新エンゼルプラン
- 保育対策中心
- 16年度末に終了

①待機児童ゼロ作戦
- 14年度～16年度

↓ 集中的・総合的な新たな取組が必要 ↓

【今般の次世代育成支援の取組】

十五年七月
- 少子化社会対策基本法（議員立法）の成立
- 次世代育成支援対策推進法及び改正児童福祉法の成立

十六年六月
- 少子化社会対策大綱の策定（閣議決定）
- 地方公共団体及び企業において行動計画（次世代育成支援対策推進法は、平成17年4月施行）

十六年十二月
- 新エンゼルプランに代わる新たなプラン（新新エンゼルプラン）の策定

次世代育成支援対策関連三法案
①児童手当法改正法案
・支給対象年齢を義務教育就学前から小学校第3学年修了まで引上げ→前通常国会で成立
②児童福祉法改正法案
・児童虐待防止対策の充実・強化 等→継続審査中
③育児・介護休業法等改正法案
・育児休業期間について、一定の場合にあっては、子が1歳6か月に達するまで延長
→継続審査中

http://www.mhlw.go.jp/shingi/2004/09/s0929-12f.html）
なお，継続審査中→成立。

虐待防止に向けた対策

資料14

❶児童相談所をはじめとする児童相談体制の強化について
①人員の配置
　　児童福祉司の配置は約60％の自治体で，地方交付税の基準を下回っていることから，地域の子どもの状況を踏まえた最適な人員配置。
②多様な人材の確保
　　児童福祉法の改正（案）における児童福祉司の要件見直し（保健師，教員等）や新任児童相談所長の研修義務化の主旨を踏まえた多様な人材の確保。
③児童相談所内での組織的対応
　　担当者のみの判断ではなく，複眼の視点をもつため組織的な対応の徹底。
④多様な担い手の参画
　　児童相談所を支える幅広い機関の連携とNPO・社会福祉法人等，多様な虐待防止の担い手の参画。
⑤関係機関も含めた危機管理意識の醸成
　　高い危機管理意識をもち続けるため，研修内容の充実と積極的参加。
❷連携の強化について
①要保護児童対策地域協議会（いわゆる市町村虐待防止ネットワーク）への積極的参加。
②転居事例に対する継続支援体制の確保。
③従来，虐待と関わりの薄かった機関（児童福祉，生活保護担当等）における要支援家庭の把握。
❸養育力不足への支援
　　訪問型育児支援サービス（育児支援家庭訪問事業）等を活用するなど，養育支援の強化。
❹虐待予防への取り組み
①保育所，幼稚園，学校における取り組み
　　保育所，幼稚園，学校の積極的な協議会への参加と虐待に関する研修等積極的な取り組み。
②市町村の母子保健事業における取り組み
　　新生児，健康診査未受診者への対応など，養育支援が必要となりやすい者への重点支援。
③都道府県保健所における取り組み
　　未熟児，育成医療，精神保健相談等との接点があることを踏まえ保健所の専門性を活かした積極的な関わり。
④医療機関における取り組み
　　養育支援が必要となりやすい要素を多く有する家庭と接点が多いことをかんがみ，産科，小児科はもとより，精神科も含め情報提供を求める。
⑤児童虐待への正しい理解の促進
　　住民に対し児童虐待に関する周知を継続的に実施。

出典：月刊福祉9月号（2004）102頁

第13章 ■ ジェンダーと法

> **設 問**
> (1) 民法731条は，男性は18歳，女性は16歳にならなければ結婚できないと規定している。男女で年齢差を設ける理由は何か。
> (2) 大学生X男は，同級生の恋人Y女からX男の子を妊娠したことを知らされると，「俺には関係ない」とだけ言い残して行方不明になった。Y女はやむなく中絶をした。X男の行為とY女の行為は，それぞれ何罪に該当するか。
> (3) 労働基準法4条は男女同一賃金の原則を定めているが，実際の平均賃金を比較すると日本では女性一般労働者の賃金は男性一般労働者の賃金の6割程度にとどまる。それはなぜか。また，諸外国における男女の賃金格差はどうなっているか。

1 ジェンダーと法の関わり

(1) ジェンダーと法

　ジェンダーと法（ジェンダー法学）とは，学問の名称としては新しいものである。日本にジェンダー法学会が誕生したのは2003年であるし，法学部の専門科目として開講している大学もまだそれほど多くはない。だが，名称としては新しくとも，ジェンダー法学が扱うものは古くから存在するテーマ，性差別・性の平等である。
　内閣府男女共同参画社会に関する世論調査（2004年）では，「社会全体において女性よりも男性の方が優遇されている」と感じる国民は73.9％（女性の79.8％，男性の67.1％）に上る。国連開発計画（UNDP）の調査（2003年）では，日本は人間開発指数（HDI：平均寿命，教育水準，所得等から算出した人間の能力

の達成度）では世界第9位であるのに，ジェンダー・エンパワメント測定（GEM：女性の所得，専門職・管理職・国会議員等に占める割合から算出した女性の能力の活用程度）では第44位と大きく後退する。ジェンダー法学は，国民の意識においては男性に有利な国であり，国際的な指標においては女性の能力が活用されない国となっていることと，法がどのようにかかわっているのかに関心を寄せる。

(2) 社会構造に組み込まれている性差の階層

ジェンダーとは，もともとは文法上の性別を指す言語学の用語であったが，20世紀後半から興隆した第二波フェミニズムにより，社会的・文化的性差の意味を与えられ，広く用いられるようになった。ジェンダーの発見により，たとえば「女は外で仕事をせずに，夫・子ども・親の世話をせよ」という性別役割分業の押し付けに対して，女性が家族の世話をするのは人為的に作られてきた慣行（社会的・文化的性差）であり，女性に生まれたこと（生物学的性差）の必然ではないとの反論が可能になった。フェミニズムは同時に，両性間の差異が階層的な社会構造を作り上げており，その階層は男性を標準・優位な者に，女性を周縁・劣位な者に位置付けていることを強調した。

ジェンダー法学が扱う性差別と法をめぐる問題は，これまでに法女性学やフェミニズム法学でも論じられてきた。フェミニズム法学とジェンダー法学の違いについては，フェミニズム法学が女性を被害者，男性を加害者との構図で捉えるのに対して，ジェンダー法学は男性もまたジェンダー規範に抑圧されてきたと理解するとされたり，フェミニズムが女性の解放を強調しすぎたために中立的な概念として，あるいは男性や性的マイノリティ（男か女の二者択一では分類できない人々）の解放を含めたより広範な概念としてジェンダーが用いられると説明されることがある。これらは一面において正しいが，ジェンダーの語を用いることは男性の不利益と女性の不利益を同等と解するためではないことに注意したい。性差別とは，性別を理由として不利益をもたらすような処遇であるから，男性差別も女性差別もある。しかし，性差が階層化されている社会では，2つの差別には本質的な違いがある。男性が性差の階層により被る不利益とは，その社会構造から逸脱（たとえば「男らしさ」を否定）するときに生じるものである。しかし，女性が被る不利益とは，社会構造から逸脱（「女ら

しさ」を否定）するときのみならず，その社会構造に順応する（「女らしさ」を受け入れる）がゆえに劣位な集団の一員となることで生じるものだからである。また，性差を階層化している社会において両性に中立的というとき，それは「男並み平等論」を意味するものではないかと疑うことも必要である。女性は男性とは異なる視点，経験，利益，それらに基づく価値観を有することがあるが，男性を標準・優位な者とする社会では女性に固有のそれらは否定・軽視される。「男並み平等論」は，女性に固有の諸利益を放棄して男性という「標準」になれば平等に扱うということであり，性差別に依拠した平等論に他ならない。したがって，ジェンダー法学が女性のみならず男性の不利益の除去にも適い，男性と性的マイノリティをも抑圧から解放するものではあっても，男女の，そして性的マイノリティの不利益には構造的な差異があり，同一視はできないことを理解しておきたい。このため本章では，今日の社会でもっとも一般的に見受けられる女性差別に焦点をあてて論じることとする。

　法は，中立性・普遍性という権威に支えられているが，以下で述べるように女性差別を固定してきた負の歴史も持つ。ジェンダー法学は，性差別の解消・性の平等を実現するために法を分析し，社会構造と法に埋め込まれている性差の階層を明らかにし，それを除去した法体系の確立を目指す学問であり，実践である。性差の階層のない社会構築に裨益(ひえき)する理論を提供しようとする法学であり，抽象的な概念操作に終始する観念的な法学からは最も遠いところに位置している。法の運営においてジェンダーの主流化（ジェンダーの観点から見直すこと）を行い，裁判官をはじめとする司法関係者のジェンダーバイアス（性別に基づく偏見）を解消しようとする実践である。理論と実践の結実であるジェンダー法学を学ぶには，机に向かって学者の書いた教科書を読むだけでは十分ではなく，現実に生じた性差別問題の当事者の声に耳を傾け，それを解決すべく実務家が法廷の内外で展開してきた現実の理論を学び，当事者と実務家を支えてきた現実の運動の方法論を知ることも必要となる。

2 性差の階層と法をめぐる歴史

(1) 法律上の平等と事実上の平等

　現在の日本の憲法は14条で性別による差別を禁じているし，24条では婚姻における男女の本質的な同等を謳っている。しかし，このように明確に性差別を否定する憲法が施行されたのは第2次世界大戦後であり，それ以前は，女性には参政権がなかったこと，基本法である民法と刑法には露骨に性差別的な規定が置かれていたことを想起したい。民法・刑法における性差別的な規定は現行憲法の施行とともに削除されたが，規定を有していた民法典・刑法典自体は今日でも通用し，法が性差別を認めていた時代に確立された判例も通用している。性差別規定を有していた時代に確立された法典・判例の維持は，当時の思考の枠組みが今日でも維持されていることを意味しないのか，そこに弊害はないのかを検討する必要がある。

　国際社会では，第2次世界大戦の終結後に発足した国際連合を中心に性差別撤廃の動きが重ねられてきた。1945年国連憲章と1948年世界人権宣言において性差別は否定され，女性の労働，政治的権利，教育，婚姻等をめぐるいくつかの条約を経て，1979年には女性差別撤廃条約が国連総会において採択された。日本は，1985年の同条約批准にともない，それまで父系主義であった国籍法（父が日本人のときに日本国籍を取得する）を父母両系主義に改正し（同法2条1項），女子生徒のみに必修とされていた家庭科を男女共修とし（文部省高等学校学習指導要領），雇用分野の男女平等を促進する男女雇用機会均等法を制定した。

　憲法の制定や条約の批准，法律の整備により，法律上の平等（de jure equality）はそれなりに達成されたといえる。だが，1999年には男女共同参画社会基本法があらたに制定された。同法は，男女が互いの人権を尊重しつつ責任も分かち合い，性別にかかわりなく，その個性と能力を十分に発揮することができる男女共同参画社会の実現を21世紀の日本社会を決定する最重要課題と位置付けている（前文）。男女平等を謳う憲法の誕生から半世紀以上，女性差別撤廃条約の批准から14年も経て，なぜこのような法律が制定されたのだろうか。それは，いまだ社会構造から性差の階層が除去されておらず，男女の事実上の平

等（de facto equality）が達成されていないからに他ならない。

(2) 近代市民法による女性差別の固定

　現代の民主主義社会を支配する法体系を近代市民法と呼ぶ。近代市民法は，それまでの一部の特権階級による支配体制・身分制を打ち破り，圧制や抑圧のない，自由で民主的な社会を目指したアメリカ独立戦争やフランス革命に代表される市民革命の産物である。アメリカ独立宣言（1776年）やフランス人権宣言（1789年）では，人間が生まれながらにして平等であり，同等の権利を有していることを高らかに謳いあげた。

　しかし，ここにいう人間とは，現実に制定された法により，ブルジョア・白人・男性に限定されていた。たとえばフランス人権宣言第6条は「……すべての市民は，みずから，またはその代表者によって，その形成に参与する権利をもつ。法律は，保護を与える場合にも，処罰を加える場合にも，すべての者に対して同一でなければならない。すべての市民は，法律の前に平等である……」（辻村みよ子訳〔樋口陽一・吉田善明編『解説世界憲法集』〕）としていたが，革命期に参政権を獲得したのは有産階級の男性だけであり，女性が参政権を得たのは革命から1世紀半を経た1944年であった。1793年には女性結社禁止法により女性の政治活動が禁止され，1804年ナポレオン法典により妻の所有権の制限や夫権への従属が定められ，妻の姦通を厳しく処罰し，夫が自宅で妻の不貞を目撃した時は妻を殺害しても不可罰とされていた。

　日本においても，参政権の獲得順と女性の権利を制限する諸規定が設けられていたことはフランスと同様であった。参政権は1889(明治22)年に一定の税金を納めた男性が得たが，女性が獲得したのは1945(昭和20)年10月（閣議決定）であった。1890(明治23)年集会及政社法や1900(明治33)年治安警察法により，女性の政治結社への加入は罰金刑をもって禁じられていた。1896(明治29)年公布の民法の総則では，妻は法的には無能力者であり，契約や相続，裁判等をするには夫の許可が必要であるとし（旧民14条～18条），1898(明治31)年の民法親族編では結婚した女性が夫の「家」に入らなければならないとする「家」制度が設けられた。刑法では，1880(明治13)年のいわゆる旧刑法において姦通した妻（とその相手方）を6カ月以上2年以下の重禁錮刑とする姦通罪（353条）が置かれた。1907(明治40)年公布の刑法にも2年以下の懲役刑とする姦通罪

(183条) が維持されていた。

このように性別を理由として女性を男性よりも不利に扱う諸規定が，市民革命の理念とは逆に，近代市民法に設けられていた。性差の階層は，法により支えられ，固定されたのである。

3 民法と刑法における性差別規定の残滓

上に見た民法と刑法における性差別規定は，敗戦により制定された民主的な憲法との整合性から法文上は姿を消した。しかし，露骨に性差別的な規定だけは改廃されたものの，それを受容していた法の性差別的な思想・枠組みは現在も通用しているように見える。民法では「家」制度を含む家族法が現行憲法の制定に合わせて全面改正されたが，いまだに男女で異なる規定も有している。また，刑法では，きわめて性差別的であった姦通罪は削除されたが，それ以外のほぼすべての規定が制定当時のまま維持されている。現在の民法と刑法で，なお性差別的な思考が疑われる規定を見てみよう。

(1) 婚姻適齢

婚姻適齢（婚姻可能な最低年齢）は，現行民法731条では男性18歳，女性16歳とされており，明治民法765条から1歳ずつ引き上げられた。婚姻適齢を法律で定める理由は，肉体的・精神的に未熟な者の婚姻を禁じることで，厳しく複雑な社会で生きてゆくための教育や訓練の機会を逃してしまわないようにとの配慮といわれる。婚姻により未成年者は成人と見なされるので（民753条），婚姻適齢は成年年齢に近づけることが望ましいとされる。

しかし，女性の婚姻適齢は男性より2歳，成年年齢より4歳も若く設定されている。「家」制度下での女性の役割は，夫の家族に仕え，「家」の跡継ぎを産み育てることであったから，妻一人による取引や裁判をする法的能力を否定する無能力規定は，「家」制度の一側面であったといえよう。法が「女性は家庭に入るのだから社会で生きてゆく男性と同じ教育は必要ない」と考え，男女で異なる婚姻適齢を設けることは，「家」制度下では合理性が認められる。しかし，女性に犠牲を強いる「家」制度は現行憲法の施行により廃止されたのである。今日でも婚姻適齢に男女差を設けていることは，その分だけ女性から教

育・訓練の機会を奪うことを法が是認し,「家」制度時代の性別役割分業の思想を引きつづき採用していることを疑わざるを得ない。

(2) 再婚禁止期間

民法733条1項では,女性に対してだけ離婚後6カ月間の再婚禁止期間を定めている。民法744条2項は別れた妻が再婚禁止期間中に再婚したばあいに,前夫にその婚姻の取消しを請求することを可能とし,しかし,746条により,前妻が再婚相手の子を懐胎したときは取消しを請求できないとしている。また,772条2項により,婚姻から200日後に生まれた子は夫の,離婚から300日以内に生まれた子は前夫の子と推定される。これらの規定は,廃止された明治民法に置かれていたものとまったく同様である（明治民法767条・780条・782条・820条）。

再婚禁止期間の趣旨は,父性推定の重複を回避し,父子関係をめぐる紛争を未然に防ぐことにあるといわれているが,772条2項との整合性からすれば100日で足りる。また,再婚禁止期間に反したとして前妻の再婚を前夫が取り消すことができるとする規定については,その趣旨が明確でない。ここでいう再婚とは法律婚であるから,役所が誤って6カ月以内に婚姻届を受理しない限りは起こりえないため,現実に取消しが可能となる事態は稀であるが,仮に,X（男）とA（女）が1月1日に離婚し,3月1日にAとBの婚姻届が受理され,Xの請求によりこれが取り消されたとしても,Aの妊娠の有無にかかわりなく7月2日にはAとBとは適法に婚姻できる。前夫の取消請求権が父性推定の重複を回避する手段であるとしても,実際には前夫から前妻に対する嫌がらせ程度の効果しかもたらさないのではないだろうか。再婚禁止期間とそれに基づく前夫の取消請求権は,婚姻における女性の役割を「夫の子を生む」役割に収斂させていた明治民法の規定を無批判に継受したように思われる。

(3) 強 姦 罪

強姦罪（刑177条）は暴行または脅迫を用いて女性を姦淫することである。13歳未満の女性に対しては暴行または脅迫がなくとも姦淫だけで本罪が成立する。保護法益は,今日では女性の性的自由と解されている。性的自由とは,いつ,誰と,どのような性的行為をなすかという個人の自由である（個人的法

益)。ところが現実の裁判では強姦の被害者の貞操観念についてしばしば争われ，貞操観念という人格的要素によって被告人の暴行・脅迫の事実・程度が斟酌されることがある（「被害者については慎重で貞操観念があるという人物像は似つかわしくない」として無罪を言い渡した近年の判決に，東京地判〔(1994（平6）・12・16判時1562号141頁)〕）。保護法益が性的自由であるなら，なぜ被害者の貞操観念の有無が議論され，被告人の暴行・脅迫と関連付けられるのだろうか。

　貞操観念とは配偶者（未婚であれば将来の配偶者）以外とは性行為をしない意思のことであろう。強姦罪において被害者の貞操観念の有無を問題とすることには，かつて妻だけを処罰する姦通罪（旧刑183条）を有していた性差別的な思想と訣別できていないことが疑われる。姦通罪の処罰根拠は妻の姦通が「家」の血統を紊乱する（perturbatio sanguinis）とされていたことにあるが，「家」の血統とは父系血統に他ならない。明治直前の1868(慶應4)年の刑法である仮刑律には，はじめに暴力が振るわれても後に被害者が抵抗しなければ姦通罪になるとの規定があり，仮刑律，1870(明治3)年新律綱領，および1873(明治6)年改定律例には，「強姦の被害者は処罰しない」との規定がわざわざ置かれていた。ここから，姦通罪と強姦罪とは，妻の同意の有無によりどちらかが成立する，父系血統を支えるための表裏一体の犯罪であったとも考えられる。姦通罪が廃止された後も，1985年まで日本の国籍法は父系主義が採用され，皇室典範という法律においては現在でも天皇制の父系（男系）主義が定められている。強姦罪の成否に女性の貞操観念が問題とされ，暴行の程度と関連付けられる理由は，強姦罪が今日でも，父系血統を保護しようとする姦通罪の裏側として理解されており，父系主義社会において価値の高い貞操観念のある女性（これまで貞操を守ってきた女性，その貞操を守るべく強姦犯人の暴行に激しく抵抗した女性）を保護するための犯罪（社会的法益）と考えられているからではないのだろうか。

(4) 堕　胎　罪

　堕胎とは，自然の分娩に先立ち人為的に胎児を母体から分離・排出することである。法益は胎児の身体・生命であるが，副次的に妊婦の身体・生命も保護法益とされている（刑213条後段・214条後段・216条）。刑法があらゆる堕胎行為を犯罪とする一方で，母体保護法は人工妊娠中絶を一定の要件の下で可能にし

ている（同法14条1項）。このため，刑法上の自己堕胎罪（刑212条・214条前段）は，構成要件には該当しても母体保護法により違法性が阻却されるため犯罪が成立しない，空文化した規定となっている。

しかし，空文化しているとはいえ，自己堕胎罪は厳然と刑法に存在する，偏頗な犯罪である。堕胎の前には性交があり，性交は女性一人でできるはずもなく，それどころか暴力によって女性の意思に反して性交の相手方とさせられてしまうこともあるのに，性交の結果として望まない妊娠が生じ，やむなく堕胎したときには，その原因である男性を咎めず，結果が生じた女性だけを非難するものだからである。望まない妊娠という結果を引き受けない男性に対しては，刑法は何の処罰規定も用意せず沈黙している。その一方で，生物学的な理由により妊娠という結果が生じてしまう女性に対しては，その結果を引き受けないこと（堕胎）を懲役刑をもって処罰すると威嚇している。胎児の生命至上主義は母体保護法によりすでに否定されているうえ，望まない妊娠と堕胎により女性が被る精神的・身体的苦痛は男性の比ではない。結果を引き受けない両当事者の一方（女性）のみに処罰を用意している点において，自己堕胎罪は現行法制度の持つ性による二重基準が最も露骨に，かつ，厳しい制裁をもって表明されている規定といえるだろう。

4 ジェンダー法学の射程

以上では，ジェンダーの視点から民法と刑法のごく一部の規定を見たが，ジェンダー法学の射程はこれに留まらない。労働法，社会保障法，租税法，女性に対する暴力に関する法（配偶者暴力防止法〔DV法〕，ストーカー規制法，児童ポルノ・買春処罰法等），訴訟法（証拠法），国際法その他，あらゆる法分野に及ぶ。

性差の階層は社会構造のさまざまな部位に組み込まれているが，それは理念的のみならず経済的にも重大な影響をもたらしている。貧困の女性化（feminization of poverty）は世界的に深刻である。日本では，一般労働者（正社員）の給与の男女格差は100対67.6（2003年）である。また，男性の8割は正社員であるのに，女性は正社員とパートタイマーが半分ずつであり，女性パートタイマーの給与は男性正社員の給与の4割に留まる。さらに，厚生労働省国民生活

基礎調査（2003年）によれば，母と20歳未満の子の世帯の平均所得は，児童のいる世帯の平均所得の3分の1にすぎない（234万円／703万円）。性の不平等は，経済の不平等でもある。

　法は人間が社会生活を営むうえで培ってきたルールの集大成といえるが，これまでそのルールを決めて運用してきたのはもっぱら男性である。男性化されたルール（男性は標準，女性は周縁）が支配する社会では，女性が能力を発揮しにくく，男性に有利な結果が生じることは当然でもある。上にいくつか見たように，日本の法はこのようなルールのあり方を放置してきたことが疑われる。しかし，法はまた，日本社会がそれでは立ち行かなくなることも認識している（男女共同参画社会基本法）。ジェンダー法学には，全法学を横断的に見直し，性別にかかわりなく誰もが互いの人権を尊重し，個性と能力を十分に発揮できる社会の構築に向けた新たな法理論の提供と，既存の法制度をよりよく運営する実践が求められるのである。

資料15

1. 西船橋事件（千葉地判1987(昭62)年9月17日判時1256号3頁）
　X女は，深夜の駅のホームにおいて，かなり酒に酔ったA男からつきまとわれ，執拗に絡まれ続け，小突かれたり足蹴りをかけられたり，馬鹿女などと言葉を浴びせられ，周囲の者に助けを求めても笑うなどするのみで誰一人として応じてくれる者がいなかった中で，A男から胸から首筋の辺りを手でつかまれるという状況に至ったため，A男をわが身から離そうとして両手で突いた。A男は，よろめきながらホームから線路上に落ち，進入してきた電車の車体とホームの間に身体を挟まれて死亡した。X女は傷害致死罪で起訴されたが，裁判所は「被告人のA男を突いた所為が被告人自身からA男を離すに必要にして相応の程度を越えていたとは到底いえない」として，正当防衛を認め，X女に無罪を言い渡した。裁判所はまた，X女のA男に対する行為がやむを得ないものであり，かつ相応な態様のものであったことを否定したり，X女がその場から立ち去るべきであったかのようにいうことは，「被告人に対し一方的に……屈辱を甘受せよと無理強いし，また嫌がらせを受けながらもその場から立ち去るくやしさ，みじめさを耐え忍べよというに等しく，……被告人の一市民としての立場をないがしろにするものであって，到底与することができない」と断じた。この刑事事件の被告人を支援する会により，性的いやがらせ・性的おびやかし（セクシュアル・ハラスメント）の概念が日本ではじめて用いられた。

2. 福岡事件（福岡地判1992(平4)年4月16日判時1426号49頁）
　編集長X男は，部下A女が能力を顕し，関係取引先から声が掛かることが多くなったこと等から，A女の評判を落とすような発言を繰り返し，働く女性としての評価を低下させ，A女を職場に居づらくさせた。会社は主として女性であるA女の譲歩，犠牲において職場関係を調整しようとし，A女を退職するに至らせた。A女は「性による差別を受けない権利」を侵害されたとして提訴し，裁判所はX男と会社に対して不法行為に基づく損害賠償として165万円の支払いを命じた。日本ではじめて「セクシュアル・ハラスメント」の違法性を訴えた民事事件。

第14章 ■ 民事訴訟の手続

> **設問** Bは大阪で商店を営んでいるが、店を大きくするにあたり、東京に本店のあるA銀行から2,000万円を借り受けた。しかし、Bさんは期限が来ても借金を返済しない。
> (1) A銀行とBとの間の貸金の返還をめぐる争いを解決するにはどのような方法があるだろうか。
> (2) A銀行がBに対して、2,000万円の支払いを求めて裁判所に訴えた場合、どのように手続は行われるのだろうか（このような訴訟を貸金返還請求訴訟という）。

1 民事紛争とその解決方法

(1) 社会生活と民事紛争

　私たちは社会生活を営む中でさまざまなもめごとに遭遇する。たとえば、金銭の借主が期日までに借金を返さないとか（設問はその一例である）、交通事故の加害者が被害者に損害を賠償しないとか、また家が焼けたのに保険会社が保険金を払ってくれないというようなものがそうである。このような一般の市民と市民との間で生じる生活上の利益をめぐる争いのことを民事紛争という。
　民事紛争の解決方法にはさまざまなものが考えられるが、最も手っ取り早い解決方法として、まず実力行使が考えられる。たとえば設問で、A銀行が暴力団を雇ってBから実力で金銭を取り上げる場合がそうである。しかし、このような実力行使（これを「自力救済」という）を認めると、社会の秩序が保たれず、結局強者が弱者を支配することになる。したがって、私たちが平穏で秩序ある社会生活を営もうとするならば、原則として自力救済ではなく、それ以外の方法で紛争を解決することが望ましい。では、自力救済以外の紛争解決方法には

どのようなものがあるのだろうか。以下で簡単にみてみよう。

(2) 民事紛争の解決方法

(a) 当事者の合意を基礎とする紛争解決方法——裁判外紛争処理制度

　紛争が生じたとき，私たちはどのようにしてこれを解決しようとするだろうか。紛争の解決を求めて，いきなり裁判所に駆け込むことも考えられるが，そんなことをする人はまずいないだろう。まずは，お互いに話し合いをして解決しようとするのが通例である。このように，争っている当事者同士が話し合うことで紛争の解決を約束することを「私法上の和解」という。話し合いによる解決の場合，たとえば設問でＡ銀行とＢが互いに譲り合って2,000万円のうち1,800万円返せばよいと取り決めるような，柔軟な解決が期待できる点に特徴がある。

　しかし，当事者のみの話し合いで常に争いが解決するとは限らない。その場合には，第三者に間に入ってもらって，紛争解決の手助けをしてもらうことになる。そのようなもののうち，国家が用意する制度の１つとして，「訴訟上の和解」がある。Ａ銀行が裁判所に訴えて訴訟が始まったが，その途中で和解をする場合がこれにあたる。また，各種行政機関では「あっせん」と呼ばれる紛争解決手段が用意されているが（たとえば，労使間のトラブルを調整する労働委員会がそれである），これも当事者間の話し合いによる解決を促進するものである。

　さらに，あっせんより一歩すすんだ制度として「調停」がある。調停は，中立的立場にある第三者が仲介して，解決案を双方に提示し，お互いがその案に同意すれば，それで解決させるという方法である。裁判所に付設されている調停委員会が間に立つ調停の対象となる事件には，金銭の貸し借りをめぐる争いから家庭内の争いに関するものまでさまざまなものがある。このうち，家庭内の争いについては家庭裁判所において，それ以外の争いについては簡易裁判所で行われる。調停には１名の裁判官ないし調停官と民間人である２名以上の調停委員が参加する。これは，調停では必ずしも法規範を適用せず，市民の常識に合った解決が期待されていることの表れである。わが国において調停は活発に利用されているが，その理由としては，日本人の法意識にあっているほか，訴訟は手続が複雑で，時間と費用がかかるうえに公開されるのに対し，調停は

手続が簡単で費用もかからず，非公開で行われ，比較的早く解決するといった点があげられる。

　以上の和解や調停が，紛争解決案を当事者の合意で基礎づけるものであるのに対し，「仲裁」は，もし紛争が起こった場合には，裁判官以外の第三者（仲裁人）に解決を委ねることを当事者間で合意することである。したがって，当事者は仲裁人に紛争解決を委ねたのであるから，仲裁人の判断に不服であっても，それに従わねばならない。他方，当事者が仲裁人を自由に選ぶことができ，しかも仲裁人は必ずしも法に従った判断をしなくてもよい点で，仲裁は次に述べる訴訟と異なる。わが国では，これまで国際取引の分野をのぞき，仲裁はあまり活用されてこなかった。しかし，建物工事紛争など，裁判官以外の専門家に判断してもらう方がよい場合は，仲裁には十分な合理性があるといえ，近年はこれらの事件で仲裁はしばしば利用されている。

　(b)　**当事者の合意を基礎としない紛争解決方法――訴訟**

　ところで，以上で述べたような紛争解決制度では，手続の利用や紛争解決案について当事者の合意がなければ紛争解決は実現されないため，必ずしもその解決に十分なものであるとはいえない。そこで，当事者の合意がなくとも利用でき，また仮にその解決に不服であってもこれに従わなければならないような紛争解決方法が必要となる。市民間の争いについて，そのような要請に応えるものが民事訴訟である。民事訴訟は，民事紛争を国家（裁判所）が裁判権を背景として強制的に解決する制度であり，設問の貸金返還請求訴訟はその典型である。また，このような典型的な「通常民事訴訟」のほかに，その争いの内容に応じて，婚姻事件，養子縁組事件や親子関係事件に関する訴訟である「人事訴訟」，60万円以下の少額に関する事件を扱う「少額訴訟」，債権者の申立てだけで債務者に金銭の支払いを命ずる「督促手続」などの特別の手続も存在する。

　(c)　**民事訴訟の特徴と裁判外紛争処理制度との関係**

　さて，ここで以上で見てきた裁判外紛争処理制度と訴訟を対比することで，訴訟の特徴を考えてみよう。

　まず，裁判外紛争処理の諸制度はいずれも，手続の利用や紛争解決案について当事者の合意があることをその制度の基礎としている。これに対し民事訴訟の制度は，当事者の合意を基礎とせずに，国家がその権力を背景にして，民事紛争を強制的に解決する点にその特徴がある。その結果，裁判官が下した判決

が当事者の意思に反する場合でも，当事者はこれに従わなければならない。訴訟は，当事者にとって最終的な紛争解決手段ということができるだろう。

　次に，和解，調停や仲裁と異なり，民事訴訟では，判決の内容，つまり紛争解決の基準が，あらかじめ定められた民法や商法などの実体法を具体的事案に適用することで示される。これは「法律による裁判」と呼ばれ，上で述べた訴訟の強制的性格と密接に関係する。つまり，裁判官が下した判決が当事者の意思に反する場合にも当事者を拘束し，強制的に紛争を解決することが認められる重要な理由の1つは，裁判官が法律に基づいて裁判をする点に求められるのである。

　このように考えてくると，訴訟と裁判外紛争処理制度との関係は，前者は後者で紛争の解決ができなかった場合の最終的な紛争解決制度であるということができるだろう。これに対し，訴訟は他の紛争処理制度とあくまで同格であり，裁判外紛争処理と訴訟は相互に乗り入れが可能であるとする考え方もある。さて，この2つの考え方の違いは何に由来するのだろうか。従来は，和解や調停による解決は義理人情を好む日本人に固有の前近代的な意識の表れであるとして，裁判外の紛争処理に対する否定的な考え方が強かった。しかし，以上の2つの理解はいずれもこのような考え方を前提とするわけではない。むしろ，複雑化した現代社会では多種多様な紛争が存在し，そのすべてを訴訟で解決するのは困難であるという共通の理解を前提にしている。結局，訴訟と裁判外紛争処理制度との役割分担の問題は，訴訟制度に何を期待するのか，という問題と深い関係があるということができるだろう。

2　民事訴訟のしくみ

　さて，以上で見てきた紛争解決方法のうち訴訟が選択された場合，実際の民事訴訟はどのようにすすむのだろうか。非常に大ざっぱにいうならば，民事訴訟は「訴えの提起」→「審理」→「判決」の順にすすんでいく（資料16「手続の流れ」参照）。以下では，設問の事例をもとに，通常民事訴訟のしくみを具体的にみていくことにしよう。

手続の流れ 〔資料16〕

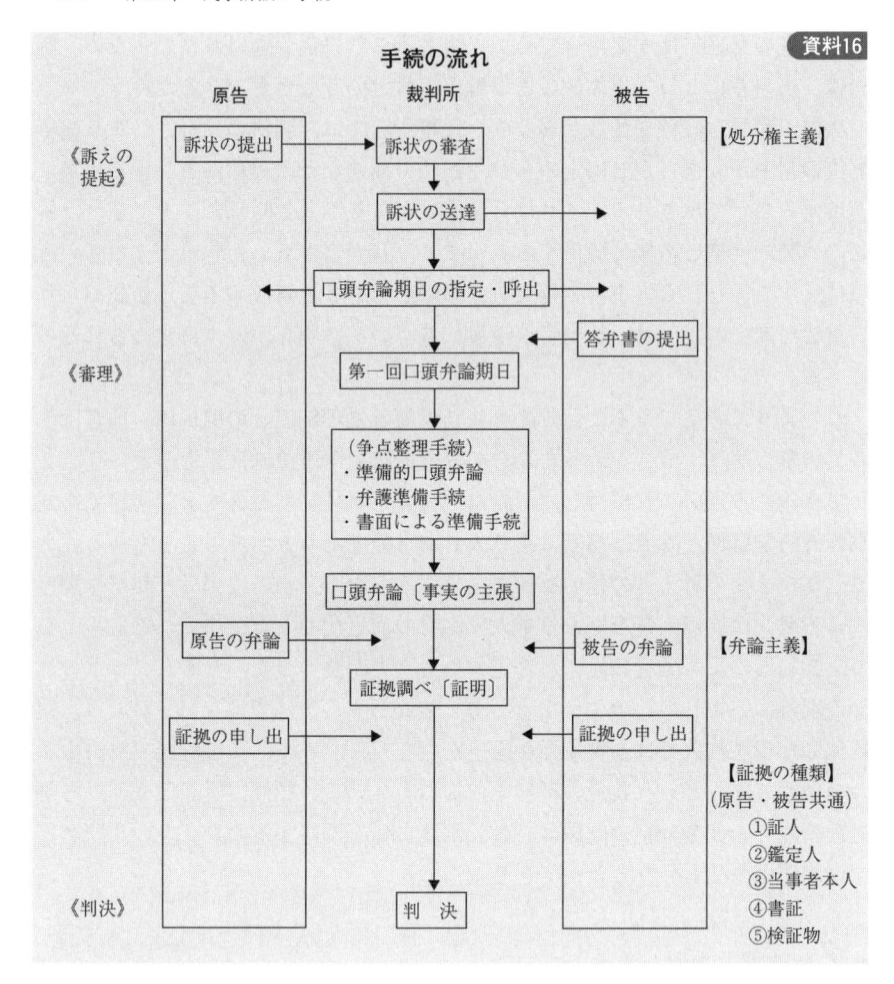

〈段階〉	原告	裁判所	被告	
《訴えの提起》	訴状の提出 →	訴状の審査 ↓ 訴状の送達 →		【処分権主義】
《審理》	←	口頭弁論期日の指定・呼出 ↓ 第一回口頭弁論期日 ↓ (争点整理手続) ・準備的口頭弁論 ・弁護準備手続 ・書面による準備手続 ↓ 口頭弁論〔事実の主張〕 ↓ 証拠調べ〔証明〕 ↓	← 答弁書の提出	
	原告の弁論 → 証拠の申し出 →		← 被告の弁論 ← 証拠の申し出	【弁論主義】 【証拠の種類】（原告・被告共通）①証人 ②鑑定人 ③当事者本人 ④書証 ⑤検証物
《判決》		判 決		

(1) 民事訴訟の対象

すでに述べたように，民事訴訟は「法律による裁判」を前提としている（1⑵(c)参照）。これは裁判所法3条が，裁判所は「一切の法律上の争訟を裁判」するとしていることからも確認できる。よって，民事訴訟の対象は当事者間に具体的な利益の対立が存在し，かつ裁判所が法律を適用して終局的に解決できる紛争でなければならない。したがって，「昨年の6月21日が雨であったことを確認しろ」などのような単なる事実の確認や，「△△教の教義や信仰の対象

の価値に照らせば，私の宗教上の地位は……」というような争いは，法律上の争訟ではなく，民事訴訟の対象とはならない。

設問の場合，A銀行とBとの間に存在する争いは，貸金の返還をめぐる具体的なものであり，また貸主が借主に貸金の返還を求める権利は民法587条によって定められている。したがって，これは法律上の争訟にあたるといえる。

(2) 民事訴訟の開始

(a) 訴えの提起

民事訴訟は，原告が「訴状」という書類を裁判所に提出することによる「訴えの提起」によって始まる（民訴133条1項。以下，ことわりのない限り，条文は民事訴訟法のそれである。）。訴状には，請求の趣旨や請求の原因などが記載され（同条2項），これにより原告がどのような訴えを提起し，訴訟においてどのような請求をしているのかが明らかにされる（→資料17「訴状」参照）。なお，ここでいう請求は，実体法上の請求とは区別されるもので，審判の対象，言い換えれば訴訟の対象となるものであり，訴訟法上一般に「訴訟物」と呼ばれる。

民事訴訟をいつ始めるか，一度始めた民事訴訟を途中でやめるかは，原則として当事者の自由に任される。また，どのような請求をするかも当事者の自由であり，裁判所は当事者が求めた請求を超えて判決を下すことは許されない（246条）。たとえば，設問でA銀行がBに対して2,000万円の支払いを求めたにもかかわらず，裁判所が2,500万円の支払いを命ずることは許されない。以上のことは，民事訴訟の対象である私法上の権利について認められている私的自治が訴訟に反映したものであるとされ，「処分権主義」と呼ばれる。

(b) 適法な訴えとは——訴訟要件

ところで，原告が提起した訴えのすべてについて，裁判所は判決を下すわけではない。裁判所が判決をするのは，原告の訴えについて判決をするのが紛争の解決にふさわしい場合に限られる。ここで要求される要件を「訴訟要件」という。訴訟要件を考える場合には，「誰の誰に対する」訴えが「どの裁判所で」「どのような場合に判決される」のか，が主として問題となる。

① 「誰の誰に対する」訴えか　民事訴訟の原告（訴えを提起した者）または被告（訴えを提起された者）となることができる者は，自然人または法人である（28条）。このような民事訴訟の当事者となることのできる一般的な資格

訴　状

貸金請求事件
訴訟物の価格　金2000万円
貼用印紙額　　○○○○円

〒○○○―△△△△　東京都○○区△△△１丁目２番地
　　　　　　　原告　　株式会社　Ａ銀行
　　　　　　　上記代表取締役　甲野　一郎
〒○○○―△△△△　東京都○○区△△△１丁目２番地
　　　　　　　上記訴訟代理人弁護士　丙川　三郎
　　　　　　　　　　電話03-○○○○-0001
　　　　　　　　　　ＦＡＸ03-○○○○-0002
〒△△△―○○○○　大阪市北区○○３丁目４番地
　　　　　　　被告　Ｂ　五郎

請求の趣旨
1　被告は原告に対し，金2000万円およびこれに対する平成16年10月１日から支払済みまで年１割５分の割合による金員を支払え。
2　訴訟費用は被告の負担とする。
との判決並びに仮執行宣言を求める。

請求の理由
1　原告は，平成15年９月11日，被告との間で，次の約定にて金銭消費退職契約を締結し，被告に対し，被告の事業の運転資金として金2000万円を貸し付けた（甲第１号証）。
　(1)　被告は，平成16年９月30日までに元金を返済する。
　(2)　利息は年１割５分とし，上記期日までに元金とともに支払う。
2　ところが，被告は利息の支払いをしたのみで元金の返済をしない（甲第２号証）
3　そこで，原告は被告に対し，貸金元金2000万円とおよびこれに対する約定の返済期日の翌日である平成16年10月１日から支払済みまでの約定利率の年１割５分の割合による遅延損害金の支払いを求めて本訴に及ぶ。

証拠方法
1　甲第１号証（借用書）
2　甲第２号証（内容証明郵便）

添付書類
1　甲号証各写し　　　　　　　　　　　　　　　　　　各１通
2　訴訟委任状　　　　　　　　　　　　　　　　　　　１通

平成16年11月10日
　　　　　　　　　　　　　　上記原告訴訟代理人　丙川　三郎　印

東京地方裁判所
　民事部　御中

出典：上原敏夫・池田辰夫・山本和彦『民事訴訟法［第４版］』（2003・有斐閣）のとじこみ資料を一部改変）

を「当事者能力」という。もっとも，例外として，法人でない社団または財団で代表者または管理人の定めのあるものにも当事者能力は認められる（29条）。

では，当事者能力が認められれば常に訴えが認められるのだろうか。答えは，ノーである。訴訟物となっている権利や法律関係に固有の利害関係を持つ者でなければ，原則として，それについて訴訟で争うことは許されない。そのような者でなければ判決を下す意味がないからである。これを「当事者適格」という。

設問の場合，A銀行は法人であり，Bは自然人であるから，両者ともに当事者能力は認められる。また，実際の金銭の貸主であるA銀行はBから貸金の返還を求める固有の利益があるといえるので，当事者適格も認められることになる。これに対し，この事件に全く関係のないTが，「BがA銀行に貸金を返還しないのはけしからん」といってBに貸金返還請求訴訟を提起することは認められない。Tには，Bに対して貸金の返還を求める固有の利益は原則として認められないのである。

② 「どこで」裁判をするか　ある事件についてどこで訴訟をすることができるかは，法律で一定のルールが定められている。まず，どの種類の裁判所がその訴えの提起を受けるかという点から適切な裁判所の種類を判断する（第30章裁判所を参照）。通常民事訴訟の初めての訴えの場合，訴えで問題となる利益の額に応じて，簡易裁判所（140万円以下の場合）か，地方裁判所（140万円を超える額の場合）のいずれかとなる。次に，同種の裁判所の中でどの場所にある裁判所に訴えを提起できるかを判断する（これを「土地管轄」という）。複数の裁判所が候補となる場合には，原告がそのうちの1つを選択する。土地管轄については，原則として被告が自然人である場合はその住所地，会社や団体である場合には主たる事務所または営業所の所在地が基準となる（4条）。また事件の種類によってはそれ以外の裁判所に特別に管轄が認められる場合もある。たとえば，財産上の訴えは義務履行地（義務を果たすべき地）を，不法行為に関する訴えの場合は不法行為のあった地を基準にすることができる（5条）。なお，特許に関する訴訟については，事件の専門性に応じた迅速で適切な裁判を行うため，東京地裁と大阪地裁のみがこれを扱うことができる。

設問の場合，A銀行は初めて貸金返還請求訴訟を提起するのであるから，裁判所の種別としては第1審裁判所を選択しなければならない。この場合，訴え

で問題となる利益の額は2,000万円であるから、これは地方裁判所である。次に土地管轄については、被告であるBの住所地は大阪であるから、原則として大阪地裁ということになる。ただし、この事件は貸金返還請求訴訟であり、貸金債務は財産権であるから義務履行地であるA銀行の本店のある東京地裁も候補地となる（民法484条によれば、債務者は債権者の住所で債務を履行しなければならない）。結局、A銀行は東京地裁、大阪地裁のいずれかの裁判所を選択することになる。

③ 「どのような場合に判決されるのか」 すでに述べたように、民事訴訟は、具体的な法律上の権利に関する争いが対象とされねばならない。また、同一内容（紛争の内容、当事者が全く同一）の民事訴訟を同時に2つ以上行うことはできない（これを「二重起訴の禁止」という。142条）。さらに、一度裁判所で判決されて確定した事項については、既判力により二度と紛争を蒸し返すことができない（後述(4)参照）。加えて、当事者間で「本件については裁判をしない」という合意が存在する場合には、この合意に反する訴えの提起は認められない。

設問の場合、たとえば、A銀行のBに対する訴えがこの事件について、唯一かつ初めての訴えであるならば、二重起訴の禁止は問題とならないし、また既判力も問題とならない。これに対して、たとえば、A銀行とBとの間で、この事件については仲裁で解決をし裁判は行わない、との合意が成立している場合には、特別の事情のない限りA銀行の訴えは認められないことになる。

(3) 民事訴訟の審理

(a) 口頭弁論とその基本構造

原告が訴えを提起すれば、裁判所は訴状を審査してこれを受理する。訴状は直ちに被告に送達され、このとき初めて被告は自分が訴えられたことを知る。これによって、事件を裁判所が審理、判決することのできる状態が発生する。これを「訴訟係属」という。第1回目の期日は裁判所によって指定され、原則として被告は指定された日に裁判所に出頭しなければならない。また被告は、原告の主張への反論を書いた「答弁書」という書類を、裁判所に提出しなければならない（→資料18「答弁書」参照）。答弁書も提出せず、第1回目の期日にも出頭しないと、被告はそのまま敗訴するのが通例である。

平成16年(ワ)第12345号貸金請求事件
原告　株式会社　A銀行
被告　B 五郎

答弁書

平成16年11月16日
(事務所及び送達場所)
〒○○○-○○○○東京都○○区○町○丁目○○番○号
被告訴訟代理人弁護士　　乙野 賢 印
電話　　○○-○○-○○
ファックス　○○-○○-○○

東京地方裁判所
　　民事○○部　　御中

第1　請求の趣旨に対する答弁
　1　原告の請求を棄却する。
　2　訴訟費用は原告の負担とする。

第2　請求の原因に対する答弁
　1　請求原因1項記載の事実は認める。
　2　請求原因2項は否認する。

第3　被告の主張
　被告は，平成16年11月12日，原告に対し，本件貸金の返済として2230万円を支払った（乙1号証）。

証拠方法
1　乙1号証　領収書

添付書類
1. 乙号証写　　　　　　　　　　　　各1通
2. 訴訟委任状　　　　　　　　　　　1通

出典：梶村太市・石田賢一編『民事訴訟書式大系』(2002・青林書院) 113頁を一部改変

訴訟の期日は，第1回目の期日以降，通常は数回行われることになる。期日には，原告および被告が自分の主張を裁判所に主張する「口頭弁論」と，その主張を裏付けるための「証拠調べ」が行われる。これらは，当事者双方の対席する公開の法廷で口頭で行われ，裁判官が直接に関与する。また，裁判所が判決を下すためには必ず口頭弁論を開かなければならない。このことを「必要的口頭弁論」の原則という（87条）。

　また，争いとなっている事実関係が複雑な場合には，争点整理手続（後述(3)(b)参照）を経たうえで，集中証拠調べが行われる。これにより，公正で迅速な手続の実現を目指している。さらに，このような目的をより一層確かなものとするために，平成15年の民事訴訟法改正では，訴え提起前の証拠収集のための制度（132条の4）や，裁判所が当事者と協議して審理の計画を定めて行う「計画審理」が導入された。

(b) 事実の主張

　裁判所は，原告の主張する訴訟上の請求（訴訟物）について，具体的な事実を認定し，これに法律を適用して判決を下す。これには，法適用に必要な事実や証拠（これを「訴訟資料」という。）の収集が前提となる。では，誰がこのような訴訟資料を収集するのであろうか。通常の民事訴訟では，これらの訴訟資料の収集は当事者に委ねられている。これを「弁論主義」という。弁論主義は，具体的には，①裁判所は当事者の主張しない事実を判決の基礎として採用してはならない，②裁判所は当事者の自白により当事者間に争いのない事実については，それと異なる認定をすることは許されずそのまま判決の基礎としなければならない，③当事者間に争いのある事実を証拠によって認定する場合には原則として当事者が申請した証拠によらなければならない，という3つの命題に集約される。これに対し，身分関係に関する人事訴訟等では訴訟資料の収集を当事者のみに任せず裁判所の職責とする「職権探知主義」を採用している（人訴法20条）。

　ところで，適正・迅速な裁判が行われるためには，どのような事実の有無が争いとなっているのか，またどのような証拠がその争いの解決に必要であるか，を明らかにしておく必要がある。そのために裁判所は，必要があると認めるときには，争点および証拠の整理に絞った手続（これを「争点整理手続」という）を行うことができる（164条以下）。

(c) 証　明

　当事者は訴訟においてさまざまな事実の主張をするであろうが，そのすべてが直ちに裁判官を納得させるとはかぎらない。そこで，当事者が事実の主張をしたものの裁判官が納得しない場合には，証拠を提出してそれを証明しなければならない。ここで証明に失敗すると，結局自分に有利な結果を導くことはできなくなるという形で当事者は不利益を受ける。このような不利益を「証明責任」という。

　証拠には，文書としての証拠である「書証」，第三者の証言を聴く「証人尋問」，専門家の見識を利用する「鑑定」，裁判官が実際に物体の形状や様子を調べる「検証」，原告や被告本人を取り調べる「当事者尋問」がある。

　民事訴訟においては，証拠調べの結果をどのように判断するかについては，すべて裁判官の自由な判断に任せられている。また，どのような証拠方法を利用してもかまわない。これを「自由心証主義」という（247条）。さらに，証拠の評価を自由に行えることから，原告が自分に有利な結果を導くために提出した証拠を評価する場合に，これを被告に有利に（すなわち原告に不利に）評価することも許されるという帰結が導かれる。これを「証拠共通の原則」という。

(d)　設問の場合

　以上で述べた事実の主張および証明の観点から設問を見てみよう。貸金返還請求訴訟の主眼は「金銭消費貸借における借主は貸主に貸金を返還せよ」という点にある。その結果，有利となるのは貸主であるA銀行であるから，A銀行は金銭消費貸借契約（民法587条）の要件である「金銭の授受」と「返還約束」を主張し，場合によっては立証しなければならない。これに対して，Bは黙っていてもよいがそれにより形勢が不利になる場合がある。その場合には，たとえば，「A銀行から金銭を借り受けたことは認めるが，既に弁済した」というような自己に有利な事実を述べなければ敗訴することになる。

　さて，Bが先のような主張をした場合，A銀行とBとの間で「金銭の授受」，「返還約束」の存在については争いがないから，問題となるのは「Bが既に弁済をしたか」であり，Bはこの点を立証しなければならない。弁済の事実を証明するために，たとえば，その場にいたCに証人として証言を求めることが考えられる。このとき，Cの証言がいいかげんなものであれば，裁判官はCの証言を信用せず，「弁済はなかった」と認定するであろうし，逆に信用に足ると

考えたならば「弁済があった」と認定することになる。

(4) 民事訴訟の終了

(a) 判　決

審理の過程で当事者の一方が訴えを取り下げたり (261条)，請求の放棄や認諾をしたり (266条)，あるいは両者が歩み寄って妥協をして訴訟を終わらせることもある (処分権主義のあらわれ。2(1)(a)参照)。しかし，当事者のいずれもが一歩も引かない場合には，裁判官が判決を下して，最終的な判断をしなければならない。

裁判官は，口頭弁論や証拠調べの結果等から結論が出せると確信したときは，判決をする (243条)。このとき，裁判所は，口頭弁論の全趣旨および証拠調べの結果を総合的に判断する (247条)。

訴訟の勝敗は，判決が確定したときに決まる。ところで，判決は「言渡しによりその効力が生ずる」(250条)。しかし，敗訴した当事者は，判決に不服があるときは少なくとも2回は上訴することができる。「控訴」(281条) と「上告」(311条) である (ただし上告には一定の制限がある)。したがって，訴訟の勝敗が決まる，すなわち判決が確定するのは，もはや上訴できず，判決の内容が本決まりになった時点である。

判決は，大きく「主文」と呼ばれる部分と「理由」と呼ばれる部分とで構成される (→資料19参照)。「主文」とは，たとえば，「被告は原告に金2000万円を支払え」というように，判決のうち争いを解決するための結論 (すなわち，訴訟上の請求に対する判断) が端的に示された部分である。これに対して，なぜそのような結論になるのか，という理由については，「理由」と表題がつけられた部分で説明される。

(b) 判決の効力

判決が確定すると，その判決は判決の本来の効力 (既判力，執行力—給付判決—，形成力—形成判決—) をもつ。

まず，判決が確定したときは，主文で裁判所が示した内容については，後の事件で裁判官がこれと異なる判断をすることができない。したがって，判決確定後に敗訴した当事者が再訴を試みたとしても，確定した判決の主文の内容を変更することはできない。これを「既判力」という (114条)。これに対して，

平成17年3月10日判決言渡　同日原本交付　裁判所書記官
平成16年(ワ)第12345事件　貸金請求事件
口頭弁論終結日　平成17年1月21日

　　　　　　　　　　　　判　決
　　　　　　　　〒○○○—△△△△　東京都○○区△△△1丁目2番地
　　　　　　　　　　　　　　　　　原告　　株式会社　A銀行
　　　　　　　　　　　　　　　　　　上記代表取締役　甲野　一郎
　　　　　　　　　　　　　　　　　　上記訴訟代理人弁護士　丙川　三郎
　　　　　　　　〒△△△—○○○○　大阪市北区○○3丁目4番地
　　　　　　　　　　　　　　　　　被告　　B　五郎
　　　　　　　　　　　　　　　　　　上記訴訟代理人　乙野　賢

　　　　　　　　　　　　主　文
1　被告は原告に対し、金2000万円およびこれに対する平成16年10月1日から支払済みまで年1割5分の割合による金員を支払え。
2　訴訟費用は被告の負担とする。
3　この判決は、第1項に限り、仮に執行することができる。

　　　　　　　　　　　事実及び理由
第一　請求
　主文と同旨
第二　事実の概要
　　本件は、原告が、被告に対し、平成15年9月11日、被告の事業の運転資金として金2000万円を貸し付けたものの、その返済がなされていないとして、その支払を求めた事案である。争点は、被告が本件貸金債務をすべて返済したかどうかにある。
　1　争いのない事実
　　　原告は、平成15年9月11日、被告との間で、次の約定にて金銭消費貸借契約を締結し、被告に対し、被告の事業の運転資金として金2000万円を貸し付けた。
　　(1)　被告は、平成16年9月30日までに元金を返済する。
　　(2)　利息は年1割5分とし、上記期日までに元金とともに支払う。
　2　当事者の主張
　　(1)　被告
　　　　被告は、原告に対し、平成16年11月12日に、元利ともすべて弁済した。
　　(2)　原告
　　　　被告の主張を否認する。
　3　争点に対する判断
　　1　本件の貸金の事実については当事者間で争いがない。本件の争点は、被告による弁済の事実の存否にある。弁済の事実については、これに沿う証人Cの証言があるものの、ほかにこれを認めるに足りる証拠はない。
　　　　かえって、甲第2号証及び原告本人尋問の結果及び証人Xの証言を総合すると、平成16年11月12日頃、被告はそれまでの利息の支払をしたのみで、元金の返済をしないまま、その返済の猶予を申し出たものの、原告がこれにまったく応じなかったことが認められる。よって、被告の弁済の抗弁は理由がなく、被告は原告に対して本件貸金債務を負っていることになる。
　　2　以上の次第で、原告の本件請求は理由があるからこれを認容し、訴訟費用の負担について、民訴法61条を、仮執行の宣言に付き、同法259条1項を適用して、主文のとおり判決する。
　　　　　　　　　　　　東京地方裁判所民事第5部
　　　　　　　　　　　　裁判官　　　△△△△

出典：上原敏夫・池田辰夫・山本和彦『民事訴訟法［第4版］』（2003・有斐閣）のとじこみ資料を一部改変

理由の部分については原則として既判力は及ばず，後の事件で裁判官が異なる判断をすることが可能である。

　また，判決が確定すれば，その判決に基づいて強制執行を行うことができる。これが「執行力」である。

　さらに，会社訴訟や人事訴訟などでは，たとえば，株式会社の取締役を選任した株主総会決議を取り消す判決（商247条）が確定すると，その取締役は，判決確定の時点から取締役ではなくなり，離婚判決（民770条）が確定すると，夫婦であった2人は，判決確定の時点から赤の他人となる。このように法律関係の発生・変更・消滅を生じさせる効力を「形成力」という。

(c)　設問の場合

　さて，以上の点を設問について見てみよう。たとえば，裁判官が「BはA銀行から金を借り受けたが，すでに弁済済みである」と認定し，これを理由として，「原告の請求を棄却する（＝A銀行の請求を認めない）」との判決を下したとしよう。A銀行はこの判決に不服であるならば，控訴することができ，さらに一定の場合には上告することもできる。また，A銀行が控訴しないで判決が確定すれば，「BはA銀行に2,000万円を支払う必要はない」旨を意味する主文については，以後，覆すことはできない。これに対して，「BはA銀行から金を借り受けたが，すでに弁済済みであ」ったかどうかについては，既判力が及ばない。よって，Bがこの訴訟の後に，当初から金は借りていなかったとして，弁済金の不当利得返還請求の訴えを提起することは認められる。

第15章 ■ 刑事訴訟の手続

> **設問**
> (1) 日本の刑事司法はどのような特色をもっているであろうか。
> (2) 逮捕された被疑者の法律上の地位はいかなるものか。
> (3) 証拠の許容性（証拠能力）に関する法的規制にはどのようなものがあるか。
> (4) 裁判員制度の導入は刑事手続全般にどのような影響をもたらすか。

1 刑事手続の意義

(1) 刑事訴訟法と刑法の関係

　刑事訴訟法とは，刑法を実現するための手続を定めた法律，または刑法が予定する刑罰権の具体的発動を目的とする手続に関する法律である。たとえば，実体法としての刑法は「人を殺した者は，死刑又は無期若しくは5年以上の懲役に処する」(刑199条)といった具合に，ある一定の行為が事実として存在することを前提にし，その法律効果としての刑罰を規定している。これに対して，手続法としての刑事訴訟法は「人を殺した」という事実関係の存在を確認するためのルールを定めるものであり，その確認のプロセスに関与する国家機関に許される方法・手段を規定する。ある者を刑法199条の殺人罪で処断しようとすれば，まず殺人罪であることを刑事訴訟の手続にのっとって立証する必要がある。つまり，刑法を適用実現するためには，刑事訴訟法が必然的に登場せざるをえないのであり，「手続なければ刑罰なし」とさえいわれている。

　刑事手続に関するルールの主要部分は刑事訴訟法典に定められている。しかし，これにつきるわけではなく，憲法にも刑事手続に関する重要な規定（憲31条以下）があり，その他，裁判所法，検察庁法，弁護士法，少年法，刑事補償

法といった法律や，憲法77条の規則制定権に基づいて最高裁判所がつくった刑事訴訟規則も刑事訴訟法の法源となる。刑事訴訟規則は，刑事訴訟法の条文が明文で規則によって定めることを予定している内容のほか，手続を円滑にすすめるための技術的な細目的事項を規定している。

また，「訴訟」という言葉は，厳密には検察官による公訴の提起以降をさすものであり，犯罪の捜査に始まるすべての手続を表示するには「刑事手続」の方が適切であるかもしれない。しかし，わが国では慣行的に刑事訴訟法という名称が用いられていても，その内容は捜査に始まって，公判はもちろん，刑の執行までを含んでいる。したがって，刑事訴訟法は刑事手続法と同義なのである。

(2) 刑事訴訟法の目的と構造

刑事訴訟法1条は「この法律は，刑事事件につき，公共の福祉の維持と個人の基本的人権の保障とを全うしつつ，事案の真相を明らかにし，刑罰法令を適正且つ迅速に適用実現することを目的とする」と規定している。つまり，刑事訴訟法の目的となるのは，①公共の福祉の維持のために，刑罰権発動の根拠となる客観的な真実を追求すること（実体的真実主義），②人権保障に配慮した適正な手続によって刑罰法令を適用・実現することの2つである。この2つの目的の関係であるが，そもそも真実の追求といっても，そのためにどのような手段（たとえば拷問による自白の強要）でも許されるわけではない。刑事手続は逮捕・勾留といった，個人の自由やプライバシーを侵害する強制手段を用いざるをえないので，とりわけ人権保障には配慮を要するはずである。つまり，①真実追求の目的もあくまで②適正な手続の要請と調和する限度内でのものに制限されることになる。つまり，刑事訴訟法は人権保障の法として，権力発動の許される限度をおのずと定めなければならない。

この点について，基本的人権の保障を重要な基本理念とする日本国憲法は，刑事手続を行う過程における人権侵害を防止するため，世界でも稀なほど詳細な規定を設けている。つまり，憲法31条から40条までの条項は実質的意義での刑事訴訟法の規定であり，刑事手続はそれらに服さなければならない。人権に配慮した適正な手続(デュー・プロセス)もこの憲法上の要請である（特に憲31条）。刑事手続は「応用された憲法」でなければならない。

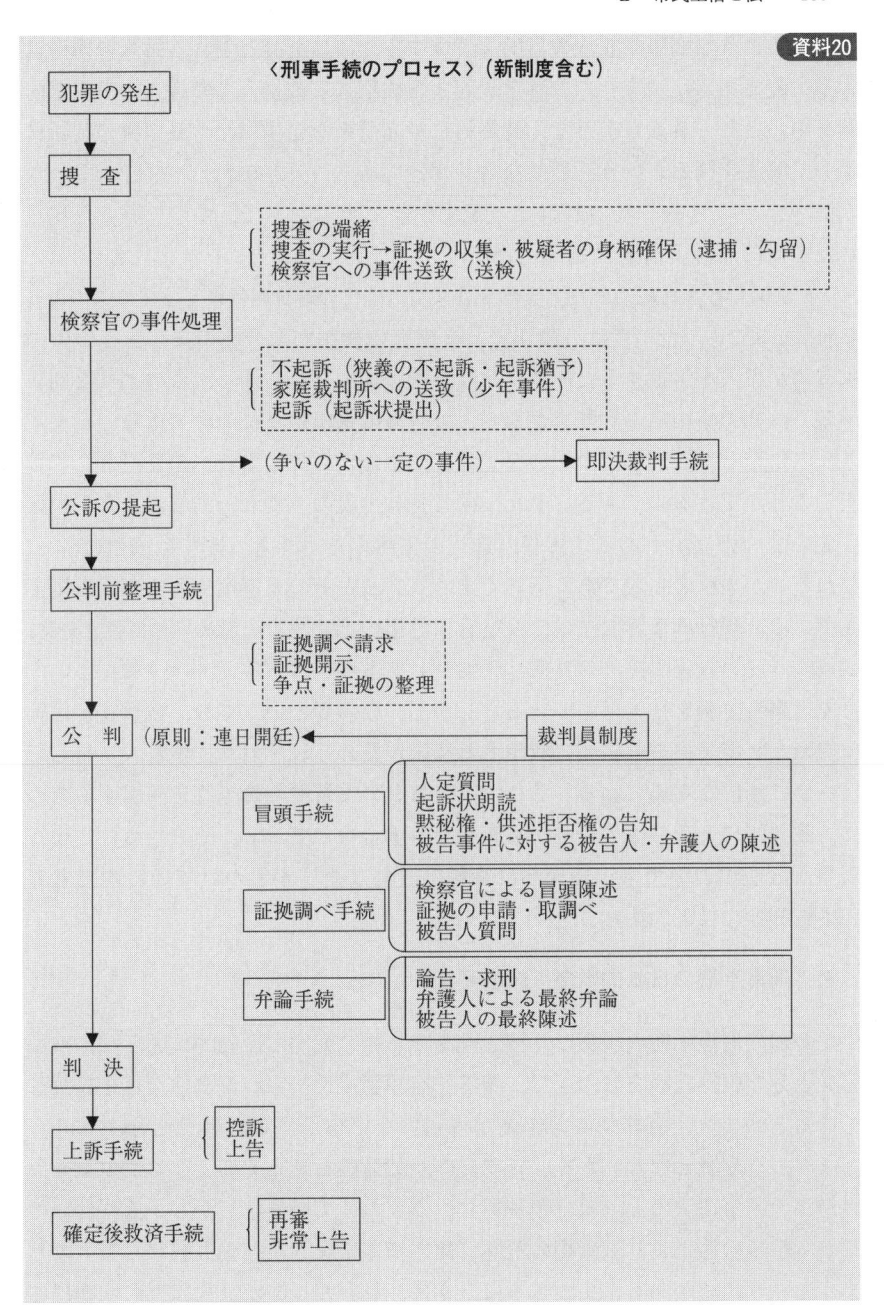

〈刑事手続のプロセス〉（新制度含む） 資料20

```
犯罪の発生
  ↓
捜　査
  ↓       ┌ 捜査の端緒
          │ 捜査の実行→証拠の収集・被疑者の身柄確保（逮捕・勾留）
          └ 検察官への事件送致（送検）
  ↓
検察官の事件処理
  ↓       ┌ 不起訴（狭義の不起訴・起訴猶予）
          │ 家庭裁判所への送致（少年事件）
          └ 起訴（起訴状提出）
  ↓    →（争いのない一定の事件）──→ 即決裁判手続
公訴の提起
  ↓
公判前整理手続
           ┌ 証拠調べ請求
           │ 証拠開示
           └ 争点・証拠の整理
  ↓
公　判（原則：連日開廷） ←── 裁判員制度
```

冒頭手続：
- 人定質問
- 起訴状朗読
- 黙秘権・供述拒否権の告知
- 被告事件に対する被告人・弁護人の陳述

証拠調べ手続：
- 検察官による冒頭陳述
- 証拠の申請・取調べ
- 被告人質問

弁論手続：
- 論告・求刑
- 弁護人による最終弁論
- 被告人の最終陳述

```
判　決
  ↓
上訴手続 ┤ 控訴
         └ 上告
  ↓
確定後救済手続 ┤ 再審
               └ 非常上告
```

以上のような刑事訴訟法の目的を達成するために前提とされる訴訟の構造は弾劾主義である。つまり，公訴を提起する検察官と被告人・弁護人との攻撃防御を中心として訴訟が進行し，最終的に中立公平な立場にたつ裁判所の判断によって解決を図るという三面的な訴訟構造である（公訴の提起がなければ裁判はしないという「不告不理の原則」が支配する）。これに対して，かつて歴史上見られた二面的な訴訟構造（糺問主義という。中世から近世のヨーロッパで見られたし，わが国でも8世紀初めの大宝律令以来明治時代の新律綱領に至るまでこのような刑事手続であった）では，裁判官と検察官の役割が未分化のまま，1つの国家機関が犯人を訴追すると同時に裁判を行っていた。しかし，このような刑事手続では権力集中による弊害があり，被告人の人権保障に十分ではないと反省されるに至った。刑事訴訟法の歴史は糺問主義から弾劾主義への発展として捉えることができるのである。また，同じ弾劾主義の下でも，当事者主義と職権主義の2つの立場がある。訴訟の進行の主導権を当事者（被告人・検察官）に委ねるのが当事者主義であり，あくまで裁判所がその主導権を握るのが職権主義である。現行刑事訴訟法は，検察官に訴追の上で裁量を認め（起訴便宜主義，248条），証拠収集・提出の責任は原則として当事者にある（298条1項）という点で当事者主義を基本としている。しかし，当事者といっても，検察官には国家機関として証拠を強制的に収集する権限が認められており，被告人に対してはるかに優位な立場にいる。そこで，当事者の実質的な対等性を確保するために，裁判所による職権の発動が必要となる場合もでてくる。そのために，現行刑事訴訟法においても，補充的に職権主義的な規定がおかれているのである（298条2項・312条2項）。

(3) 刑事手続の日本的特色——精密司法——

　わが国の刑事手続の現実は，捜査段階で真相の究明が徹底的に図られ，検察官も十分な証拠固めをした上で，確実に有罪判決を得られる事件だけを起訴している。つまり，有罪判決の確証が得られない事件は起訴猶予処分（248条）となり，不起訴となる。かくして有罪率が99％強と極めて高くなるこのようなわが国の刑事司法の運用は「精密司法」といわれている。しかし，それはおのずから手続の適正よりも真相の解明に傾きがちになり，捜査も厳しくなってしまうという問題がある。またさらに，本来，有罪か無罪かは裁判官が公判にお

いて決すべき事柄のはずである。それにもかかわらず，検察官の裁量で事実上有罪か無罪かが事前に決められてしまい（検察官の裁判官的機能），裁判官は検察官の判断を追認するだけという公判手続の形骸化につながってしまう問題もある。

2 刑事手続のアウトライン

(1) 捜査手続

(a) 捜査の端緒，逮捕・勾留

まず，刑事手続の全体は，捜査手続と公判手続に分けることができる。捜査手続は事件が裁判所へ持ち出される前の段階であり，公判手続とは，事件が裁判所へきた後の手続である。警察が事件を認知すると捜査が開始される（189条2項）。つまり，犯罪の嫌疑がある場合に，被疑者（容疑者）の特定とその身柄の確保，そして犯罪立証のための証拠の収集・確保を行うのが捜査である。犯罪の疑いの手がかりは捜査の端緒と呼ばれ，最も一般的なものは被害者ないし第三者による届出である（その他，警察官による職務質問，告訴・告発，自首などがある）。捜査の手段としては，人権保障の要請から，法に特別の定めのない限り強制手段をとることは許されず，いわゆる任意捜査が原則となる（197条1項但書）。この任意捜査の方法として，聞き込み，尾行，実況見分，被疑者の任意同行・取調べ（この場合，被疑者は出頭を拒み，または出頭後いつでも退去することができる。198条参照）などがある。特に被疑者は取調べに対して黙秘権を保障され（憲38条1項参照），捜査機関は取調べの際に黙秘権について告知しなければならない（198条2項）。他方，法定されている強制捜査としては，逮捕，勾留，捜索，押収，検証，証人尋問，鑑定留置，通信の傍受（犯罪捜査のための通信傍受に関する法律参照）などがあり，これらの強制処分を行うためには，原則として裁判官の令状を必要とすることになる（令状主義）。

被疑者の身柄の確保は，通常，逮捕・勾留という強制処分によって行われる。被疑者の身柄を短期間拘束する処分である逮捕には以下の3種類がある。①裁判官によって事前に発せられた逮捕状に基づくのが通常逮捕である。ここでの令状主義は憲法上の要請であり（憲33条），逮捕状は明らかに逮捕の必要がな

いと認められる場合を除き，検察官または司法警察員（ただし，一般司法警察員については公安委員会指定の警部以上の者）の請求によって，裁判官が逮捕の理由とされる犯罪の嫌疑に相当の理由があるか否かを確認した上でこれを発する。また，逮捕にあたって令状は被疑者に示されなければならない（199条・201条1項）。②令状主義の例外として憲法自らが認めているのが，現に犯罪を

資料21

逮 捕 状（通常逮捕）

被疑者	氏　　　　名	甲野一郎　　　　　　　　　　　昭和50年3月27日生
	年　　　　齢	
	住　　　　居	東京都千代田区神田35番地の1
	職　　　　業	無職
罪　　　　名		覚せい剤取締法違反
被疑事実の要旨		別紙のとおり
引致すべき場所		東京都○○警察署及び逮捕地を管轄する警察署
有 効 期 間		平成14年10月19日まで

　有効期間経過後は，この令状により逮捕に着手することができない。この場合には，これを当裁判所に返還しなければならない。
　有効期間内であっても，逮捕の必要がなくなったときは，直ちにこれを当裁判所に返還しなければならない。

上記の被疑事実により，被疑者を逮捕することを許可する。
　平成14年10月12日
　　東京地方裁判所
　　　　裁判官　　　　乙野二郎　㊞

請求者の官公職氏名	東京都○○警察署司法警察員警部　　　　　丙野三郎
逮捕者の官公職氏名	東京都○○警察署司法警察員巡査部長　　　丁野四郎
逮捕の年月日時及び場所	平成14年10月13日　午後2時20分 　　　　　　　　　　東京都○○警察署　で逮捕
記　名　押　印	丁　野　四　郎　㊞
引致の年月日時	平成14年10月13日　午後2時21分
記　名　押　印	丁　野　四　郎　㊞
送致する手続をした年月日時	平成14年10月14日　午後1時15分
記　名　押　印	東京都○○警察署警部　戊野五郎　㊞
送致を受けた年月日時	平成14年10月14日　午後1時40分
記　名　押　印	東京都○○警察署警部　己野六郎　㊞

出典：デイリー六法［平成17年版］

行い，または現にこれを行い終わった者を令状なしで逮捕する現行犯逮捕である（212条・213条）。このような場合には，犯人を誤認して逮捕する危険性が少なく，緊急性もあるので令状なしの逮捕が許されるわけである。この現行犯逮捕が逮捕のうちで最も多く，捜査機関のみならず私人も行うことができる。刑事訴訟法は，現行犯に準ずる場合（準現行犯）にも現行犯逮捕を認めている（212条2項参照）。③一定の重大な犯罪を行ったことを疑うに足りる十分な理由があり，急速を要し，裁判官の令状を求めることができないときに，令状なしに行われるのが緊急逮捕である（210条）。逮捕後，直ちに裁判官の令状を求める手続をしなければならず，逮捕状が発せられないときは，直ちに釈放しなければならない。令状主義の例外規定である緊急逮捕が合憲かどうかは学説上争いがあるが，判例は憲法違反とはいえないとしている。

　司法警察員が被疑者を逮捕し，留置の必要性があると判断する場合は，48時間以内に書類・証拠物とともに身柄を検察官に送致する手続をとらなければならない（203条1項）。しかし，たとえ犯罪の十分な証拠があっても，検察官への送致がなされず，警察段階の処理で終わる場合もある。被害の軽微な窃盗，詐欺，横領等について認められる微罪不送致（微罪処分）である（犯罪捜査規範198条）。

　送致された被疑者を受け取った検察官は，留置の必要がないと思料するときは直ちに釈放し，必要があると判断する場合は，被疑者を受け取った時から24時間以内（被疑者が身体を拘束された時から72時間以内）に裁判官に被疑者の勾留を請求しなければならない（205条1項・2項）。また，検察官が逮捕したときは，被疑者が身体を拘束された時から48時間以内に裁判官に勾留を請求しなければならない（204条1項）。勾留とは，罪を犯したことを疑うに足りる相当の理由があり，かつ，住所不定，証拠隠滅のおそれ，または逃亡のおそれがあるときに，裁判官の勾留状によってなされる身柄拘束の処分であり，公判廷への出頭確保，証拠隠滅の防止を目的としている。被疑者に対する勾留（起訴前の勾留）の期間は原則10日間であるが，裁判官は更に10日間を限度に延長できる（208条）。このあいだ保釈は認められない。被疑者を勾留する場所としては，実務上主に警察の留置場が代用監獄として利用されている。

(b)　**捜査段階における被疑者の権利保障**

　被疑者に認められる権利で最も重要なのは黙秘権である（憲38条1項，刑訴

法198条2項)。これとの関係で，逮捕・勾留されている被疑者に，取調べのための出頭・滞留義務（取調べ受忍義務）があるか否かが問題となる。捜査実務は，身柄拘束中の取調べの必要性，実行性を理由にし，刑事訴訟法198条1項但書の反対解釈を通じて，取調べ受忍義務を肯定した見解に立っている。これに対して学説には，取調室への出頭・滞留の強制が黙秘権を侵害することを実質的な理由として，否定的に解する考え方がある。

被疑者またはその法定代理人，配偶者はいつでも弁護人を選任することができる（30条）。この弁護人依頼権は憲法34条の具体化であるが，従来，国選弁護は公訴提起後の被告人にしか認められておらず，被疑者には私選弁護の途しかなかった。そこで当番弁護士制度や被疑者弁護人援助制度が活用されていたわけだが，2004年5月28日に公布された刑事訴訟法等の一部を改正する法律によって，勾留段階の被疑者に対する国選弁護人制度が導入された（37条の2以下参照）。

身柄拘束を受けている被疑者は，弁護人と立会人なしに会うことができ，書類や物の受け渡しができる（39条1項）。これを弁護人との接見交通権という。但し，捜査機関は捜査のために必要があるとき，被疑者の防御権を不当に制限しない限りで接見の日時，場所，時間を指定できる（接見指定，同条3項）。

(c) 公訴の提起

犯罪捜査の結果，被疑者が犯人に間違いないと判断された場合，検察官が公訴を提起する。公訴を提起する権限は検察官のみに認められる（国家訴追主義・起訴独占主義，247条）。捜査の結果，被疑者の嫌疑が不十分な場合は不起訴処分となるが，有罪の証拠が十分にあり，訴訟条件が備わっていても，犯人の性格，年齢および境遇，犯罪の軽重および情状，犯罪後の情況により訴追を必要としないときは，起訴猶予として公訴を提起しないことができる（起訴便宜主義，248条）。このように検察官は大きな訴追裁量権を有している。しかし，それは恣意的なものであってはならず，不当な不起訴をチェックするための機構として検察審査会の制度がある。検察審査会の議決は検察官を当然に拘束するものではないが，2004年5月28日に公布された刑事訴訟法等の一部を改正する法律によって検察審査会法が改正され，検察審査会の「起訴議決」によって公訴が提起される制度が導入された。この公訴の提起と維持は裁判所によって指定された弁護士が行う。また，特に職権濫用の罪に関する不起訴処分を抑制

するための制度として付審判請求手続（準起訴手続）がある（262条以下）。

公訴の提起は起訴状を裁判所に提出することによって行われる（256条1項）。起訴状には，被告人の氏名その他被告人を特定するに足りる事項，公訴事実，罪名を記載しなければならず（同条2項），特に公訴事実は訴因を明示しなければならない。訴因の明示の際には，できる限り日時，場所，方法をもって罪となるべき事実を特定しなければならない（同条3項）。この訴因が審判の対象であり，裁判所は，訴因変更の手続がなされないかぎり，訴因と異なる事実を認定することはできない。そして，訴因は被告人にとっては防御の対象を意味することになる。

起訴状には，裁判官に予断を生ぜしめるおそれのある書類その他の物を添付したり，その内容を引用してはならない（同条6項）。これを起訴状一本主義といい，憲法37条1項の保障する公平な裁判所の理念を実現するために，公判

資料22

```
                    起　訴　状           平成14年検第1-1111号
                                         平成14年10月23日
  東京地方裁判所　殿
      東京地方検察庁
          検察官　検事　壬　野　九　郎　㊞
  下記被告事件につき公訴を提起する。
                          記
  本　籍　東京都千代田区神田1番地1
  住　居　同区神田35番地の1          ┌─────┐
  職　業　無職                        │ 勾留中　 │
  氏　名                              └─────┘
                                          甲　野　一　郎
  年　齢                              昭和50年3月27日生
                    公　訴　事　実
  被告人は，法定の除外事由がないのに，平成14年8月12日ころ，東京都
  千代田区神田35番地の1の被告人方において，フェニルメチルアミノプロ
  パンを含有する覚せい剤若干量をガラス製パイプに入れ，ライターの火で
  加熱し気化させてこれを吸引し，もって，覚せい剤を使用したものである。

                  罪　名　及　び　罰　条
      覚せい剤取締法違反　　　同法第41条の3第1項第1号，第19条
```

出典：デイリー六法［平成17年版］

中心主義・当事者主義を徹底し，裁判官の予断を防止して白紙の状態で公判に臨ませようとするものである。

　勾留されている被疑者に対して公訴が提起された場合，勾留がそのまま継続する（起訴後の勾留）。起訴後の勾留期間は2カ月であり，1カ月ごとの更新が許される（60条2項）。ここでは保釈が可能である。

　また，検察官は以上のような公判請求の他，軽微な事件について書面審理だけで罰金・科料を言い渡す略式命令を簡易裁判所に請求することができる（461条）。わが国の刑事裁判の大部分が実はこの略式命令によって処理されている。

(2) 公判手続

(a) 公判手続の概観

　公判手続とは，検察官による公訴提起後，裁判所が犯罪事実の有無を審理し，判決に至る手続である。公判手続の基本原則として，公開主義（憲37条1項，憲82条1項），口頭主義（43条1項），直接主義が重要である。つまり，公開の法廷という中立公平な裁判所において，当事者が口頭で主張し，証拠を提出することによって弁論が裁判官の面前で展開され，裁判官自らが証拠や証人を直接取り調べることが必要となる。公判手続は冒頭手続，証拠調べ手続，弁論手続，判決の4段階に分かれる。①冒頭手続は第1回公判期日で行われ，そこでは，まず裁判官によって被告人が人違いでないかどうかを確かめる人定質問（規則196条）がなされる，次に検察官が起訴状を朗読する（291条1項）。そして，裁判官は被告人に対して，終始沈黙し，または個々の質問に対し陳述を拒むことができる旨（黙秘権告知），その他被告人の権利を保護するために必要な事項を告げ，被告人および弁護人に対し，被告事件について陳述する機会を与えなければならない（罪状認否，同条2項）。ここで，被告人が起訴状記載の訴因について有罪である旨の陳述をした場合，一定の条件の下，証拠調べ手続が簡易化され，証拠能力の制限もある程度緩和される簡易公判手続によって審判することができる（291条の2）。②証拠調べ手続では，まず初めに検察官が証拠により証明すべき事実を明らかにしなければならない（冒頭陳述，296条）。証拠調べは当事者の請求によって行われ，職権による証拠調べはあくまで補充的なものである（298条）。証拠調べの方式は，証拠の性質によって，尋問，朗

読，展示等によってなされるが，特に証人に対しては交互尋問の方式がとられている。規定上は裁判所による職権尋問が原則であるかのように読めるが，実務上は順序を変え，検察官，被告人または弁護人による交互尋問が先になされる（304条参照）。通常，検察側の請求した証拠の取調べ終了後，被告人側の証拠に基づく取調べがなされるという順序がとられる。被告人に対して，どの段階でもその任意の供述を求め得るとされているが（311条2項），通常は証拠調べの最終段階で被告人質問というかたちで被告人に事件の具体的な事実関係や情状等に関する供述をまとめて行わせることが多い。なお，証拠調べ手続の過程で，被害者やその遺族が，被害に関する心情その他事件に関する意見を陳述する手続が行われることもある（292条の2）。③そして，弁論手続となるが，証拠調べ終了後に検察官は事実および法律の適用について意見を陳述しなければならない（論告，293条1項）。実務上，この際同時に検察官が刑の量定に関する意見をも述べるのが通常となっている（求刑）。そして，被告人・弁護人も意見を陳述することができる（弁護人による最終弁論，被告人の最終陳述，同条2項）。一般には検察官の論告求刑に引き続き，弁護人が最終弁論をし，最後に被告人が陳述することになる。④公判が終了すると，これまでの審理をふまえ，有罪・無罪の実体裁判がなされる。被告事件について犯罪の証明があった場合，有罪判決がなされるが，判決の告知は公判廷で宣告によって行われ，主文の朗読ならびに理由の朗読または要旨の告知がなされる（規則34条，35条）。有罪判決の主文は「被告人を懲役〜年に処する」といった具体的な刑の言い渡しのかたちをとり，そして理由として，罪となるべき事実，証拠の標目，法令の適用を示さなければならない（335条1項）。これに対して，被告事件が罪とならないとき，または被告事件について犯罪の証明がない場合，無罪判決が言い渡される（336条）。

(b) 証　拠　法

事実の認定は証拠による（証拠裁判主義，317条）。ここでいう「事実」とは犯罪事実のことであり，「証拠」とは証拠能力があり，適正な証拠調べの手続をへた証拠を意味する。証拠能力とは，証拠として法廷に出すことが認められる適格性のことであり，証拠能力を制限するルールとして，伝聞法則，自白法則，違法収集証拠排除法則が重要である。①伝聞証拠とは，供述であれ書面であれ，「また聞き」の証拠のことであり，その原供述に対しては，裁判所の面

前での反対尋問をなしえない。この伝聞証拠には証拠能力が原則として否定される（320条1項）。被告人には憲法上証人審問権が保障されており（憲37条2項），供述によって不利益を受ける際，反対尋問によってその供述の信用性をチェックする機会が与えられている。故に，原供述者が法廷におらず，反対尋問権を行使しえない伝聞証拠については証拠能力を認めることができないのである。ただし，伝聞証拠であっても，当事者が証拠とすることに同意した書面・供述は証拠とできる（326条1項）。そして，反対尋問に代わる保障がある場合，広く伝聞法則の例外が認められている（321条以下）。その要件は，原供述者が死亡している場合等の伝聞証拠を認める「必要性」，それが公判廷外の供述であっても客観的情況から信用できるという「信用性の情況的保障」の2つである。②強制，拷問または脅迫による自白，不当に長く抑留・拘禁された後の自白，その他任意でされたものでない疑いのある自白は証拠とすることができない（憲38条2項，刑訴法319条1項）。つまり，不任意自白を排除するのが自白法則である。その根拠として学説上，虚偽排除説，人権擁護説および違法排除説の対立がある。③違法収集証拠排除法則とは，明文上の規定はないが，学説により認められたものであり，違法な捜査活動を通じて収集された証拠の証拠能力を否定する原則である。適正手続の理念の重視，排除を通じた将来の違法捜査の抑止が根拠として挙げられる。最高裁もこの原則を基本的に認めている。

　証拠能力と異なり，証拠の証明力は自由心証主義により，裁判官の自由な判断に委ねられている（318条）。しかし，自由心証主義にも例外がある。つまり，自白が唯一の証拠である場合は有罪と認定してはならないとされ（憲38条3項，刑訴法319条2項），有罪認定のためには自白の他に補強証拠の存在が要求される。これは，自白の強制を間接的に防止し，自白偏重を避けることによって，誤判を防止するためである。

　裁判官の判断（心証形成）の内容をなす証明の程度として，「合理的な疑いを超える」証明が必要である。つまり，自由な心証形成の結果，合理的な疑いを超える証明がなされたと判断されれば，犯罪事実の認定がなされる。これに対し，裁判官が合理的な疑いが残ると判断する場合，検察官の立証はなされていないことになり，「疑わしきは被告人の利益に」の原則に従って無罪の結論となる。このことは，刑事訴訟において検察官が挙証責任を負担することを意

(3) 判決の確定と一事不再理の効力

　判決に対し，上訴（控訴・上告）またはこれに準ずる不服申立てによって争うことができなくなったとき，裁判は確定する。たとえば1審判決は，判決の宣告後14日以内に控訴の申立てがなければ確定する（373条）。有罪判決が確定すると執行力が生じ，宣告された刑の執行となる。刑の執行は検察官の指揮によって行われる（472条以下）。また，有罪・無罪の確定判決をへた後は，一事不再理の効力が生じ，公訴事実の同一性の範囲内でその被告人を再び起訴することは許されなくなる（憲39条，刑訴法337条1号）。ただし，判決確定後でも，特別に重大な理由がある場合に，確定した裁判をひっくり返し，もう一度事件を審理するための非常救済手続として再審と非常上告がある。再審（435条以下）は主として事実誤認の救済を，非常上告（454条以下）は主として法令解釈の統一を目的とするものである。

3　裁判の迅速化の要請

　憲法37条1項は被告人に迅速な裁判を受ける権利を保障している。わが国の刑事裁判の大半は，国民の一般的な印象と異なり，実は極めて迅速な処理がなされているのが現状である。しかし，オウム裁判のような特殊な事件については極めて長期の審理期間を要する場合もあり，一部の事件が刑事裁判全体のイメージを悪くしている。

　このような背景の下，2004年5月28日に公布された刑事訴訟法等の一部を改正する法律により，刑事裁判の充実・迅速化を図るための諸方策が導入された。①刑事裁判の充実・迅速化のためには，争点中心の集中した審理を連日的に行うことが重要である。そのため，今回の改正法で，第1回公判期日前に事件の争点および証拠を明確化し，整理するための公判準備として公判前整理手続が創設された（316条の2以下）。同手続では，受訴裁判所主宰の下，当事者が公判で行う予定の主張を明らかにし，そのための証拠調べ請求をすることを通じて事件の争点を確認し，さらに，公判で取調べるべき証拠を決定して明確な審理計画を策定する。また，争点および証拠の整理と被告人側の防御の準備を十

分なものとするために証拠開示の拡充が図られている。そして，②裁判所は，原則として連日開廷し，継続して審理を行わなければならない旨，法律上明記された（281条の6）。さらに，③公判審理の充実化のため，裁判所の訴訟指揮の実効性を担保する制度が新たに設けられている（278条の2等）。最後に，④法定刑の軽い一定の事件について，被疑者の同意がある場合，簡易な方法で証拠調べをし，原則として即日判決を言い渡す即決裁判手続（350条の2以下）が創設された。これによって争いのないことが明白な軽微事件につき，簡易かつ迅速な裁判が可能となる。即決裁判手続においては，実刑を科すことができず，また罪となるべき事実の誤認を理由とする上訴は許されない。

4 裁判員制度の意義

　裁判員の参加する刑事裁判に関する法律が2004年5月21日に成立し，同月28日に公布された。本法によって導入される裁判員制度は，広く一般の国民が，裁判官と共に責任を分担しつつ協働し，裁判内容の決定に主体的・実質的に関与するものであり，まさに国民の司法参加の中核をなす制度である。その意義は，国民の裁判過程への参加を通じ，その健全な社会常識が裁判内容に反映され，それによって司法に対する国民の理解や支持が深まり，司法がより強固な国民的基盤を得られる点にある。裁判員裁判の対象事件は，死刑または無期の懲役・禁錮にあたる重大事件および法定合議事件であって故意の犯罪行為により被害者を死亡させた事件である（2条1項）。裁判員が参加する合議体において，原則として裁判官の人数は3名とされているのに対し，裁判員は6名となっているが，公判前整理手続において公訴事実について争いがないと認められ，当事者に異議がなく，適当と認められるときは，裁判官1名，裁判員4名による合議体で裁判をすることも可能である（2条2項以下）。裁判員制度対象事件では公判前整理手続を必要的に行わなければならないとされており（49条），継続かつ迅速な公判審理を担保する公判前整理手続は，裁判員の負担軽減のためにも，裁判員制度の不可欠の前提をなしている。裁判官と裁判員の合議によって，事実認定・法令の適用・刑の量定がなされることになる（6条1項，66条1項）。裁判員制度が効果的に機能するためには，従来のような細部にわたる綿密で徹底した裁判ではなく，裁判員にも分かりやすい公判審理・評

議・判決がなされなければならない。裁判員制度の導入にあたっては，わが国の刑事司法の運用も精密司法から核心司法へ変革を遂げなければならないといわれている。

5 少年事件に対する手続の特色

　犯行時14歳以上（刑事責任年齢，刑41条）で現在20歳未満の者（犯罪少年）に対しても，刑事訴訟法の規定が原則として適用されるが，警察官および検察官は捜査の後，被疑事件をすべて家庭裁判所に送致する（全件送致主義，少年法41条・42条）。このように罪を犯したとされる少年もまずは教育的・福祉的配慮の下，少年法上の保護手続にのせられる。家庭裁判所が，死刑，懲役または禁錮にあたる事件について，保護処分よりも刑事処分が相当であると判断する場合（ただし，犯行時16歳以上の少年が故意の犯罪行為により被害者を死亡させた事件については原則的に），事件は検察官に送致され（逆送，少年法20条），少年も普通の刑事手続で取り扱われることになる。ただし，有罪の場合でも，少年に対しては死刑と無期刑が緩和され（少年法51条参照），相対的不定期刑を科すなど（少年法52条），特別の配慮がなされている。

第16章　法とコンピュータ
――情報化社会が司法に与える影響――

> **設問**　情報化社会の進展は，司法にどのような影響を与えるだろうか。

1　デジタル化・ネットワーク化

　現代社会は情報革命の真っ只中にあるといわれる。この情報革命の本質は「デジタル化」と「ネットワーク化」にある。本（文字情報），写真や絵（画像情報），音楽（音声情報），映画（動画情報）等々，今まで異なるメディアに蓄積され，流通していた情報が，デジタル化を通じて，すべてコンピュータで扱うことができるようになった。マルチメディアという「デジタル化を通じたメディアの融合」である。

　さらにケーブルテレビがつながっていれば，それだけでインターネットと接続し，電話もできるようになっている。デジタル放送もインターネット経由になれば，その双方向性から，放送と通信の垣根までなくしてしまいそうである。

　コンピュータで処理できる情報は，そのままインターネットに載せることができる。画像や音楽，動画情報も，コンピュータの処理速度の向上と，ネットワークの高速化，「Mpeg」と呼ばれるファイル圧縮技術の進展で，インターネット上で実用的にやりとりすることができるようになった。

　「デジタル化」と「ネットワーク化」は，生活のほとんどすべての領域で，大きな変化をもたらしているが，司法の領域もその例外ではない。裁判は，膨大な量の法規定の集まりから適用可能な条文を探し出し，判例と呼ばれるそれらの条文の過去の裁判所の解釈を探し出し，事件からこれら法規に該当する具体的な事実を抽出し，判決を出す。その意味では，一連の情報処理の過程と見ることができる。その過程のさまざまな場面で，デジタル化・ネットワーク化が進められている。

かつて書籍だった法令・判例データベースはデジタル化され，CDロム・DVDになり，さらに，オンラインデータベースに姿を変え，ネットワークにつながったコンピュータさえあれば，いつでもどこでも情報を収集することができるようになった。判決も，公刊される前にウェブ上で，裁判所自身が公表している。立法に関する情報も，審議会から法案，国会審議，成立した法律という一連の情報を，ネットワーク上で得ることができる。さらに，このような司法に関する「情報」のデジタル化とネットワーク化だけでなく，裁判所を中心とする司法自体のIT化が進められている。

2 日本の司法のIT化

(1) 司法制度改革

(a) 司法制度改革審議会意見書・司法制度改革推進計画

現在，日本の司法制度は，明治時代と第二次世界大戦後と並ぶくらい，大きな変革期にある。司法制度改革審議会は，「司法制度改革審議会意見書」でさまざまな改革の提言をした。IT技術に関して，「国民の期待に応える司法制度」への変革のための「裁判所へのアクセスの拡充」が必要とし，「裁判所の利便性の向上」のために「裁判所等への情報通信技術（IT）の導入」計画の策定・公表を求めた。審議会は，内閣に設置された司法制度改革推進本部に引き継がれたが，同推進本部は2002年3月，「司法制度改革推進計画」を閣議決定した。この要綱によれば，「改革を推進するための措置」として，「国民の期待に応える司法制度の構築」するため，言い換えれば，「国民がより利用しやすく分かりやすい制度，公正かつ適正な手続の下でより迅速，適切かつ実効性のある制度を構築するため」さまざまな改革を推進するとしている。

(b) 民事訴訟法改正中間試案・民事訴訟法および民事執行法の改正に関する要綱

法制審議会民事・人事訴訟法部会は，2001年9月から，「民事裁判を充実・迅速化し，専門的知見を要する事件への対応を強化するとともに，簡易裁判所の機能の充実を図ることにより，民事司法制度をより国民に利用しやすくする」という観点から民事訴訟法の見直しを検討し，2002年6月に「民事訴訟法

改正中間試案」をまとめた。

IT化に関しては,「専門訴訟への対応の強化」として,特に「テレビ会議システムを利用した鑑定人の意見陳述」に関して提言するとともに,「裁判所の情報通信技術（IT）の導入」として,「督促手続のオンライン化」を求めている。また,「督促手続以外の民事訴訟に関する手続のオンライン化についても検討をするものとする」としている。さらに,「電話会議システムを利用した弁論準備期日における和解等」で,要件の緩和の提言がなされている。その後さらに,2004年2月10日に,「民事訴訟法及び民事執行法の改正に関する要綱」にまとめられ,ここでは,「民事訴訟手続等の申立て等のオンライン化」が盛り込まれた。これは,2004年11月26日に「民事関係手続の改善のための民事訴訟法等の一部を改正する法律案」として結実し,部分的ではあるがオンライン申立てが実現した。

(2) 裁判所のIT化の現状

(a) ビデオリンクシステムによる遠隔証人尋問

民事裁判では,平成10年から,刑事では平成13年から,ISDNというデジタル電話回線を利用したテレビ会議システム「ビデオリンク」が導入されている。全国50カ所にある裁判所に設置され,証人尋問に関しては,事件が審理される裁判所から遠くに住んでいても,近くの地方裁判所に行けば,証人尋問手続ができるようになった。裁判に関与する証人が遠くの裁判所まで出かけていく時間と費用を節約し,結果として,「より便利でスピーディーな民事裁判」にしようとしたものである。

平成13年には刑事事件にも導入された。「訴訟関係人や傍聴人のいる法廷で証言すること自体から強い精神的圧迫を感じることがある性犯罪事件等で,証人となる被害者と被告人を引き離すために」,このシステムを利用することで,同じ裁判所の別室で証人尋問をするという利用がなされている。

(b) トリオフォンによる準備手続

トリオフォンと呼ばれる,三人で同時に話すことができる電話会議システムがある。弁論準備手続に利用することが認められている（民訴法170条3項）。この条文では,訴えの「取下げ」は認められず,「和解並びに請求の放棄及び認諾」には,事前の書面の提出がなされていることを求めていたが,この点を

改め，これらの場合にも，期日内での訴えの取下げ，和解並びに請求の放棄及び認諾を認められることになる。

(c) 申立て等のオンライン化

2004年11月の「民事訴訟法一部改正法」は，「民事訴訟手続等の申立て等のオンライン化」を部分的に認めた。改正要綱が「民事訴訟に関する手続における申立てその他の申述……の将来的なオンライン化に備えるため，法令の規定により書面によりすることとされている申立て等のうち，最高裁判所規則……で定めるものであって，最高裁判所が定める特定の裁判所に対してするものについては，規則の定めるところにより，インターネットを利用した申立て等を認めるものとする」としていたものを受けたものである。

インターネット経由の申立ては認めているが，訴訟記録の閲覧等，正本の交与はプリントアウトした書面で行うこととされ，原本が書面なのかデジタルファイルなのかは必ずしも条文上，明らかではない。しかし裁判手続全体に渡る総合的なIT化は，まだ提案されていない。あくまで，従来の手続の一部をIT化するに留まっている。

現在利用できるのは札幌地方裁判所のみであるが「裁判所オンライン申立てシステム」が始まり，民事の期日指定と期日変更の申立てに利用できるようになっている。ただし24時間ではなく，9時から17時までである。

3 海外での司法IT化の試み

海外に目を転じると，さまざまな試みがなされている。なかでも，2002年に制定されたアメリカ・ミシガンのサイバーコート法は，すべての審理，手続を電子的通信手段によって行う初めての裁判手続である。同じくアメリカのミネソタ州の連邦破産裁判所では，一気にすべてをオンラインにするのではなく，訴訟資料等，裁判のデータをデジタル化・ネットワーク化する形でIT化をすすめている。ドイツでは，電子民事訴訟法（E-ZPO）の参事官草案（日本の政府案に相当）が作られ，民事訴訟全般のデジタル化が予定されている。これらの裁判所を範にとって，訴訟記録の作成という面から，IT化の具体的な姿を考えてみよう。

たとえば，原告（ないし代理人）は，裁判所まで出かけることなく，裁判所

またはプロバイダ（ASP）に置かれたサーバにアクセスし，訴状の記載事項が並ぶウェブページ上のフォームに記入する。この記入により訴えが受理されたことになる。訴状は，事件番号等が附された上で，担当裁判官を日程管理ソフトと照合の上決定し，裁判官に転送され，被告（ないし訴訟代理人）に転送される。記入された電子データはそのまま訴訟記録となる。準備書面等も同様の処理がなされ，書面で提出された文書もスキャンまたは PDF の形でデジタル化された上で，サーバに蓄積される。事件関係者は，文書のコピーの受取りを待つまでもなく，それぞれの資格に基づいてサーバに蓄積されたデータにアクセスすれば，すべての訴訟資料を見ることができる。

　各関係者が出廷可能日時を登録すれば，口頭弁論・審理・聴聞等が必要な場合，自動的に，あるいは裁判所が時間を指定した上で，該当者に電子メールが送られる。開かれた口頭弁論・審理・聴聞等も，動画のデジタルデータで記録され，サーバに蓄積される。

　判決は，電子メールで送達されるとともに，サーバに記録され，ネット上に公開される。上訴がなされた場合は，訴訟記録とともに，そのまま上訴審へ送信される。

　このようなシステムを実現することにより，遠隔地から裁判を起こす場合でも裁判所への出頭を減らすことができ，サーバにあるデータを各自の端末から閲覧することができるため，コピーをとる必要もなくなり，公害事件等，訴訟資料が膨大な量になった場合でもその資料の置き場，保管に頭を悩ませる必要はなくなる。また，書類の物理的移動がないため，移動にともなう紛失もなくなる。各関係者にデータを配付するのではなく，ネットワークを利用して，1つのデータを共有する方法である。訴訟資料の作成を担当する裁判所書記官の事務が驚くほど軽減されることになる。

　さらに，デジタルデータは，1つのデータをさまざまなソフトでそのまま利用することができる。たとえば，倒産事件で債権者のデータをフォームに入力すると同時に債権者表や債権額の一覧表できあがる。

　もちろん，他の手続でも労力と時間・場所の節約をすることができる。たとえば日本の刑事事件では，控訴されると，事件記録は，合議体の高等裁判所の裁判官が原審判決の当否を検討するため，判決書のコピーを3部添付しなければならない。さらに，裁判員制度が導入されると，裁判所だけで最低9部コ

ピーを作らなければいけない。ほぼすべての裁判官が，同じワープロソフトを使って判決書を作り，標準形式が定められているのであるが，紙媒体で処理されている。裁判所すべてを結ぶ J・NET が作られているのであるから，メールで添付するなり，フロッピー等の磁気媒体を添付するなりすれば，事務処理は軽減される。

　国選弁護人依頼簿の持参や，当番弁護士制度での留守番電話への録音等，インターネットを利用すれば軽減できる事務作業は非常に多いように思われる。

　通常の民事裁判でも同様の問題がある。たとえば民事訴訟の第1回口頭弁論期日である。法廷の傍聴席にはたくさんの弁護士が，「(訴状を) 陳述します」，「(答弁書を) 陳述します。」というためだけに集まっている。そして，第2回口頭弁論期日の日程決めに入ってしまい，それも，多くは1カ月後くらいになってしまう。これは，民事裁判に直接主義・口頭主義の要請がある，つまり，裁判は当事者（ないしその代理人）と，直接に口頭でなされなければならないことによる。ただ，長々と訴状や答弁書を読むのも意味がないので，「陳述します」の一言で読んだことにしている。その意味では，実体は，証人尋問を除いて，書面主義になっている。その中で，唯一，直接主義・口頭主義が働く証人尋問だけが，遠隔のテレビ会議システムで行うことができるのが面白い点である。

4　裁判手続の IT 化の可能性

　判決手続の IT 化で，現に導入されているもの，あるいは，導入されようとしているものを，項目として挙げると以下の事項が考えられる。
- 訴えの提起の電子化
- 公判日程等の管理等，手続進行管理の IT 化
- 電子決済手段による裁判費用の納入
- 書面によらない電子化した記録の作成・管理
- 裁判官，当事者，証人が出頭しない口頭弁論期日
- 裁判その他の電子的手段による送達
- 電子決済手段による金銭執行等，強制執行の IT 化
- 裁判記録の保存，利用

これらは摘要されるITの機能から,「裁判関係者間の情報交換」「裁判所内の情報処理」「口頭弁論へのITの応用」「その他」に分類することができる。

(1) 裁判所内の情報処理—電子ファイリング（E-Filing・E-Aktenführung）

裁判所のIT化という意味で,「E-Filing（Electronic Filing）」という言葉がよく使われるようになっている。元来は「電子データ管理」の意味であり,電子媒体の記録をどのように保存し,利用できるようにするかという問題である。システムが外部に開かれ,税金の申告等「電子申告」のために使われるようになり,E-FILINGという言葉自体が,「電子申告」と同義に使われるようになった。さらにこの言葉は,裁判に関して見ると,電子的に申し立てられた記録・文書を管理し,公判日程を管理し,口頭弁論等を含み裁判記録全体を管理し,判決を電子的に送達するところまでを含む,総合的な事件管理システムを意味するものとして使われるようになっている。

中心となるのは,訴訟記録管理（Docket & Record）であるが,訴え等の申立ての受理,公判等の日程管理,文書管理,裁判管理,強制執行の管理,訴訟資料の管理等の機能の一部ないしすべてを付加することができる。世界中で,このような電子ファイリングの試みがなされている。

5 司法へのIT利用の意義

(1) 裁判の迅速化

裁判に時間がかかることには定評がある。平成14年の司法統計によれば,地方裁判所の既済事件総数155,754件のうち,46.2%が3カ月以内,79.1%の事件が1年以内に終わっている。また,2年では93.9%である。思った程時間がかかっていないと感じるのは法律家のためだろうか。ただし,6.2%の5年を超える裁判も確かにあり,数にして958件である。もちろん,たとえば,医療過誤訴訟になると鑑定に時間がかかるため,平均で2年以上かかるといわれている。

裁判に時間がかかりすぎるとして,その大きな原因は,裁判を担当する人,つまり,裁判官,弁護士,検察官の数の少なさである。上述した「意見書」

「改革推進計画」でもこの点が指摘され，司法試験合格者をかつての平均500人から3,000人に増やすことにしている。

　また，既済事件のうち判決で終わっているのは50.0％しかない。名古屋弁護士会が平成10年に，「名古屋地裁本庁における裁判官の事件処理の現状」を分析し「裁判官の増員を求める決議」まで出している。これによると，1人の裁判官が平均して，年間243.2件の事件を担当している。全部に判決を出すとすると，裁判官は，約1日半で1本の判決を書かなければならない。判決の割合の50％を単純に当てはめても，3日で1本という驚異的なペースである。裁判の迅速化は，裁判官および書記官等，裁判所職員の増員によることが，まず何より必要であろう。

　その点は除くとして，IT化により裁判の迅速化が期待できる。上述ミネソタの裁判所のように，訴訟資料をデジタル化し，ウェブサイトで共有することができれば，事務作業を軽減することができる。

(2) 利用者の便宜

　原告ないし原告代理人にとっては，インターネット経由で申立てや文書の提出ができるようになれば，わざわざ裁判所に出かける手間と費用をなくすことができる。最も裁判官の五感にさらされなければならない証人でテレビ会議システムが認められているのだから，その他の手続に認めることに問題はないはずである。

　また，裁判費用の支払を多様化することは，すぐにでもできる改革である。日本では，2003年「民事訴訟費用等に関する法律」を改正し，訴訟費用を現金でも納めることができるようになっている。ただし，納付する手数料が100万円を超える場合に限られる。利用者の便宜という意味では，ミシガンのサイバーコートのように，金額の制限をなくし，クレジットカード・デビットカード，将来的には，電子マネーの利用を見越した規定が置かれるべきであろう。

　裁判は公開で行われる。著名な事件になると，傍聴席の数までくじ引きで選別される。また，訟廷表と呼ばれるどの事件がどの法廷で開かれるのかという一覧表も，事件当日，受付の表を見なければならない。これらの情報は上述したミネソタの裁判所では，半年前からウェブページ上に置かれている。情報はウェブページ上に置いて，くじ引きもウェブサイト上でできるようにすれば，

無駄足を運ぶ必要もなくなり，傍聴人の便宜を図ることができる。

　より大きな問題として，メディアを利用した裁判の公開の是非が議論されるべきであるように思われる。アメリカでは，裁判専門のケーブルテレビがあり，1日中裁判の中継をしている。先に紹介したミシガンのサイバーコートでも，傍聴，ケーブルテレビ，インターネット上のストリーミングといった公開方法が規定されている。日本の場合，人権等で問題がある場合もあるとしても，インターネット上のストリーミングであれば，コンピュータでさまざまな処理をした上で送信できる。

　弁護士にとってのIT化の恩恵としては，すでに，電子内容証明郵便制度がある。従来，弁護士事務所では，事務員に内容証明郵便を持たせ，郵便局まで持参させる必要があった。今では，インターネット経由で事務所のコンピュータから内容証明郵便を送付することができる。同様に，裁判所との間で，遠隔での申立て，デジタル文書の受領・閲覧ができるようになれば，弁護士事務所は裁判所の近くにある必要すらなくなってくる。訴訟資料の風呂敷の代わりに，DVD-RamかiPod 1つを持って裁判所へ出かけ，あるいは，事務所の遠隔システムで「出頭する」時代が来るかもしれない。

(3) 口頭弁論の充実

　裁判官・当事者・証人が口頭弁論期日に一堂に会し，論点を煮詰め，解決を図ることができれば，それがベストであることは論を待たない。ただ，裁判で負担となる部分を，IT技術を手段として利用することにより取り除くことができるのであれば，積極的に導入すべきである。ITを使わなければいけないのではなく，IT「も」利用できる制度作りである。

　現状の裁判を考えると，口頭弁論を充実するためにこそITが利用されるべきだと考えている。たとえば，裁判員制度の導入を考えると，プレゼンテーションソフト，CG等シミュレーション等を利用した，よりわかりやすい証拠の提出が可能であり，求められる。また，遠隔地から，裁判所へ出頭できるとすれば，証人尋問以外の手続でも，費用面・時間面ともにより手軽に利用できるようになる。

(4) 記録手段としてのデジタル動画

　現在の訴訟記録は，書面を中心として作られている。音は楽譜に書き換えられ，証人尋問等の言葉も反訳され文字に直される。この証人尋問に，音声認識の技術を使い，自動的に裁判記録を作ることができれば，負担は軽減される。日本語には仮名漢字変換があり容易ではないが，かなり認識率も高くなっており，専門用語の充実した辞書ファイルと学習機能を持ったソフトウェアを利用すれば，事後ないし変換中の訂正を加えることにより，十分に実務に対応できるレベルに達している。

　さらに，将来を考えると，いずれ文書ではなく動画による記録の時代が来ることが予想される。文書化を IT 化する発想の音声認識による記録の作成ではなく，動画自体をデジタル動画ファイルとして記録する形での裁判記録の作成である。たとえば，証人尋問であれば，証人の微妙な声のぶれや態度による裁判官の心証形成が，文書では困難であるが，動画では容易である。また，著作権問題で，音楽の類似性も，音声も収録されたファイルであれば，楽譜に直すことなく，実際に聞いて容易に判別することができる。

　実務でも，ビデオやテープを使った証人尋問の収録等の試みもなされているが，上級審での再利用する場合に，検索が困難という問題がある。これも，デジタル動画ファイルを利用すれば，コンピュータで処理し，簡単に映像の目次付けができる。サムネイルソフトと呼ばれるが，もう十分実用に耐えるものになっている。

　デジタル文書としてデジタル動画に関して一言附言する。

　アメリカ公式文書保存のための言語として XML（extensible markup language）という言語が，SGML の後継として採用された。データベースを記述・管理する言語であるが，動画（MPEG 7）もその中に取り込むことができる。現在，世界中で法律 XML と MPEG 7 の研究が進められている。いずれ訴訟資料も文書ではなく，この形で作成される時代が来ると思われる。

第17章 ■ 情報と法

設問
(1) 放送の自由には，個人の自由と比べてどのような特徴があるか。
(2) 報道機関の取材活動の自由の限界について述べよ。

1 メディア法

　日本国憲法21条1項は，「……言論，出版その他一切の表現の自由は，これを保障する」と規定し，言論・出版に加えて，プレス（新聞）や放送による報道の自由など，表現の自由を包括的に保障している。もっとも，プレスや放送といったメディアの自由が個人の表現の自由と同じ性格のものであるのかについては争いがあり，また，メディア内部でもプレスと放送とでは異なる法理が妥当するのではないか，という問題がある。

(1) 放送・プレスの自由の性格

　まず，メディアの自由は個人の表現の自由とは異なり，国民の知る権利や自由な意見形成に奉仕する自由である，という捉え方がある。ドイツの憲法は，5条1項で「プレスの自由ならびに放送およびフィルムによる報道の自由は保障される」と規定し，プレスの自由と放送の自由を明文で保障している。このうち，とくに放送の自由について，自由な意見形成に「奉仕する自由」であり，そこには，放送の国家からの自由（主観的権利）と，社会に流通する意見や情報の多様性が放送に反映されている状態の確保を国家に要請する（客観法的側面）という，2つの側面があると解されている。この客観法的側面から，放送の自由には「国家による自由」という内実があるとされ，意見の多様性の確保を目的とした国家による積極的な関与が許されるし，さらには要請されると考えられている。同様に，プレスについても，「制度としてのプレス」という観

点から，国家の関与を肯定する見解が有力である。このような理解に従えば，マス・メディアの自由は，個人の自由とは異なる特別な制約に服する場合がある反面，個人の自由よりも手厚い保障が与えられる場合も生じる（メディアの優越的地位論または特権論）。

　日本においても，ドイツの議論を支持する見解があるが，これに対しては，国家の関与を安易に正当化することにつながるとの批判もある。また，ドイツの議論とは別に，人権の「切り札」性という観点から，マス・メディアの表現の自由に個人の表現の自由と同じだけの自由を認めない見解もある。すなわち，個人の表現の自由は，個人の自律性の発露であり，社会全体の利益に基づく政策決定を覆す「切り札」としての人権であるのに対し，マス・メディアの表現の自由は，個人の自律と直接に結びつく「切り札」ではなく，民主主義の維持等といった社会公共の利益に基づいて政策的に保障された自由である。したがって，マス・メディアの場合には，個人の場合とは異なる規制が許容される，と説かれる。

(2) 放送とプレスの差異

　このように，メディアの自由の性格をめぐっては争いがあるが，多くの論者が認めてきたのが，同じメディアのうちでも放送とプレスとでは異なる規制が妥当する，ということである。

　すなわち，放送については，「公共放送」という主体が存在する（NHK）。さらに，プレスとは異なり，放送には，免許制度，番組編集準則などさまざまな法的規制が加えられている。このような放送の自由に対する規制は，放送が重要な判断資料を提供し，国民の知る権利に奉仕するものであることに加え，とくに電波周波数の稀少性を理由に，憲法21条に反しないと考えられてきた。

　ところが，近時，ケーブル・テレビ，放送衛星（BS），通信衛星（CS）などのニュー・メディアの登場により，「周波数の稀少性」論は説得力に欠けるものとなった。そのため，別の視点から，放送の自由に対する規制の根拠が提示されている。たとえば，新聞と放送の歴史的な伝統の違いという視点から，送り手の表現の自由を保障する憲法21条の主観的側面の保障は，新聞の場合には，同時に意見の多様性を確保するという同条の客観的側面の保障につながるのに対し，放送の場合には，主観的側面の保障がただちに客観的側面の保障にはい

たらないとし，放送の自由という「未成熟な権利」については，意見の多様性を確保するため，一定の規制が許されると説く見解がある。また，基本的情報が公平に社会全体に提供される必要性から，そのためのシステム整備の重要性を根拠に規制を許容する見解もある。

もとより，電波の稀少性が解消されたことにより，放送の自由もプレスの自由と変わらなくなったとして，放送の自由に対する特別な法的規制は違憲であるとする見解もある。

(3) 放送番組編集権

これを放送番組編集準則について見てみよう。放送法は，その3条において，放送番組編集の自由を保障し，放送する事項の種類・内容・分量・配列を自由に決定できる権限を与える一方，3条の2第1項では，放送の公平性を確保するため，以下のような放送番組編集準則を定める。①公安および善良な風俗を害しないこと，②政治的に公平であること，③報道は事実をまげないですること，④意見が対立している問題については，できるだけ多くの角度から論点を明らかにすること，である。そのほか，1条2号は「放送の不偏不党」を要請する。

このような放送の公平性が要請される根拠は，①周波数の稀少性（電波の有限性），②放送の影響力（放送のお茶の間性やインパクトの大きさ）に求められてきた。有限・稀少な電波を用いて事業を行う放送は，公益的性格が強く，また，映像と音声の結合が視聴者に与えるインパクトの大きさともあいまって，公平であることが要請される。放送事業者相互の競争による多元的な意見の反映ではなく，各放送事業者が社会において対立する多元的な意見を反映させることが求められるのである。自由な意見形成のコミュニケーション・プロセスは，各放送事業者が自己の見解を前面に押し出すことによってではなく，政治的に公平に，また，意見が対立する問題については多くの角度から論点を明らかにすることによって，確保されることになる。このような放送の自由観は，個人の表現の自由と異なるだけではなく，さらに，同じマス・メディアであっても設立が自由であり，一定の傾向を持つことも許される（たとえば政党の機関紙など）プレスの自由とも顕著に異なる。

しかしながら，このような放送の自由の特殊性は，多チャンネル化時代にお

いて今一度問い直されることになった。まずはじめに登場したのは，ケーブル・テレビである。ケーブル・テレビについては，有線テレビジョン放送法17条において，放送法3条等の規定が準用されるとの規定が盛り込まれることにより立法的に解決したが，CS/BS 放送のようなデジタル・テレビの出現により，テレビ放送は，①高精細度の画質・音質，②多チャンネル化，③双方向化・多機能化の時代に突入した。これにより，専門多チャンネル放送やパーソナライズ化された非放送的サービスの可能性に途が開かれた。デジタル化によって放送が多チャンネル化・双方向化するなかで，旧態然とした放送法制とのズレが大きくなっていった。公共メディアとしての地上波放送にはどのような意義があるのか，とりわけ公共放送は必要なのか，また，CS/BS 放送に公平準則による規制は必要か，という難問が生じたのである。

こうした事態に対応すべく，旧郵政省（現総務省）は，1998年10月26日，地上デジタル放送懇談会の最終報告「新デジタル地上放送システムの形成」において次のことを確認した。①従来の規定を継続適用すること，②各メディアの役割分担を，CS 放送＝専門放送，BS 放送＝高精細度テレビを中心とするサービス，地上波放送＝基幹的放送メディアと位置づけ，地上放送には，報道・教養・教育・娯楽・実用面での情報提供を恒常的に行う基本的な情報通信メディアとして，無料かつ容易なアクセスを担保することを要請した。

この見解は，視聴者のニーズに合わせたあらゆるジャンルの放送を担う CS/BS 放送の発展によって，かえって公平な情報を総合的に国民に提供する総合番組の必要性は高まるという理解から，CS/BS 放送と地上波放送のすみわけを行い，公共放送の存在意義を再確認したものだといえよう。

なお，CS/BS 放送に公平準則による規制は必要かという問いに対しては，多チャンネル化は，放送内容の質の低下をもたらすため一定の規制が必要だとする見解がある一方，映画・スポーツ・ショッピングなどさまざまな分野に専門化されたチャンネルが多数を占めることにより，もはや社会生活の共通の基盤となる情報を公平に伝える機能を持たないため，それらに公平性を要求する意味は失われるとする見解が対立している。

(4) 情報メディアの融合――放送と通信の融合

ところで，CS 放送の登場は，放送と通信の垣根を揺るがせた。CS 放送とは，

通信衛星によって行われる放送サービスであり，同報通信に類似したものであるとされている。他方で，パソコン通信は，初期には1対1のメールのやり取りという意味で「通信」の新しいメディアであったが，やがてWWWやインターネット放送が登場すると，放送と通信の垣根は，通信の側からも揺るがせられた。放送に当たるかどうかの判断基準として，ひとまず「公衆による受信を目的としているか」という基準を考えることができるが，放送と通信の峻別は，もはや維持できないであろう。このため，典型的な放送と典型的な通信のあいだに，「限定性を有する放送」と「公然性を有する電気通信」という類型を立てて規制のあり方を検討する必要があろう。

2　マス・メディアによる人権侵害

　マス・メディアの表現の自由について問題となるもう1つの論点は，マス・メディアによる人権侵害である。これは，マス・メディアによる報道内容が人権侵害を惹起する場面と，過剰取材が問題となる場面とに分けることができる。

(1)　報道内容による人権侵害

　マス・メディアの報道内容が，他人の名誉・プライヴァシーを侵害する場合，名誉毀損罪（刑230条）や侮辱罪（刑231条）に問われるほか，不法行為（民709条）による損害賠償の責めを負う。刑法上の名誉毀損は，①他人の社会的名誉（人に対する社会一般の評価）が，②不特定または多数人が認識しうる状態で，③具体的事実を告げることにより，害される危険性が生じた場合に成立する。民法上でも同じく，人の人格的価値に対する客観的な社会的評価の低下を名誉毀損と捉えているが，③の要件は，意見または論評による表明でもよいとされる。また，プライヴァシー侵害は，①私生活上の事実または私生活上の事実らしく受け取られるおそれのあることがら（私事性），②一般人の感受性を基準にして当該私人の立場に立った場合公開を欲しないであろうと認められることがら（秘匿性），③一般の人々に未だ知られていないことがら（非公然性）（＝プライヴァシー侵害三要件：『宴のあと』事件＝東京地判昭39・9・28下民集15巻9号2317頁）に当てはまる事柄を本人の同意なく公開する場合に成立する。

　とはいえ，名誉毀損・プライヴァシー侵害を構成する表現であっても，免責

される場合がある。刑法230条の2は，①公共の利害に関する事実であり（公共性），②公益を図る目的でなされ（公益性），③真実なることの証明がなされた場合（真実性）には，名誉毀損罪による処罰は免れると規定する。これは，表現の自由（憲21条）との調整を図った規定だと解されている。真実性の証明は，容易なものではないため，③の要件は，行為者がその事実を真実であると誤信し，その誤信したことについて，確実な資料，根拠に照らし相当の理由があるときは，名誉毀損罪は成立しないと緩和されている（夕刊和歌山時事事件・最大判昭44・6・25刑集23巻7号975頁）。これらの免責要件は，民法上の名誉毀損にも妥当し（最判昭41・6・23民集20巻5号1118頁），プライヴァシー侵害の場合にも用いられている（たとえば，前出「宴のあと」事件，ノンフィクション「逆転」事件：最判平6・2・8民集48巻2号149頁。ただし，真実性の要件は除く）。

　名誉毀損による不法行為が成立した場合，被害者は，損害賠償請求をなしうるほか（民709条），名誉を回復するための処分を求めることができる（民723条）。回復処分としては，謝罪広告，取消し広告，名誉回復の告示文の掲示，判決文の新聞への掲載，反論文掲載などがある。このうち，謝罪広告を求める訴えに対しては，近時，慎重な態度を示す裁判例が多い。謝罪広告の強制は，本人に謝罪の意思がない場合，憲法19条が保障する良心の自由と緊張関係に立ち，また，この種の広告が原則として代替執行により行われる（民事執行法171条）ことも併せて考えれば，妥当な判断であろう。反論文掲載請求権とは，マス・メディアの報道により名誉を毀損された者が，反論文を当該メディアに同一スペースで掲載するよう求める権利である。もとより，この権利を認める規定（たとえば，戦前の新聞紙法17条の「反論権」）が存しないため，民法723条の名誉回復処分の中にこれが含まれるのかどうかが問題となる。これを消極的に解す立場は，これが，報道機関の編集の自由を侵害し，表現の自由に対する萎縮効果を惹起することを懸念する。他方，「言論には言論を」の原理ないしは思想の自由市場を基底に，ある言論を不適切として処罰するよりも，その言論が間違っていると反論させることにより，思想の自由市場の中でその言論の適切性を判断させることが，表現の自由の持つ意義の上でも妥当だとする見解がある。

　また将来生じうる侵害を予防するために，侵害行為の差止めを求めることもできる（民事保全法23条2項）。しかし，差止めは，表現行為が自由市場に到達

する前に公権力によって抑制される事前抑制であり、手続上の保障や実際上の抑止効果において事後規制の場合に比べて問題が多いため、厳格かつ明確な要件のもとにおいてのみ許容されうる、例外的なものと解されている。北方ジャーナル事件判決は、①表現内容が真実でなく、またはそれが専ら公益を図る目的のものでないことが明白であって、かつ、②被害者が重大にして著しく回復困難な損害を被る虞があるとき、出版差止めが肯定されるとした（最判昭61・6・11民集40巻4号872頁）（差止めにつき、詳細は、本書第24章を参照）。

(2) 取材による人権侵害（態様）

一方、過剰取材の規制については、いかなる取材活動が規制の対象となる「過剰取材」にあたるのかという問題と、誰が規制の要否を判断するのかという問題とがある。

まず、メディアの取材の自由は、報道の不可分の前段階として憲法21条の保障を受けると解される（なお、判例では「報道機関の報道が正しい内容をもつためには、報道の自由とともに、報道のための取材の自由も、憲法21条の精神に照らし、十分尊重に値する」とされており、取材の自由の保障は1ランク低いことが示唆されている［博多駅事件：最大判昭44・11・26刑集23巻11号1490頁］）。しかし、だからといって、取材対象者の人権と衝突した場合にまで、取材の自由が一方的に優越するわけではない。

「過剰取材」とは何かを考える上で参考になるのが、人権擁護法案である。同法案42条4号は、犯罪被害者や犯罪行為を行った少年、加害者および被害者の同居親族について、「その者の私生活に関する事実をみだりに報道し、その者の名誉又は生活の平穏を著しく害すること」を禁止するが、それに加えて、これらの者を「取材するに当たり、その者が取材を拒んでいるにもかかわらず、その者に対し、次のいずれかに該当する行為を継続的に又は反復して行い、その者の生活の平穏を著しく害すること」をも禁止する。具体的には、「つきまとい、待ち伏せし、進路に立ちふさがり、住居、勤務先、学校その他その通常所在する場所の付近において見張りをし、又はこれらの場所に押し掛けること」、「電話をかけ、又はファクシミリ装置を用いて送信すること」が挙げられている。

過剰取材が問題となる典型的な場面は、多数のメディアが特定の取材対象に

殺到する場合である（メディア・スクラム）。和歌山カレー事件や桶川事件の過剰取材がこれにあたる。ここでの問題は，特定の社の行為が人権を侵害するということではなく，各社の行為が全体として人権を侵害するという点に特徴がある。

さて，このような過剰取材が規制されうるとしても，それによって表現の自由に打撃が加えられてはならないことはいうまでもない。桶川事件では，マス・メディアは当初，被害者女性やその家族の私生活を暴く報道や興味本位の報道を繰り返していたが，やがてその中で，警察の不手際が明らかになっていったことを忘れてはならないであろう。

(3) 過剰取材の自己抑制

何が過剰取材か，という問題とは別の論点として，誰が規制の要否を判断するのか，という問題がある。この意味で，先の人権擁護法案が，法務省の外局である人権委員会に過剰取材の救済を委ねたことに，批判が集中した。これと呼応して，マス・メディア自身の手による救済機関の設立がすすんでいる。

まず，放送については，1997年5月に日本民間放送連盟とNHKが「放送と人権等権利に関する委員会機構」(BRO) を設立した。新聞・通信社においても，毎日新聞が2000年10月に「『開かれた新聞』委員会」を設置したのに始まり，社外のメンバーによる第三者機関を設け，報道による人権侵害をチェックする制度の導入が相次いでいる。日本雑誌協会は，2002年3月に，「雑誌人権ボックス」を設置した。その一方で，新聞・通信社については各社個別の努力に委ねられており，また，第三者機関が必ずしも報道被害の救済に特化されたものではない，という問題がある。

毎日新聞の「『開かれた新聞』委員会」を例にとると，同委員会の任務は，①記事に対する苦情や意見について，本社の対応を第三者の視点で検証する，②本誌の報道に問題がある場合，意見表明する，③今後の新聞のあり方を展望し，メディア全般の課題について提言する，という三点である。新聞のあり方を展望するこの委員会が，人権救済，とりわけ過剰取材からの救済という地道な作業に適したものかどうかは疑問であろう。表現の自由の意義にかんがみれば，メディアに対する国家の介入は最小限にとどめられなければならない。しかし，それと同時に，メディアの側には，自律的な規制の実体的基準，組織・

手続の公平性と透明性について，高い要請が課されよう。

資料23

主な新聞社の〈第三者〉機関

社名	朝日新聞社	毎日新聞社	読売新聞社	東京新聞社	北海道新聞社	西日本新聞社	共同通信社
機関名	報道と人権委員会(PRC)	「開かれた新聞」委員会	「新聞監査委員会」に顧問委嘱	新聞報道のあり方委員会	読者と道新委員会	人権と報道・西日本委員会	「報道と読者」委員会
設立	2001.1.1	2000.10.14	2001.4.1	2001.1.18	2001.5.14	2001.5.15	2001.6.1
組織	社長直属	主筆直轄（編集局から独立）	社長直属	編集局内	事務局・社長室	編集・論説担当役員の直属機関	社長室への提言機関
外部委員構成	法律事務家1 ジャーナリスト1 学者1	法律事務家1 ジャーナリスト3 学者1	法律事務家1 学者1 団体・公務員1	法律事務家1 ジャーナリスト2 学者1	法律事務家1 ジャーナリスト2 団体・NGO 2	法律事務家1 ジャーナリスト1 学者1 公務員1	法律事務家1 ジャーナリスト1 学者1
任期	2年	規定せず			1年	2年	2年
目的	名誉毀損・プライバシー侵害・差別の救済、報道への全般的な意見具申、報道の自由の擁護、手続きの透明性担保	人権侵害を監視、紙面への意見、21世紀のメディア提言、手続きの透明性担保	第三者の目で信頼される新聞めざす	読者からの苦情、注文に意見をもらい是正に結びつける。新聞製作の透明性を高める、紙面や取材活動の監視	人権やプライバシーに配慮した新聞報道をめざす	取材・報道による名誉毀損・プライバシー侵害が生じた場合、問題解決にむけて審議	報道の質の向上を図り、いっそうの信頼性と透明性を高めるため

出典：山田健太『法とジャーナリズム』（学陽書房，2004年）361頁から一部掲載

Ⅲ 日本国憲法

第18章 ■ 日本国憲法の成立

> **設問** 戦後の国内政治における1つの重要な問題として，現行憲法に代わる新しい自主憲法の制定ないし憲法改正の是非が問われている。これを求める動きは，その基盤となっている保守勢力と憲法擁護をもって対する革新勢力の対立状況を反映して，高まったり鎮静化したりつつも，今日まで続いている。
>
> では，なぜ自主憲法制定や改憲が唱えられるようになったのだろうか。それを知るにはまず，日本国憲法の誕生のプロセスを知らなければならない。また，その是非については，政治的な問題として各自が答えを出すべきといえようが，そのためには，法的な視点から日本国憲法の誕生のプロセスをめぐる問題を見ておくことが有意義であろう。

1 憲法とは

(1) 憲法という語の多義性

日本国憲法の誕生のプロセスを見るに先だって，憲法とは何かについて考えることから始めよう。憲法という語は一義的ではなく，さまざまな意味で使われる。たとえば「国家あるところに憲法あり」という一方で，「イギリスには憲法がない」ともいうし，「イギリスは憲法の母国である」ということもある。この3つの標語は一見矛盾しているようにもみえるが，実は憲法という語をそれぞれ異なった意味で使っているにすぎない。第1の例では，国家の組織・作用に関する根本法という「実質的意味の憲法」として，第2の例では，実質的な憲法のうち成文化されていて，普通の法律より高い権威が与えられている（多くの場合，憲法典という特別な形式をとる）「形式的意味の憲法」として，第3の例では，近代市民革命期に生まれた立憲主義（憲法に基づいて政治を行うと

いう原則）に基づく「近代的（立憲的）意味の憲法」として用いられている。このように憲法という観念を多義的に捉えれば，右の３つの標語を矛盾なく理解することができる。すなわち，いかなる国家といえども，その統治のための基本的なルールである「実質的意味の憲法」を備えているものである。イギリスとてその例外ではない。けれども，イギリスの実質的意味の憲法の大部分は慣習法や判例という不文法によっているので，「形式的意味の憲法」を有していないことになる。とはいえ，古くはマグナ・カルタ（1215年）にみられるように，この国には早くから国王の専制支配を法的な仕組みによって抑制する伝統が根づいており，世界に先駆けて近代市民革命を遂行し，立憲主義の基礎を確立したことから，「近代的意味の憲法」の母国といわれるのである，と。

(2) 近代的意味の憲法の特色

右に述べた３つの憲法の観念のうちで，最も重要なのは「近代的意味の憲法」である。これは，ロック，モンテスキュー，ルソーらの近代の啓蒙主義的な自然法思想と深く結びついている。すなわち，個人が生れながらにして有する権利に基づき，自由な活動を保障されるためには，国家権力を制限する必要があると考えられ，そのための法的な仕組みとして，この憲法の観念が登場したのである。そこで，近代的意味の憲法の基本的な特色は，人権保障とそのための統治機構の権力分立制を内容とすることに求められる。また，形式としては成文法であること，性質としては硬性憲法であることも，重要な特色である。硬性憲法とは，改正する場合に普通の法律の改正手続より厳格な手続を要するものをいう。

(3) 日本における近代的意味の憲法

さて，日本国憲法は，詳細な人権規定を設け（第３章），権力分立制を採用している（41条・65条・76条）。また成文化された憲法典であり，憲法改正の手続としては，法律の成立に必要な議会の議決の要件を加重したうえに国民投票を義務づけており（96条），硬性度の高い憲法である。要するに，日本国憲法は，典型的な近代的意味の憲法である。

これに対して明治憲法（大日本帝国憲法）はどうか。人権規定らしきものを有し（第２章），権力分立制も一応採用されている（明憲５条・55条・57条）。ま

た成文化された憲法典の形式をとり，憲法改正には法律の成立に必要な定足数および議決要件を加重した手続を要求する硬性憲法である（明憲73条）。このように外見的には近代的意味の憲法の特色を備えていたが，その本質において大きな欠陥があった。というのも，人権規定に相当するものは，天皇の臣下としての臣民の権利という形で認められたにすぎず，近代自然法思想に支えられた人権の観念は斥けられていた。しかも憲法上認められていても，普通の法律によって制限できるとして（「法律ノ範囲内ニ於テ」「法律ニ定メタル場合ヲ除ク外」などの文言が付されていた。このような制限を「法律の留保」という），憲法による保障を空洞化するおそれを内包していた。さらに，統治機構に至っては，天皇が統治権の総攬者として国家統治に関するすべての最終決定権を掌握するものとし（明憲4条），権力分立制は，こうした天皇に協力する機関としての議会・政府・裁判所に採用されたにすぎない。このように明治憲法は，権力の集中を許容していた結果，軍部が，天皇の権能に名を借りて，いわゆる統帥権独立の規定（明憲11条）を乱用し，その権力を拡大して第2次世界大戦へ独走したときにも，これを抑制する役割を果たせなかったのである（明憲11条は，統帥事項に関する権能は天皇が単独に行使することを認めた規定で，政府・議会はこれに関与できず，軍部が助言を与える立場にあった。この統帥事項は本来，戦闘に関する事項に限定されていたが，軍部の台頭と共に，軍に関するすべての事項と解されるようになっていった）。こうした明治憲法の前近代性は，日本国憲法の成立を促した間接的な要因とみることができる。

2　日本国憲法の成立

(1)　日本国憲法の成立の経緯

　日本国憲法は1946年11月3日に公布され，翌年5月3日から施行された。さて，その誕生を促す直接の要因となったのは，1945年8月14日のポツダム宣言の受諾とみることができる。というのは，ポツダム宣言の内容を遵守するためには明治憲法を改正する必要があると考えられ，その結果として日本国憲法が制定されたからである。以下，その経緯についてもう少し詳しく見てみよう。

　ポツダム宣言は連合国側からわが国の降伏の条件を示したもので，戦争が終

結し，わが国が連合国の占領下に置かれることになったのもこの受諾に基づいている。日本国憲法の誕生に特に関わりが深いのは，そのなかの「民主主義的傾向の復活・強化に対する一切の障害の除去」を求める第10項および「日本国民の自由に表明せる意思に従った平和的傾向を有し，且つ責任ある政府」の樹立を求める第12項で，これらの条項を遵守するためには明治憲法の改正が必要か否かが，まず日本政府にとって重要な問題になった。

当初，政府（東久邇内閣）は憲法改正の必要なしとする立場をとったが，連合国最高指令官マッカーサーから改正の必要を示唆されたことを受け，政府（幣原内閣）は，1945年10月13日に松本国務大臣を長とする憲法問題調査委員会の設置を決め（いわゆる松本委員会），改正草案の作成に着手した（いわゆる松本案）。このように初期の段階では，連合国総指令部（いわゆるGHQ）は，憲法改正の内容に関する主導権を日本政府に委ねるという方針をとった。

ところが，1946年2月1日に松本案の内容が毎日新聞にスクープされる事件を機に，GHQは右の方針を変更する。このとき明るみに出た松本案は，明治憲法に基本的な変更を加えず，細部を修正するにとどまるものにすぎなかったので（松本案に関しては前年12月8日に松本国務大臣により，天皇を統治権の総攬者とする原則の維持，議会の権限の拡大などの改正に関する4原則（いわゆる松本4原則）が表明されていたが，草案の内容は公表されていなかった），GHQはきわめて保守的と判断し，松本案の拒否を決め，GHQ側で草案を作成する作業を開始したのである（いわゆるマッカーサー草案）。この作業は極秘のうちに急ピッチで進められた。このようなGHQの方針の変更の理由としては，近く活動開始を予定されていた極東委員会（日本の占領統治に関する最高の権限を有する機関）との関連が指摘されている。また，草案の指針となったのは，マッカーサーが示した3原則（天皇制・戦争放棄・封建制の廃止など）および日本の憲法改正に関するアメリカ政府の方針が示されたSWNCC－228（国務・陸軍・海軍三省調整委員会文書228号。「日本の統治体制の改革」と題される）である。こうして同月13日，日本政府はすでにGHQ側に提出してあった松本案について協議するつもりで臨んだ会談の席上で，全く別の草案を手渡されるという思いもよらない事態に直面した。

同月22日マッカーサー草案の採用を決定した日本政府は，これに基づく草案作成に着手し，同年3月2日に一応脱稿した。これは同月6日に「憲法改正草

案要綱」として公表され，同年4月17日にはわが国初のひらがな口語体で条文化された「憲法改正草案」となった。最終的には「帝国憲法改正案」となり，明治憲法の改正手続に則って，第90回帝国議会で審議され，修正を経たのち「日本国憲法」として公布されるに至った。なお，この帝国議会に先立ち，新選挙法に基づくわが国初の普通選挙が行われている（資料24参照）。

資料24

日本国憲法成立に関する年表

1945・8・10　御前会議でポツダム宣言受諾を決定。ポツダム宣言は「天皇ノ国家統治ノ大権ヲ変更スルコトノ要求ヲ包含シ居ラザルコトノ了解ノ下ニ受諾ス」旨，連合国側に申し入れる。

8・11　連合国側，日本政府に回答（「……日本国ノ政治形態ハ『ポツダム宣言』ニ遵ヒ日本国国民ノ自由ニ表明スル意思ニ依リ決定セラルベキモノトス……」）。

8・14　日本政府，連合国回答を受諾。
マッカーサー元帥，連合軍最高指令官に任命。

8・15　終戦の詔勅放送。
鈴木内閣辞職。

8・17　東久邇宮内閣成立。

10・4　近衛国務相，マッカーサーより憲法改正の示唆を受ける。
GHQ，いわゆる「自由の指令」。

10・5　東久邇宮内閣総辞職。

10・9　幣原内閣成立。

10・11　近衛を内大臣府御用掛に任命，憲法改正調査に着手。
幣原首相，マッカーサーより憲法改正の示唆を受ける。

10・13　憲法問題調査委員会設置を閣議了解（松本国務相主任）。
憲法学者佐々木惣一を内大臣府御用掛に任命。

10・27　憲法問題調査委員会第1回総会。

11・1　GHQ，憲法改正問題に関し，近衛との関係を否認する声明。

11・22　近衛草案を天皇に奉答。

11・24　佐々木草案を天皇に奉答。
内大臣府廃止。

12・8　松本国務相，衆議院で憲法改正4原則を表明。

12・15　新選挙成立（女性参政権採用）。

12・26　憲法研究会，「憲法草案要綱」発表。

12・28　高野岩三郎，「改正憲法私案要綱」発表。

1946・1・11　マッカーサー，SWNCC-228を受領。

1・21　日本自由党，「憲法改正要綱」を発表。

1・30　松本国務相，閣議に「松本私案」「甲案」「乙案」を説明。
2・1　毎日新聞，松本案なるものをスクープ。
　　　　マッカーサー，民政局長に松本案拒否の回答書作成を命ずる。
2・2　憲法問題調査委員会最終総会。
2・3　マッカーサー，民政局に草案作成を命じ，いわゆるマッカーサー・ノートを提示。
2・8　日本側，松本案をGHQに提出。
2・13　松本案に関する非公式の会議で，同案は拒否され，GHQ案（いわゆるマッカーサー草案）が日本側に手交。
2・14　日本進歩党，「憲法改正案要綱」発表。
2・18　松本国務相，再説明書をGHQに提出。
2・22　閣議，マッカーサー草案に沿う憲法改正案作成の方針を決定。
2・24　日本社会党，「新憲法要綱」発表。
2・26　極東委員会，ワシントンで第1回会合。
3・2　日本側，マッカーサー草案に基づく改正案を脱稿（3月2日案）。
3・4　3月2日案，GHQに提出。GHQと徹夜の折衝。
3・6　政府，天皇の勅語・首相の談話と共に「憲法改正草案要綱」を発表。
　　　　マッカーサー，これを支持の声明。
4・10　第22回衆議院議員総選挙。
4・17　政府，「憲法改正草案」を発表（わが国初のひらがな口語体の条文）。
4・22　幣原内閣総辞職。
5・13　極東委員会，日本の憲法採択に関し政策決定。
5・16　第90回帝国議会召集。
5・22　第1次吉田内閣成立。
6・8　枢密院，「憲法改正草案」を可決。
6・20　第90回帝国議会開会。衆議院に，勅書をもって「帝国憲法改正案」提出。
6・29　日本共産党，「日本人民共和国憲法」決定。
8・24　憲法改正案，衆議院で修正可決。貴族院に送付。
10・6　憲法改正案，貴族院で修正可決。衆議院に回付。
10・7　貴族院回付案，衆議院で可決。
10・11　政府，憲法改正案を閣議決定，枢密院に諮詢手続をとる。
　　　　第90回帝国議会閉会。
10・17　極東委員会，日本の憲法の再検討に関する政策決定。
10・29　枢密院，憲法改正案を可決。
11・3　日本国憲法公布。
1947・5・3　日本国憲法施行。

出典：主として高柳賢三他編『日本国憲法制定の過程Ⅱ』巻末年表によった。

(2) 日本国憲法の基本原理

　日本国憲法の基本原理としては，一般に，国民主権主義（前文・1条），基本的人権の尊重（11条・13条・97条）および平和主義（前文・9条）の3つが挙げられる。各事項の内容は後の章に譲る。

(3) 日本国憲法の成立の法理

　(1)でみたような日本国憲法の成立の経緯に関する特色かつ問題点として，特に注目しておきたいのは，第1に，内容と手続の関係である。すなわち，手続の面では，明治憲法の改正という形式をとりながら，内容の面では，明治憲法における天皇主権から国民主権へ，根本的な原則が変更された。この点について，憲法改正手続により根本的な原則を変更することは許されないから，日本国憲法は無効であるという考え方がある。第2に，日本国憲法は占領期間中に成立し，しかもその占領国が原案を作成したという経緯は，諸外国の憲法に比べてきわめて特異なことである。この点についても，日本国憲法は国民の自由に表明された意思に基づいていないので，無効であるという考え方がある。こうした日本国憲法無効論が，設問で述べた自主憲法制定ないし改憲を求める立場と結びついており，その理論的な基盤となっている。無効論も，着眼点としては日本国憲法の成立に関する特色を捉えていることから，その限りでは評価できようが，結論としては観念的にすぎると批判されるべきである。たしかにこれらの点について，日本国憲法の正当性を十分明瞭なかたちで説明することは容易ではないが，どのような説明の仕方があるか，これを最後に概観しておこう。

　内容と手続の関係については，その前提として，憲法改正には限界があるか否かの問題がある。すなわち，これには，憲法改正の手続を踏めばいかなる内容の変更も合法とみる立場（無限界説）と，憲法の同一性が失われるような変更は憲法改正の手続によって合法的に行うことはできないとみる立場（限界説）がある。わが国においては後者が多数説である。この立場によれば，なるほど天皇主権から国民主権への根本的な原則の変更は，憲法改正の限界を超えることになる。しかし，改正の限界を超えるから当然に無効とは限らない。むしろこの場合をどのように理解するかが，重要な問題である。この点について，

最も有力なのは「8月革命説」と呼ばれる考え方である。それによれば，明治憲法と日本国憲法は形式的には連続性が見られるにしても，実質的には連続性のない全く別の憲法であると理解されている。別の新しい憲法が合法的に成立しえたのは，ポツダム宣言の受諾により，すでにわが国に国民主権主義が確立していたから（日本の最終の政治形態は日本国民が自由に表明する意思に従って決定されることになったから，これを国民主権主義の確立とみる）で，このような変革は，法的には一種の革命（8月革命）として理解できると説明される。なお明治憲法の改正の手続については，便宜的に借用されたにすぎないと解すればよい。この考え方にも批判はあるが，日本国憲法の意義を的確に把握した説明として支持しておきたい。

　成立過程における外国の関与についてどのように理解すべきかは，特に困難な問題であるが，これを「憲法の自律性（自主性）」の問題として，国際法の側面と国内法の側面から考察する考え方を参考に挙げておこう。国際法的側面では「内政不干渉の原則」に反するならば憲法の自律性が侵害されることになるが，ポツダム宣言に条約の性格を認め，かつその中に民主的憲法に改正すべき要求が含まれていたとみることによって，連合国がこれを要求し内政に関与したのは，国際平和のための条約上の正当な権利行使と解することができるので，内政干渉にはならないとする。また国内法の側面からは，普通選挙を経た議会で審議されたことや日本国憲法の内容・成立後の状況も含めて総合的に判断すべきであるとし，特に日本国憲法が民主的な内容を有し，問題点もあるにせよ民主的な手続で成立したと考えられることを重視して，自律性は侵害されていないとする。

第19章 ■ 国民主権と象徴天皇制

> **設 問** 日本国憲法は，明治憲法（大日本帝国憲法）における天皇主権を否定し，国民主権主義を採用した。しかし，現憲法下においても天皇制は依然として存続している。国民主権主義と現憲法における天皇制とは矛盾しないのであろうか。

1 国民主権

　日本国憲法は，前文1項前段で，「主権が国民に存する」ことを宣言し，第1項後段で，「国政は，国民の厳粛な信託によるものであつて，その権威は国民に由来し，その権力は国民の代表者がこれを行使し，その福利は国民がこれを享受する」と規定する。また，第1条で，天皇の地位は，「主権の存する日本国民」の総意に基づくと規定する。これらの規定の文言から明らかなように，現憲法は，明治憲法における天皇主権を否定し，国民主権主義を採用している。ちなみに，国民主権は，平和主義および基本的人権の尊重とともに，日本国憲法の基本原理の1つである。

　ところで，国民主権という観念における主権とは何を意味するのであろうか。主権は，多義的，歴史的な概念であるが，おおむね，①国家権力そのもの，②国家権力の属性としての最高独立性，③国政についての最高決定権，という意味に用いられる。①の国家権力そのものを意味する主権は，ポツダム宣言8項の「日本国ノ主権ハ，本州，北海道，九州及四国並ニ吾等ノ決定スル諸小島ニ局限セラルベシ」にいう主権がそれであり，②の国家権力の属性としての最高独立性を意味する主権は，憲法前文第3項の「自国の主権を維持し」における主権である。③の国政についての最高決定権という意味での主権は，国の政治のあり方を最終的に決定する力という意味であり，国民主権という場合の主権は，この意味に理解することができる。

次に，国民主権という場合の国民とは何かが問題となる。国民という言葉も多義的な概念であるが，おおむね，①国家構成員としての国民，②憲法上の機関としての国民，③主権の保持者としての国民に分けることができる。①の国家構成員としての国民は，国民という言葉の最広義のものであり，日本の国籍を持つ者という意味である。この意味の国民には，天皇も含まれる。国民主権という場合の国民は，いうまでもなく，③の意味で用いられる。

国民主権は，歴史的には，近世ヨーロッパの絶対君主制における君主主権に対抗し，これを否定するものとして生成してきた観念であり，1776年7月4日のアメリカの独立宣言や，1789年8月26日のフランスの人権宣言がこれを定めた。したがって，国民主権と君主主権は，理論的に本来相容れないものである。

このように，国民主権が君主主権と対立する観念であることは明らかになったが，国民主権の意味するところは単一ではない。すなわち，国民主権は，国の政治のあり方を最終的に決定する力を行使するのは実在する国民であるという意味においても，また，抽象化された国民に国家権力の行使を正当化する根拠を求めうるという意味においても理解することができる。前者の意味を強調すると，直接民主制に，後者を強調すると，代表民主制へと結びつく。

ところで，日本国憲法の基本原理である国民主権主義はどのように捉えたらよいのであろうか。現憲法において国民主権を具体化する諸条項を挙げれば以下の如くである。まず，憲法43条1項は，衆参両議院の議員の公選制を，同93条2項は，地方公共団体の長，その議会の議員の公選制を定めている。憲法41条が，「国会は，国権の最高機関であつて，国の唯一の立法機関である」と定めていることと合わせ考えると，前述の諸規定が代議制を採用していることは明らかである。次に，現憲法において直接民主制を採用していることを示す規定は以下のとおりである。すなわち，憲法改正のための国民投票（96条），一の地方公共団体のみに適用される特別法（95条），最高裁判所の裁判官の国民審査（79条）である。以上述べたことから明らかなように，日本国憲法における国民主権主義は，代表民主制と直接民主制を併用するものである。

2　天皇の地位

すでに述べたように，日本国憲法は，明治憲法における天皇主権を否定し，

国民主権の原理を採用している。しかし，それにもかかわらず，現憲法下において，天皇制は存続している。国民主権の原理と現行の天皇制との関係をどのように捉えたらよいのだろうか。

明治憲法においては，「大日本帝国ハ万世一系ノ天皇之ヲ統治ス」（1条），「天皇ハ神聖ニシテ侵スヘカラス」（3条）といった規定に示されるように，天皇の地位は神勅に基づくものとされていた。これに対して，日本国憲法においては，天皇の地位は，「主権の存する日本国民の総意に基く」（1条）ことが規定されている。これは，天皇の地位は，その存立の基礎を国民主権に置くことを意味する。

日本国憲法は，「天皇は，日本国の象徴であり日本国民統合の象徴であ」る（1条）と定める。一般に，象徴とは，たとえば，鳩が平和の象徴とされるように，抽象的，無形的なものを表す具体的，有形的なものであるとされる。象徴という言葉は，わが国においては，かつて，法律上の用語として使用されることはなかった。これが用いられている例として，イギリスのウエストミンスター条例（1931年）の前文は，「王位は，英連邦の構成国の自由な結合の象徴である」と定めている。

天皇の象徴としての地位は，日本国憲法によって新たに創設されたものとみるべきではなく，明治憲法下においても，天皇に象徴としての側面はあったと考えるべきである。ただ，明治憲法下においては，統治権の総攬者（4条）としての天皇の地位が前面に出ていたために，象徴としての側面は目立たなかったにすぎない。

なお，これに関連して，天皇が裁判権に服するか否かという問題がある。天皇に刑事裁判権が及ばないことについては争いはない。天皇に民事裁判権が及ぶかどうかについては，これを否定する積極的根拠はないと一般に解されているが，最高裁は平成元年11月20日判決（民集43巻10号1160頁）で，「天皇は日本国の象徴であり日本国民統合の象徴であることにかんがみ，天皇には民事裁判権が及ばないものと解するのが相当である。」と判示した。天皇の象徴としての地位からダイレクトに民事裁判権が及ばないという結論を導き出している点で，この判決には問題があろう。

3　天皇の権能

　明治憲法の下で，天皇は統治権の総攬者（4条）として，帝国議会の協賛（5条）と国務大臣の輔弼（55条）によって広範な大権を行使した。これに対して，日本国憲法は，明治憲法における天皇主権を否定し，基本原理の1つとして国民主権主義を採用して，天皇は「日本国の象徴であり日本国民統合の象徴であ」る（1条）と定めた。

　日本国憲法は，天皇の権能に関して，「天皇は，この憲法の定める国事に関する行為のみを行ひ，国政に関する権能を有しない」（4条1項）と定めている。ここでいう「国事に関する行為」，すなわち国事行為とは，天皇以外の国家機関により決定された行為に形式的・名目的・儀礼的に参加する行為のことである。天皇の国事行為については代行が認められており，摂政（5条）による代行と，国事行為の委任（4条2項）による代行とがある。

　日本国憲法の定める天皇の国事行為を列挙すれば，以下のようである。すなわち，国事行為の委任（4条2項），内閣総理大臣の任命（6条1項），最高裁判所長官の任命（6条2項），憲法改正，法律，政令および条約の公布（7条1号），国会の召集（同条2号），衆議院の解散（同条3号），国会議員の総選挙の施行の公示（同条4号），国務大臣および法律の定めるその他の官吏の任免ならびに全権委任状および大使及び公使の信任状の認証（同条5号），大赦，特赦，減刑，刑の執行の免除および復権の認証（同条6号），栄典の授与（同条7号），批准書及び法律の定めるその他の外交文書の認証（同条8号），外国の大使および公使の接受（同条9号），儀式の挙行（同条10号）である。

　このような天皇の国事行為にはすべて，内閣の助言と承認が必要であり，内閣が責任を負う（3条）。この内閣の助言と承認は，明治憲法における国務大臣の輔弼（明憲55条1項）とは全く性格を異にするものであり，天皇は内閣の助言を拒否することはできない。内閣の助言と承認については，天皇の行為の前後に助言と承認の2回の閣議決定が必要であるとする見解（苫米地事件1審・2審判決：東京地判昭28・10・19行集4巻10号2540頁，東京高判昭29・9・22行集5巻9号2181頁）もあるが，助言と承認のいずれか1回の閣議決定があれば足りると解すべきである。

皇位継承順位（敬称略）

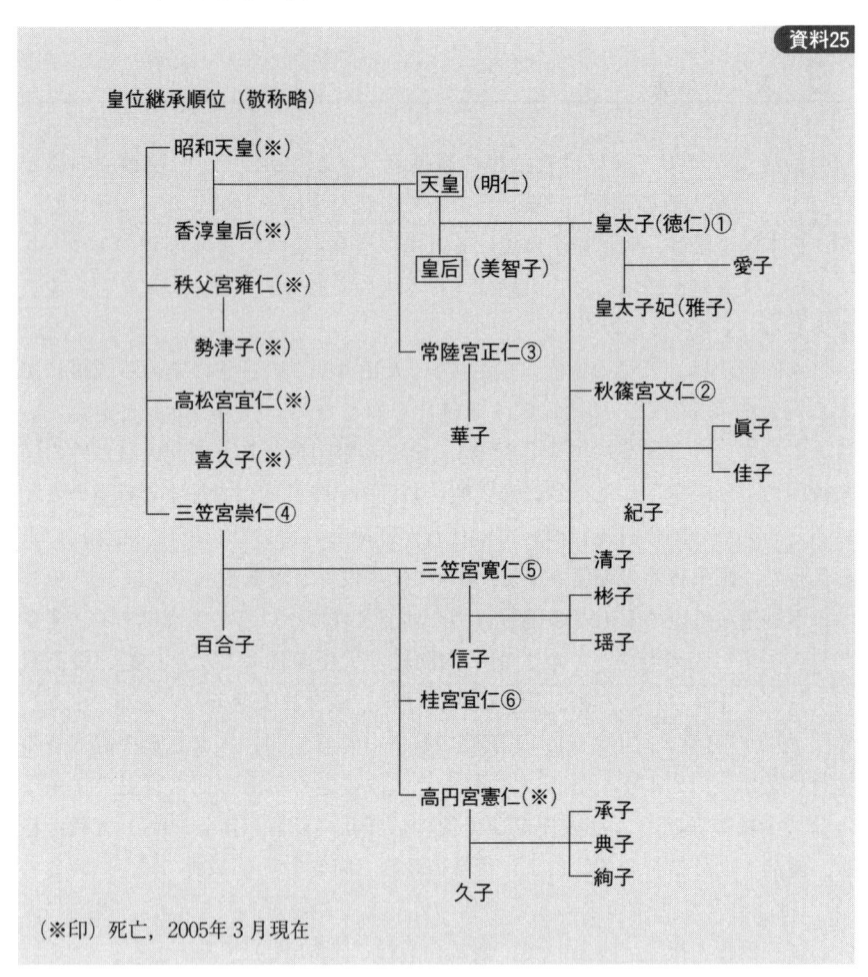

- 昭和天皇（※）─┬─ 香淳皇后（※）
- ├─ 天皇（明仁）─┬─ 皇后（美智子）
- │　　　　　　　├─ 皇太子（徳仁）①─┬─ 皇太子妃（雅子）
- │　　　　　　　│　　　　　　　　　└─ 愛子
- │　　　　　　　├─ 秋篠宮文仁②─┬─ 紀子
- │　　　　　　　│　　　　　　　├─ 眞子
- │　　　　　　　│　　　　　　　└─ 佳子
- │　　　　　　　├─ 常陸宮正仁③─ 華子
- │　　　　　　　└─ 清子
- 秩父宮雍仁（※）─ 勢津子（※）
- 高松宮宣仁（※）─ 喜久子（※）
- 三笠宮崇仁④─┬─ 百合子
- 　　　　　　├─ 三笠宮寛仁⑤─┬─ 信子
- 　　　　　　│　　　　　　　├─ 彬子
- 　　　　　　│　　　　　　　└─ 瑶子
- 　　　　　　├─ 桂宮宜仁⑥
- 　　　　　　└─ 高円宮憲仁（※）─┬─ 久子
- 　　　　　　　　　　　　　　　　├─ 承子
- 　　　　　　　　　　　　　　　　├─ 典子
- 　　　　　　　　　　　　　　　　└─ 絢子

（※印）死亡，2005年3月現在

　天皇の国事行為については，内閣が責任を負い（3条），天皇は責任を負わない。内閣が責任を負う相手方は，明文の規定を欠くが，直接的には国会，究極的には国民であるというべきである。

　日本国憲法には，天皇は国事行為のみを行う旨が定められているが（4条参照），天皇にも私的行為が認められることはいうまでもない。ところで，憲法で明記された天皇の国事行為以外の行為で，純然たる私的行為とも認められない行為があるが，これをどのように考えたらよいのだろうか。そのような行為として，たとえば，国会の開会式での「おことば」，国民体育大会・戦没者追

悼式への出席，国内の巡幸，外国の公式訪問，外国の元首の接受がある。これらの天皇の行為は，日本国憲法4条が，天皇は国事行為のみを行うと定めていることから許されないとする見解もあるが，象徴たる地位にある天皇に認められる公的行為と解すべきである。天皇の公的行為に対しては，内閣がその責任を負い，また公的行為にかかる費用は，内廷費ではなく，宮廷費により賄われる。

4 皇位継承および皇室の財産

　日本国憲法2条は，「皇位は，世襲のものであつて，国会の議決した皇室典範の定めるところにより，これを継承する」と定めている。象徴としての天皇の地位を世襲とすることは，法の下の平等（憲14条）の例外として許されるものである。皇位の継承については，この世襲制の原則を除いて，すべて皇室典範が定めている。皇室典範は，明治憲法下では，「皇室典範ノ改正ハ帝国議会ノ議ヲ経ルヲ要セス」（74条1項）とされ，憲法と対等の地位にあるものとして位置づけられていたが，現憲法下では，一般の法律と何ら異なるところはない。

　皇位継承の原因について，皇室典範は，「天皇が崩じたときは，皇嗣が，直ちに即位する」（4条）と規定している。皇位継承の資格は，皇統に属する男系の男子に限られる（1条）。皇位継承の順序について，皇室典範は，直系系列主義により，(1)皇長子，(2)皇長孫，(3)その他の皇長子の子孫，(4)皇次子およびその子孫，(5)その他の皇子孫，(6)皇兄弟およびその子孫，(7)皇伯叔父およびその子孫の順を定め（2条1項），次に，これに該当する皇族がないときは，皇位はそれ以上で，最近親の系統の皇族にこれを伝える（2条2項）。いずれの場合においても，長系を先にし，同等内では，長を先にする（2条3項）。

　皇族の範囲について，皇室典範は，「皇后，太皇太后，皇太后，親王，親王妃，内親王，王，王妃及び女王を皇族とする」（5条）と定め，「嫡出の皇子及び嫡男系嫡出の皇孫は，男を親王，女を内親王とし，3世以下の嫡男系嫡出の子孫は，男を王，女を女王とする」（6条）と規定している。

　天皇と各皇族を総称して皇室というが，この皇室の財産は，すべて国に属する（憲88条前段）。これは，皇室の純然たる私有財産までも認めないという趣

旨のものではなく，明治憲法下の「御料」などの莫大な皇室財産を国有化することを意味している。皇居は，「国において皇室の用に供し，又は供するものと決定したもの」（国有財産法3条2項3号），すなわち皇室用財産として，国有財産にする。なお，皇室用財産の取得等については，一定の例外を除き，国会の議決を必要とするとされている（同法13条2項）。また，皇室の費用については，予算に計上して国会の議決を経なければならない（憲88条後段）。皇室の費用は，国庫から支出されるのであるから，国費の支出として，国会の議決に基づくことを必要とする（憲85条）のは当然のことでもあるといえる。これらの規定は，皇室財産の民主化をはかるためのものである。ちなみに，皇室の費用は，内廷費（皇室経済法4条），宮廷費（同法5条）および皇族費（同法6条）からなる。

　前述した規定と合わせて，皇室財産の民主化を徹底するために，日本国憲法は皇室財産の授受を制限している。すなわち，「皇室に財産を譲り渡し，又は皇室が，財産を譲り受け，若しくは賜与することは，国会の議決に基かなければならない」（8条）と定めている。これは，皇室財産の授受につき，そのつど国会の議決を必要とするとの趣旨である。ただし，皇室経済施行法2条は，皇室財産の授受行為のうち，そのつど国会の議決を要しないものを挙げている。

　皇室の事務を行う特別の国家機関（宮内庁を除く）として，皇室会議と皇室経済会議を挙げることができる。皇室会議は，議員10人で組織され（皇室典範28条1項），議員は，皇族2人，衆参両院議長および副議長，内閣総理大臣，宮内庁長官，最高裁判所長官およびその他の裁判官1人を以て充てられる（同28条2項）。皇位継承の順序の変更（同3条），立后および皇族男子の婚姻（同10条），皇族の身分の離脱（同11条），摂政を置く場合（同16条），摂政の廃止（同20条）などについては，皇室会議の議決が必要とされている。皇室経済会議は，議員8人で組織され（皇室経済法8条1項），議員は，衆参両院議長および副議長，内閣総理大臣，財務大臣，宮内庁長官，会計検査院長を以て充てられる（同法同条2項）。そのほかに，予備議員が8人置かれる（同法9条）。皇族が初めて独立の生計を営むことの認定（同法8条2項），皇族がその身分を離れる際に支出する一時金額による皇族費の決定（同法6条7項）などについては，皇室経済会議の議決が必要とされている。

第20章 ■ 個人の尊厳と幸福追求権

> **設問** わが国において，1960年代以降の高度経済成長の波と情報技術，マス・メディア，科学技術などの著しい発達は，人間生活を快適なものにした反面，人間の尊厳，人間の自由あるいは人間らしい生活の根本を脅かす深刻な状況を作り出した。たとえば，情報の独占化・管理化に伴う個人のプライヴァシーの危機，公害，環境破壊などである。
>
> このような状況に対抗して，近時，憲法に明文の規定がないプライヴァシー権，環境権などが，いわゆる新しい人権として注目を浴びている。これらの権利を，憲法上の基本的人権として位置づけるためには，どのような理論構成が可能かつ適当であろうか。また，これらの権利と憲法13条の幸福追求権とはどのような関係を有しているのであろうか。

1 基本的人権の享有・個人の尊厳

(1) 基本的人権の享有

① 日本国憲法は11条で，「国民は，すべての基本的人権の享有を妨げられない。この憲法が国民に保障する基本的人権は，侵すことのできない永久の権利として，現在及び将来の国民に与へられる」と規定し，基本的人権が永久不可侵の権利として国民に保障されことを謳い，97条でもこのことを確認している（もっとも，憲法12条は，基本的人権の濫用の禁止と公共の福祉，すなわち社会生活を共にする万人共通の共存共栄という利益のために，国民が基本的人権を利用すべきことを規定している）。基本的人権として，具体的には，精神的自由権，経済的自由権，人身の自由，社会権，参政権などが挙げられる（資料26を参照）。

② 基本的人権の享有主体は，一般に，日本国民とされている（国籍の取得につき，憲10条・国籍法を参照）。しかし，外国人にも，権利の性質上日本国民

188　第20章　個人の尊厳と幸福追求権

資料26

日本国憲法の定める権利と義務（カッコ内の数字は憲法の条項を示す）

平等権		法の下の平等 (14)，両性の本質的平等 (24)，参政権の平等 (44)
自由権	精神の自由	思想・良心の自由 (19)，信教の自由 (20)，集会・結社・表現の自由 (21)，学問の自由 (23)
	身体の自由	奴隷的拘束・苦役からの自由 (18)，不法逮捕に対する保障 (33)，抑留・拘禁に対する保障 (34)，住居の不可侵 (35)，拷問・残虐刑の禁止 (36)，刑事被告人の権利 (37)，黙秘権の保障 (38)
	経済の自由	居住・移転・職業選択の自由 (22)，財産権の不可侵 (29)
社会権		生存権 (25)，教育を受ける権利 (26)，勤労の権利 (27)，団結権・団体交渉権・団体行動権 (28)
参政権		公務員の選定・罷免権 (15)，被選挙権 (43, 44)，最高裁裁判官の国民審査権 (79)，特別法の住民投票権 (95)，憲法改正の国民投票権 (96)
請求権		請願権 (16)，国家賠償請求権 (17)，裁判を受ける権利 (32)，刑事補償請求権 (40)
国民の義務		普通教育をうけさせる義務 (26)，勤労の義務 (27)，納税の義務 (30)

のみを対象としているものを除き，可能な限り人権を保障すべきものと解されている（マクリーン事件：最判昭53・10・4民集32巻7号1233頁）。そこで，出入国の自由，社会権，参政権などを除き，その他の基本的人権が外国人にも保障されることとなる（定住外国人の地方参政権，指紋押捺問題については，第19章「法の下の平等」を参照）。

　③　また，自然人のみならず法人にあっても，人身の自由や参政権などを除き，数多くの基本的人権が保障される。たとえば，法人の政治的行為の自由を認めた事例（八幡製鉄事件：最判昭45・6・24民集24巻6号625頁）や政治献金を行うためになされた会費徴収が違法とされた事例がある（税理士会事件：最判平8・3・19民集50巻3号615頁，判時1696号96頁）。

　④　さらに，子どもであっても，基本的人権の享有主体となりうることは多言を要しない。ちなみに，1989年には「子どもの権利条約」が国連で採択され

ており，日本政府もこれを批准している。また，宗教上の理由から必修科目の体育実技に参加しなかった工業高等専門学校生に対して，代替的措置をとらずに原級留置処分・退学処分を行ったことが，学校長の裁量権の範囲を超えて違法になると判示された事例も見られる（「エホバの証人」剣道拒否事件：最判平8・3・8民集50巻3号469頁）。しかし，子どもは，心身の発達が未成熟な段階にあるため，参政権の保障や喫煙の自由は20歳以上，普通自動車免許の取得は18歳以上であることなど，一定の年齢による基本的人権の制約も存在する（なお，学校内の表現の自由に関する麹町中学校内申書事件：最判昭63・7・15判時1278号65頁，少年犯罪の報道と少年法61条に関する最判平15・3・14民集57巻3号229頁も参照）。

(2) 個人の尊厳

日本国憲法13条は，「すべて国民は，個人として尊重される。生命，自由及び幸福追求に対する国民の権利については，公共の福祉に反しない限り，立法その他の国政の上で，最大の尊重を必要とする」と規定している。本条前段にいう「個人の尊重」とは，一般に，24条にいう「個人の尊厳」と同義と解されているが，13条は，個人の価値を全体の一部分としてしか認めていなかった戦前の「全体主義」を明確に否定し，人間社会の究極の価値が個々の人間の尊重にある，とする「個人主義」の立場を規定していると見てよい。

個人の尊厳（尊重）は，近代社会の基本原理であり，民主主義の本質をなしている。13条は，個人の尊厳（尊重）を国政の基本原理とすることを宣言し，わが国の近代国家としてのあり方を示している。そして，この原理は，憲法第3章に規定されている基本的人権はもとより，憲法全体を貫く基本原理となっている。

2 幸福追求権

憲法13条後段は，「生命，自由及び幸福追求に対する国民の権利」（これらは総称して一般に「幸福追求権」と呼ばれている）を規定している。この「幸福追求権」とは，個人の人格的生存のために必要なすべての権利・自由（人間が人間として生きていくために必要不可欠の権利・自由）を指す。このような意味か

ら，この権利は，11条にいう「基本的人権」と同義であり，なおかつ13条前段の「個人として尊重される」との文言を受けて，個人の人格の尊厳（尊重）を中心とする15条以下の「個別的基本権」を包括的に捉えた権利（包括的基本権）と解されている。

そこで，憲法で個別的に規定されている基本的人権の他に，プライヴァシーの権利，情報管理権（自己情報の閲覧権・訂正権），肖像権，環境権，名誉権，氏名権，喫煙権，嫌煙権，そして人格権（広義には，「生命・身体・自由・名誉などの身体的利益および人格的利益の保障を総称する権利」，狭義には，「プライヴァシー・肖像・氏名などの人格的利益の保障を直接保護法益とする権利」）などが，新しい権利として主張されている。これらは憲法上の基本的人権と同視されており，〔設問〕に対する解答という点も考慮すれば，これらの法的根拠を憲法13条の幸福追求権に求めてよい（ただし，プライヴァシーの権利，肖像権などは別として，その他の権利については，裁判で救済を求めうる権利性が消極的に解されているようである。たとえば，氏名選択権・最決昭58・10・13判時1104号66頁，正確に氏名を呼称される権利：最判昭63・2・16判時1266号9頁，酒〈どぶろく〉を造る自由：最判平元・12・14判時1339号83頁などを参照）。

いずれにしても，幸福追求権独自の内容として特に重要なのは，いわゆるプライヴァシーの権利および環境権である。以下，これらについて検討してみよう。

3　プライヴァシーの権利

(1)　概念・権利性

「プライヴァシー」については，その概念自体が多義的であり，その侵害形態も多種・多様であるといってよい（もっとも，プライヴァシーの内容として，個人の思想，信条，身体的特徴，健康状態，趣味，交際関係，経歴，職業，学業成績，財産などが挙げられよう）。したがって，その侵害に対して法的救済を求めうる「プライヴァシーの権利」の内容をどう捉えるかという点に関し，一義的解答を与えることはかなり困難と思われる。一般に，プライヴァシーの権利は，「自己の私生活をみだりに公開されない権利」，そして「自己の私生活上の事柄

『宴のあと』事件（東京地判昭39・9・28下民集15巻9号2317頁） 資料27

【事案】 三島由紀夫の小説「宴のあと」は、元外務大臣である主人公が料亭の女将と再婚し離婚するまでを、主人公の東京都知事選立候補と落選とを中心にしながら書かれたものである。この小説の主人公は一読して特定できる（有田八郎氏）ものであり、当初は中央公論誌上に連載されていたが、あらためて単行本として出版されることを耳にした原告（有田氏）は、三島由紀夫および中央公論社を相手どり、プライヴァシーの侵害を理由に謝罪広告と損害賠償を請求して訴訟を提起した。判決は以下のように述べて、プライヴァシーの権利性を認めた。

【判旨】 一部容認・一部棄却
「近代法の根本理念の1つであり、また日本国憲法のよって立つところでもある個人の尊厳という思想は、相互の人格が尊重され、不当な干渉から自我が保護されることによってはじめて確実なものとなるのであって、そのためには、正当な理由がなく他人の私事を公開することが許されてはならないところである。このことの片鱗はすでに成文法上にも明示されている（軽犯罪法1条1項23号、民法235条1項、刑法133条等）」。
「（この）いわゆるプライヴァシー権は私生活をみだりに公開されないという法的保障ないし権利として理解されるから、その侵害に対しては侵害行為の差し止や精神的苦痛に因る損害賠償請求権が認められる」。ただし、「プライヴァシーの侵害に対し法的な救済が与えられるためには、公開された内容が、（イ）私生活の事実または私生活上の事実らしく受けとられるおそれのあることがらであること、（ロ）一般人の感受性を基準にして当該私人の立場に立った場合公開を欲しないであろうと認められることがらであること……、（ハ）一般の人々に未だ知られていないことがらであることを必要とし、このような公開によって当該私人が実際に不快、不安の念を必要とするが、公開されたところが当該私人の名誉、信用というような他の法益を侵害するものであることを要しない」。本件は被告側により控訴審理中に原告が死亡し、その後当事者間での和解が成立した。

についての情報を自分でコントロールする権利」と解されているようである。もっとも、近時では、服装・髪型の自由、結婚権・堕胎権・養育権、医療行為拒絶権・遺体処理権など、個人の人格にかかわる「自律的自己決定権」も、プライヴァシー権の一内容と見る学説が有力となっている。

　いずれにしても、プライヴァシーの権利は、マス・メディアなどによって個人の私事が公開される場合に問題となる。この場合には、民法上の不法行為として損害賠償、謝罪広告あるいは公表の差止めなどを求めることになるが、表現の自由（21条）との関係で、難解な問題が生じる（この点、第24章「表現の自由」を参照）。もっとも、有名な『宴のあと』事件（東京地判昭39・9・28下民集

> **警察官の写真撮影と肖像権**（最判昭44・12・24刑集23巻12号1625頁）　資料28
>
> 【事案】　被告人Ａは，池田内閣下の昭和37年，京都府学連主催の大学管理制度反対デモ行進に参加していた。折りしも，デモ行進の違反状況の視察・採証に従事していた警察官Ｂは，違法な行進状況および違反者の確認のため，歩道橋の上から，デモ隊の先頭部分を写真撮影した。ＡはＢに抗議をしたものの，Ｂがことさらに無視する態度をとったことに憤慨し，携帯していた旗竿でＢの下顎部を１突きし全治１週間の障害を与えた。そこで，Ａは，傷害罪および公務執行妨害罪に該当するとして起訴され，１審で有罪判決，控訴も棄却されたので，本件写真撮影は憲法13条の保障するプライヴァシー権の１つたる肖像権の侵害に当たることなどを理由に，最高裁に上告した。
>
> 【判旨】　上告棄却
> 「憲法13条は，国民の私生活上の自由が，警察権等の国家権力の行使に対しても保護されるべきことを規定しているものということができる。そして，個人の私生活上の自由の１つとして，何人も，その承諾なしに，みだりにその容ぼうを・姿態（以下「容ぼう等」という。）を撮影されない自由を有するものというべきである。これを肖像権と称するかどうかは別として，少なくとも，警察官が，正当な理由もないのに，個人の容ぼう等を撮影することは，憲法13条の趣旨に反し，許されないものといわなければならない。しかしながら，個人の有する右自由も，国家権力の行使から無制限に保護されるわけでなく，公共の福祉のため必要のある場合には相当の制限を受けることは同条の規定に照らして明らかである。そして，犯罪を捜査することは，公共の福祉のため警察に与えられた国家作用の１つであり，警察にはこれを遂行すべき責務があるのであるから（警察法２条１項参照），警察官が犯罪捜査の必要上写真を撮影する際，その対象の中に犯人のみならず第三者である個人の容ぼう等が含まれても，これが許容される場合がありうるものといわなければならない。」
>
> 結局，本件判決は，当該写真撮影には「正当な理由」があったことを認めている。

15巻９号2317頁，資料２を参照）において，プライヴァシーの権利の実定法的権利性（裁判によって現実に法的救済を受ける権利性）が初めて認められて以来，プライヴァシーの権利は，一般に私法上保護される権利として広く承認されるようになった。(その他，実名使用が違法と判断された，ノンフィクション『逆転』事件：最判平６・２・８民集48巻２号149頁も参照）。

(2)　具体的事例

　まず，警察官による写真撮影の問題がある。たとえば，警察官がデモ行進の写真撮影を行ったために，肖像権侵害が問題とされた事例がある。この事例にあっては，証拠保全という観点から当該行為は適法と判示されている（京都府

学連事件：最判昭44・12・24刑集23巻12号1625頁，資料28を参照）がある。また，テレビカメラによる監視行為につき，大阪のあいりん地区における監視カメラ一台の撤去が命じられた事例（大阪地判平6・4・27判時1515号116頁，大阪高判平8・5・14，最判平10・11・12），さらに，自動速度監視装置による同乗者の容ぼう等の撮影までも適法とされた事例（最判昭61・2・14刑集40巻1号48頁），捜査当局の電子装置による盗聴，あるいは電話通信傍受の事例，たとえば，昭和61年に神奈川県で起きた共産党幹部宅盗聴違法事件（最決平元・3・14判時1308号108頁）などが存在する（なお，平成11年の通信傍受法を適用した事例について，東京高判平14・7・16は適法と判示している）。

その他，犯罪人名簿の公開に関する問題として，たとえば，弁護士会からの照会に対して，京都市の中京区長が個人の前科・犯罪歴を回答したことにつき違法とされた事例（最判昭56・4・14民集35巻3号620頁）などがある。このように，公権力が個人に関する情報を不当に収集・開示したりする場合にも，プライヴァシー侵害の問題が生じる。

(3) 具体的保障

プライヴァシーの権利は，憲法上では，思想及び良心の自由（19条），通信の秘密（21条2項），住居の不可侵（35条），供述の不強要（38条1項）など，そして，刑法130条の住居侵入罪，同法133条の信書開封罪，民法235条の相隣地観望規制，軽犯罪法1条23号の「のぞき見」規制など，いくつかの個別的法文で保護されている。したがって，これらの条項によってカバーされないときにはじめて，幸福追求権に根拠を有するプライヴァシーの権利が，憲法上の権利として補充的に独自の意義を発揮するものと考えられる（なお，前掲ノンフィクション『逆転』事件の下級審判決である東京地判昭62・11・20判時1258号22頁は，憲法13条を根拠にプライヴァシーの権利を一般論として肯定しており，前掲『宴のあと』事件判決と比べれば，プライヴァシーの権利性をより積極的なものとして位置づけようとする試みが見られる）。

また，すでに多数の地方公共団体では個人情報保護条例の制定を見ている。そして，国レベルでも昭和63年には行政機関個人情報保護法が制定され，平成元年から同法が施行されている。個人のプライヴァシーをより一層保護すべきとの観点から，現在では，同法の改正がなされるとともに，平成15年からは，

国および地方公共団体のみならず個人情報取扱事業者の義務等も定める個人情報保護法が施行されている（一部は平成17年4月から施行）。さらに，平成14年には改正住民基本台帳法が施行され，住民の氏名・住所・性別・生年月日等の情報が，各地方公共団体のコンピュータに登録・管理されることになった。その他,「国民総背番号制」や「納税者番号制」などの法制化が問題とされているが，個人情報の収集，管理，プライヴァシー保護のあり方などとも関連するところであり，今後の動向が注目されよう。

4 環境権

① 環境権とは,「すべての人が健康で快適な環境を享受しうる権利」と解されているが，その実定法的権利性については争いがある（なお，第8章「所有権」も参照）。一般に，環境権の法的根拠は，憲法13条および25条に求められることが多い。なぜなら，良好な環境は人間の人格的生存に必要不可欠であり，こういった環境の保全がなければ憲法13条に規定されている幸福追求権は，結局無意味なものとなってしまうからである。また，環境権は，人間の人格的生存にかかわる権利であるとともに，公害の防止・除去，健全な環境の保全・回復を国や地方公共団体に請求するという社会権的な要素をも併有する権利と考えられる。したがって，生存権（健康で文化的な最低限度の生活を営む権利）を保障する憲法25条にその根拠を求めることもできよう。

② ただし，憲法13条が裁判によって実現できる具体的権利を直接保障しているものと見ることは困難であり，また，単なるプログラム規定と見られる憲法25条から具体的な環境権が演繹されるものとは考えにくいとの指摘もある。裁判例としても，これまで環境権を明白に認めた判決は出ていない（たとえば，大阪空港に離着陸する飛行機の夜間飛行禁止の差止めと損害賠償とを近隣住民が求めた大阪国際空港事件では，最判昭56・12・16民集35巻10号1369頁は，環境権についての判断を回避している）。日本国憲法においては，環境権を直接保障する明文規定が存在しない。しかし，環境権は，憲法13条および25条の両規定によって認められた基本的人権と解し，この権利侵害には何らかの法的救済を与えることができるような解釈論が展開されるべきである。もっとも，憲法の規定のみでなく，環境権の内容，範囲，効果などが法律その他の立法措置によって明確

にされるならば，裁判によって救済される具体的権利性を帯びることはいうまでもない。

③　なお，平成9年には，環境影響評価法が制定されている。そこで，国が実施あるいは許認可する事業に関しては，地元住民の意見を聴取すること，事業者による環境影響評価書の提出など，環境への影響を配慮した事前評価が義務づけられることとなった。また，資源の有効利用，環境への配慮という観点から，平成9年からは，ビンや缶，紙パックなどの容器・包装材のリサイクルを義務づける容器包装リサイクル法が施行されている。さらに，平成12年には循環型社会形成推進法が成立するとともに，平成13年からは，冷蔵庫，エアコン，テレビ，洗濯機といった家電製品のリサイクルを義務づける家電リサイクル法も施行されるにいたった。

第21章 ■ 法の下の平等

> **設問** 昨今，女性の社会参加については目覚ましいものがある。しかし，現実には女性の就職・昇進・昇給・定年などに関して，男性と異なる不利益的取扱いが行われている場合もある。また，尊属を殺害した場合には，刑法199条の普通殺人罪とは異なり，(旧)刑法200条によって「死刑又は無期懲役」に限定された刑罰が科されることとなっていた。したがって，殺害の客体いかんによっては，時として被告人は不利益的取扱いを受けることもありえた。
> これらの事例は，いずれも日本国憲法14条に規定された「法の下の平等」とどのような関係を有するのであろうか。

1 平等原理

人間平等の思想は，古代ギリシアの正義の観念・自然法の思想や，「神の前の平等」という中世キリスト教思想にその起源を求めることができる。しかし，平等原理が，国家と国民との関係における基本原理として確立されたのは，近代に至ってからといってよい。1776年のアメリカ独立宣言や1789年のフランス人権宣言は，人間の自由とともに平等を強調しており，第2次世界大戦後の国際社会においても，1945年の国連憲章，1948年の世界人権宣言などが，いずれも差別のない平等の権利を謳っている。

日本国憲法も14条1項で，「すべて国民は，法の下に平等であつて，人種，信条，性別，社会的身分又は門地により，政治的，経済的又は社会的関係において，差別されない」と規定し，平等権を保障している。そして，2項で，華族その他の貴族の制度を廃止し，3項で，栄誉・勲章などの栄典にはいかなる特権もともなわず，しかも一代限りであることを規定し，平等原理を制度的にも実現する意味で，特権を持つ階層を認めないこととしている。

同条にいう「法」とは，国会の議決によって成立する形式的意味における法律に限られず，すべての実質的意味における「法」を指す。したがって，政令・条例などの成文法のみならず，判例法・慣習法などの不文法も同条の「法」の中に含まれるといってよい。

2 差別的取扱いの禁止

(1) 人種および信条

① まず，憲法14条１項後段によると，「人種」による差別的取扱いが禁止されている。ここにいう「人種」とは，人の人類学的な種別とされる。したがって，問題となるのは，日本国民の中において人種を異にする者，たとえば帰化などにより日本国籍を取得した人に対する差別的取扱いである。なぜなら，同条は，直接には日本国民の間における差別を禁じた規定と一般に解されているからである。もっとも，近代憲法の基本原理，国際協調主義などからみて外国人にもその趣旨は及ぼされるべきものと考えられる。しかし，定住外国人に対する関係で，指紋押捺・雇用機会の制限・不当な解雇処分などの社会的問題が生じていることは周知のとおりである（指紋押捺拒否事件：最判平７・12・15民集49巻10号842頁では指紋押捺の強制は憲法13条に反するとされており，1992年の法改正により永住資格を認められた定住外国人に対する指紋押捺義務は廃止されている。その他，定住外国人の地方参政権については，〔資料29〕を参照）。

② 次に，「信条」とは，本来宗教的信仰を意味するが，ここにいう「信条」はそれに限定されず，政治上の信条・主義や人間としての基本的な人生観・世界観をも含むと解されている（この「信条」による差別は，労働関係においてしばしば問題となる。たとえば，第20章「思想及び良心の自由」の「三菱樹脂事件」を参照）。なお，「信条」はどこまでも根本的な考え方を意味し，単なる「政治的意見」や「政治的所属関係」はこれに含まれないとする見解もある。しかし，政治に関する人の「信条」は，通常「政治的意見」を通じて外部に表明されること，そして政治に関する根本的な考え方と政治的意見とを峻別することが困難であることなどに鑑みれば，「信条」と「政治的意見」とを区別することは，妥当とはいえないであろう（なお，政治的信条・政治的意見を理由とする解雇処

198　第21章　法の下の平等

> 資料29
> **定住外国人の地方参政権**（最判平7・2・28民集49巻2号639頁）
> 【事案】　韓国の国籍を結有し、日本に永住資格を有する原告らは、大阪市北区選挙管理委員会に対して、選挙人名簿への登録を求める異議の申出を行ったが、これが却下されたので、当該却下決定の取消を求めて訴訟を提起した。
> 「憲法93条2項にいう「住民」とは、地方公共団体の区域内に住所を有する日本国民を意味するものと解するのが相当であり、右規定は、我が国に在留する外国人に対して、地方公共団体の長、その議会の議員等の選挙の権利を保障したものということはできない」。しかし、「憲法第8章の地方自治に関する規定は、民主主義社会における地方自治の重要性に鑑み、住民の日常生活に密接な関連を有する公共的事務は、その地方の住民の意思に基づきその区域の地方公共団体が処理するという政治形態を憲法上の制度として保障しようとする趣旨に出たものと解されるから、我が国に在留する外国人のうちでも永住者等であってその居住する区域の地方公共団体と特段に緊密な関係を持つに至ったと認められるものについて、その意思を日常生活に密接な関係を有する地方公共団体の公共的事務の処理に反映させるべく、法律をもって、地方公共団体の長、その議会の議員等に対する選挙権を付与する措置を講ずることは、憲法上禁止されているものではないと解するのが相当である」。
> 最高裁は、定住外国人に参政権を付与するか否かは立法政策の問題であると判示したが、最終的には、本件却下決定には違法性がなかったとする原審判断を維持している。

分が無効であると判示された、日中旅行社事件：大阪地判昭44・12・26労民集20巻6号1806頁を参照）。

(2)　性　　別

①　「性別」による差別の禁止については、さらに憲法15条3項および44条（選挙の平等）、24条（家族生活の平等）、26条（教育の平等）などでも規定されている。後に見るように、男女の肉体的・生理的条件の差異に基づく異なる取扱いは合理的な限りで許容されるとしても、現実の問題として女性差別という実態が見られる。

この点、判例は、女性に対する若年定年制度は特に合理的理由がない限り公序良俗に違反し無効であるとしており（たとえば、女性50歳、男性55歳の定年制を定める就業規則が争われた日産自動車事件：最判昭56・3・24民集35巻2号300頁を参照）、また女性の結婚ないし出産による退職制度に関しても、下級審判例は、労働条件についての女性差別であり公序良俗違反で無効としている（たとえば、

資料30

尊属殺重罰規定と法の下の平等（最判昭48・4・4刑集27巻3号265頁）

【事案】 被告人は14歳の時に実父に姦淫され、以後10年余まり夫婦同様の生活を強いられ5人の子まで生むにいたった女性である。ところが、29歳の時に知り会った青年との正常な婚姻を望むようになり、不倫の生活から逃れようとして父親を絞殺し自首した。第1審の宇都宮地裁は(旧)刑法200条を違憲として、刑法199条を適用しながら、被告人の心神耗弱を理由に刑の免除を言い渡した。第2審の東京高裁は、第1審判決を破棄して(旧)刑法200条を合憲とし、心神耗弱による軽減および酌量減刑により、現行法上可能な最低限の宣告刑たる懲役3年6月の実刑を宣告した。これに対し被告人側は、(旧)刑法200条が平等原則違反であることを理由に上告した。

【判旨】 破棄自判

「尊属の殺害は通常の殺人に比して一般に高度の社会的道義的非難を受けて然るべきであるとして、このことをその処罰に反映させても、あながち不合理であるとはいえない」。しかし、「加重の程度が極端であって、前示のごとき立法目的達成の手段として甚だしく均衡を失し、これを正当化しうるべき根拠を見出しえないときは、その差別は著しく不合理なものといわなければならず、かかる規定は憲法14条1項に違反して無効であるとしなければならない」。「刑法200条は、尊属殺の法定刑を死刑または無期懲役のみに限っている点において、その立法目的達成のため必要な限度を遥かに超え、普通殺に関する刑法199条の法定刑に比して著しく不合理な差別的取扱いをするものと認められ、憲法14条1項に違反して無効であるとしなければならず、したがって、尊属殺にも刑法199条を適用するほかはない」。本件では、結局、懲役2年6月執行猶予3年の判決が下されたが、この8人の裁判官の見解に対して、尊属殺人罪の規定を特別に設けること自体が憲法14条1項に違反するとする6人の裁判官の少数意見と、尊属殺人罪の規定を合憲とする1人の裁判官の反対意見とがある。なお、本件判決以後、(旧)刑法200条の尊属殺人罪についての法文改正・削除が行われず、検察側は、同法199条の普通殺人罪の規定を適用していたようである。しかし、周知のとおり、新刑法（平成7年）では尊属殺人罪が削除されるに至っている。

結婚退職制につき住友セメント事件：東京地判昭41・12・20労民集17巻6号1407頁，出産退職制につき三井造船事件：大阪地判昭46・12・10労民集22巻6号1163頁を参照）。さらに，賃金についても俸給表が男女別建てになっているとき（秋田相互銀行事件：秋田地判昭50・4・10判時778号27頁では女性差別とされた），あるいは条件の類似する男性職員を昇格させながら女性職員には全く昇格の機会を与えないとき（鈴鹿市女性消防職員事件：津地判昭55・2・21判時961号41頁では女性差別とされた。しかし，名古屋高判昭58・4・28判時1076号40頁では，昇格について任命権者に広範な裁量権を認め，その昇格を不適当とした任命権者の判断を是認している）な

ど，女性に対する不利益的取扱いとして問題となる場合が多い。

② これらの問題は，従来，女性の社会的地位が男性と比較して低く見られてきたことに起因するものと考えられる。いずれにしても，本章冒頭に掲げた〔設問〕の前半部分，すなわち女性の就職・昇進・昇給・定年などに関して，男性と異なる不利益的取扱いが行われている場合には，憲法14条の「法の下の平等」そして民法90条の「公序良俗」に違反し無効と考えてよい（基本的人権の第三者効力については第20章「思想及び良心の自由」を参照）。なお，昭和61年4月1日からは「男女雇用機会均等法」が施行されているが，制度面・運用面での課題を克服すべく順次法改正が施されている（第11章「労働条件と法」および第13章「ジェンダーと法」を参照）。

(3) 社会的身分および門地

① 「社会的身分」については学説上の争いがあるが，尊属・卑属，嫡出子・非嫡出子（具体的には，第9章「家族生活と法」を参照），帰化した人の子孫などのように，人の出生によって決定され，自己の意思によって左右することのできない社会的地位と考えられる。もっとも，「社会的身分」を，使用者・労働者・学生・制限能力者など，一般に人が社会生活において占める継続的地位あるいは身分と解する広義説も有力である（サラリーマン税金訴訟については，最判昭60・3・27民集39巻2号247頁を参照）。

② 「門地」とは，華族・士族・平民などのように出生によって決定される特権的・家族的身分（家柄）をいい，「社会的身分」に入るが，これよりも狭い概念とされる。「門地」による差別は，封建制度そのものであり，絶対的に禁止されなければならない。

以上(1)～(3)で述べてきた事由は，あくまで例示的列挙にしかすぎないと考えられる。したがって，たとえば，教育程度によって投票価値あるいは納税義務などに差異を設けることは許されないと言えよう。また，ある地域の住民であること，あるいは出身者であること，さらにある職業に就いていることなどによって不平等な取扱いを行うことは，平等原理に違反することとなる。

さらに，尊属に対する尊重報恩の念は刑法上の保護に値するが，(旧)刑法200条は，尊属殺の法定刑を死刑又は無期懲役のみに限っている点で，その立

法目的達成のための必要性の限度を遥かに超えている点で，憲法14条に違反するとされている（最判昭48・4・4民集27巻3号265頁，資料30を参照）。最後に，選挙権者の有する投票価値が，議員定数の不均衡という政治制度上の問題と関連して，今や政治的平等に関する大きな問題となっていることは周知のとおりである（この点は，第30章「国会」を参照）。

3 合理的区別

　「法の下の平等」といっても，機械的にあらゆる区別を禁止するものではなく，合理的区別は許される。なぜなら，人間には個人的・具体的に多くの事実上の差異（精神的・肉体的な差異など）があり，これを無視して絶対的な平等取扱いをするならば，かえって不平等・不均衡を生ずる場合があるからである。この意味で，憲法の命ずるのは「絶対的平等」とともに，「相対的平等」でもある（この点は，第2章「法の理念」も参照）。

　合理的区別の例として多く挙げられるのは，男女の性別による異なった取扱いである。たとえば，労働時間・労働条件について一定の女性を優遇したり（労基64条の2以下），強姦罪は女子に対する強姦だけを罰する（刑177条）ことなどは，男女の肉体的差異に基づくものであり，また，一般社会的・道徳的観点からも合理性を有するものとして首肯される（なお，民法733条では，女性についてのみ6カ月の再婚禁止期間を設けているが，当該規程に関する改正論議が起きていることは周知のとおりである）。

　その他，年齢によって参政権に区別を設けること，前科のある者に刑を加重すること，収入の多いものに累進的に高率の税金を課することなどがある。これらは，実質的な正義と公平の観点からして，いずれも平等原理に違反する差別待遇ではないといえる。

第22章 ■ 思想及び良心の自由

> **設問** 明治憲法の下では，天皇を絶対的権威とする体制を批判する思想や政治観が抑圧され，第2次世界大戦に近づくにつれ，この傾向は一層強まった。しかし，日本が降伏・戦争終結のために受諾したポツダム宣言は，特に思想の自由の確立を要求し，日本国憲法も19条で「思想及び良心の自由は，これを侵してはならない」と定め，過去の思想弾圧の歴史との決別を宣言している。
>
> とはいっても，日本国憲法は，他に信教の自由・学問の自由・表現の自由・信条による差別の禁止などを定めており，これらにより具体的な問題はカバーできるから，19条に独自の意味はないとの見解もある。はたしてそうだろうか。また，思想及び良心の自由をはじめとする人権は，国家に対する権利であり，私人間には適用されないという見解がある。はたしてそれでよいだろうか。

1 思想及び良心の自由の独自性

　設問にあるように，思想及び良心の自由を定める憲法19条については，精神的自由一般を保障する原理的な規定に止まり，独自の意義を有しないという見解がある。確かに，実際，同条は，精神活動に関する他の人権規定と共に問題になることが多い。しかし，思想及び良心の自由は，信仰や学問それ自体の自由は含まない点で，信教の自由（20条）や学問の自由（23条）と区別できる。また，表現の自由（21条）は，内心の精神活動を外部に公表する積極的側面の自由であるのに対し，思想及び良心の自由は，内心の精神活動を内部に留める消極的側面の自由である点で，両者は一応区別できる。また信条による差別の禁止（14条）は，具体的な不利益と結びつく場合を問題にするのに対し，思想及び良心の自由は，具体的な不利益と結びつかない場合を含めて保障する点で，

両者に差異が認められる。

こうして思想及び良心の自由は他の人権規定と区別することができる。その独自の意義は，さらに，思想及び良心とは何か，いかなるタイプの侵害を禁じるものかを検討することにより，一層明らかになろう。

2　思想及び良心

憲法19条に関する指導的な判例の1つに，謝罪広告を命じる裁判は良心の自由に反するか，が争われた謝罪広告事件の最高裁判決（資料31）がある。これには，多数意見の他に，5人の裁判官の少数意見があり，特にこの少数意見の中で「良心」とは何かにつき議論が展開されている。

ある裁判官は，良心の自由を信仰選択の自由と捉えている（栗山意見）。しかし，日本国憲法は20条で別に信教の自由を定めるから，この解釈には賛成しがたい。一方，この解釈は「良心」と「思想」の区別につながるが，はたしてこの区別は必要だろうか。概して，思想は論理的な精神活動，良心は倫理的な精神活動といえる。しかし，実際には両者を区別しづらい場合もあるし，条文の文言ではどちらでも保障の仕方は異ならないので，厳密な区別は必要ないであろう。

では，一体的に捉えた「思想及び良心」の内容をどう理解すべきだろうか。前記少数意見の中には次のような2つの立場がみられる。すなわち，信仰に準じる世界観・人生観等，個人の人格形成の核心となるような精神活動に限るとする立場（信条説。田中意見。同旨，長野県教育委員会が教職員の勤務評定につき自己観察の記入を要求する方式を採用したことに関する長野地判昭39・6・2判時374号8頁）と，広く内心における物の見方・考え方一般とする立場（内心説。入江・藤田・垂水意見）である。社会秩序を維持するには，精神活動の保障も一定の限度にとどめねばなるまいこと，他の精神的自由の規定との均衡を考えると，前者の立場が妥当であろう。この立場では，単なる事実やそれについての判断は「思想及び良心」に含まれないことになる。しかし，人格形成の核心に関わるような事実やそれについての判断であれば「思想及び良心」に含めて考えるべきであろう。

そうすると，謝罪広告で問題になる名誉毀損の事実やその判断は，人格形成

謝罪広告事件（最判昭和31・7・4民集10巻7号785頁）

資料31

昭和27年の衆議院議員選挙に立候補したYは、ラジオの候補者政見放送や新聞紙上で、対立候補のXが副知事在職中に汚職をしたと公表した。Xは、虚偽の事実の公表により名誉を毀損されたとして、Yに対し、謝罪文の新聞掲載及び放送を求める訴えを提起した。

第1審の徳島地裁は、「謝罪広告」と題して、Yの名で「……放送及び記事は真実に相違して居り、貴下の名誉を傷け御迷惑をおかけいたしました。ここに陳謝の意を表します」との文面の新聞掲載を命じ、第2審の高松高裁もこれを支持した。Yは上告し、「現在でも演説の内容は真実であり上告人の言論は国民の幸福の為に為されたものとの確信を持っているのであって、……上告人の全然意図しない言説を上告人の名前で新聞に掲載さしめる如きは、上告人の良心の自由を侵害する」と主張した。

【判旨】上告棄却（3つの補足意見と2つの反対意見がある）

[多数意見]「民法723条にいわゆる『他人の名誉を毀損した者に対して被害者の名誉を回復するに適当な処分』として謝罪広告を新聞紙等に掲載すべきことを加害者に命ずることは、従来学説判例の肯認するところであ」る。「尤も謝罪広告を命ずる判決にもその内容上、これを新聞紙に掲載することが謝罪者の意思決定に委ねるを相当とし、これを命ずる場合の執行も債務者の意思のみに係る不代替的作為として……間接強制によるものもあるべく、時にはこれを強制することが債務者の人格を無視し……意思決定の自由乃至良心の自由を不当に制限することとなり、いわゆる強制執行に適さない場合……もありうるであろうけれど、単に事態の真相を告白し陳謝の意を表明するに止まる程度のものにあっては」代替執行によることができる。「原判決の是認した被上告人の本訴請求は……上告人をして公表事実が虚偽且つ不当であったことを広報機関を通じて発表すべきことを求めるに帰する。されば少なくともこの種の謝罪広告を新聞紙に掲載すべきことを命ずる原判決は、上告人に屈辱的若しくは苦役的労苦を科し、又は上告人の有する倫理的な意思、良心の自由を侵害することを要求するものとは解せられない」。

[補足意見]

田中耕太郎裁判官 「多数意見は、憲法19条にいわゆる良心は何を意味するかについて立ち入るところがない」。この良心とは「謝罪の意思表示の基礎としての道徳的な反省とか誠実さというものを含まない」のであって、「宗教上の信仰に限らずひろく世界観や主義や思想や主張をもつこと」である。「謝罪広告においては、法は……道徳性……が伴うことを求めるが、しかし、道徳と異なる法の性質から合法性……即ち行為が内心の状態を離れて外部的に法の命ずるところに適合することを以て一応満足するのである。」「謝罪する意思が伴わない謝罪広告といえども、法の世界においては被害者にとって意味がある」。「要するに本件は憲法19条とは無関係であ」る。

栗山裁判官 憲法19条の良心の自由とは、諸外国の用例から、信仰選択の自由の意味であるので、本件では良心の自由の侵害の問題は生じない。

入江裁判官 謝罪広告を命じる判決は、強制執行が許されるならば、「上告人に対し、その承服し得ない倫理的判断の形成及び表示を公権力をもって強制すること」と同様の結果を生ぜしめるのであって、憲法19条及び13条に違反する。しかし、強制執行は許されないと解すべきであるから、違憲の問題は生じない。

[反対意見]

藤田裁判官 憲法19条の良心の自由とは、「単に事物に関する是非弁別の内心的自由のみならず、かかる是非弁別の判断に関する事項を外部に表現するの自由並びに表現せざるの自由をも包含するものと解すべき」で、「本人に反して、事の是非善悪の判断を外部に表現せしめ、心にもない陳謝の念の発露を判決をもって命ずるがごときことは、まさに憲法19条の保障する良心の外的自由を侵犯する」。

垂水裁判官 「謝罪」「陳謝の意を表します」の部分は「本人の信条に反し、彼の欲しないかも知れない意思表明の公表を強制するものであって、憲法19条に反する……。けだし同条は信条上沈黙を欲する者に沈黙する自由をも保障するものだからである」。

の核心となるようなものとは考えにくいので,その新聞掲載を命じても憲法19条には反しないと解される(多数意見の結論も同じであるが,思想及び良心の解釈につき信条説・内心説のいずれを採るかは明らかでない)。もっとも,名誉を回復する処分としては,加害者の負担による判決要旨の公表で足り,それをこえて本人の名で「謝罪」を表示させることは,19条に反しないにしても,表現の自由の問題になるとの見解もあり,謝罪広告の合憲性について疑問は残る。

なお,最高裁裁判官の国民審査について,罷免の可否不明により記載のない投票(いわゆる棄権票)に,罷免を可としない法律効果を付すことは,憲法19条に反しないかが争われた事件もある。最高裁は,国民審査は「解職の制度であるから,積極的に罷免を可とするものと,そうでないものとの2つに分かれるのであって,前者が後者より多数であるか否かを知らんとするものである」ので,前記棄権票に罷免を可としない効果を与えても,意思に反する効果を生むものではなく,19条に反しないとしている(最判昭27・2・20民集6巻2号122頁)。

ところで,思想及び良心には,憲法の基本原理に反する内容のものを含まないとする見解もある(福岡地小倉支判昭25・9・9裁判所時報66号5頁)が,そのように解すれば,再び思想の弾圧を許すおそれがあり,賛成できない。

3 保障の態様

「思想及び良心」のような内面的な精神活動は,何らかの外部的な行為が介在して,初めて侵害の対象となり得る。侵害の態様には,外部に積極的に示そうとして妨げられる場合と,内面に留めておこうとするのに外部に示すよう強制される場合が考えられる。前者は主に表現の自由の問題になり,思想及び良心の自由の問題となるのは,主に後者である。これには「思想及び良心」そのものの告白を直接的に強制される場合のみならず,外部的な行為の強制によって間接的にこれを推知される場合がある。そこで一般に思想及び良心の自由とは,思想及び良心の告白を強制または推知されない自由と説明される。

思想及び良心の自由を「沈黙の自由」と同視する立場もあるが,沈黙の自由を広く精神活動一般についての消極的な自由と捉える一方,「思想及び良心」を限定的に捉える(信条説。前述2)ならば,思想及び良心の自由は沈黙の自

由の一類型に過ぎないことになる。たとえば，沈黙の自由の問題として，「踏み絵」や第2次世界大戦後のアメリカで公務員に課されて問題となった「私は共産党員ではない」旨の「忠誠の宣誓」が挙げられるが，前者は信教の自由の問題で，後者が思想及び良心の自由の問題と考えられる。

では，思想及び良心の自由の侵害が問題になった具体的なケースを挙げておこう。政治的・思想的な活動や団体への所属の有無は，事実であっても，人格形成の核心に関わるものとして，「思想及び良心」に含めて考えられる（前述2参照）。最高裁も，三菱樹脂事件（資料32）で，こうした事実と思想・信条との関連性を認めている。しかし，私人間には人権規定は直接適用されないとした（後述4参照）上で，採用の際の思想及び信条の調査・申告要求を違法でないとした。また，使用者が労働者に対し，共産党員でない旨の文書の提出を要求したことにつき，最高裁は，思想の自由等に鑑みると，不相当な面があることを認めている。しかし，強要したわけではないから，社会的に許容しうる限界を超えて精神的自由を侵害したとはいえないとする（東京電力事件：最判昭63・2・5労働判例512号12頁）。

また，高校を不合格となった公立中学校の卒業生が，不合格の原因は，内申書の記載にあるとして，国家賠償を求めた事件がある。問題になった内申書の記載とは「校内において麹町中全共闘を名乗り，機関紙『砦』を発行した。学校文化祭の際，文化祭粉砕を叫んで他校生徒と共に校内に乱入し，ビラまきを行った。大学生ML派の集会に参加している。学校側の指導説得をきかないで，ビラを配ったり，落書をした」等というものであった。最高裁は，これは「上告人の思想，信条そのものを記載したものでないことは明らかであり，右の記載に係る外部的行為によっては上告人の思想，信条を了知し得るものではない」と述べている（麹町中学内申書事件：最判昭63・7・15判時1287号65頁）。

税理士会による政治献金が，思想の自由との関係で問題になった事件もある。最高裁は，かつて，会社による政治献金は「客観的，抽象的に観察して，会社の社会的役割を果たすためになされたものと認められるかぎりにおいては，会社の定款所定の目的の範囲内の行為」と判示した（八幡製鉄政治献金事件：最判昭45・6・24民集24巻6号625頁。同判決は，憲法の人権規定が「性質上可能なかぎり，内国の法人にも適用される」とし，会社の「政治的行為をなす自由」を認める）が，「税理士会は，会社とはその法的性格を異にする法人であって，その目的の範

三菱樹脂事件（最判昭和48・12・12民集27巻11号1536頁） 資料32

【事案】 Xは、昭和38年3月に東北大学を卒業すると同時にY会社（三菱樹脂株式会社）に、管理職要員として、3カ月の試用期間を設けて採用されたが、試用期間満了に際して、Y会社から本採用を拒否された。その理由は、Xが、入社試験に際して、在学中に日米安保条約改定反対運動等の学生運動を行った事実や、生活協同組合の要職にあった事実を、身上書の該当欄に記載せず、面接試験の質問でも秘匿したということであった。そこでXはY会社を相手取って、雇用契約関係存在確認及び賃金の支払を求める訴えを提起し、本採用拒否は憲法14条・19条、労働基準法3条、民法90条に違反し、無効であると主張した。

第1審の東京地裁は、Y会社の解雇権の濫用に当たるとしてXを勝訴させた。第2審の東京高裁も、憲法19条・14条・労働基準法3条を援用して、「入社試験の際、応募者にその政治的思想・信条に関係のある事項を申告させることは、公序良俗に反し、許されず、応募者がこれを秘匿しても、不利益を課し得ない」等として、Xを勝訴させた。

【判旨】 破棄差戻

「企業者が、労働者に対し、その者の在学中における……団体加入や学生運動参加の事実の有無について申告を求めることは、……直接その思想、信条そのものの開示を求めるものではないが、さればといって、その事実がその者の思想、信条と全く関係のないものであるとすることは相当ではない」。「しかし、そうであるとしても、上告人が被上告人ら入社希望者に対して、これらの事実につき申告を求めることが許されないかどうかは、おのずから別個に論定されるべき問題である」。

憲法14条、19条は「同法第3章の他の自由権的基本権の保障規定と同じく、国または公共団体の統治行動に対して個人の基本的な自由と平等を保障する目的に出たもので、もっぱら国または公共団体と個人との関係を規律するものであり、私人相互の関係を直接規律するものを予定するものではない。このことは、基本的人権なる観念の成立及び発展の歴史的沿革に徴し、かつ、憲法における基本権規定の形式、内容にかんがみても明らかである」。「私人間の関係においては、各人の有する自由と平等の権利自体が具体的場合に相互に矛盾、対立する可能性があり、このような場合におけるその対立の調整は、近代自由社会においては、原則として私的自治に委ねられ、ただ、一方の他方に対する侵害の態様、程度が社会的に許容しうる一定の限度を超える場合にのみ、法がこれに介入しその間の調整を図るという建前がとられている」。

「私人間の関係においても、相互の社会的力関係の相違から、一方が他方に優越し、事実上後者が前者の意思に服従せざるをえない場合」に限り「憲法の基本権保障規定の適用ないしは類推適用を認めるべきであるとする見解もまた、採用することはできない。何となれば、右のような事実上の支配関係なるものはその支配力の態様、程度、規模等においてさまざまであり、どのような場合にこれを国または公共団体の支配と同視すべきかの判定が困難であるばかりでなく、一方が権力の法的独占の上に立って行われるものであるのに対し、他方はこのような裏付けないしは基礎を欠く単なる社会的事実としての力の優劣の関係にすぎず、その間に画然たる性質上の区別が存するからである。すなわち、私的支配関係においては、個人の基本的な自由や平等に対する具体的な侵害またはそのおそれがあり、その態様、程度が社会的に許容しうる限度を超えるときは、これに対する立法措置によってその是正を図ることが可能であるし、また、場合によっては、私的自治に対する一般的制限規定である民法1条、90条や不法行為に関する諸規定等の適切な運用によって、一面で私的自治の原則を尊重しながら、他面で社会的許容性の限度を超える侵害に対し基本的な自由や平等の利益を保護し、その間の適切な調整を図る方途も存するのである」。

「憲法は、思想、信条の自由や法の下の平等を保障すると同時に、他方、22条、29条等において、財産権の行使、営業その他広く経済活動の自由をも基本的人権として保障している。それゆえ、企業者は、かような経済活動の一環としてする契約締結の自由を有し、自己の営業のために労働者を雇傭するにあたり、いかなる者を雇い入れるか、いかなる条件でこれを雇うかについて、法律その他による特別の制限がない限り、原則として自由にこれを決定することができるのであって、企業者が特定の思想、信条を有する者をそのゆえをもって雇い入れることを拒んでも、それを当然に違法とすることはできないのである。」「企業者が雇傭の自由を有し、思想、信条を理由として雇入れを拒んでも……違法とすることができない以上、企業者が、労働者の採否決定にあたり、労働者の思想、信条を調査し、そのためその者からこれに関連する事項についての申告を求めることも、これを法律上禁止された違法行為とすべき理由はない」。

囲については会社と同一に論ずることはできない」とした上で，税理士会は「強制加入の団体であり，その会員である税理士に実質的には脱退の自由が保障されていない」から，「その目的の範囲を判断するに当たっては，会員の思想・信条の自由との関係で」考慮が必要と述べる。とくに「政治団体に対して金員の寄付をするかどうかは，選挙における投票の自由と表裏を成すものとして，会員各人が市民としての個人的な政治的思想，見解，判断等に基づいて自主的に決定すべき事柄」で，税理士会による政治献金は「税理士会の目的の範囲外の行為」と判断する（南九州税理士会政治献金事件：最判平8・3・19民集50巻3号615頁）。

4 私人間における人権規定の効力

　思想及び良心の自由の侵害が実際に問題になるのは，三菱樹脂事件のような私人対私人の場合が少なくない。この場合，まず，私人間に憲法の人権規定の適用があるかという問題が生じる。なお，この問題は19条のみならず人権規定一般に関わるが，便宜上本章で扱う。

　私人間の人権規定の適用の有無につき，基本的に3つの立場がある。第1は，適用がないとする立場で（無関係説），冒頭の設問中に掲げた見解である。これは，憲法上の人権は国家（公権力）による侵害から個人を守るための国家に対する権利で，私人間には国家は介入しないという私的自治の原則が妥当する，という公法（憲法）と私法を区別する伝統的な理解に基づく。しかし，20世紀に入って，大企業のような公権力類似の社会的な強者が登場したことを背景に，私人間にも直接に人権規定の適用があるとする第2の立場が登場した（直接適用説）。が，この立場に徹すると，私的自治が機能しなくなる，または人権の保障が相対化されて本来の実効性を失うとの批判が加えられた。そこで，折衷的な考え方として，無関係説と同様，公法・私法の区別を前提に，人権規定は私人間に直接には適用されないとしながら，私法の一般条項，たとえば民法90条等の適用を通して，間接的に適用されるとする立場が現れた（間接適用説）。これが最も有力といえよう（ただし，それぞれ修正されているので，以上3説の具体的な結論の差異はそれほど大きくない）。なお，この他に，国家と同視しうるまたは国家と密接に関連するもの（たとえば大企業や私立学校）については，私

人間であっても，人権規定の効力が及ぶとする考え方（国家同視説）などもある。もっとも，最高裁は，三菱樹脂事件で，間接適用説をとったにしても，企業の契約締結の自由を理由として，思想・信条による雇入れの拒否も，雇入れの際の思想・信条の調査や関連事項の申告要求も共に許されるとし，また本採用の拒否も，解雇の一種とした上で，合理的な理由があれば許されるとしたので，結局は無関係説と変わらないとの批判もある。

第23章 ■ 信教の自由

> **設問** 日本国憲法は，国家と宗教の分離の原則（政教分離の原則）を定める。しかし，国家は宗教と全くかかわりをもつことが禁止されていると考えるのは適切ではないであろう。国家と宗教の結びつきはどの程度まで許されるのか，以下の具体例を検討しながら考えてみよう。
> (1) 官庁が正月に門松を立てたり，国公立の小中学校で教室にクリスマスツリーを飾ること。
> (2) 特定の宗教団体が設置した私立学校に対して，一般の私立学校に対するのと同様に，私学助成金を交付すること。
> (3) 内閣総理大臣や閣僚が終戦記念日に靖国神社を参拝すること。
> (4) A市が，建物の建築にあたり，神社神道の儀式にのっとった起工式（地鎮祭）を行うこと。

1 信教の自由の保障の意義と内容

　憲法20条1項前段は，「信教の自由は，何人に対してもこれを保障する」と規定している。日本国憲法の目的は，各個人が自由に人格を形成・発展させ，もって幸福を追求できるようにすることにある。そのためには，有限の存在である個人が，神や仏や霊などの人間の認識能力を超えた絶対的な存在を信じ，それに帰依する自由が認められていなければならない。この自由が信教の自由である。

　そこで，信教の自由には，まず，①心の中でいかなる宗教を信じてもよい自由（内面における信仰の自由）と，次に，②そのような信仰に基づき礼拝や祈祷あるいは布教などをする自由（宗教的行為の自由）と，さらには，③共同で右のような行為をなすことを目的とする団体を結成する自由（宗教的結社の自由）が含まれている。もちろん，これらの自由には，いわゆる消極的自由とい

われる自由も包含される。すなわち，信仰を持たない自由，宗教的行為をしない自由，宗教的結社を作らない自由である。

　ところで，明治憲法もいちおう信教の自由を保障する規定を有していた。すなわち，その28条は，「日本臣民ハ安寧秩序ヲ妨ケス及臣民タルノ義務ニ背カサル限リニ於テ信教ノ自由ヲ有ス」と定めていた。しかしながら，その保障は徹底さを欠いていた。なるほど，その自由には，他の自由権とは異なり「法律の留保」はついていなかったが，安寧秩序を妨げたり臣民としての義務に背いてはならないという制限が付されていたのである。そこで，信教の自由は，法律によることなく単に命令をもってしても制限できた。たとえば，キリスト教や大本教に対する弾圧はつとに有名である。これに加えて，「神社は宗教にあらず」とされ，神社神道は国教的に取り扱われていた。天皇は現人神（あきつみかみ）とされ，また神社は公法人であり，神官は官吏として特別な地位が与えられていた。そして，国民は神社参拝を強制されるなど，信教の自由は大いに制限されていたのである。ちなみに，神社神道のこのような国教的な取扱いは，昭和20年12月15日連合国総司令部から発せられたいわゆる「神道指令」によって，ようやく廃止された。つづいてその翌年の1月1日，いわゆる「人間宣言」の詔書において，天皇が国家神道の基盤の消滅を明らかにしたことは，きわめて象徴的な出来事であった。

　このような事態への反省から，日本国憲法は，まずその20条2項において，特に宗教的行為の自由を明定しそれを強調した。すなわち，「何人も，宗教上の行為，祝典，儀式又は行事に参加することを強制されない」と。さらに，信教の自由の保障を十全のものにするために，徹底した「政教分離原則」を採用した。すなわち，20条1項後段は，「いかなる宗教団体も，国から特権を受け，又は政治上の権力を行使してはならない」と規定し，同条3項は，「国及びその機関は，宗教教育その他いかなる宗教的活動もしてはならない」と定めている。その上，89条は，財政面から「公金その他の公の財産は，宗教上の組織若しくは団体の使用，便益若しくは維持のため，……これを支出し，又はその利用に供してはならない」と規定する。このように日本国憲法は，国家と宗教を絶縁させるべき旨，繰り返して要求するのである。

2　信教の自由の限界

　まず内心における信仰の自由は，それが内面の精神活動の自由にとどまる限り，その保障は絶対的である。たとえば，「踏み絵」などによって，個人の信仰を推知することや特定の信仰を強制することは決して許されない。しかし，信教の自由といえども，信仰が外部に向かって行為として表現されるときには，宗教に対して中立な法律上の規制に服さねばならない場合もあることは承認せざるをえない。たとえば，いわゆる加持祈禱事件（資料33参照）がそれである。

　とろこで，憲法13条の幸福追求権の一環として保障されるべき自己決定権との関連で，「エホバの証人」というキリスト教系の宗教の信者が，信教の自由を根拠に輸血を拒絶する自由を有するかについて訴訟で争い，近時話題となった。最高裁は，「自己の宗教的信念に反するとして，輸血を伴う医療行為を拒否する……意思決定をする権利は，人格権の一内容として尊重されなければならない」として，医師が輸血する可能性があることを告げないまま手術を施行し，救命のためやむをえず輸血をした場合にも，患者の意思決定をする権利を

資料33
加持祈禱事件（最判昭38・5・15刑集17巻4号302頁）
　【事案】　真言宗の僧侶であったＹは，少女Ａの精神異常平癒の依頼を受け，いわゆる「線香護摩」による加持祈禱を行ったが，熱気のため身をもがいて暴れ出したＡを近親者に取り押さえさせ，紐でＡの手足を縛らせ，Ｙ自身も嫌がるＡを無理やりに線香にあたらせ「ど狸早く出ろ」と怒号しながら手で殴るなどした。祈禱を開始して約4時間後，線香800束を燃やし尽くし，Ａは急性心臓麻痺により同所で死亡するに至った。Ｙは，障害致死罪に問われ起訴されたが，「加持祈禱による治療行為は，信教の自由が保障する僧侶としての正当な業務行為（刑法35条）である。したがって，それは医師のなす場合と同様，違法性が阻却され無罪である」と争った。
　【判旨】　最高裁判所は，「信教の自由の保障も絶対無制限のものではない……Ｙの本件行為は，所論のように一種の宗教行為としてなされたものであったとしても，それが……他人の生命，身体等に危害を及ぼす違法な有形力の行使に当たるものであり，これにより被害者を死に致したものである以上，Ｙの右行為が著しく反社会的なものであることは否定し得ないところであって，憲法20条1項の信教の自由の保障の限界を逸脱したものというほかなく，これを刑法205条に該当するものとして処罰したことは，何ら憲法の右条項に反するのではない」と判示した。

奪ったものであり，人格権の侵害として患者の精神的苦痛を慰謝すべき責任を負うと判示した（最判平12・2・29民集54巻2号582頁）。

3 政教分離原則

すでに触れたように，日本国憲法は，信教の自由を十全に保障するため，国家と宗教の完全な分離を制度として保障する。この政教分離の原則は，アメリカの制度に倣ったものであり，決して普遍の原理というわけではないことに留意しなければならない。国家の宗教に対するかかわり方は，大別して3つに分けられる。すなわち，①国教を認めず，国家と宗教を完全に分離するもの〔政教分離……日本，アメリカ，フランス〕，②国教を認めるが，他の宗教に対しても寛容性を保持するもの〔政教一致……イギリス，ギリシャ，スカンジナビア諸国〕，③国教の存在は認めないが，宗教団体に公的な地位を認め，国家とその宗教団体はそれぞれ固有の領域において独立であることを前提とし，競合する事項に関してはコンコルダート（和親契約）を締結するもの〔政教提携……ドイツ，イタリア〕が，それである。以下では，日本国憲法の規定にそくして，政教分離原則の内容の中で特に重要なものについて説明する。

(1) **特権付与の禁止**（20条1項後段）

宗教団体ゆえに，あるいは特定の宗教団体ゆえに，他の団体から区別して優遇的措置・利益が与えられてはならない。現在，宗教法人は一定の免税措置を受けているが，このことは特権付与の禁止に違背しない。なぜなら，このような免税措置は，その団体の宗教的な側面に着目されたが故の措置ではなく，他の学校法人や社会福祉法人に対すると同様，それが公益を目的とし営利を目的としない団体であるが故にとられた措置だからである。

(2) **宗教的活動の禁止**（20条3項）

国およびその機関は，政教分離原則によって，宗教的活動をすることが禁じられている。しかしながら，国家が全く宗教とかかわりを持たないことまで要請されていると考えるのは適切ではない。たとえば，正月に官庁が門松を立てたり，公立の小中学校がクリスマスツリーを教室に飾ることは，この宗教的活

動の禁止に違反するのだろうか。「否」と答えざるをえない。なぜなら、このような行為は宗教色を全くなくしているほど、世俗的・習俗的な行事となっているからである。

　さらには、世俗的・習俗的行事といえるほどには宗教性を失っていない行為であっても、それは憲法の禁止する「宗教的活動」にあたらないとされる場合がある。たとえば、地鎮祭がそれである。三重県津市の挙行した地鎮祭が問題となった事件において、最高裁は、憲法20条3項の禁止する宗教活動にあたるか否かを判断するに際し、以下に述べるような「目的効果基準」に依拠し、地鎮祭は右のような宗教活動にはあたらないと判断した。すなわち、目的効果基

資料34

津地鎮祭事件（最判昭52・7・13民集31巻4号533頁）

【事案】三重県津市は、市の体育館の建設にあたり、神社神道固有の儀式にのっとった起工式（地鎮祭）を挙行し、それに要した経費を公金から支出した。この地鎮祭には、市長、助役、その他の市職員が参列した。同市の市会議員であるAは、このような公金の支出は憲法20条、89条に違反すると主張し、市長に対して、違法に支出された公金相当額を市に補塡せよと行政訴訟を提起した。

　第一審でAは敗訴したが、控訴審は、地鎮祭を行うことは憲法20条3項で禁止する宗教的活動に該当するとして、Aの主張を容れた。市側が上告。破棄自判。

【判旨】「政教分離原則は、国家が宗教的に中立であることを要求するものではあるが、国家が宗教とのかかわり合いをもつことを全く許さないとするものではなく、宗教とのかかわり合いをもたらす行為の目的および効果にかんがみ、そのかかわり合いが右の諸条件（それぞれの国の社会的・文化的諸条件——筆者）に照らし相当とされる限度を超えるものと認められる場合にこれを許さないとするものであると解すべきである。」

　憲法20条3項で禁止する「宗教的活動とは、前述の政教分離原則の意義に照らしてこれをみれば、およそ国及びその機関の活動で宗教とのかかわり合いをもつすべての行為を指すものではなく、そのかかわり合いが右にいう相当とされる限度を超えるものに限られるというべきであって、当該行為の目的が宗教的意義をもち、その効果が宗教に対する援助、助長、促進又は圧迫、干渉等になるような行為をいうものと解すべきである。」

　「本件起工式は、宗教とのかかわり合いをもつものであることを否定しえないが、その目的は建築着工に際し土地の平安堅固、工事の無事安全を願い、社会の一般的慣習に従った儀礼を行うという専ら世俗的なものと認められ、その効果は神道を援助、助長、促進し又は他の宗教に圧迫、干渉を加えるものとは認められないのであるから、憲法20条3項により禁止される宗教的活動にはあたらないと解するのが、相当である。」

準によれば，憲法により禁止される宗教活動とは，宗教とのかかわり合いをもつすべての行為を指すのではなく，「当該行為の目的が宗教的意義をもち，その効果が宗教に対する援助，助長，促進又は圧迫，干渉等になるような行為をいう」と解されるのである（資料34参照）。また最近では，大阪府箕面市が，小学校の増改築ため校庭にあった遺族会所有の忠魂碑を移転するにあたり，市有地を無償貸与したうえで，そこに市費で移転したことや，この忠魂碑にかかる慰霊祭に教育長が参列し玉串をささげ焼香をしたことが問題となった事件で，最高裁は，目的効果基準に依拠し，市の忠魂碑の移転行為や土地の無償貸与行為ならびに教育長の慰霊祭参列のいずれの行為も，「宗教的活動」にはあたらないと判断した（最判平5・2・16民集47巻3号1687頁）。近時，右の訴訟と関連して，最高裁は，箕面市が右の遺族会に対してなした補助金の支出も，目的効果基準に照らして，憲法に反しないと判断した（最判平11・10・21判時1696号96頁）。

これに対して，最高裁は，いわゆる愛媛玉串料事件において，目的効果基準に依拠しながら，愛媛県知事が，靖国神社の「例大祭」や「みたま祭」においてなした玉串料の支出や，県護国神社の「慰霊大祭」においてなした供物料の支出を違憲であると判断した（最判平9・4・2民集51巻4号1673頁）。この最高裁判決は，国や地方公共団体の行為が憲法の定める政教分離原則に反するとした初めてのものである。

ところで，内閣総理大臣や閣僚が終戦記念日に靖国神社へ参拝することも，憲法の禁止する宗教的活動にあたらないのかが問題となる。最高裁が採用する目的効果基準に依拠しながら，諸君で考えてほしい。

第24章 ■ 表現の自由

> **設　問**　憲法21条の保障する「言論，出版その他一切の表現の自由」は，通常「表現の自由」と言われ，主として，「言論」は音声による表現，「出版」は文字による表現とされる。また，表現の方法は言葉や文字に限定されるものではなく，言論，出版という伝統的な表現形態の他に，テレビ・ラジオのような放送，さらに，映画，演劇，音楽，絵画，彫刻，レコード，録音テープ，CD，DVD，MD，その他の表現形態がこれに含まれると解されている。
> 　もっとも，表現の自由といえども，内心の自由とは異なり，他の自由との関係で制約を受ける余地があると思われる。どのような場合であろうか，また，この場合どのような基準・観点から表現の自由の制約が合憲と考えられるのであろうか。

1　表現の自由の意義

　表現の自由とは，一般に，「内心の自由を外部に公表する精神活動の自由」とされるが，この自由は，何よりも人間の自己表出作用として重要といえる。その禁圧は，人間性そのものに対する抑圧に他ならないからである。
　また，表現の自由は，国民主権原理に基づく政治的民主主義にとって，きわめて重要な意義を有している。なぜなら，主権者である国民が自由に意見を表明・発表し，討論することによって，国あるいは地方公共団体の政策を批判することができるのであり，そして，それらの政策決定過程に参加することが，まさに民主主義の本質的要素をなしているからである。
　さらに，表現の自由は，精神的自由権の中でも特に中心的地位を占めている。なぜなら，憲法上，思想及び良心の自由（19条），信教の自由（20条），学問の自由（23条）などが保障されるとしても，それらを表明・発表し，討論する自

由が認められなければ、それらの自由はほとんど無意味なものになると考えられるからである。

2 表現の自由の制約

(1) 審査基準

前記のような重要性を有する表現の自由といえども、内心の自由とは異なり、他の自由との関係で制約を受ける余地がある。最高裁は、従来、この制約を「公共の福祉」という基準を用いて容易に肯定する傾向にあった。これに対し、「公共の福祉」による限界づけは、漠然的・抽象的すぎて表現の自由を不当に侵害するおそれがあるとの理由から、学説は一般に批判的態度をとっている。

そして、表現の自由を中核とする精神的自由権が、人権のカタログにおいて他の人権（特に経済的自由権）に比して「優越的地位」にあるとする考え方（二重の基準の理論）が有力視され、精神的自由権を制限するには、経済的自由権を規制しうる「合理性」の基準よりも一層厳格な基準が必要と解されている。そこで、この理論を具体化する、いくつかの審査基準を簡単に見てみよう。

(2) 具体的基準

(a) 明白かつ現在の危険の理論

表現の自由の規制は、それが実質的害悪を与えるであろう明らかで差し迫った危険がある場合にのみ許される、とする考え方である。たとえば、公職選挙法138条1項の戸別訪問禁止規定に関する事件（東京地判昭42・3・27判時493号72頁）や破壊活動防止法38条2項2号の内乱・外患文書・図画の頒布行為禁止規定に関する事件（京都地判昭31・12・27判時112号1頁）など、下級審判決がこの基準を用いながら、当該規定の違憲性に触れている。なお、経済領域においては、小売市場事件では明白性の原則から、距離制限の合憲性が導き出されている（第26章「経済的自由」を参照）。

(b) 比較衡量論

表現の自由の保障によって得られる利益と表現の自由の規制によって確保される利益とを比較衡量し、後者が大であるときにはこの規制が許される、とす

る考え方である。後記の「わいせつ文書」の規制に関し、判例はこの理論に触れている。

　(c)　事前抑制（検閲）禁止の理論

　表現の自由を事前に、すなわち表現をする前に抑制（検閲）することは許されない、とする考え方である。憲法21条2項前段は検閲禁止に関する規定を置いているが、具体的事例として、税関長が書籍・図画などの輸入禁止通知を発した事件（最判昭59・12・12民集38巻12号1308頁）では、税関検閲は事前検閲に該当しないとされている（その他、教科書検定事件については、第26章「学問の自由」を参照）。

　(d)　漠然性の故に無効の理論（明確性の理論）

　表現の自由を規制する法規の内容が不明確であれば、表現者に自己規制的効果を与え表現活動を萎縮させるので、不明確であれば規制法規それ自体が無効とされる考え方である。規制要件の明確性に関して、東京都公安条例違反事件（最判昭35・7・20刑集14巻9号1243頁）では「届出」と「許可」、「不許可とすべき事情の存否の認定」、徳島市公安条例違反事件（最判昭50・9・10刑集29巻8号489頁）では「蛇行進」と「交通秩序を維持すること」が争われたが、最高裁は、この理論の適用の可能性を示唆しながら、結果的には合憲判決を導き出している（その他、18歳未満の青少年に対する「淫行」を禁止・処罰することが適法とされた福岡県青少年保護育成条例違反事件：最判昭60・10・23判時1170号3頁も参照）。

　(e)　より制限的でない他の選択しうる手段（LRA）の理論

　表現の自由に対する規制手段は、規制目的を達成するために必要最小限でなければならず、規制がもっと緩やかな手段によってその目的を達成することが認められる場合には、このような規制を違憲とする考え方である。この理論は、公務員に対する政治活動の規制（刑罰を科すること）の合憲性・違憲性が問題とされた猿払事件（旭川地判43・3・25判時514号20頁、札幌高判昭44・6・24判時560号30頁）、薬局配置規制違憲判決（第28章「経済的自由」を参照）などで触れられているものの、表現の自由という領域で明白に採用された事例は見当たらない。

　これらの審査基準は、表現の自由の保障を実効性あるものとするために考え出された法理論（主としてアメリカの法理論）であるが、わが国においては、こ

れらの審査基準が判例法理の中で十分に生かされていないように見受けられる。いずれにしても，表現の自由の制約という問題は，特定の種類の表現について特定の角度からの規制という具体的な形式で現れるから，ここで説明した一般論だけでは片づけられない。そこで，以下，現代社会で最もよく問題とされる表現の自由の制約について，個別的に検討してみよう（なお，紙幅の関係上，ビラ貼り・ビラ配り，誇大広告・戸別訪問の禁止などの問題については省略する）。

3 具体的諸問題

(1) わいせつ文書

　刑法175条は，わいせつ文書の頒布などを禁止しており，これと表現の自由との関係が問題となる。最高裁は，昭和32年のチャタレー事件判決（最判昭32・3・13刑集11巻3号997頁，資料35を参照）で，従来の判例理論を援用し，わいせつの概念を「徒らに性欲を興奮又は刺激せしめ，且つ普通人の正常な性的羞恥心を害し，善良な性的道義観念に反するもの」とし，そして，「猥褻文書の禁止が公共の福祉に適合するものであること明らかである」と判示した。最高裁は，その12年後の昭和44年，マルキ・ド・サドの『悪徳の栄え』事件判決（最判昭44・10・15刑集23巻10号1239頁）でも同様の論旨を展開し，高度の芸術性といえども作品のわいせつ性を解消するとは限らないとして，芸術性とわいせつ性との比較衡量をし，たとえ芸術的・思想的な文書であっても刑法175条の適用を受けると判示した（多数意見）。

　このような観点からすると，問題となるのは規制の対象となる文書，図画などが刑法175条の「わいせつ」の観念に該当するか否かであり，この点につき議論がなされている。同条の「猥褻ノ文書，図画其他ノ物」（新刑法では「わいせつな文書，図画その他の物」）に関し，判例上争われた事例には，『黒い雪』事件（無罪・東京高判昭44・9・17高刑集22巻4号595頁），『愛のコリーダ』事件（無罪・東京地判昭54・10・19判時945号15頁），日活ロマンポルノ事件（無罪・東京高判昭55・7・18判時975号20頁），『四畳半襖の下張』事件（有罪・最判昭55・11・28刑集34巻6号433頁）などがある。もっとも，『四畳半襖の下張』事件では，被告人側は，刑法175条そのものの違憲性を主張していた。

わいせつ文書といえども憲法21条の保障する表現物であるから，一切規制の対象とすべきではない，と解することもできよう。しかし，見たくない人にとっての苦痛，健全かつ善良な性道徳・性秩序・風俗の維持，青少年の健全な

> 資料35
> **チャタレー事件**（最判昭32・3・13刑集11巻3号997頁）
> 【事案】　被告人・小山久二郎（出版社小山書店の社長）は，昭和23年，イギリスの作家D・Hロレンスの『チャタレー夫人の恋人』の翻訳出版を計画し，被告人・伊藤整（作家）にその翻訳を依頼した。小山は，伊藤の日本語訳を受け取った後，その内容を露骨な性的描写があることを知りながら，同書を出版した。検察庁は，両名を刑法175条の「猥褻文書頒布罪」で起訴した。第一審は，小山に罰金刑を，伊藤に無罪を言い渡したが，第二審では，両名とも有罪（罰金刑）とされた。そこで，被告人側が上告した。
> 【判旨】　上告棄却
> 「しからば刑法の前記法条の猥褻文書（および図画その他の物）とは如何なるものを意味するか。従来の大審院の判例は『性欲を刺戟興奮し又は之を満足せしむべき文書図画その他一切の物品を指称し，従って猥褻物たるには人をして羞恥嫌悪の感念を生ぜしむるものたることを要する』ものとしており（例えば大正7年（れ）第1465号同年6月10日刑事第2部判決），また最高裁判所の判決は『徒らに性欲を興奮又は刺激せしめ，且つ普通人の正常な性的羞恥心を害し，善良な性的道徳観念に反するものをいう』としている（第1小法廷判決，最高裁判所刑事判例集5巻6号1026頁以下）。そして原審判決は右大審院および最高裁判所の判例に従うをもつて正当と認めており，我々もまたこれらの判例を是認するものである。
> 　要するに判例によれば猥褻文書たるためには，羞恥心を害することと性欲の興奮，刺戟を来すことと善良な性道徳義観念に反することが要求される。」
> 「憲法の保障する各種の基本的人権について，それぞれに関する各条文に制限の可能性を明示していること否とにかかわりなく，憲法12条，13条の規定からしてその濫用が禁止せられ，公共の福祉の制限の下に立つものであり，絶対無制限のものではないことは，当裁判所がしばしば判示したところである。」
> 「さて本件訳書を検討するに，その中の検察官が指摘する12箇所に及ぶ性的場面の描写は，そこに春本類とちがった芸術的特徴が認められないではないが，それにしても相当大胆，微細，かつ写実的である。それは性行為の非公然性の原則に反し，家庭の団欒においてはもちろん，世間の集会などで朗読を憚る程度に羞恥感情を害するものである。またその及ぼす個人的，社会的効果としては，性的欲望を興奮刺戟せしめまた善良な性的道義観念に反する程度のものと認められる。要するに本件訳書の性的場面の描写は，社会通念上認容された限界を超えているものと認められる。従って原判決が本件訳書自体を刑法175条の猥褻文書と判定したことは正当であり，上告趣意が裁判所が社会通念を無視し，裁判官の独断によって判定したものと攻撃するのは当を得ない。」

保護育成などという観点からすると，この考え方は，おそらく現実的でないと言うべきである。したがって，刑法175条は合憲と解してよかろうが，このような立場に立ったとしても，「わいせつ」の概念は時代・社会の実情とともに変化するものと考えられる。また，裁判所がこれを具体的に適用する場合でも，純然たる文書の場合と，写真，絵画，映画，彫刻などの場合とでは基準が違ってくると思われる。いずれにしても，わいせつ文書その他の規制については，解決されるべき多くの問題点が残されており，今後の理論的展開・法制度の整備が期待される。

(2) 名誉毀損

他人の名誉を侵害するような発言を公然と故意に行えば，刑法230条の名誉毀損罪となり，また，民法709条・710条の不法行為責任を負うこととなる。しかし，他人の名誉の保護だけを重視し過ぎると，憲法が表現の自由を保障したことの意義が薄れてしまうことになる。この点，名誉毀損罪の免責事由を定めている「事実の証明」の規定（刑230条の2）は，名誉の保護と表現の自由との調和を図ったものとされる。

最高裁も，「事実が真実であることの証明がない場合でも，行為者がその事実を真実であると誤信し，その誤信したことについて，確実な資料，根拠に照らし相当の理由があるときは，犯罪の故意がなく，名誉毀損の罪は成立しない」として，公共的な発言の自由を拡大している（夕刊和歌山事件：最判昭44・6・25刑集23巻7号975頁）。また，「事実の証明」の一要件である「事実の公共性」に関し，最高裁は，私人の私生活上の行状を摘示した場合であっても，その私人の社会的活動・社会的影響力いかんによっては「公共の利害に関する事実」に該当し免責される場合もある，とする新しい判断を示している（月刊ペン事件：最判昭56・4・16刑集35巻3号84頁，資料36を参照）。さらに，スポーツ・芸能・学問的業績など，公衆の正当な関心事である人の活動に関し相当辛辣な論評をなした場合でも，摘示した事実の主要部分が真実であるか，真実と信ずるに相当理由のある場合で，公益を図る目的でなされたならば，名誉毀損や不法行為には該当しないと一般に解されている（公務員に対する同旨の判例として，最判平元・12・21民集43巻12号2252頁を参照）。

ところで，名誉毀損表現に対する事前差止めに関して，北方ジャーナル事件

> **月刊ペン事件**（最判昭56・4・16刑集35巻3号84頁） 資料36
>
> 【事案】 株式会社月刊ペン社編集局長である被告人は、同社で発行している、『月刊ペン』誌上において、当時創価学会会長であった池田大作氏の女性関係に関する記事を掲載したが、刑法230条の名誉毀損罪で検察庁により起訴された。被告人側は、事実関係については認めており、刑法230条の2（事実の証明）の適用を主張したが、第1審および第2審とも被告人側の意見が受け入れられなかったため、最高裁に上告した。
>
> 【判旨】 破棄差戻
>
> 「私人の私生活上の行状であっても、そのたずさわる社会的活動の性質及びこれを通じて社会に及ぼす影響力の程度などのいかんによっては、その社会的活動に対する批判ないし評価の1資料として、刑法230条ノ2第1項にいう『公共ノ利害ニ関スル事実』にあたる場合があると解すべきである。」
>
> 「このような本件の事実関係を前提として検討すると、被告人によって摘示された池田会長らの前記のような行状は、刑法230条ノ2第1項にいう『公共ノ利害ニ関スル事実』にあたると解するのが相当であって、これを一宗教団体内部における単なる私的な出来事であるということはできない。なお、右にいう『公共ノ利害ニ関スル事実』にあたるか否かは、指摘された事実自体の内容・性質に照らして客観的に判断されるべきであり、これを摘示する際の表現方法や事実調査の程度などは、同条にいわゆる公益目的の有無の認定等に関して考慮されるべきことがらであって、摘示された事実が『公共ノ利害ニ関スル事実』にあたるか否かの判断を左右するものではないと解するのが相当である。」

判決（最判昭61・6・11民集40巻4号872頁）によれば、事前差止めは必ずしも事前検閲には該当するものではなく、被害者に著しく回復困難な損害が生じるおそれがある場合には、例外的に事前差止めが認められるとされる。こういった観点から、小説中の記述が、モデルとされた人物の名誉およびプライヴァシーを侵害するとして、その作者および出版社等に損害賠償の支払いと将来の出版等の差止めが認められた判決も存在する（『石に泳ぐ魚』事件：東京高判平13・2・15判時1741号68頁・最判平14・9・24判時1802号60頁。なお、田中前外相の長女のプライヴァシーに関する記事を掲載した「週間文春」の出版仮処分申請に対して、東京地裁は仮処分を妥当としたが、東京高裁は、重大で著しく回復困難な損害が発生するおそれがあるとはいえないとして、平成16年3月31日に当該決定を取り消すに至った）。

(3) プライヴァシー

プライヴァシーの権利については前に若干の説明を行ったが（第20章「個人

の尊厳と幸福追求権」を参照)，ここでは，プライヴァシーの尊重と表現の自由の保障につき，両者の調和点をどこに見出すかという問題を検討しよう。

まず，今日通俗的な週刊誌・雑誌・テレビ番組・ラジオ番組などが氾濫し，意に反して私事が公開・公表される場合があり，個人のプライヴァシーが侵害されるおそれが増大してきた。そこで，プライヴァシーの侵害を理由として裁判所に救済を求めることも可能とされているが，いかなる場合にプライヴァシーが侵害されたとみなされるのであろうか。

たとえば，プライヴァシーの権利侵害の成立要件として，元外務大臣の政治活動と恋愛をモデルにした小説『宴のあと』事件（東京地判昭39・9・28下民集15巻9号2317頁，第20章「個人の尊厳と幸福追求権」の資料27を参照）では，裁判所は以下の3つの要件を挙げている。すなわち，公開された内容が，①私生活上の事実または事実らしく受け取られるおそれのあるもので，②一般人の感受性を基準にして当該私人の立場に立てば公開を欲しないであろうと認められ，かつ，③一般の人々にはまだ知られていない事柄，である。

したがって，これらの要件を外形的に充足すれば，プライヴァシーの侵害とも言えそうであるが，次の段階では，表現行為者側の免責事由も考慮されなければならない。なぜなら，表現行為によるプライヴァシーの侵害といっても，報道記事，芸能記事，ゴシップ記事，モデル小説などでは，それぞれ表現行為の有する社会的価値が異なり，プライヴァシーの尊重と表現の自由の保障との調整も多種・多様だからである。両者を調整する原理の1つとして，「公共の利益」の理論，「公的存在」の理論が挙げられる。すなわち，プライヴァシーに関する事柄であっても，「公共の秩序・利害に直接関係のある場合」，あるいは「社会的に著名な存在である場合」には，一定の合理的な範囲内で個人の私生活に関する報道，論評が許されるという考え方である。

これらの理論によれば，公衆の正当な関心事である限り，高い表現価値が認められ，表現の自由の側に優先的しかも強い保障が与えられることとなる。しかし，表現の自由ということを強調しすぎれば，プライヴァシーの権利が有する重要な意義が失われてしまうことになる。安易な適用は，厳に戒めなければならないと考えられる。

第25章 ■ 知る権利

> **設問** 現代社会において，われわれは，新聞・テレビ・ラジオなどマス・メディアの提供する報道から多数の情報を得ている。したがって，これらには報道の自由，取材の自由などが強く保障されるべきであろう。
> そこで，公正な裁判の要請により，①新聞記者が証人として裁判所から証言を求められた場合，取材源秘匿を理由として取材源についての証言拒否をすることができるのか，②報道機関が取材活動で得たものを証拠として提出することが裁判所から求められた場合，これを拒否することもできるのか，③公判廷における写真撮影は一般傍聴者は別として，取材活動の場合ならば許される，と考えてよいのであろうか。

　表現の自由は，政治的民主主義を支える基盤としての重要な意義を有している。その意義を十分に発揮させるには，政治・経済・社会の現状や問題点などについて，国民が正確な情報を入手することが前提となってくる。したがって，国民が，多種・多様な意見や情報に自由に接しうることが必要であり，表現の自由を，表現を送る自由……情報提供の自由（話したり・書く自由）に限られず，表現を受け取る自由……情報受領・収集の自由（読み・聴き・見る自由）までをも含むものとして構成することが必要となる。このような観点から，表現の受け手の側に着目した「知る権利」が，新しい人権として登場している。

1　報道の自由

　現代社会において，国民の「知る権利」の充足は，新聞・テレビ・ラジオなどマス・メディアの提供する報道に大きく依存している。したがって，報道機関の報道は，国家権力による干渉や統制から自由であることが要求され，「事実の報道」としての「報道の自由」も，表現の自由の中に含まれて当然といえる。

最高裁は，公判中に裁判長の制止を無視しながらカメラマンが被告人の写真撮影を行ったという北海タイムス事件においても，「およそ，新聞が事実を報道することは，憲法21条の認める表現の自由に属し」と決定している（最判昭33・2・17刑集12巻2号253頁）。また，博多駅事件（核兵器搭載航空母艦の佐世保港への寄港に反対した学生たちが，警察機動隊に暴行を加えた事件）に関連して，裁判所から，現場状況を撮影したNHKなどの放送会社がTVフィルムの提出を命じられたという博多駅TVフィルム提出命令事件においても，「報道機関の報道は，民主主義社会において，国民が国政に関与するにつき，重要な判断の資料を提供し，国民の『知る権利』に奉仕するものである。したがって，思想の表明の自由とならんで，事実の報道の自由は，表現の自由を規定した憲法21条の保障のもとにあることはいうまでもない」と決定している（最判昭44・11・26刑集23巻11号1490頁）。その後，日本テレビ事件決定（最決平元・1・30判時1300号3頁，資料37を参照），TBS事件決定（最決平2・7・9刑集44巻5号421頁・暴力団組長による債権回収シーンのビデオテープ）なども，同様の論旨を展開している。

　このように，報道の自由は表現の自由に含まれることは明らかであるが，他の自由や権利との関係で特に問題となるのは，報道の自由の根幹をなす「取材の自由」である。以下，これを検討してみよう。

2　取材の自由

　報道機関は，国民の「知る権利」のために組織的・効果的に奉仕するものであるから，報道機関の機能を十分に発揮させるためには，「報道の自由」とともに「取材の自由」も保障されなければならない。この点，最高裁は，前掲北海タイムス事件で，「事実を報道するための取材活動も憲法21条のもとに認められるべきもの」とし，博多駅TVフィルム提出命令事件（および日本テレビ事件）においても，「報道のための取材の自由も，憲法21条の精神に照らし，十分尊重に値するものといわなければならない」との判断を示している。

　しかし，取材の自由が憲法21条に根拠づけられるとしても，〔設問〕に掲げたごとく，他の自由や法益よりも強い保護が与えられるのであろうか。最高裁は，①につき，刑事法廷で証言を求められたにもかかわらず，宣誓と証言を拒

日本テレビ事件（最決平元・1・30判時1300号3頁） 資料37

【事案】 本件は、株式会社リクルートコスモスの取締役社長室長などの職にあったAの贈収被疑事件（Aが、野党のB衆議院議員に対し、いわゆるリクルート疑惑に関する国政調査権の行使等に手心を加えてもらいたいなどの趣旨で、三度にわたり多額の現金供与の申込みをしたとされる事件）において、犯罪捜査機関が日本テレビ放送網株式会社の取材テープを証拠物件として差し押さえたところ、同社がこれを不服とし、差押処分の取消しを求めて東京地裁に準抗告を申し立てた事案である。同地裁は、これを棄却したため、同社は、最高裁に特別抗告の申立てをするに至った。

【決定要旨】 抗告棄却

「報道機関の報道は、民主主義社会において、国民が国政に関与するにつき重要な判断の資料を提供し、国民の『知る権利』に奉仕するものであって、表現の自由を保障した憲法21条の保障の下にあり、したがって報道のための取材の自由もまた憲法21条の趣旨に照らし、十分尊重されるべきものであること、しかし他方、取材の自由も何らの制約をも受けないものではなく、例えば公正な裁判の実現というような憲法上の要請がある場合には、ある程度の制約を受けることのあることも否定できないことは、いずれも博多駅事件決定が判示するとおりである。もっとも同決定は、付審判請求事件を審理する裁判所の提出命令に関する事案であるにに対し、本件は、検察官の請求によって発付された裁判官の差押許可状に基づき検察事務官が行った差押処分に関する事案であるが、国家の基本的要請である公正な刑事裁判を実現するためには、適正迅速な捜査が不可欠の前提であり、報道の自由ないし取材の自由に対する制約の許否に関しては両者の間に本質的な差異がないことは多言を要しないところである。同決定の趣旨に徴し、取材の自由が適正迅速な捜査のためにある程度の制約を受けることのあることも、またやむを得ないものというべきである。そして、この場合においても、差押の可否を決するに当たっては、捜査の対象である犯罪の性質、内容、軽重等及び差し押さえるべき取材結果の証拠としての価値、ひいては適正迅速な捜査を遂げるための必要性と、取材結果を証拠として押収されることによって報道機関の報道の自由が妨げられる程度及び将来の取材の自由が受ける影響その他諸般の事情を比較衡量すべきであることはいうまでもない（同決定参照）。」

否する文書を法廷に提出し、その結果、刑事訴訟法161条の宣誓証言拒否罪に該当するとして有罪とされた石井記者（朝日新聞）事件判決で、新聞記者が取材源の秘密を守るために証言を拒絶する特権を持つものではない、と判示している（最判昭27・8・6刑集6巻8号974頁）。そして、②につき、博多駅TVテレビフィルム提出命令事件決定でも、「取材の自由といっても、もとよりなんらの制約を受けないものではなく、……公正な刑事裁判の実現を保障するために、

西山記者事件（最判昭53・5・31刑集32巻3号457頁） 資料38

【事案】 昭和46年の「沖縄返還協定」に際して、日本とアメリカとの間に「密約」のあったことを示す外務省の秘密電信文を、毎日新聞の西山記者が知人の女性外務省事務官を通じて入手した。そこで、同記者は、国家公務員法111条の秘密漏洩そそのかし罪、同事務官は同法100条1項の守秘義務違反でそれぞれ起訴された。第1審で、同記者は無罪、同事務官は執行猶予付き有罪の判決が出された。第2審で、同記者には執行猶予付の有罪判決が出されたため、同記者は最高裁に上告した。

【判旨】 上告却下

「報道機関が取材目的で公務員に対し秘密を漏示するようにそそのかしたからといって、そのことだけで、直ちに当該行為の違法性が推定されるものと解するのは相当ではなく、報道機関が公務員に対し根気強く執拗に説得ないし要請を続けることは、それが真に報道の目的からでたものであり、その手段・方法が法秩序全体の精神に照らして相当なものとして社会観念上是認されものである限りは、実質的に違法性を欠き相当な業務行為というべきである。しかしながら、報道機関といえども、取材に関し他人の権利・自由を不当に侵害することのできる特権を有することでないことはいうまでもなく、取材手段・方法が贈賄、脅迫、強要等の一般の刑罰法令に触れる行為を伴う場合は勿論、その手段・方法が一般の刑罰法令に触れないものであっても、取材対象者の個人としての人格の尊厳を著しく蹂躙する等法秩序全体の精神に照らし社会観念上是認することのできない態様のものである場合にも、正当な取材活動の範囲を逸脱し違法性を帯びるものといわなければならない。」

「被告人の一連の行為を通じてみるに、被告人は、当初から秘密文書を入手するための手段として利用する意図で右蓮見と肉体関係をもち、同女が右関係のため被告人の依頼を拒み難い心理状態に陥ったことに乗じて秘密文書を持ち出させたが、同女を利用する必要がなくなるや、同女と右関係を消滅させその後は同女を顧みなくなったものであって、取材対象者である蓮見の個人としての人格の尊厳を著しく蹂躙したものといわざるをえず、このような被告人の取材行為は、その手段・方法において法秩序全体の精神に照らし社会観念上、到底是認することのできない不相当なものであるから、正当な取材活動の範囲を逸脱しているものというべきである。」

報道機関の取材活動によって得られたものが、証拠として必要と認められるような場合には、取材の自由がある程度の制約を蒙ることとなってもやむを得ない」と判断している）。さらに、③につき、北海タイムス事件決定で、「たとい公判廷の状況を一般に報道するための取材活動であっても、その活動が公判廷における審判の秩序を乱し被告人その他訴訟関係人の正当な利益を不当に害する如きは、もとより許されない」と判示している（なお、法定傍聴人のメモ行為

禁止措置に対して提起された国家賠償請求訴訟において，最判平元・3・8判時1229号41頁は，この請求を棄却している。しかし，傍論として，法定傍聴メモの自由の尊重を説示しながら，裁判所としては適正な配慮を欠いていたことを率直に認めている。この点は，第32章「裁判所」を参照）。以上検討してきたように，最高裁は，取材の自由の意義を一方では認めながらも，結局は，一定の範囲で取材の自由の制約を肯定している，と言っても過言ではない。

ところで，公務員に秘密漏示行為をそそのかした者には刑事罰が科されるが（国公法111条，地公法62条)，西山記者（毎日新聞）事件（外務省機密漏洩事件）においては，取材の自由と公務員の守秘義務が問題とされた。この事件に対し，最高裁は，取材目的の正当性と取材活動によってもたらされる利益の重要性を考慮しながらも，同記者の行為そのものは，国家公務員法111条の「そそのかし」の罪に該当するとし，有罪の判決を言い渡している（最判昭53・5・31刑集32巻3号457頁，資料38を参照）。この事件では，報道の自由，取材の自由，さらに国民の「知る権利」と国家秘密との関係が争われたが，最高裁はそれについて明確な判断を示しておらず，「肩透かし判決」との見方もなされている。

3　情報公開請求権

すでに見たように，「知る権利」との関係で，「報道の自由」，「取材の自由」は重要である。しかし，今日では，多量の情報の収集・管理・操作が，政府やマス・メディアなど限られた特定のところで行われており，国民が自由に情報を確保・伝達することができない状況にある。このような意味からすると，「知る権利」を，報道機関の報道を通じて充足されるという消極的権利にとどめるべきではなく，国民が積極的に情報を得る権利として理論づけることが必要である。すなわち，「知る権利」を，情報公開請求権（公的機関に対して情報の開示を請求する権利）として構成し，主権者である国民が，国・地方公共団体の保有する情報を知り，自己の意見の形成や，国の政治・地方公共団体の政治の監視に役立てることが必要となってくるのである。

わが国では，多数の地方公共団体で情報公開条例が制定されており（たとえば，昭和57年に神奈川県および埼玉県，昭和58年に大阪府，昭和59年に東京都で制定され，それぞれ施行されるに至っている），住民に公的機関が保有する情報の開

示請求権を与え（なお，知事等の交際費情報がどこまで開示されるかに関して，最高裁は，相手方が特定できる文書や事務の公正適切な執行に支障を及ぼす文書などの非公開性を認めており，消極的な態度が伺われる。この点は，大阪・栃木情報公開請求事件：最判平 6・1・27 判時 1487 号 32 頁および 48 頁，最判平 6・2・8 民集 48 巻 2 号 255 頁を参照），公的機関に原則として情報開示義務を課している。また，世界の多数の国でも，情報公開法が既に制定されている（たとえば，アメリカの 1966 年の情報自由法，フランスの 1978 年の行政文書公開法など）。

ところで，わが国では，平成 11 年に初めて情報公開法が制定されるに至った。同法は，従来官僚によって独占されていた情報を原則として公開するものである。周知のとおり，同法に基づいて多くの国民が情報公開請求を行っており，「開かれた行政」を推進する施策として評価することができよう。

4 アクセス権・反論権

最後に，新聞・テレビ・ラジオなどの報道機関を中心とするマス・メディアを利用し，市民が自己の意見を掲載（放送）することを要求しうる権利として，いわゆる「アクセス権」が主張されている（なお，フランスのように法律に基づいて反論文の掲載が認められる国家も存在する）。すなわち，近時，マス・メディアが「言論の市場」を脅かすほどの独占的な影響力を保持していることに鑑み，それらの報道を公正かつ適正なものとするために，「表現の自由」そして「知る権利」の一環として，読者あるいは視聴者の側からの「アクセス権」を確立する必要性が主張されるようになってきたのである（この「アクセス権」には「公的機関が保有する情報へ接近する権利」，いわゆる前記の情報公開請求権を含める見解もある）。

この権利の内容として，現実には「反論権」，すなわちマス・メディアの記事（放送）によって批判・非難を受けた者が，それに対する反論を，無料かつ同一条件で掲載（放送）するよう当該メディアに要求しうる権利が重要視されている。

この点，サンケイ新聞が，「前略日本共産党殿　はっきりさせてください。」と題する自民党のイラスト入り意見広告（資料 39 を参照）を掲載したのに対し，日本共産党が，同紙上に無料で反論文を掲載せしめることを請求した事件（民

事訴訟）では，憲法21条を根拠とする「反論権」が認められるか否かが問題とされた。第1審，控訴審とも共産党の「反論権」の主張を認めず，最高裁も，「反論権の制度は，……憲法の保障する表現の自由を間接的に侵す危険につながるおそれも多分に存するのである。(中略)，反論権の制度について具体的な法文がないのに，反論権を認めるに等しい上告人主張のような反論文掲載請求権をたやすく認めることはできないものといわなければならない」と述べ，反論権を否定する初めての司法判断を示した（最判昭62・4・24判時1261号74頁）。

憲法21条の「表現の自由」には，当然「反論の自由」が含まれているといってよい。問題は，そこから民事上の反論文掲載請求権を引き出すことができるか否かである。また，新聞・テレビ・ラジオなどのマス・メディアは，国民に「知らせる権利」を有するとともに「知らせる義務」までをも有しているか否かである。アクセス権（反論権）は，マス・メディア側の情報伝達活動に萎縮的効果をもたらす可能性，そして編集活動権を侵害する可能性が高いことなどは否定できないであろう。したがって，これらの権利を具体的にどう実現するかについての問題点は多いといえよう。

資料39

サンケイ新聞に掲載された意見広告

出典：1973年12月2日　サンケイ新聞

第26章 ■ 学問の自由

> **設問** 大学の教室において，同大学公認の団体の演劇発表会が開催されたが，会場に私服の警察官が数人潜入しているのを学生が発見した。学生は，そのうち警察官3人を捕え，始末書を書かせた。学生は，その際，洋服の内ポケットに手を入れ，警察手帳を引っ張って，その紐をひきちぎる等の暴行を加えたという理由で，暴力行為等処罰ニ関スル法律1条違反として起訴された。
>
> なお，右警察手帳に記されたメモや証人の証言によって，私服の警察官が，ほとんど連日のように同大学の構内に立ち入り，張り込み・尾行・盗聴等の方法によって，学内の情勢を調べていたことが明らかになった。裁判所は，どのような判断を下すべきであろうか。

1 学問の自由とは

　憲法23条は，学問の自由を保障している。この学問の自由を保障する規定は，明治憲法にはなく，日本国憲法によって新たに設けられたものである。本来，学問に対しては，その性質上，外部からの干渉が許されてはならない。しかし，明治憲法時代には，学者の思想や学説に対して，国家権力から抑圧が加えられた事例が多かった。たとえば，滝川事件（昭和8年），天皇機関説事件（昭和10年）などがその代表的な例である。憲法23条は，このような歴史を踏まえて規定された。したがって，国家が特定の思想や学説を排除することは許されない。

　憲法23条は，個人の人権としての学問の自由を保障するとともに，大学の自治をも保障している。

　本設問は，現実にあった事件である。すなわち，昭和27年2月20日東京大学の教室において開催された，同大学のポポロ劇団演劇発表会をめぐる事件（資料40参照）である。そしてその後，昭和40年代には，いわゆる大学紛争が生じ，

> **ポポロ劇団事件**　　　　　　　　　　　　　　　　　　　資料40
>
> 　昭和27年2月20日，東京大学法文経25番教室において，同大学公認の学生団体「劇団ポポロ」が松川事件を素材とする演劇発表会を開催していた。警視庁本富士警察署警備係の警察官が，入場券を買い求めて私服で入場し，会の様子を監視していた。しかし，学生に発見され，うち3名が学生により捕えられ，警察手帳を一時取り上げられた（後に返還された）。駆けつけた同大学厚生部長の立会いの下で始末書に署名させられた。被告人（学生）はその際，洋服の内ポケットに手を入れ，紐を引きちぎって警察手帳を奪うなど暴行を加えたとして，暴力行為等処罰ニ関スル法律1条違反で起訴された。
>
> 　右の警察手帳に記されていたメモによると，少なくとも昭和25年7月末頃以降，連日のように大学構内に立ち入り，張り込み・尾行・盗聴等の方法により学内の情勢を視察し，学生・教職員の思想動向や背後関係の調査等をなしていた。

多くの大学で学内が荒れた。そこで，これらを契機として学問の自由とは何か，特に大学の自治と警察権との関係が問題にされるようになった。

2　学問の自由の内容

　学問の自由の内容として，①学問研究の自由，②学問研究成果発表の自由，③大学における教授の自由，㈣大学の自治，があげられる。①と②は，広く国民一般に保障されている。この学問研究とその成果の発表の自由は，それぞれ思想・良心の自由（19条），表現の自由（21条）の一部ともいえる。しかし，憲法は学問の必要性，重要性を鑑みて，独自のカテゴリーとして学問の自由を保障したわけである。したがって，これらは，憲法23条によっても保障される。

　③については問題がある，これは，主として，大学において，学者が教授をする際，国家から学説上の拘束を受けないことと解されている。しかし，大学に限らず，教育に携わる者にとって，学問研究の成果を学生に教えることは，たいへん重要なことである。そこで，「教授の自由」は，大学における教授の自由に限られるのか，高等学校以下の初等・中等教育機関の教師の「教育の自由」をも含むのかどうかが問題になる。

(1)　判　　例

　下級審判決ではあるが，第2次家永訴訟（資料41参照）において，いわゆる杉本判決は，「憲法23条は，教師に対し，学問研究の自由はもちろんのこと学

家永訴訟

　学校教育法は，小学校・中学校・高等学校において，「文部科学大臣の検定を経た教科用図書又は文部科学省が著作の名義を有する教科用図書を使用しなければならない」とし（21条1項・40条・51条），いわゆる教科書検定制度を定めている。この検定に合格したもののみが，教科書として学校で使用することが認められる。

　家永訴訟（教科書検定訴訟）とは，家永三郎氏（当時，東京教育大学教授）が執筆した，高等学校用日本史教科書『新日本史』（三省堂刊）に対する検定をめぐって，教授が提起した訴訟の総称である。この訴訟は，第1次から第3次まで提起されている。家永訴訟をきっかけとして，教科書とは何か，教育とは何か，教科書検定制度の在り方，国家と教育の関係が問われ，具体的には裁判において，教科書検定制度が憲法21条2項で禁止されている検閲にあたるか否か，子どもに対する教育内容を具体的に決定するのは誰か（教育権の所在）等が問題になった。

　この教科書は，昭和28年度から検定済教科書として使用されてきた。昭和38年に不合格処分をうけ，昭和39年には約300項目に及ぶ修正意見がついた条件付合格となった。教授が，その指示意見の趣旨にそって削除または修正したために，右教科書五訂版は合格となり，昭和40年度から使用されることになった。そこで，教授は，検定により多大な精神的苦痛を受け，かつ不合格による教科書発行不能のために得べかりし印税収入を失ったとして，昭和40年6月，国家賠償法1条により，国に対して損害賠償を請求する訴えを提起した（第1次家永訴訟）。第1審（東京地判昭49・7・16判時751号47頁），第2審（東京高判昭61・3・19判時1188号1頁）を経て，最高裁は，教科書検定制度は合憲であるとした（最判平5・3・16民集47巻5号3483頁）。

　教授は，その後，右五訂版本について34箇所の部分改訂を行ない，三省堂から昭和41年11月，検定申請がなされた。ところが，昭和42年3月に6箇所について不合格とされたために，教授は，文部大臣（当時）を相手に，右不合格処分の取消しを求める訴えを提起した（第2次家永訴訟）。第1審（東京地判昭45・7・17判時604号29頁），第2審（東京高判昭50・12・19判時800号19頁）を経て，最高裁は，事件を東京高裁に差し戻した（最判昭57・4・8民集36巻4号594頁）。そして，東京高裁は，学習指導要領の改正により，訴えの利益が失われたとして，訴えを却下した（東京高判平元・6・27判時1317号36頁）。

　さらに，教授は，昭和59年に，国を相手に，国家賠償法1条に基づいて損害賠償を求める訴えを提起した（第3次家永訴訟）。これは，主として，南京大虐殺，沖縄戦などの戦争に関する記述が論点になっている。第1審（東京地判平元・10・3判タ709号63頁）を経て，第2審（東京高判平5・10・20判時1473号3頁）は，検定制度を合憲としながら，3箇所の検定処分について裁量権の逸脱があるとした。そして最高裁は，「文部大臣が731部隊に関する事柄を教科書に記述することは時期尚早として，原稿記述を全部削除する必要がある旨の修正意見を付したことには，その判断の過程に……看過し難い過誤があり，裁量権の範囲を逸脱した違法がある」と判断している（最判平9・8・29民集51巻7号2921頁）。

> **資料42**
> **伝習館高校事件**（最判平成2・1・18民集44巻1号1頁）
> 　福岡県立伝習館高校の教師が，担当科目の授業において，所定の教科書を使用せず，かつ高等学校学習指導要領に定められた当該科目の目標および内容を逸脱した指導を行ったことなどが問題になり，福岡県教育委員会から受けた懲戒免職処分の取消しを求めた事件である。最高裁は，当該教師の行為は，教師の裁量範囲を逸脱しているため，懲戒免職処分を，社会観念上著しく妥当を欠くものとまではいい難いとした。

問研究の結果自らの正当とする学問的見解を教授する自由をも保障していると解するのが相当である。もっとも，実際問題として，現在の教師には学問研究の諸条件が整備されているとはいいがたく，したがって教育ないし教授の自由は主として大学における教授（教師）について認められるというべきであろうが，下級教育機関における教師についても，基本的には，教育の自由の保障は否定されていないというべきである」（東京地判昭45・7・17判時604号29頁）として，これを積極的に解し，注目された。

　最高裁は，旭川学力テスト事件（資料43参照）において，「普通教育の場においても，例えば教師が公権力によって特定の意見のみを教授することを強制されないという意味において，また，子どもの教育が教師と子どもとの間の直接の人格的接触を通じ，その個性に応じて行われなければならないという本質的要請に照らし，教授の具体的内容及び方法につきある程度自由な裁量が認められなければならないという意味においては，一定の範囲における教授の自由が保障されるべきことを肯定できないではない。しかし，大学教育の場合には，学生が一応教授内容を批判する能力を備えていると考えられるのに対し，普通

> **資料43**
> **旭川学力テスト事件**（最判昭51・5・21刑集30巻5号615頁）
> 　文部省（当時）は昭和35年秋頃，全国の中学校の2，3年生全員を対象とする，全国中学校一斉学力調査（学力テスト）を企画し，各都道府県教育委員会に対して，この調査及びその結果に関する資料，報告の提出を求めた。昭和36年10月26日，被告人（4名）は，旭川市立永山中学校において実施予定の同学力調査を阻止しようとして学校に赴いた。その際，校長の制止を無視して同校校舎内に侵入し，校長の要求にもかかわらず，退去しなかった。校長が調査を開始するや，学力調査立会人に暴行，脅迫を加え，校長に対して，手拳をもって胸部付近をついて暴行を加え，あるいはその意に反して行動の自由を束縛した。そこで，公務執行妨害罪，建造物侵入罪，共同暴行罪に該当するとして起訴された。

教育においては，児童生徒にこのような能力がなく，教師が児童生徒に対して強い影響力，支配力を有することを考え，また，普通教育においては，子どもの側に学校や教師を選択する余地が乏しく，教育の機会均等をはかる上からも全国的に一定の水準を確保すべき強い要請があること等に思いをいたすときは，普通教育における教師に完全な教授の自由を認めることは，とうてい許されない」（最判昭51・5・21刑集30巻5号615頁）と判示し，一方では，初等・中等教育機関の教師の教育の自由を一定の範囲において認めながら，他方，普通教育の性質から限界があるとした。

(2) 学説

学説においては，初等・中等教育機関における教師に，教育の自由は認められないと解するものが多い。それは，①教授の自由は，沿革上，大学における教授の自由を意味していたこと，②大学における学生が批判能力を備えているのに対して，初等・中等教育機関の児童生徒は，年少であって批判能力が十分でないこと，③初等・中等教育機関においては，そこにおける教育の性質上，教材・教科内容・教授方法等について，ある程度画一化が必要であること，などを理由とする。

3 大学の自治

大学の自治とは，大学の管理・運営について，大学が外部の勢力に干渉されることなく，自ら決定することをいう。学問の自由はすべての国民に保障されているが，学問研究が系統的に行われ，その中心となっているのは大学である。そこで，学問の自由と大学の自治とは観念的に別個のものであるが，憲法23条は，個人の学問の自由のほかに，大学の自治を制度的に保障していると解されている。最高裁も，ポポロ劇団事件（資料40参照）において，「大学における学問の自由を保障するために，伝統的に大学の自治が認められている」（最判昭38・5・22刑集17巻4号370頁）と判示している。

(1) 大学の自治の範囲

大学の自治の範囲について，最高裁は，ポポロ劇団事件において，「この自治は，とくに大学の教授その他の研究者の人事に関して認められ，大学の学長，

教授その他の研究者が大学の自主的判断に基づいて選任される。また，大学の施設と学生の管理についてもある程度で認められ，これらについてある程度で大学に自主的な秩序維持の権能が認められている」とし，大学の自治の内容として，人事の自治，施設管理の自治，学生管理の自治をあげている。通説もまた同様である。しかし，これに対して，大学の自治の内容をできるだけ広く解する見解もある（たとえば，研究教育の内容決定の自治，予算管理における自治を含めている）。

① 大学の自治の内容の中で，人事の自治が最も重要である。管理者（学長，学部長など）や研究者（教授，助教授，講師など）の人事は，大学の自主的な判断に基づいて行わなければならない。

教育公務員特例法は，教育公務員の場合，学長および部局長の採用，教員の採用・昇任の選考は，評議会や学長が行い，その任用・免職等は，学長の申出に基づいて，任命権者が行うとしている（3条・10条）。私立大学においても，通常，教員の人事は教授会が行う。

② 大学の施設管理の自治，学生管理の自治に関しては，特に警察作用との関係が問題になる。

大学は，もちろん治外法権の場ではない。しかし，教育の場所であることに注意しなければならない。この問題について，ポポロ劇団事件の第1審判決は，「大学内の秩序の維持は，緊急止むを得ない場合を除いて，第1次的には大学学長の責任において，その管理の下に処理され，その自律的措置に任せられなければならない。そして，もしも大学当局の能力において処理し，措置することが困難乃至不可能な場合には，大学当局の要請により警察当局が出動しなければならない」（東京地判昭29・5・11判時26号3頁）とし，学生の行為を正当行為であるとして，無罪の判決をした。第2審（東京高判昭31・5・8判時77号5頁）もこれを支持した。しかし，前記最高裁判決は，「本件集会は，真に学問的な研究と発表のためのものでなく，実社会の政治的社会的活動であり，かつ公開の集会またはこれに準ずるものであって，大学の学問の自由と自治は，これを享有しないものといわなければならない。したがって，本件の集会に警察官が立ち入ったことは，大学の学問の自由と自治を犯すものではない」とし，事件を東京地裁に差し戻した。この判決に対して，問題を当日の集会の性格にだけ限定して考え，警察が長期間にわたって，大学内で警備情報収集活動を

行っていたことを考慮していないとの批判もある。

　差戻し後，学生の有罪が確定した（最判昭48・3・22刑集27巻2号167頁）。事件発生後，20年以上経て，決着がついた。

(2)　大学の自治の主体

　大学の自治が認められる事項について，誰が実質的な決定をするのか問題になる。一般には，教授その他の研究者の組織が主体であると解されている。しかし，大学紛争を契機に，特に学生をも大学の自治の主体に含ましめるべきであるとする見解が主張されるようになった。大学の自治との関係で，学生をどのように位置づけるかについて，最高裁は，ポポロ劇団事件において，学生はもっぱら営造物の利用者とする。これに対して，学生は，大学における不可欠の構成員として，「大学自治の運営について要望し，批判し，あるいは反対する当然の権利」を有するとする裁判例もある（東北大学事件：仙台高判昭46・5・28判時645号55頁）。

第27章 ■ 人身の自由

> **設　問**　いわゆる「成田新法」は，暴力主義的破壊活動に基づく工作物の使用禁止を定めるが，行政処分の相手方に告知・聴聞の機会を与えてはいない。この法律の憲法上の問題点について論ぜよ

1 奴隷的拘束・苦役からの自由

(1) 保障の意義

憲法18条は，「何人も，いかなる奴隷的拘束も受けない。又，犯罪に因る処罰の場合を除いては，その意に反する苦役に服させられない」と定める。この規定は，アメリカ合衆国憲法修正13条1節（「奴隷または意に反する苦役は，犯罪に対する処罰として当事者が適法に有罪宣告を受けた場合を除いて，合衆国またはその管轄に属するいずれの地域内においても存在してはならない」）に由来するとされている。憲法が保障する権利の多くは，正当な理由があり，必要最小限度であればこれを制限することができる。しかし，行政権を主体とした検閲禁止（21条2項）や後述する拷問・残虐な刑罰の禁止（36条）などは，いかなる理由があってもこれに違反してはならない絶対的禁止であると解されている。本条もまた，人間の尊厳に反するような「奴隷的拘束」を，例外なく絶対的に禁止する。

「奴隷的拘束」とは，自由な人格者であることと両立しない程度に身体の自由が拘束されることをいう。つまり，身体が拘束されることにより，あらゆる人権の享有が妨げられるような状態を指す。たとえば，戦前，土木工事や鉱山採掘などで人夫・鉱夫が監禁状態におかれた「監獄部屋（たこ部屋）」や娼妓契約のような身体の拘束は絶対的に禁止される。この規定は，国家に対してのみ課された要請ではなく，私人間にも直接に適用される。したがって，いかな

る奴隷的拘束を目的とする契約も，公序良俗違反で無効となる（民90条）。

「意に反する苦役」が何を意味するかについては，学説が分かれている。これを狭く捉える見解は，「苦役という以上は，通常人が多少とも苦痛を感ずる程度の労役を意味する」とする。これに対して，広く本人の意に反した強制労働と捉えるべきであるとする見解，さらに広く，奴隷的拘束に至らない程度の一定程度の人格侵犯をともなう身体の拘束と捉える見解がある。第二説が妥当であろう（比較憲法的には，ドイツ基本法12条3項が「強制労働は，裁判によって命じられる自由剥奪の場合にのみ許される」と規定する）。

(2) 「意に反する苦役」の例外

18条後段は，意に反する苦役を原則として禁止し，「犯罪に因る処罰の場合」には例外的に許されるとしている。したがって，懲役刑や労役場留置は許容されることになる。もちろん，その場合であっても，奴隷的な拘束は許されず，また，残虐な刑罰を内容とする場合には36条に違反する。

明文でもって例外が「犯罪に因る処罰の場合」に限られている以上，これ以外の例外は認められないとする学説もあるが，次に見るように「意に反する苦役」に当たるか否かが問題となる場合がある。たとえば，非常災害などの緊急時に応急措置として課される労務提供の義務づけは「意に反する苦役」にあたるのか。学説の多くは，災害防止等の限られた緊急目的のために必要不可欠であり，応急的・一時的な労務負担である場合には，「意に反する苦役」には当たらないとする。ただし，その理由づけはさまざまである。たとえば，「苦役」とは苦痛を感ずる程度の労役であると理解する見解は，災害救助活動については苦痛を感じないとの理由で，「苦役」には当たらないとする。また，別の見解は，災害の救助活動に際しては，罰則規定が設けられていないことを根拠に「意に反する」とはいえないとしている。しかし，いずれも極めて形式的な解釈であり，国民の一般的な役務については原則として本条に反することにはならないと解すべきであろう（このように解さないと，いわゆる裁判員制度や陪審制度は憲法違反になる）。

また徴兵制については，西欧の伝統では兵役が国民の自律的義務であり「苦役」とは解されないこと，また国際人権B規約8条も兵役は強制労働に含まれないとしていることから，これを違憲ではないとする見解もある。しかし，多

数説と政府見解は，日本国憲法中に兵役の規定がないことから，法律でこれを導入すれば18条に違反するとみなしている。しかし，徴兵制は基本的には本条の問題ではなく，9条によって禁止されていると解すべきであろう。ただし，いわゆる良心的兵役拒否については，19条とともに本条が問題となろう。

2　適正手続の保障

(1)　保障の意義

　憲法31条は，「何人も，法律に定める手続によらなければ，その生命若しくは自由を奪われ，又はその他の刑罰を科せられない」と定める。こうした刑罰権の実現を法の適正手続によってコントロールする考え方は，古くは，1215年に制定されたマグナ・カルタにまで遡る（39条「いかなる自由人も，その同輩の合法的裁判によるか，または国土の法によるのでなければ，逮捕，監禁，差押え，法外放置，もしくは追放され，またはなんらかの方法によって侵害されることはない」）。本条は，合衆国憲法修正5条（「何人も，……法の適正な手続によらずに，生命・自由または財産を奪われることはない」）および14条（「いかなる州も，法の適正な手続によらずに，何人からも生命，自由または財産を奪ってはならない」）の影響を受けたものだと考えられている。アメリカでは，適正手続の保障は，手続が適正な法律によって定められること（手続的デュー・プロセス）と，実体も適正でなければならないこと（実体的デュー・プロセス）という2つの要求を課すものと理解されている。

　わが国でも，通説は，手続・実体の法定とその適正を要求すると解釈する。すなわち，手続が法律で定められさえすれば，その内容は問わないというのではなく，その内容も適正なものでなければならない。同じく，実体法も，法律によって適正に定められなければならない。手続の法定として刑事訴訟法が，実体の法定として刑法がある。

(2)　適正手続の保障内容

(a)　手続の法定と適正

　刑罰権の発動は，最も強力な法的制裁であり，かつさまざまな人権制約をと

もなうため，その手続には慎重さと適正さが要求される。「適正な」手続は，①当事者に告知・聴聞の機会を保障し，②裁判所が管轄権を持ち，③公正・公平な裁判が行われることを要請する。告知とは，公権力が国民に対し刑罰やその他の不利益を科す場合に，その内容について当事者に説明することをいい，聴聞とは，当事者に弁解と防御の機会を保障することをいう。最高裁は，第三者所有物没収事件（最大判昭37・11・28刑集16巻11号1593頁）で，第三者が所有する物を没収する際，当該当事者に事前に告知・弁解・防御の機会を与えないことは31条に違反すると判示した。

(b) 実体の法定と適正

刑罰の実体的要件は，法律により定められなければならない。それは，罪刑法定主義を意味する。罪刑法定主義とは，犯罪と刑罰とを法律により定めることを求める原則であるが，それは次の5つのルールにより実現される。①慣習刑法の禁止，②遡及処罰の禁止，③類推解釈の禁止，④絶対的不定期刑の禁止，⑤構成要件の明確性の要請，である。日本国憲法は，慣習刑法の禁止については73条6号で，また遡及処罰の禁止については39条で定めている。なお，ここでいう「法律」には，「条例」も含まれると解されている。その際，命令と同じように，個別的委任が必要なのか，それとも何らかの委任があればよいとするのかで見解の相違があるが，最高裁は，大阪市売春条例事件（最大判昭37・5・30刑集16巻5号577頁）において，相当な程度に具体的な法律の授権により，それ以下の法令によっても刑罰を定めることができるとしている。本判決は，一般的委任説と個別的委任説の中間的立場をとった判例として位置づけられている。

実体の適正の中には，罪刑均衡原則，刑罰謙抑主義が含まれる。罪刑均衡原則とは，犯罪行為と量刑とのバランスが保たれているかどうかを問うものであり，刑罰謙抑主義とは，立法目的（規制内容）の合理性と，その目的実現のための刑罰の必要性とを問うものである。

刑罰権の発動は，憲法が保障する基本的人権に制限を加えることが少なくない。たとえば刑法230条の名誉毀損罪は憲法21条の表現の自由に制限を加えるものであり，国家公務員の政治活動や労働争議に対する刑罰による威嚇は，表現の自由や労働基本権に対する制限となる。このような場合，刑罰の実体の適正は，制限を受ける人権規定に照らして審査される。また，堕胎罪によって制

限される妊婦の自己決定権は，憲法の既存の人権規定には明文の規定がないが，広義のプライヴァシーの1つとして憲法13条によって保障されると解されている。このような場合には，実体の適正は13条を規準に審査されることになる。とくに新しい人権について一般的自由説をとる場合には，喫煙の自由や散歩の自由に至るまで，およそすべての行為自由が13条によって保障されることになるため，実体の適正について31条が登場する余地はほとんどなくなる。他方，新しい人権について人格的利益説をとり，さらに13条を人権に関する一般的規定，31条を刑罰権発動に関する一般的規定と解せば，31条は13条の特別法としての性格を有することになり，実体要件の適正は，31条の要請だとされることになろう。

(c) 31条と行政手続

31条は，刑事手続に関する規定であるが，これを行政手続にも援用しうるか否かが問題となる。通説は，適正な手続の保障の趣旨は，行政事件にも準用されると説く。たとえば，少年法による保護処分・収容，精神保健および精神障害者福祉に関する法律による措置入院や医療保護入院，伝染病患者の隔離などの身体の自由を奪う行政措置は，いずれも人権と深くかかわるものであり，31条が準用されるのが妥当であると考えられている。最高裁は，成田新法事件（最大判平4・7・1民集46巻5号437頁，資料44参照）において，「憲法31条の定める法定手続の保障は，直接には刑事手続に関するものであるが，行政手続については，それが刑事手続ではないとの理由のみで，そのすべてが当然に同条による保障の枠外にあると判断することは相当ではない」としつつ，行政手続が刑事手続と質的差異があること，また行政目的が多種多様であることから，常に必ずしも行政処分の相手方に事前の告知，弁解，防御の機会を与えることを必要とするものではないとして，行政の特殊性への配慮を示した。なお，1993年に制定された，行政手続法は，その13条で，行政機関が不利益処分を行う場合に，当事者に事前の告知と聴聞の機会を付与することを義務づけている。

> **成田新法事件**（最大判平4・7・1民集46巻5号437頁） 資料44
> 【事案】　いわゆる「成田新法」は，暴力主義的破壊活動に基づく工作物の使用禁止を定める。この法律に基づき，運輸大臣は，X所有の通称「横堀要塞」を「多数の暴力主義的破壊活動者の集合の用」等に供することを禁止する処分を行った。これに対しXは，憲法31条等違反を理由に処分取消しを求めた。1・2審ともに請求を排斥。X上告。
> 【判旨】「憲法31条の定める法定手続の保障は，直接には刑事手続に関するものであるが，行政手続については，それが刑事手続ではないとの理由のみで，そのすべてが当然に同条による保障の枠外にあると判断することは相当ではない。
> 　しかしながら，同条による保障が及ぶと解すべき場合であっても，一般に，行政手続は，刑事手続とその性質においておのずから差異があり，また，行政目的に応じて多種多様であるから，行政処分の相手方に事前の告知，弁解，防御の機会を与えるかどうかは，行政処分により制限を受ける権利利益の内容，性質，制限の程度，行政処分により達成しようとする公益の内容，程度，緊急性等を総合較量して決定されるべきものであって，常に必ずそのような機会を与えることを必要とするものではないと解するのが相当である」。

3　被疑者の権利

(1)　不当逮捕からの自由

　憲法33条は，逮捕に関して，令状主義の原則を定める。逮捕に際しては，原則として，司法官憲の発する令状に基づくことを要する。司法官憲とは，裁判官を意味する。逮捕に際して令状を要請したのは，不当な逮捕による恣意的な人身の自由の拘束を防止し，被逮捕者の防御権を保護するためである。憲法は，令状主義の例外として，現行犯逮捕を認める。現行犯とは，現に犯罪を行いまたは現に犯罪を行い終った者をいう。これが例外とされる理由は，犯行が明白であり，したがって逮捕権の濫用の虞がないこと，また逮捕の必要性・緊急性が高いことにある。

　令状主義に関しては，緊急逮捕と別件逮捕が問題となる。緊急逮捕とは，重大な犯罪であり，かつ，罪を犯したことを疑うに足りる十分な理由がある場合で，緊急性が高く，裁判官の逮捕状を求めることができない場合に，逮捕状請求を後回しにして逮捕することをいう。これを本条違反と見る説も有力である

が，多数説は，これを一種の令状逮捕と見て合憲と解している。別件逮捕とは，捜査対象となっている犯罪（本件）の容疑が固まらない場合に，他のより軽微な犯罪（別件）を理由として逮捕し取り調べ，身柄を拘束した上で本件の取調べを行って本件についての証拠を収集しようとする捜査手段である。これに対しては，その逮捕・拘留を「別件」を基準にしてみた場合，これについての逮捕状を請求しうる証拠が揃っている以上，問題はなく，また逮捕後の取調べは，必ずしも別件に限定されるものではなく，本件に関する任意の取調べをしたとしても本条に反するものではないとする合憲説がある。一方，「本件」を基準にしてみた場合，本件に関する逮捕状請求の証拠が揃っていない以上，これを容認することは令状主義の原則を無意味なものにすると懸念されている。なお，令状はもともと有体物を前提としているため，通信傍受法が本条に違反するかどうかも問題になった。

(2) 不当な抑留・拘禁からの自由

抑留・拘禁は人身の自由に対する重大な侵害となるため，憲法34条は，身柄拘束が公明正大に実施されるべく，次の３つの権利を被拘束者に保障している。それは，①抑留・拘禁の理由の告知を受ける権利，②公開法廷で拘禁理由の開示を求める権利，③弁護人依頼権である。

① 抑留・拘禁の理由の告知を受ける権利　抑留とは，身柄を一時的に拘束することをいい，拘禁とは，継続的に拘束し続けることをいう。抑留・拘禁の理由とは，犯罪の嫌疑のことであり，これは罪名だけではなく，抑留・拘禁の根拠となった犯罪事実または公訴事実を示すものでなければならない。また，抑留・拘禁が必要な理由も告げられなければならない。これらの理由が，抑留・拘禁に際して直ちに告げられることも要請される。

② 公開法廷で拘禁理由の開示を求める権利　抑留とは異なり，拘禁される場合には，公開法廷でその理由の開示を求める権利が，被拘束者に保障される。またその理由は，「正当」なものでなければならない。正当な理由とは，単に犯罪事実ないし被告事件があるということにとどまらず，それを含めて拘禁を必要とする合理的・実質的理由を意味するものと解されている。

③ 弁護人依頼権　抑留・拘禁する際には，弁護人依頼権が直ちに与えられなければならない。この権利は，単に弁護士を選任するだけの権利ではなく，

専門家の助言により防御の機会を付与されることも要請する。刑事被告人の弁護人依頼権が，本条とは別に37条で保障されていることに照らせば，本条は，公訴提起前に抑留・拘禁された被疑者に与えられる権利だということになる。

自己の権利の防御のために保障された弁護人依頼権の意義に鑑みれば，被疑者と弁護人とのいわゆる接見交通権が十分に保障される必要がある。だが，実際には，捜査のため必要がある場合には，捜査機関は，公訴提起前に限り，接見の日時・場所・時間を指定できることになっている。その際，接見の日時等をあらかじめ指定しておくような一般的指定の方法が採られる場合には，捜査の便宜を優越させた接見交通権の過度の規制として違憲の疑いが濃いとされている。

(3) 不法な捜索・押収からの自由

憲法35条は，住居等の不可侵を定める。住居が私的生活の本拠として重要な意味を持つことから，本条は，プライヴァシー保護の一種であると理解されている。住居等につき捜索・押収する場合には，司法官憲が発する令状がなければならない。同条が定める書類および所持品とは，およそ人の占有に属するすべての物をいい，報道機関が取材した写真・ビデオ・フィルム等もこれに含まれる。しかし，取材フィルムの押収に際しては表現の自由ないし取材の自由との調整が必要となる。また，捜索・押収が身体に対してなされる場合（たとえば，強制採尿）には，人格権との関係で重大な問題を生ぜしめる。なぜなら，ただ単に，証拠収集のため住居・書類・所持品を捜索・押収するのとは異なり，身体領域への侵襲をともなうものだからである。

本条についても行政手続への準用が認められるかが問題となる。警察官職務執行法2条1項の職務質問に際して，ある程度の所持品検査を行うことが許されると解されているが，このように行政処分として所持品検査を行う場合にも本条が適用されるか。本条は，捜査上の強制処分として所持品検査が行われる場合には，当然のこととして適用されることになるが，行政処分としての所持品検査の場合には，それが犯罪の予防・鎮圧等を目的とし，迅速適正にこれを処理すべき行政警察の責務からすれば，強制的でない限り，所持人の承諾がなくとも許される場合もあるとされている（最判昭53・6・20刑集32巻4号670頁）。

4 被告人の権利

(1) 公平な裁判所の迅速な公開裁判を受ける権利

憲法37条1項は,「公平な裁判所」による裁判を保障する。「公平な裁判所」とは,当事者の一方に不当に与する裁判をするおそれのない裁判所をいう。これを実現するため,刑事訴訟法,刑事訴訟規則では,裁判官の除斥・忌避・回避の制度を設けている。「迅速な」裁判とは,適正な裁判を確保するために必要な期間を超えて不当に遅延した裁判でない裁判をいう。最高裁は,高田事件(最大判昭47・12・10刑集26巻10号631頁)において,「審理の著しい遅延の結果,迅速な裁判を受ける被告人の権利が害されたと認められる異常な事態」が生じた場合には,迅速な裁判を受ける権利の侵害となる場合があり,非常救済手段として審理を打ち切るべきとし,1審の審理が15年あまりも中断した本件につき免訴の言渡しをすべきとした。他方で,審理中断が被告人側の責めに帰す場合であったり,事案が複雑な場合には,長期にわたる審理中断があったとしても異常事態には当たらない(最判昭48・7・20刑集27巻7号1322頁,最判昭50・8・6刑集29巻7号393頁ほか)。

(2) 証人審問権・弁護人依頼権

37条2項前段は,証人のみならず,鑑定人,参考人,共同被告人など,およそ被告人に不利益な供述をする者に対して,被告人が反対尋問を行う権利を保障する(反対尋問権)。また後段は,被告人にとって有利な供述をなす証人を喚問する権利を保障する(証人喚問権)。同条3項は,弁護人依頼権を保障し,被疑者・被告人はいつでも弁護人を選任できる。その後段は,国選弁護人制度を定めたものである。国選弁護人は,被疑者段階ではつけられない。しかし,本条および34条の精神から,少なくとも拘禁中の被疑者については国選弁護人依頼権を付与すべきとする説がある。

(3) 自己負罪拒否特権

憲法38条は,自己に不利益な供述を強要されないことを保障する。これは,

自己負罪拒否特権と呼ばれている。「自己に不利益な供述」とは，本人の刑事責任に関する不利益な供述，すなわち，有罪判決の起訴となるべき事実や量刑上不利益となる事実等についての供述をいう。最高裁は，川崎民商事件（最大判昭47・11・22刑集26巻9号554頁）で，刑事手続以外の手続においても，それが，「実質的に刑事責任追及のための資料の取得収集に直接結びつく作用を一般的に有する手続」には等しく本条が適用されると判示している。

本条2項は，強制・拷問・脅迫による自白，不当に長く拘束された後の自白の証拠能力を否定する。いわゆる自白排除法則である。自白排除の理由については諸説あり，これを，任意性を欠く自白の証拠能力を否定するものとみる見解が有力であるが，さらにその根拠につき，任意性を欠く供述には虚偽が含まれている可能性が高いからだとする虚偽排除説と，虚偽か否かに関わらず，人権擁護の立場から任意性を欠く供述を排除すべきとする人権擁護説とに分かれている。これとは別に，違法に収集した証拠を排除する趣旨だとする違法排除説がある。

5　拷問及び残虐な刑罰の禁止

憲法36条は，拷問及び残虐な刑罰を例外なく絶対的に禁止する。「拷問」とは，被疑者・被告人から自白を得るため肉体的・生理的な苦痛を与えることをいう。従前は，自白が処罰のための決め手とされていたため，自白を得るため拷問が行われることが多かった。その後，拷問が禁止されてもなお，戦前まで公務員による拷問が後を絶たなかったという歴史的背景から，本条が「絶対的」禁止を意味するものと理解された。「残虐な刑罰」とは，不必要な精神的，肉体的苦痛を内容とする人道上残酷と認められる刑罰という。これに関し，死刑の合憲性が問題となる。最高裁は，憲法13条，31条が死刑の存在を前提としていること，その執行方法が，火あぶり，はりつけ，さらし首，釜ゆでなどのように人道上の見地から一般に残虐性を有するものとは認められないことを根拠に，死刑を合憲とした（最大判昭23・3・12刑集2巻3号191頁）。また，たとえば，軽微な犯罪に対し，死刑が法定刑とされるように，犯罪の罪質に対して著しく不均衡な重い刑罰が定められるときに，本条の問題となるか否かについて争いがある。これについては，本条の問題とする見解と，31条・13条の問題

と捉える見解がある。

6　刑罰法規の不遡及・二重処罰の禁止

　憲法39条前段は，実行の時に適法であった行為について刑事責任を問わないと規定し，事後法の禁止を定める。本条では，実行時に適法であった行為のみならず，適法ではなかったが罰則が定められていなかった場合に，事後法によって刑罰を科することを禁止する。また，実行時に刑罰が定められていた場合であっても，事後法によって従前よりも重い刑罰を定めて処罰することは許されない。逆に，事後法によって刑罰を軽くした場合，あるいは不処罰とした場合に本条を遡及的に適用したとしても，違反にはならない。

　手続法が被告人にとって不利に変更された場合に，遡及しうるか否かが問題となる。この点につき，学説は，否定説と肯定説に分かれ，最高裁は，刑訴法が単に上告理由の一部を制限したにすぎない場合には，被告人にとって不利益変更であったとしても違反にはならないとする（最大判昭25・4・26刑集4巻4号700頁）。

　本条後段が何を意味するかにつき，①「一事不再理」を定めたものとする説，②「二重処罰の禁止」を意味するとする説，③「二重の危険の禁止」として捉える説がある。「一事不再理」とは，一度審理し終えたら，再度審理することはないという原則である。これによれば，判決が確定した後で，被告人に不利益に変更することは許されない。「二重処罰の禁止」とは，ある犯罪について処罰した後，同じ行為をさらにまた別の罪として重ねて処罰してはならないことを意味する。「二重の危険の禁止」とは，実体審理を受け終わり，実体判決が形式的に確定した後に，ふたたび実体審理を行うことを禁止したものと解されている。近時，②説が有力になりつつあるようであるが，どの説を採ったとしても結論に大差が生じないことが指摘されている。

第28章 ■ 経済的自由

> **設問** 「著しく且つ直接に日本国の利益又は公安を害する行為を行う虞があると認めるに足りる相当の理由がある者」に対して，外務大臣が旅券の発行を拒否できると定める法律があるとすれば，その法律は憲法に違反するのであろうか。

1 経済的自由の意義

　憲法22条は，1項で「何人も，公共の福祉に反しない限り，居住，移転及び職業選択の自由を有する。」，2項で「何人も，外国に移住し，又は国籍を離脱する自由を侵されない。」と規定する。憲法29条は，1項「財産権は，これを侵してはならない。」，2項「財産権の内容は，公共の福祉に適合するやうに，法律でこれを定める。」，3項「私有財産は，正当な補償の下に，これを公共のために用ひることができる。」と規定している。

　これらの規定は，「経済的自由」を保障するものであるが，第1に，なぜ，このような規定を憲法は有しているのか，その理由を理解することが重要である。第2に，両条文とも「公共の福祉」という表現が入っている。これは一体どのような意味を持つのか，まず最初にこの2点について考えておこう。

(1) 歴史的背景

　市民革命は，すべての人を封建的な束縛から解放し，1個の独立した自由人として自らの自由な意思ですべてを決する権利を保障した。封建的な束縛とは，身分制がしかれ，身分と職業は不可分のものと考え，職業は世襲制であり，親は子供に家の職業を強制的に継がせることができたことをいう。また，封建時代には各領地の境界をきびしく見張り，領民が領地の外に出ることを固く禁止した。住みたい所に住むために移動する自由や働きたい場所に居住を移転させ

る自由などなかった。市民革命によるこのような束縛から人民を解放するための自由，居住・移転の自由，職業選択の自由，外国移住の自由，国籍離脱の自由の保障は，資本主義社会において重要な権利の保障として位置づけられた。どのような仕事をどこでするか，それによってどのような財産を得るかということは，資本主義社会の根幹をなすものであり，この自由なくして資本主義社会は成立しない。

居住・移転の自由と職業選択の自由が憲法の同一条文の中に規定されているのは，このような歴史的背景があり，所有権を代表とする私的財産権は国家権力をもってしても侵しえないことを保障し，物に対する直接支配を確立させた。

(2) 自由の制約

しかしながら，このような経済活動の自由を絶対的に保障することは資本主義社会の発展に多大な貢献をするところであったが，やがてさまざまな問題が生じ，経済的強者と経済的弱者の格差是正が求められた。経済的強者の自由な活動を制限し，経済的弱者を保護するための概念として「公共の福祉」が機能することになった。すなわち社会全体の利益と秩序の見地から，それらを超え害を全体にもたらすような場合，個々人の自由な活動はその害を除去するため制約されるのである。

ただし，ここでいう公共の福祉による経済活動の自由制約は，害を除去するのみならず，社会経済全体の発展のために個人の経済活動を制約する場合もあり，福祉国家理念の実現という積極的な権利保障を意味する公共の福祉による制約が強調されているのである。

2 職業選択の自由

(1) 職業選択の自由の意義

自分の従事する職業を自分で選択しその職業を行っていくことに対して，他の強制や干渉を受けないということは，人権保障の中核をなす自由として認識されているところである。しかしながら職業選択の自由は，ただ単に経済活動の自由ではなく，個人の人格的価値とも密接に関係するものである。職業は，

人間が生きていく上で重要な事項であり，経済的利益を得るということばかりでなく，自己の個性を表現し，自己実現を図っていく過程でもある。

このようなところから，職業選択の自由は経済的自由であるとともに人の人格的価値と関係する自由であるとし，精神的自由や人身の自由などの性質も併せ持つものであると考える見解も有力に主張されている。

(2) 営業の自由

営業の自由とは，営利を目的とした経済活動の自由，すなわち職業を遂行していく自由である。が，これは職業選択の自由に含まれるかという問題について，自己の従事すべき職業を決定する自由だけでなく，みずから選択した職業を行う自由まで含まれると解さなければ，職業選択の自由を保障した意味がない，と解するのが通説・判例（資料45参照）である。

(3) 職業選択の自由に対する制約

職業選択の自由は経済的自由であるばかりでなく，人格的価値とも緊密な関係にあるので，その制約については慎重に行わなければならないが，純然たる精神的自由に比較すると，一般により強い制約を受ける。

制約は大きく2つに分けて考えられる。消極的目的による規制と積極的目的による規制である。

消極的目的による規制とは，警察的規制とも呼ばれ，主として国民の生命及び健康に対する危険を防止もしくは除去，緩和するために課せられる規制である。行政法学上の警察権の発動について，その手段・態様は除去されるべき障害の大きさに比例しなければならず，選択可能な措置のうち必要最小限度にとどまらなくてはならないという警察比例の原則は，警察権に限らず，国民の権利，自由を制約するすべての行政活動に当てはまると考えられ，消極的目的による規制にも妥当するとされている。

規制の手段としては，風俗営業，飲食業などの許可制，理容業などの届出制，医師，薬剤師，弁護士などの資格制をあげることができる。

積極的目的による規制は，国民経済の円満な発展や社会公共の便宜の促進，経済的弱者の保護など，社会政策及び経済政策上の目的でなされる規制で，本来は自由競争に委ねられるものであるが，弱者を保護するために強者をあえて

規制する，という趣旨のものである。国家の財政目的などの理由から私人による営業を排するとした郵便事業やたばこ専売制などがこの規制の代表としてあげられていたが，周知のように郵便事業の民営化，たばこ専売制の廃止からもわかるように，変動する社会経済は国家独占の意味を変えようとしている。

電気，バス，水道などの公益事業について，国家によってそれを営む権利を設定してもらってはじめてなしうるものとされる特許制は，積極的目的規制の典型例である。

(4) 規制の合憲性判定基準

経済的自由としての職業選択の自由に対する合憲性判定基準は，一般に合理性の基準と呼ばれ，規制の目的およびその目的を達成する手段について，一般人を基準にして，それが合理的といえるものかどうか審査する。

さらにこの合理性の基準は，消極的目的の規制と積極的目的の規制で分けて考えるのが一般的である。これが，二分論と呼ばれるものである。消極的目的における規制については，裁判所が規制の必要性，合理性および同じ目的を達成できる，より緩やかな規制手段の有無を立法事実に基づいて審査する厳格な合理性の基準で判断される。これは，消極規制が人の生命，健康に対する危険を防止するためのものであり，その合理性，必要性の判断を裁判所が行うことは比較的容易と考えられるからである。

これに対して，積極的目的の規制においては，それが社会経済政策を実施するための規制措置であるから，当該規制措置が著しく不合理であることの明白である場合に限って違憲とする，明白の原則によって判断される。

このように目的によって合憲性判定の基準を変えるのが通説的見解である。しかしながら，積極的目的であるか消極的目的であるか，その区別は相対的なものであり，具体的な規制について割り切りにくい場合もあり，他の視点も加味して判断することが必要である，と考えられる（資料46・47・48・49参照）。

小売市場事件（最大判昭47・11・22刑集26巻9号586頁）

(1)「憲法22条1項は、国民の基本的人権の1つとして、職業選択の自由を保障しており、そこで職業選択の自由を保障するというなかには、広く一般に、いわゆる営業の自由を保障する趣旨を包含しているものと解すべきであり、ひいては、憲法が、個人の自由な経済活動を基調とする経済体制を一応予定しているものということができる。」

憲法22条1項に基づく「個人の経済活動に対する法的規制は、個人の自由な経済活動からもたらされる諸々の弊害が社会公共の安全と秩序の維持の見地から看過することができないような場合に、消極的に、かような弊害を除去ないし緩和するために必要かつ合理的な規制である限りにおいて許されるべきことはいうまでもない。のみならず、憲法の他の条項をあわせ考察すると、憲法は、全体として、福祉国家的理想のもとに、社会経済の均衡のとれた調和的発展を企図しており、その見地から、すべての国民にいわゆる生存権を保障し、その一環として、国民の勤労権を保障する等、経済的劣位に立つ者に対する適切な保護政策を要請していることは明らかである。このような点を総合的に考察すると、憲法は、国の責務として積極的な社会経済政策の実施を予定しているものということができ、個人の経済活動の自由に関する限り、個人の精神的自由等に関する場合と異なって、右社会経済政策の実施の一手段として、これに一定の合理的規制措置を講ずることは、もともと、憲法が予定し、かつ、許容するところと解するのが相当であ」る。

(2)「社会経済の分野において、法的規制措置を講ずる必要があるかどうか、その必要があるとしても、どのような対象について、どのような手段・態様の規制措置が適切妥当であるかは、主として立法政策の問題として、立法府の裁量的判断にまつほかない。というのは、法的規制措置の必要の有無や法的規制措置の対象・手段・態様などを判断するにあたっては、その対象となる社会経済の実態についての正確な基礎資料が必要であり、具体的な法的規制措置が現実の社会経済にどのような影響を及ぼすか、その利害得失を洞察するとともに、広く社会経済政策全体との調和を考察する等、相互に関連する諸条件についての適正な評価と判断が必要であって、このような評価と判断の機能は、まさに立法府の使命とするところであり、立法府こそがその機能を果たす適格を具えた国家機関であるというべきであるからである。したがって、右に述べたような個人の経済活動に対する法的規制措置については、立法府の政策的技術的な裁量に委ねるほかはなく、裁判所は、立法府の右裁量的判断を尊重するのを建前とし、ただ、立法府がその裁量権を逸脱し、当該法的規制措置が著しく不合理であることの明白である場合に限って、これを違憲として、その効力を否定することができるものと解するのが相当である。」

出典：憲法判例百選Ⅰ200頁

薬局距離制限事件（最大判昭50・4・30民集29巻4号572頁）

(1) 職業は、その性質上、社会的相互関連性が大きいので、精神的自由に比較して、公権力による規制の要請がつよいが、「その種類、性質、内容、社会的意義及び影響がきわめて多種多様であるため、その規制を要求する社会的理由ないし目的も、国民経済の円満な発展や社会公共の便宜の促進、経済的弱者の保護等の社会政策及び経済政策上の積極的なものから、社会生活における安全の保障や秩序の維持等の消極的なものに至るまで千差万別で、その重要性も区々にわたる」。それ故、これらの規制措置が憲法上是認されるかどうかは、「これを一律に論ずることができず、具体的な規制措置について、規制の目的、必要性、内容、これによって制限される職業の自由の性質、内容及び制限の程度を検討し、これらを比較考量したうえで慎重に決定されなければならない」。

(2) 「一般に許可制は、単なる職業活動の内容及び態様に対する規制を超えて、狭義における職業の選択の自由そのものに制約を課するもので、職業の自由に対する強力な制限であるから、その合憲性を肯定しうるためには、原則として、重要な公共の利益のために必要かつ合理的な措置であることを要し、また、それが社会政策ないしは経済政策上の積極的な目的のための措置ではなく、自由な職業活動が社会公共に対してもたらす弊害を防止するための消極的、警察的措置である場合には、許可制に比べて職業の自由に対するよりゆるやかな制限である職業活動の内容及び態様に対する規制によっては右の目的を十分に達成することができないと認められることを要する」。

(3) 薬局の「適正配置規制は、主として国民の生命及び健康に対する危険の防止という消極的、警察的目的のための規制措置であり」、「薬局等の経営の保護というような社会政策的ないしは経済政策的目的は右の適正配置規制の意図するところではな」い（この点で、小売商業調整特別措置法判決で示された法理は、必ずしも本件の場合に適切ではない）。

(4) 「右の配置規制がこれらの目的のために必要かつ合理的であり、薬局等の業務執行に対する規制によるだけでは右の目的を達することができないとすれば、許可条件の1つとして地域的な適正配置基準を定めることは、憲法22条1項に違反するものとはいえない。問題は、果たして、右のような必要性と合理性の存在を認めることができるかどうか、である。」

(5) 「Yの指摘する薬局等の偏在──競争激化──一部薬局等の経営の不安定──不良医薬品の供給の危険又は医薬品乱用の助長の弊害という事由は、いずれもいまだそれによって右の必要性と合理性を肯定するに足りず」、薬事法6条2項・4項（これらを準用する同法26条2項）は、憲法22条1項に違反し、無効である。

出典：憲法判例百選Ⅰ202頁

資料47

公衆浴場距離制限事件（最大判昭30・1・26刑集9巻1号89頁）
「公衆浴場は，多数の国民の日常生活に必要欠くべからざる，多分に公共性を伴う厚生施設である。そして，若しその設立を業者の自由に委せて，何等その偏在及び濫立を防止する等その配置の適正を保つために必要な措置が講ぜられないときは，その偏在により，多数の国民が日常容易に公衆浴場を利用しようとする場合に不便を来たすおそれなきを保し難く，また，その濫立により，浴場経営に無用の競争を生じその経営を経済的に不合理ならしめ，ひいて浴場の衛生設備の低下等好ましからざる影響を来たすおそれなきを保し難い。このようなことは，上記公衆浴場の性質に鑑み，国民保健及び環境衛生の上から，出来る限り防止することが望ましいことであり，従って，公衆浴場の設置場所が配置の適正を欠き，その偏在乃至濫立を来たすに至るがごときことは，公共の福祉に反するものであって，この理由により公衆浴場の経営の許可を与えないことができる旨の規定を設けることは，憲法22条に違反するものとは認められない。」
出典：憲法判例百選Ⅰ194頁

資料48

公衆浴場距離制限事件（最判平元・1・20刑集43巻1号1頁）
　公衆浴場法に公衆浴場の適正配置規制の規定が追加されたのは昭和25年法律第187号の同法改正法によるのであるが，公衆浴場が住民の日常生活において欠くことのできない公共的施設であり，これに依存している住民の需要に応えるため，その維持，確保を図る必要のあることは，立法当時も今日も変わりはない。むしろ，公衆浴場の経営が困難な状況にある今日においては，一層その重要性が増している。そうすると，公衆浴場業者が経営の困難から廃業や転業をすることを防止し，健全で安定した経営を行えるように種々の立法上の手段をとり，国民の保健福祉を維持することは，まさに公共の福祉に適合するところであり，右の適正配置規制及び距離制限も，その手段として十分の必要性と合理性を有していると認められる。もともと，このような積極的，社会経済政策的な規制目的に出た立法については，立法府のとった手段がその裁量権を逸脱し，著しく不合理であることの明白な場合に限り，これを違憲とすべきであるところ（最高裁昭和45年(あ)第23号同47年11月22日大法廷判決・刑集26巻9号586頁参照），右の適正配置規制及び距離制限がその場合に当たらないことは，多言を要しない。

> **公衆浴場距離制限事件**（最大判平元・3・7判タ694号84頁）
>
> 　公衆浴場法（以下「法」という。）2条2項の規定が憲法22条1項に違反するものでないことは，当裁判所の判例とするところである（昭和28年（あ）第4782号同30年1月26日大法廷判決・刑集9巻1号89頁。なお，同30年（あ）第2429号同32年6月25日第3小法廷判決・刑集11巻6号1732頁，同34年（あ）第1422号同35年2月11日第1小法廷判決・刑集14巻2号119頁，同33年(オ)第710号同37年1月19日第2小法廷判決・民集16巻1号57頁，同40年（あ）第2161号，第2162号同41年6月16日第1小法廷判決・刑集20巻5号471頁，同43年（行ツ）第79号同47年5月19日第2小法廷判決・民集26巻4号698頁参照）。
> 　おもうに，法2条2項による適正配置規制の目的は，国民保健及び環境，生の確保にあるとともに，公衆浴場が自家風呂を持たない国民にとって日常生活上必要不可欠な厚生施設であり，入浴料金が物価統制令により低額に統制されていること，利用者の範囲が地域的に限定されているため企業としての弾力性に乏しいこと，自家風呂の普及に伴い公衆浴場業の経営が困難になっていることなどにかんがみ，既存公衆浴場業者の経営の安定を図ることにより，自家風呂を持たない国民にとって必要不可欠な厚生施設である公衆浴場自体を確保しようとすることも，その目的としているものと解されるのであり，前記適正配置規制は右目的を達成するための必要かつ合理的な範囲内の手段と考えられるので，前記大法廷判例に従い法2条2項及び大阪府公衆浴場法施行条例2条の規定は憲法22条1項に違反しないと解すべきである。

資料49

3　居住・移転の自由と制限

　居住・移転の自由は，自己の住所または居所を自由に決定し，移動することを内容とする。資本主義経済社会は，この自由が確立したことによって基盤が整ったといえるので，居住・移転の自由は資本主義経済の前提を形成する意味で経済的自由として位置づけられる。

　さらに自分の移動したいところに移動できるということから，人身の自由としての意味合いも持つ。そして，移動することによってさまざまな場所の人々と交流を持つことは，その人の人格形成や精神活動に大きな影響を与えるものと考えられる。このようなところから，居住・移住の自由は精神的自由の側面も有している，ということができる。

　居住・移転の自由が経済的自由，人身の自由，精神的自由の側面を持つものであるならば，その限界もそれぞれの場合に応じて具体的に検討する必要があ

るとするのが妥当である。

　現行法上，制限されるものとしては伝染病予防法による強制隔離（7条・8条），破産法による破産者に対する居住制限（147条），刑事訴訟法による刑事被告人の住居制限（95条）などがある。

　海外渡航の自由については，憲法が永住のための出国を保障しながら，旅行のための出国を認めないと解することは不合理であることから，憲法22条2項で保障されると考えられる。

　実際に海外渡航する場合は旅券が必要であり，一定の場合外務大臣は発券を拒否できる。そこで，設問のように旅券法13条1項5号は合憲かどうか争点になるところである。この場合，海外渡航をどのように捉えるか，また旅券の性質を身分証明書と捉えるか，渡航許可証と捉えるか，で見解は分かれる。判例は，公共の福祉のために合理的な制限を定めたものとし，合憲という立場をとっている（最大判昭33・9・10民集12巻13号1969頁）。

4　財産権の保障と制限

(1)　財産権の保障

　憲法29条1項は，私有財産制という制度的保障とともに各人が現に有する財産権の不可侵の保障も含むと考えるのが通説・判例である。

(2)　財産権の一般的制限

　財産権の一般的制限としては，まず憲法29条2項による公共の福祉をあげることができるが（資料50），条例による制限については許されないとする見解もある。が，条例は地方公共団体の議会において民主的な手続によって制定さ

資料50

森林法共有林事件（最大判昭62・4・22民集41巻3号408頁）

　森林法186条による分割請求権の制限は，同条の「立法目的との関係において，合理性と必要性のいずれをも肯定することのできないことが明らかであって」「同条は，憲法29条2項に違反し，無効というべきである。」

出典：憲法判例百選Ⅰ208頁

れる法であり，地方的な特殊事情が存在する場合もあり，財産権の制限は許されるとするのが通説・判例である（最大判昭38・6・26刑集17巻5号521頁）。

(3) 財産権の制限と補償

憲法29条3項は，私有財産は，正当な補償の下に，これを公共のために用いることができるとしている。公共のために用いる，ということ，正当な補償ということ，はそれぞれどのような意味か，が問題となる。

私有財産を公共のために用いる，という意味は，たとえば道路の拡幅のために立ち退きを余儀なくされた人に対する補償などが一般的であるが，農地改革などにおいてその意味が問われ，収用した財産が最終的に特定の人に渡ったとしても社会公共の利益のためであるならば公共性は否定されない，と判断されている（最判昭29・1・22民集8巻1号225頁）。

正当な補償については，当該財産の客観的な市場価格を全額補償すべきか，

資料51

土地収用補償金請求事件（最判平14・6・11民集56巻5号958頁）

(1) 「憲法29条3項にいう『正当な補償』とは，その当時の経済状態において成立すると考えられる価格に基づき合理的に算出された相当な額をいうのであって，必ずしも常に上記の価格と完全に一致することを要するものではない」（最大判昭28・12・23民集7巻13号1523頁）。土地収用法71条の規定が憲法に違反するかどうかも，この判例の趣旨に従って判断すべきである。

(2) 「土地の収用に伴う補償は，収用によって土地所有者等が受ける損失に対してされるものである（土地収用法68条）ところ，収用されることが最終的に決定されるのは権利取得裁決によるのであり，その時に補償金の額が具体的に決定される（同法48条1項）のであるから，補償金の額は，同裁決の時を基準にして算定されるべきである」。その具体的方法は，土地収用法71条所定のとおりである。

(3) 事業認定の告示の時から権利取得裁決の時までの収用地の価格変動は，起業者に帰属し又は起業者が負担すべきものである。また，事業認定の告示後は当該土地は一般の取引の対象となることはなく取引価格が一般の土地と同様に変動するものとはいえない。なお，土地収用法は補償金支払請求制度を設けており（46条の2・46条の4），この制度を利用することにより被収用者が近傍において代替地を取得することは可能である。これらのことにかんがみれば，「被収用者は，収用の前後を通じて被収容者の有する財産価値を等しくさせるような補償を受けられるものというべきである」。

(4) 以上のとおりであるから，土地収用法71条は憲法29条3項に違反しない。

出典：ジュリストNo.1246.17頁

当該財産に対して加えられる公共目的の性質，その制限の程度などを考慮して算定される合理的な相当額であればよしとするか，見解の相違が見られる。なお，最高裁は（資料51）土地収用法71条の憲法29条3項適合性について初めての判断をしている。

(4) 予防接種事故と補償請求

予防接種による健康被害について，29条3項を根拠として補償請求できるか，それとも17条に基づく国家賠償法による賠償請求をなすべきか，問題となるところである。29条3項の類推適用を認める見解とこれを否定する見解に分かれる（資料52・53）。

資料52

予防接種ワクチン禍事件（東京地判昭59・5・18判時1118号28頁）

「更に……財産権の制限が……特定の個人に対し，特別の財産上の犠牲を強いるものである場合には，これについて損失補償を認めた規定がなくても，直接憲法29条3項を根拠として補償請求をすることができないわけではない」。「そして，右憲法13条後段，25条1項の規定の趣旨に照らせば，財産上特別の犠牲が課せられた場合と生命，身体に対し特別の犠牲が課せられた場合とで，後者の方を不利に扱うことが許されるとする合理的理由は全くない。」「従って，生命，身体に対して特別の犠牲が課せられた場合においても，右憲法29条3項を類推適用し，かかる犠牲を強いられた者は，直接憲法29条3項に基づき，被告国に対し正当な補償を請求することができると解するのが相当である。」

出典：ジュリスト「憲法判例百選Ⅰ」224頁

資料53

東京予防接種禍訴訟控訴審判決（東京高判平4・12・18判時1445号3頁）

【判旨】「本件予防接種被害は，法によっても侵害することが許されない生命・健康という法益の侵害にかかわるものであるから，財産権に対する適法な侵害に関する補償を定めた憲法29条3項を根拠に損失補償請求権を導き出すことはできず，憲法13条・14条1項・25条から損失補償請求権を根拠付けることもできない。」

出典：ジュリスト「平成4年度重要判例」54頁

第29章 ■ 社会権の保障

> **設問** 重度の病気のため、療養所に入所していたものが、生活保護法に基づいて、医療扶助・生活扶助により療養をしていた。しかし、その扶助の額が低額だったため、「健康で文化的な最低限度の生活を営む権利」を保障する憲法25条1項に基づいて、国に増額を要求した。このように25条1項に基づいて訴えをすることができるのか。

1 社会権の意義

19世紀から20世紀にかけて、資本主義の高度な発展にともない、富の偏差による社会的不平等がいっそう顕著になってきた。このような状況では、従来のような自由権的人権のみではすべての国民が人間に値する生活を保つことが難しくなった。そこで、国民が人間に値する生活を送ることができることを国家に対して求めることを内容とする権利を保障するようになった。このように、実質的平等の保障を得るために国家に対して積極的関与ないし配慮を求めることを内容とする権利を社会権という。よって、この権利の性質は、従来の自由権的人権が国家からの干渉の排除を要求する権利であったことと大きく異にしている。

日本国憲法では、社会権として、生存権（25条）、教育を受ける権利（26条）、勤労の権利（27条）および労働基本権（28条）を保障している。

2 生存権

(1) 生存権の意義

憲法25条1項は、「すべての国民は、健康で文化的な最低限度の生活を営む

権利を有する」と定め，国民に人間らしい生活を送る権利を保障した。なお，教育を受ける権利，勤労の権利，勤労者の団結権・団体行動権も，つきつめれば，人間らしい生活を送るための手段としての側面をもっており，その意味で，生存権は社会権のなかの中心的権利ということができる。

また，この権利は「国家に対して，健康で文化的な最低限度の生活の実現を積極的に求めることができる。」とする社会権的側面と同時に，「国民各自が自ら健康で文化的な最低限度の生活を維持する自由を有し，国家はそれを阻害してはならない。」という自由権的側面も持ち合わせていると考えられる。

また憲法は，同条2項によって，「国は，すべての生活部面について，社会福祉，社会保障及び公衆衛生の向上及び増進に努めなければならない」と定め，国家に対し，社会福祉国家の理念に立って，国民の生活水準をさらに高めるよう国に義務づけている。これを受けて，国は，生活保護法，児童福祉法，国民健康保険法等多数の社会福祉，社会保障，公衆衛生関係の法律を作っている。

(2) 生存権の法的性格

生存権の法的性格（主に社会権的側面において）については争いがある。大別して，法的権利性を認めるか否かで分けることができ，法的権利性を認めない①プログラム規定説と，法的権利性を認める。②抽象的権利説および③具体的権利説に分けられる。

① プログラム規定説　　この説は，25条1項は国民の生存権を確保すべき政治的・道義的義務を国に課したにすぎず，国民に対し具体的な法的権利を保障したものではないとする考え方である。

この考えは，資本主義経済の下では，生存権を個人の具体的な請求権であると解する前提が欠けているし，生存権の実現に資する社会保障関係立法（社会保障諸施策）は予算を必要とするが，予算をどのように配るかは，国の財政政策の問題であるとの考えからくるものである。しかしこの説には，生存権を憲法が明文で権利として定めた意義が薄れてしまうし，貧困をもたらす資本主義経済だからこそ，かえって生活保障のために，生存権の法的権利性の確立が急務となるとの批判がある。

② 抽象的権利説　　この説は，25条1項は国民の「権利」を保障し，国の法的義務を定めたものであるが，その「権利」は抽象的なものであり，生存権

朝日訴訟（最大判昭42・5・24民集21巻5号1043頁）

【事案】 朝日茂（原告・被控訴人・上告人）は、重度の肺結核のため、療養所に入所しており、身寄りがなく無収入であったため生活保護法に基づく医療扶助および生活扶助（600円）を受けていた。しかし、その後実兄がみつかり、社会福祉事務所長は、この実兄から毎月1,500円を朝日氏に仕送りするように命じ、仕送り金月額1,500円から日用品費として朝日氏の消費にあてられるべき月額600円を控除した残額月額900円を医療費の一部自己負担額とする処分を行った。

この福祉事務所長の保護変更決定に対して、朝日氏は同県知事に対して、不服申立てを行ったが、同知事はそれを却下した。朝日氏はこれを不服として更に厚生大臣（被告・控訴人・被上告人）に不服申立てをしたところ、厚生大臣は、この不服申立てを却下する裁決を下した。そこで朝日茂は、東京地裁へ生活保護処分に関する裁決取消訴訟を提起した。

第一審判決では、本件保護変更処分を違法として裁決を取り消した。この判決の中で、生活保護法は、憲法25条の生存権を現実化・具体化したものである。等の判断をしている。第二審判決では、原告が敗訴した。その後上告が行われたが、朝日氏が死亡するに至ったため、相続人によって訴訟が進められた。しかし、最高裁は、生活保護受益権は一身専属的な権利であることから相続の対象とならないとし、本人の死亡により訴訟が終了した旨を判示したのち、「念のために」として朝日氏の主張に対し以下のように判示した。

【判旨】 憲法25条1項は、「すべての国民が健康で文化的な最低限度の生活を営み得るように国政を運営すべきことを国の責務として宣言したにとどまり、直接個々の国民に対して具体的権利を賦与したものではない……。具体的権利としては、憲法の規定の趣旨を実現するために制定された生活保護法によって、はじめて与えられているというべきである。」「しかし、健康で文化的な最低限度の生活なるものは、抽象的な相対的概念であり、その具体的内容は、文化の発達、国民経済の進展に伴って向上するのはもとより、多数の不確定的要素を総合考量してはじめて決定できるものである。したがって、何が健康で文化的な最低限度の生活であるかの認定判断は、いちおう、厚生大臣の合目的的な裁量に委されており、その判断は、当不当の問題として政府の政治責任が問われることはあっても、直ちに違法の問題を生ずることはない。ただ、現実の生活条件を無視して著しく低い水準を設定する等憲法および生活保護法の趣旨・目的に反し、法律によって与えられた裁量権を濫用した場合には、違法な行為として司法審査の対象となることをまぬかれない。」「原判決の確定した事実関係の下においては、本件生活扶助基準が入院入所患者の最低限度の日用品費を支弁するにたりるとした厚生大臣の認定判断は、与えられた裁量権の限界をこえまたは裁量権を濫用した違法があるものとはとうてい断定することができない。」

なお、本判決には、奥野裁判官の補足意見および4名の裁判官の反対意見が付せられている。

を具体化する法律によって初めて具体的な権利となるとする説である。

　この考えは，憲法は実質的平等を志向する現代立憲主義に立脚しており，単なるプログラム規定と捉えるのは妥当ではない，との考えからくるものであり，最近の学説において最も有力な説である。

　③　具体的権利説　　基本的には抽象的権利説と同様だが，その権利の具体的な実現方法がない場合には，裁判所に立法の不作為の違憲性を確認する訴訟を提起できるとしている点で異なっている。

　しかし，この説は裁判所が国会に対して立法を行うように強制するのは，権力分立の原則に反し，支持しがたい。

　④　判　例　　そこで最高裁は，生活保護法による生活扶助の保護基準の合憲性が争われた朝日訴訟において，「すべての国民が健康で文化的な最低限度の生活を営み得るように国政を運営すべきことを国の責務として宣言したにとどまり，直接個々の国民に対して具体的権利を賦与したものではない」としプログラム規定説の立場を採用しながらも「何が健康で文化的な最低限度の生活であるかの認定判断は，……厚生大臣の合目的的な裁量に委されており，……現実の生活条件を無視して著しく低い水準を設定する等憲法および生活保護法の趣旨・目的に反し，法律によって与えられた裁量権を濫用した場合には，違法な行為として司法審査の対象となることをまぬかれない」としている。

3　教育を受ける権利

(1)　教育を受ける権利の意義

　現代社会において，人間が幸福に生きてゆくためには，世の中のことを知り，また自らを知るための知識と教養が必要である。そして，この知識と教養を身につけるためには，適切な教育を受ける必要がある。しかし，教育というものは，国民の力だけでは十分になし得るものではなく，適切な教育をなすためには，どうしても専門の教師・施設・教材などが必要となってくる。そこで，国家に対し，適切な教育の場を提供することを要求する権利として認められたのが教育を受ける権利である。

(2) 教育を受ける権利の性格

一般には社会権の中に分類され，教育の機会均等を実現するための経済的配慮を国家に対して要求する権利として捉えられていた。しかし，このような解釈に対し，子どもの権利の中核には子どもの成長・発達の権利とその実質を保障する学習の権利があり，国民の教育を受ける権利はこのような子どもの権利を前提にしているという，「子どもの学習権」の主張がなされてきた。

そして今日，教育を受ける権利は，社会権（生存権的基本権）として位置づけられながら，学習権を中心に構成され，また自由権としての性質をも有する複合的性格の人権であるとされるに至っている。

(3) 教育を受ける権利の内容

国が適切な教育の場を提供するにあたって，その教育内容を誰が決めるかという点が問題になった。

教育内容の決定権については，教育権の主体は国家であり，国家は公教育を実施する教師の教育の自由に制約を加えることができるとする「国家教育権説」（第一次家永教科書訴訟高津判決：東京地裁昭49・7・16判時751号47頁）と，教育権の主体は親を中心とする国民全体であり，公権力のなすべきことは国民の義務遂行を側面から助成するための諸条件の整備に限られ，公教育の内容および方法については原則として介入することはできないとする「国民教育権説」（第二次家永教科書訴訟杉本判決：東京地判昭45・7・17行集21巻7号別冊1頁）に分かれた。

しかし，実際には教育権の内容を国家か国民かといった具合に割り切って考えることは，非現実的でもあり不適切である。そこで，判例は旭川学力テスト上告審判決において，両説は極端であるとし，教育の本質からして教師に一定の自由が認められると同時に，国の側にも一定の範囲で教育内容について決定する権能を有する，という折衷説の考えを採用した。

また，26条2項後段において，「義務教育は，これを無償とする」としているが，この無償の範囲についても争いがある。

どのような範囲まで無償とするかは，専ら法律の定めるところに委ねられているとする無償範囲法定説や，義務教育に関する限り，授業料の他，教科書代

金・教材費・学用品の購入費等教育に必要な一切の費用を国が負担するとする就学必需費無償説があるが，判例・通説は教育の対価たる授業料の無償を定めたものであるとする授業料無償説と解している。

4 勤労の権利

19世紀の資本主義の発達の過程において，労働者は失業や劣悪な労働条件のために厳しい生活を余儀なくされた。そこで，そのような状況の克服を目指し，憲法27条に勤労の権利が規定された。27条は，勤労の権利および義務を大原則として定めるとともに，勤労条件に関する基準を法律でるべきこと，児童酷使の禁止を定めている。

この規定を受けて，労働基準法，職業安定法，児童福祉法などの法律が作られている。

5 労働基本権

① 総　説　資本主義体制の下における使用者と労働者の関係をみると，使用者が優位に立ち，そのため労働者が劣悪な労働条件の下で酷使されることも少なくない。そこで，労働者が一致団結して，使用者と対等な交渉をなし得るように認められたのが労働基本権である。したがって，労働基本権は，経済的弱者である労働者の生存権を確保する手段であるということができる。憲法28条では，勤労者に団結権・団体交渉その他の団体行動権を保障している。

② 意　義　憲法28条による労働基本権の保障内容は，①国家権力からの自由，特に国家の刑罰権からの自由の側面（刑事免責），②私人間においてこの権利を侵害する契約は無効，事実行為による侵害は違法となり，また，正当な争議行為は債務不履行・不法行為責任を生じさせることはないという側面（民事免責），③国の行政機関たる労働委員会による救済を受ける権利の側面，との3つの側面をもっている。

また，労働基本権の行使は社会的な影響力が大きいので，それだけ制限に服する可能性も強い。しかし，労働基本権は，労働者の生きる権利として保障されているので，これに関する規制立法について立法府の裁量を広く認めるのは

妥当でなく，ある程度厳格に審査することが必要である。

　これらの労働基本権を享有する主体は，「勤労者」である。「勤労者」とは，労働力を提供して対価を得て生活する者をいう。権利の性質上，外国人にも保障が及ぶ。また，公務員も，28条の「勤労者」に該当する。

　しかし，公務員の労働基本権は現行法上，大幅に制限されている。まず，①警察職員，消防職員，監獄職員，海上保安官および自衛隊員は，三権すべてを否認され（国公法108条の2第5項，地公法52条5項，自衛隊法64条1項），②非現業の国家公務員，地方公務員は団体交渉権と争議権を否認され（国公法108条の5第2項，98条2項・3項，20条1項17号，地公法55条2項，37条，61条4号），また③現業の国家公務員・地方公営企業の職員は争議権を否認されている（国営企業労働関係法17条，18条，地方公営企業労働関係法2条，12条）。

資料55

全農林警職法事件（最大判昭48・4・25刑集27巻4号547頁）

【事案】　昭和33年に衆議院に提出しした警職法改正案が，内容が警察官の権限濫用を招き，ひいては労働者の団体運動を抑圧する危険が大きいとして，この警職法改正に反対する目的で全農林労組が反対運動をし，職場集会を実施することを決定し，幹部がその旨を各県本部に指示した。この幹部らの行為が国家公務員法98条5項（改正前）に違反するとして，起訴されたのが本件である。

　第1審判決（東京地判昭38・4・19刑集27巻4号1047頁）では無罪となるが，第2審判決（東京高判昭43・9・20刑集21巻5号365頁）では，本件争議行為を「政治スト」と解することによって，被告人らに有罪判決を言い渡した。そのため最高裁に上告したが上告棄却。

【判旨】「公務員は，私企業の労働者と異なり，国民の信託に基づいて国政を担当する政府により任命されるものであるが，憲法15条の示すとおり，実質的には，その使用者は国民全体であり，公務月の労務提供義務は国民全体に対して負うものである。もとよりこのことだけの理由から公務員に対して団体権をはじめその他一切の労働基本権を否定することは許されないのであるが，公務員の地位の特殊性と職務の公共性にかんがみるときは，これを根拠として公務員の労働基本権に対し必要やむをえない限度の制限を加えることは，十分合理的な理由がいうべきである。」

　「公務員の場合は，その給与の財源は国の財政とも関連して主として税収によって賄われ，私企業における労働者の利潤の分配要求のごときものとは全く異なり，その勤務条件はすべて政治的・財政的，社会的その他諸般の合理的な配慮により適当に決定されなければならず，しかもその決定は民主国家のルールに従い，立法府において論議するうえになされるべきもので，同連罷業等争議行為の圧力による強制を容認する余地は全く存在しないのである。」

第30章 国　　会

設問

(1) 日本国民は，「正当に選挙された国会における代表者を通じて行動」（憲前文）するのであって，原則として直接国政上の意思決定には参加しない。このことは，民主主義の考え方に反しないだろうか。

(2) 国会議員は，「全国民を代表する」（憲43条1項）ものであって，特定の階級，党派，地域の利益を代弁するものではなく，したがって，選挙人の意思，指図による拘束を受けない（非拘束的委任）と解されている。それでは具体的にどのように「全国民を代表する」ことが可能になるのだろうか。また他方で，所属政党の党議による拘束を受けたり，特定地域あるいは選出母体の利益代表として行動する現実があるが，これは許されるのだろうか。

(3) 連邦制国家における第二院（州の代表）や君主制国家における第二院（特権階級の代表）に対して，民主制の単一国家における第二院には，第一院と異なる利益代表としての意味はない。そこで「第二院のそれが第一院のそれと一致するときはそれは無用であり，反対するときは有害である」という主張もある。第二院たる参議院の存在意義は何か。

(4) 大都市周辺への人口集中と農村の過疎により，選挙区の人口数と議員定数との比率は全国的に不均衡な状態になっている。平成6年の公職選挙法の改正等によってこの定数配分の不均衡の問題は改善されたが，それでもなお，議員1人当たりの有権者数が最も少ない選挙区と最も多い選挙区の差の比率（最大格差）が1対2を超える選挙区が多く存在している。このことはつまり，有権者の1票の価値が地域によって異なることを意味するのであり，法の下の平等に反するのではないだろうか。

1 国会の地位

(1) 国民の代表

　日本国民は,「正当に選挙された国会における代表者を通じて行動」(憲前文)するのであって,原則として直接国政上の意思決定には参加しない。全国民が一堂に会して直接政治的意思決定をすることは物理的に困難であるから,適正な規模の議会に代表者を送るのである。この意味では,議会制は直接民主制の代替的制度であると考えることができる。

　確かに,国家においてもなお直接民主制を実現するための制度として,住民投票や国民投票がある。しかしながら,日本国憲法においては,住民投票については1つの地方公共団体のみに適用される特別法の制定の場合(憲95条),国民投票については憲法改正の承認の場合(憲96条1項)のみを認めているにすぎず,あくまで例外にとどめている。直接民主制の多用は議会制の否定につながり,扇動者が現れれば独裁制へとつながる危険性が高いことが,歴史的な教訓として知られているからである。その最も悲惨な例が,ヒトラーの台頭を許してしまったワイマール共和国時代のドイツである。したがって,国民が原則として直接には国政上の意思決定に参加しないことのみをもって,直ちに民主主義に反するということはできない。

　議会制は直接民主制の代替的制度であるから,実在する民意をできるだけ正確に反映すべきことが要請される。そのためには,特定の利益や意見を持つ者たちが代表者を選んで自己の利益や意見を代弁させるという方法が,最もストレートな形で民意を反映する方法であろう。しかし,この代表者が特定の利益や特定の内容の意見の代弁を託されているとして,これに拘束されると考えると(拘束的委任),大きな利害対立や意見の衝突があった場合には,大幅な妥協や調整は不可能となるので,議会における討論の意義が失われてしまう。したがって,もっと大局的な見地に立った調整を可能にするためには,代表者に対する委任は拘束的なものであってはならない。それ故に,国会議員は「全国民を代表する」(憲43条1項)ものであって,特定の階級,党派,地域の利益を代弁するものではなく,したがって,選挙人の意思,指図による拘束を受けな

い（非拘束的委任）と解されているのである。

　しかし逆に一切の拘束的委任を否定し、国民は代表者に信頼のみを託すと考えると（純粋代表説）、そこには実在する民意の反映は全く表れないことになってしまうであろう。したがって、拘束的委任は否定されるものの、事実上の利益・意見の代弁までは禁じられるわけではないと考えられる。とりわけ、政党の党議による拘束は、それが事実上の拘束にとどまる限りは、国民がこれを目安にして代表者を選ぶことによって間接的に民意による拘束の役割を果たすことになり、その意味で民意の反映に資することになると言える。

(2) 最高機関

　国会は「国権の最高機関」（憲41条）とされる。確かに憲法は三権分立主義をとっているから、「最高機関」というのは特に法的な意味はなく、国民主権の建前から来る単なる美称に過ぎないとする考え方もある（政治的美称説）。しかしながら、そもそも三権分立主義とは、国家権力を分立させ相互に監視・抑制させることによって、国家権力から国民の自由を守ろうとする考え方であるから、その根本思想は自由主義であって、その背後には権力に対する不信があるのだが、主権在民という考え方に基づいて議会が民主化されたことによりその不信が和らげられるので、民主主義による変容を受けた三権分立主義の下では、民主的機関である国会を他の機関より優位に置くことも認められるであろう。

　そのことを前提として、国会は憲法によって行政・司法の権限として他の国家機関に割り振られた作用は行うことができないものの、国民の代表者たる「国権の最高機関」として国家の全体の目的を達成するために国権を統括する役割を担うと考えることができるとする説もある（統括機関説）。しかし、立法権を担う国会は、行政権を担う内閣と司法権を担う裁判所とはあくまで相互に監視しチェックし合う関係に立っており、統括機関として一方的に優位な地位を占めることはできないはずである。むしろ、「国権の最高機関」の最高性とは憲法の規定による制約を受ける相対的なものであり、国会はそのことを前提とする総合調整機能を有するものと考えるべきであろう（総合調整機能説）。いずれにせよ「最高機関」に実質的な意味があると考える両説によれば、たとえば国家計画の決定権のように憲法上帰属先が不明の国政権能は国会の権限に

属すると推定される。

結局, 国会は, 立法によって行政権と司法権を, 議院内閣制によって内閣を拘束し, 国政調査権などによって国政全般をコントロールできる相対的な「国権の最高機関」であるということになるであろう。

(3) 立法機関

国会は「国の唯一の立法機関」(憲41条) である。その内容は, 立法が国会を通してのみ行われること (国会中心立法の原則) と, 法律が国会の議決のみで成立すること (国会単独立法の原則) である。行政権も命令という形式で立法を行うことができるが, それは憲法・法律の規定の実施のための執行命令および法律の委任による委任命令に限られるので, 完全に法律のコントロールに服するものである。議院の規則制定権 (憲58条2項) および最高裁判所の規則制定権 (憲77条1項) は, 国会中心立法の原則の憲法上の例外である。また,「一の地方公共団体のみに適用される特別法」(地方特別法) はその地方公共団体の住民投票において過半数の同意を得なければ制定できない (憲95条)。これは国会単独立法の原則の唯一の例外である。天皇による公布は, すでに成立した法律について行われるにすぎず, 法律の成立を左右するものではない。

法律案の発案権が内閣にもあるか否かという問題は, 内閣は発案するだけで, 審議・議決をするのは国会であり, 決して国会を拘束するものではないから認めてよい。内閣は国会に対して連帯責任を負っており, 責任を負うためには政策の提案もする必要があることからも, 内閣にも法律発案権が認められてしかるべきであろう。

2 国会の組織

(1) 両議院

日本国憲法は, 国会について二院制を採って, 衆議院と参議院を置いている (憲42条)。しかしながら, 連邦制国家における第二院 (州の代表) や君主制国家における第二院 (特権階級の代表) と異なり, 民主制の単一国家における第二院には, 第一院と異なる利益代表としての意味はないので, 二院制を採らな

ければならない必然性は必ずしもない。それにもかかわらず二院制が採られるのは、まず、選出方法を変えることにより多様性が出て、異なった社会的利益を代表させる可能性が開かれる。また、議会内部でさらに権力分立させることにより、一院への権力集中・専制化を防ぐことができる。さらに、第一院が解散中であっても存在し、政治的空白を作らないということも利点である。

日本の参議院の場合、被選挙権者につき、衆議院の25歳以上に対して30歳以上であることが求められているので、良識による補正が期待される。また、すべての議員が小選挙区と地域比例代表制により選出されることになる衆議院に対して、小選挙区とは異なる選挙区制で選出される議員と全都道府県の区域を通じて選挙される比例代表選出議員が存在するので、特に後者は特定地域の利益の代弁者ではなく全国的な視野に立って行動することが期待できる。さらに、任期が4年で途中に解散もありうる衆議院に対して、解散がない上、任期が6年と長く、しかも3年ごとに半数を入れ替えるという形をとるので、急激な政治的変化が避けられる。

第二院たる参議院の存在意義は、以上のような点に認めることができるであろう。

両院はあくまで1つの国会として同時に活動する（同時活動の原則）。したがって、衆議院が解散された場合には参議院も同時に閉会となる（憲54条2項）。ただし、衆議院解散後、新国会成立までの間に緊急の必要がある場合には、内閣の求めにより参議院の緊急集会が召集される（同条2項但し書）。

また両院は、それぞれ独立して審議・議決を行う（相互独立の原則）が、日本国憲法においては衆議院が優位に置かれている。確かに、権力分立による相互抑制をはかるためには両院は平等であることが望ましいであろうが、国政上の意思決定の不能という事態を防ぐためには、逆に一方の優越が必要となるからである。

(2) 議　　員

国会議員はその職務上、発議権を持ち、国会における審議で討論し、質疑し、表決する権限を有する。ただし、予算、条約、皇室財産の授受についての発議権は内閣のみが持つ。また、議題とは関係なく内閣に質問して答弁を求めることができる。両院いずれかの総議員の4分の1以上の要求により、内閣に対し

て臨時国会の召集を求めることができる（憲53条）。

　議員は報酬として国庫から歳費を受け取り（憲49条），不逮捕特権（憲50条）と免責特権（憲51条）を享有する。不逮捕特権は，犯罪捜査の名を借りた行政権や司法権による不当な圧力を防止して，国会議員の活動を保障しようとするものである。そこで，犯罪事実が明白であることから濫用のおそれのない現行犯逮捕の場合と，院の許諾があった場合には，逮捕は妨げられない。免責特権は，議員が職務上行った行為について，刑事上の処罰，民事上の賠償責任，公務員の懲戒責任を問われないとすることによって，議員の発言や表決の自由を充分に保障しようとするものである。国会議員が国会の質疑，演説，討論等の中でした個別の国民の名誉または信用を低下させる発言につき，国家賠償法1条1項の規定にいう違法な行為があったものとして国の損害賠償責任が肯定されるためには，当該国会議員が，その職務とはかかわりなく違法または不当な目的をもって事実を摘示し，あるいは，虚偽であることを知りながらあえてその事実を摘示するなど，国会議員がその付与された権限の趣旨に明らかに背いてこれを行使したものと認め得るような特別の事情があることを必要とする（最判平9・9・9民集51巻8号3850頁）。

(3) 選挙制度

　国民主権の原理により，民主的な選挙が要請されることから，憲法上，普通選挙（憲15条3項），平等選挙（憲14条1項，44条），直接選挙（憲15条1項），秘密選挙（憲15条4項）であることが要求されており，憲44条を受けて公職選挙法が具体的な規定を置いている。

　選挙権者は満20歳以上の日本国民であり（公選9条1項），被選挙権者は衆議院が満25歳以上，参議院が満30歳以上の者である（公選10条1項1号・2号）。

　選挙に際しては，一定地域（選挙区）ごとに代表が選ばれる。代表の選び方については，小選挙区制，大(中)選挙区制，比例代表制といった考え方がある。小選挙区制は一選挙区につき議員定数が一名なので，各選挙区の最大勢力のみが代表となることになり，少数派は淘汰されることになる。したがって，多数派による安定した政権または二大政党制が期待できる。大(中)選挙区は，一選挙区から複数名が当選することができるので，少数派にも議席を得るチャンスがあることになる。比例代表制は，政党に対して投票を行い，各政党の得票数

に比例させて当選者数を配分するので，いわゆる死票は少なく，民意は比較的正確に議席に反映され得る。しかし，少数派も議席を得られると議会は多党制になり，小党乱立による国政上の意思決定の困難が生じる危険性がある。

衆議院は，平成12年の公職選挙法改正により，小選挙区から300名，比例代表区から180名が選出される。比例代表区は全国を11の選挙区に分け，それぞれ6〜29名の代表を選ぶ。

参議院は，平成12年の公職選挙法改正により，全国区の比例代表により96名，各都道府県を選挙区として146名が選出される。各選挙区は，議員定数が2〜8名であるが，参議院は3年ごとに半数を改選するので，全選挙区の半分以上を占める2人区では実際の選挙の際には定数が1名となり，小選挙区となる。比例代表区については，平成12年の公職選挙法改正により非拘束名簿式比例代表制が採用されたので，各党の候補者名簿には当選人となるべき順位を記載せず，得票数の多い者から順次当選人となる。

大都市周辺への人口集中と農村の過疎により，選挙区の人口数と議員定数との比率が全国的に不均衡な状態になると，有権者の1票の価値が地域によって異なることになるが，法の下の平等（憲14条1項）は選挙権の内容すなわち各選挙人の投票の価値の平等をも要求するものであるから，そのような議員定数配分規定は違憲である（最大判昭51・4・14民集30巻3号223頁）。しかし，過疎地の利益を切り捨てないためには過疎地に割り当てられた定数を減らすわけにはいかないので，調整には限界がある。一連の判例では，衆議院について最大格差1対3までは一応合理的なものとされている。

3 国会の活動

(1) 国会の権能

国会は，①法律の制定（憲59条），②憲法改正の発議（憲96条1項），③条約の承認（憲73条3号），④租税の賦課・変更（憲84条），⑤財政の監督（憲85条，87条・90条・91条），⑥内閣総理大臣の指名（憲67条1項），⑦弾劾裁判所の設置（憲64条1項），⑧予算の議決（憲86条），⑨その他憲法が法律で定めるべきものとする事項（憲2条・4条2項・8条・43条2項・44条・47条等）について権限

を持つ。

　議員・委員会・内閣により法律案や議案が発議されると，まず委員会に付託され，その審査を経て本会議に付され，採決されることになる。採決は両院のどちらが先でもよいが，予算案は衆議院に先議権がある（憲60条1項）。原則として，両院の意思は一致しなければならない（両院一致の原則）（憲59条1項）。ただし，衆議院の優越的地位に基づき，衆議院で可決された議案が参議院で否決または修正可決された場合には，衆議院で出席議員の3分の2以上の特別多数で再び可決すればその議案は成立する（憲59条2項）。この再議決の前に，両院協議会を開いて調整を行うこともできる（憲59条3項）。特定の地方公共団体のみに適用される特別法については，最後に住民投票を経ることが必要となる（憲95条）。

　法律が成立すると，主任の国務大臣の署名と内閣総理大臣の連署が行われ（憲74条），天皇により公布される（憲7条1号）。

(2) 議院の権能

　両院はそれぞれ，院の組織・運営等の内部事項について自主的に決定する自律権を有する。その内容は，役員の選任（憲58条1項），議員の資格争訟の裁判（憲55条），議院規則の制定（憲58条2項），議員の逮捕の許諾及び釈放の要求（憲50条），議員の懲罰（憲58条2項）等である。

　また，国政調査権を有し（憲62条），国政に関する調査，証人の出頭・証言・記録の提出を要求することができる。その権限の及ぶ範囲は，国政に関連の全くない事項を除き，国政のほぼ全般にわたるとされる。しかしながら，検察権や司法権との関係については問題がある。昭和23年10月に参議院法務委員会が「検察および裁判の運営に関する調査」としていわゆる浦和事件を調査の対象とし，被告人の浦和充子や検察官を証人として喚問した上で，裁判所の事実認定を批判して量刑が軽すぎるという決議を行ったのに対して，最高裁判所が，司法権の独立を侵害し，国政調査権の範囲を逸脱した措置であると批判したことを契機として，議論が巻き起こった。国会が統括機関としての最高機関であると考える立場からは，国政とは広く国家作用を指すものであるから司法機関の裁判を含み，したがって具体的な裁判の指揮はしてはならないが，裁判所の裁判について調査を行い批判をすることは司法権の発動を法的に拘束するもの

ではないから許されるとされる（独立権能説）。これに対して，国会に統括機関としての機能を認めない立場からは，議院の国政調査権はあくまで議院の権能の行使を実効性あらしめるための補助的な権能であるから，議院の権能と関係のない事実に対して独立になしうるものではなく，具体的裁判または判決の内容を対象として批判的調査をする場合や，裁判官の裁判に対して事実上重大な影響を及ぼす可能性のある場合には，司法権の独立を侵害することになるので許されないとされる（補助的権能説）。後者が多数説である。また，検察権は行政権に属するので国会の行政監督権に服するが，準司法的性格をもつため，司法権に準じた扱いが必要となる。

さらに，両院はそれぞれ，国務大臣の出席及び答弁を求めることができる。

この他，民意を強く代表するとされる衆議院は，内閣不信任決議をすることができる（憲69条）。議院内閣制においては，内閣の在職要件として国会の信任を求めるからである。

(3) 国会の活動

今では党議の拘束により自由な討論の成立の余地は減ったものの，世論の批判と監視の圧力を可能にするために，国会の活動については，公開の自由な討議の原則が採られる。

国会の活動能力のある期間を会期と呼ぶ。会期には，毎年1回召集される常会（憲52条）（原則150日・国会法10条），臨時の必要に応じて召集される臨時会，(憲53条)，衆議院の解散による総選挙後に召集される特別会（憲54条1項），出席議員の3分の2以上の特別多数の議決により開くことができる秘密会（憲57条1項但し書），衆議院解散後新国会成立までの間に国会の議決を要する緊急の必要があるとき内閣の求めにより召集される参議院の緊急集会（憲54条2項）がある。

召集は，内閣の助言と承認により天皇が行う（憲7条2号）。実質的な決定権は内閣が持つ。

国会は会期ごとに独立しており，意思の継続はないものとされる（会期不継続の原則）。また，すでに議院で議決された案件については同一会期中は再び審議しない（一事不再議の原則）。

議事を行い議決をするのに必要とされる定足数は，本会議においては総議員

の3分の1である（憲56条1項）。表決の方法は，出席議員の過半数による単純多数が原則であるが，①議員の資格争訟の裁判における議席喪失決議（憲55条但し書），②秘密会の要求（憲57条1項但し書），③議員の除名（憲58条2項但し書），④衆議院における法律案の再議決（憲59条2項）については出席議員の3分の2以上の特別多数，憲法改正の発議（憲96条1項）については総議員の3分の2以上の特別多数が必要である。可否同数の時は議長の決するところによる（議長の決裁権・憲56条2項）。

　衆議院については，解散がありうる。解散とは，衆議院議員の任期満了前に議員たる身分を失わせることである（憲45条但し書）。内閣の助言と承認により天皇が行う（憲7条3号）が，実質的解散権は内閣にある。内閣不信任案の可決または信任案の否決の場合の他，重要な政策について国民の意思・信任を問うためにもできるとされている。

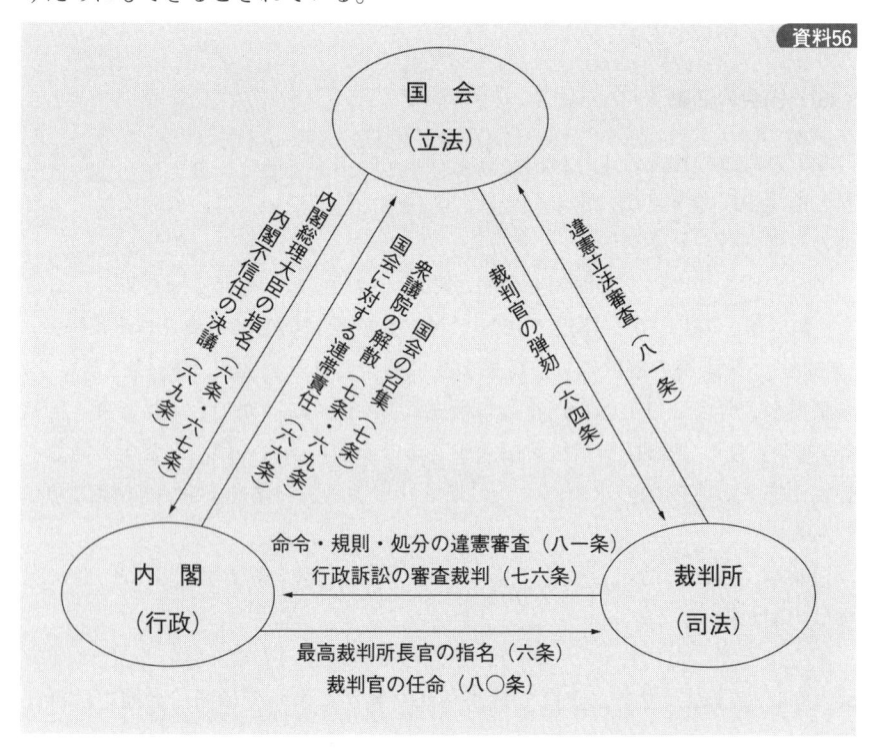

資料56

```
                    国　会
                   （立法）

  内閣総理大臣の指名（六条・六七条）
  内閣不信任の決議（六九条・六六条）
  国会に対する連帯責任（六六条）
  衆議院の解散・国会の召集（七条・六九条）
  裁判官の弾劾（六四条）
  違憲立法審査（八一条）

    内　閣                    裁判所
   （行政）                   （司法）

       命令・規則・処分の違憲審査（八一条）
       行政訴訟の審査裁判（七六条）
       最高裁判所長官の指名（六条）
       裁判官の任命（八〇条）
```

第31章 ■ 内　　閣

> **設問**　内閣総理大臣および内閣の機能について次の記述は正しいか。
> ① 内閣総理大臣は元自衛隊幹部の国会議員を国務大臣に任命した。
> ② 内閣総理大臣は衆議院議員から選ばれるが，国務大臣の過半数は国会議員から選ばれる。
> ③ 衆議院が内閣不信任案を可決したときのみしか解散できない。
> ④ 議院内閣制と大統領制の相違は行政府と議会が連帯して責任をとるかとらないかにある。
> ⑤ 独立行政委員会は内閣の機能を越権している。
> ⑥ 内閣総理大臣は国務大臣を強制的に辞任させることはできない。

1　議院内閣制

　わが国の統治形態は明治憲法以来，議院内閣制をその基本的骨格として採用している。この制度は絶対君主制のもと，君主の権力と人民の権力との力関係の調整を議会に委託して行政を実行する制度に由来し，立憲君主制度の基礎となった。

　議院内閣制は英国において創設され発展し，現在，英国を始め，ベルギー，スウェーデン，デンマーク，スペイン，ノルウェー，オランダ，タイの各王国および，王制を廃止して，象徴的大統領制を採用しているドイツ，イタリア，インド等において機能している。

　一般的に議院内閣制の本質は議会において多数をとった政党が内閣を構成して議会に対して連帯して責任を負うことがその根幹となり，議会が内閣に対する不信任決議をなすことができること，総理大臣が国会議員であり，国会の過半数において指名すること，閣僚の大部分が国会議員であること，内閣に国会の解散権があることなどが共通の要件となっている。

こうした内容を持つ制度は英国を始めとする国々に一般的であるが，多少とも各国の制度の内容には違いがみられるものもある。ドイツでは，内閣の解散権に対して議会に一定の拒否権が認められている（ボン基本法63条・69条）。また，イタリアでは，総理大臣を含む全閣僚が国会議員でなくても議会の信任を受ければ内閣が成立するとされている。

この議院内閣制に対比するものとして，大統領制がある。この制度の創設国アメリカ合衆国では，大統領を直接公選することによって議会と行政府の長である大統領が独立した関係となる。この関係から議会と大統領の連帯した関係は存在せず，議会と行政府はより厳格な対等関係をもつことによって，三権分立における行政と立法が明確に分離されることになる。

また，フランスは公選の大統領制と議院内閣制が共存することによって，大統領と総理大臣との関係について微妙な緊張関係も生じる。特に，議会の多数党から選ばれた総理大臣と大統領との党派が異なる場合において，大統領の権限が円滑に行使しえない事態が生ずることもある。

2 内閣の構成

内閣は，内閣総理大臣およびその他の国務大臣によって構成されている合議機関である。

内閣総理大臣は，国会議員（衆議院議員であることが習律）の中から国会の議決において指名され，天皇によって任命される（6条・67条1項）。

国務大臣は，内閣総理大臣によって任命され，天皇によって認証される。また，国務大臣の過半数は国会議員であることを規定している（7条5項・68条1項）。各国務大臣は主任の大臣として各省の大臣となるが，内閣府の外局である庁の長官（防衛庁等）である国務大臣は主任の大臣でなく，主任の大臣は内閣総理大臣である（行政組織法5条1項）。

憲法66条3項は，内閣総理大臣およびその他の国務大臣は文民でなければならないとしている。この文民の意味するところは，現職の職業軍人（現在，自衛官）でなければよいとする説と，かつて職業軍人であった者も含むとする説とがある。一律に，かつて職業軍人であった者を排斥することは職業選択の自由（22条1項）の規定からも問題を生ずる可能性があるため，現在の政府の解

資料57

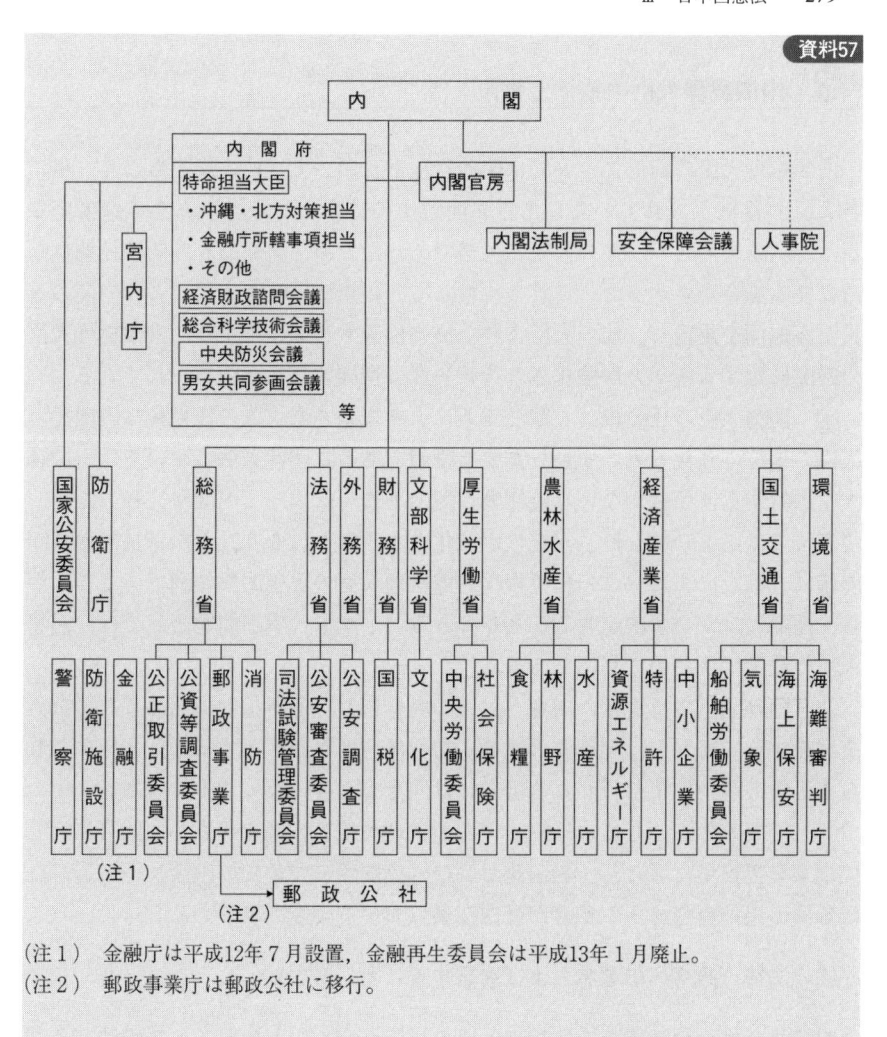

```
                            内　　閣
         ┌──────────────┼──────────┬──────┐
         │              │          │      ┊
      内閣府         内閣官房       │      ┊
   特命担当大臣                 ┌───┼───┐  ┊
    ・沖縄・北方対策担当      内閣法制局 安全保障会議 人事院
    ・金融庁所轄事項担当
    ・その他
    経済財政諮問会議
    総合科学技術会議
    中央防災会議
    男女共同参画会議
                        等
```

│宮内庁

| 国家公安委員会 | 防衛庁 | 総務省 | 法務省 | 外務省 | 財務省 | 文部科学省 | 厚生労働省 | 農林水産省 | 経済産業省 | 国土交通省 | 環境省 |

下部機関：
警察庁／防衛施設庁／金融庁／公正取引委員会／公害等調査委員会／郵政事業庁／消防庁／司法試験管理委員会／公安審査委員会／公安調査庁／国税庁／文化庁／中央労働委員会／社会保険庁／食糧庁／林野庁／水産庁／資源エネルギー庁／特許庁／中小企業庁／船舶労働委員会／気象庁／海上保安庁／海難審判庁

（注1）　郵政事業庁 →　郵政公社
（注2）

（注1）　金融庁は平成12年7月設置，金融再生委員会は平成13年1月廃止。
（注2）　郵政事業庁は郵政公社に移行。

釈は極端な軍国主義的思想の持ち主に対して，この文民規定により排斥しているが，かつての職業自衛官であった者に対してはこの解釈をとっていない。

3 内閣総理大臣の地位と権限

　内閣総理大臣の地位については明治憲法下においては何の規定もなく，単に各大臣の首班とされていたにすぎず同輩中の首席としてしかみなされていなかった。結果として，他の大臣と同格であったため，比較的，内閣の任期は短命に終る場合が多かった。これと比較して，現憲法は66条1項により内閣の首長たる地位を規定し，他の大臣より上位に位置することにより，内閣総理大臣の内閣に対する統率力が強化され行政各部の指揮監督権が強められている。
　① 国務大臣の任免権　憲法68条により規定されたこの任免権は内閣総理大臣の地位の強化を表わす最も重要な権限である。明治憲法においては，国務大臣に対する罷免権がないため頻繁に閣内不統一によって内閣が交替したが，現憲法では内閣の統一性，安定性が強化されることになり，その首長的性格が明確にされた。また，この任免権は内閣総理大臣の専属的な権利であることから，閣議にはからず決定することができる。しかし，実際問題としては，国務大臣の罷免はきわめて異例である。
　② 国務大臣の訴追権の同意　この場合における訴追とは刑事手続の公訴を意味することから，起訴前の逮捕，勾留は含まれないとすると，当然，これらの処置も身柄拘束が行われる場合には同意が必要になってくる（75条）。
　③ 内閣の代表としての地位　内閣総理大臣は内閣を代表して国会に対して議案を提出すること，一般国務および外交関係についての国会への報告，行政各部の指揮監督すること等が憲法72条において規定されている。
　(4) 法律，政令への署名および連署すること（憲75条）

　内閣法では次のような内閣総理大臣の権限が定められている。①憲法42条によって閣議を主宰すること，②内閣法10条において，国務大臣に事故・欠缺が生じた時に，それを臨時代行するか，代行者を指名すること。③同法7条において，主任大臣間の権限争議の裁定すること，④同法8条において，行政各部の処分または命令を中止させ，内閣の処置を待つこと。また，⑤同法9条において，あらかじめ指定した国務大臣を副総理として指名し，臨時にその職務を代行できるようにして，国会閉会中においても，内閣総理大臣に事故・欠缺が

資料58

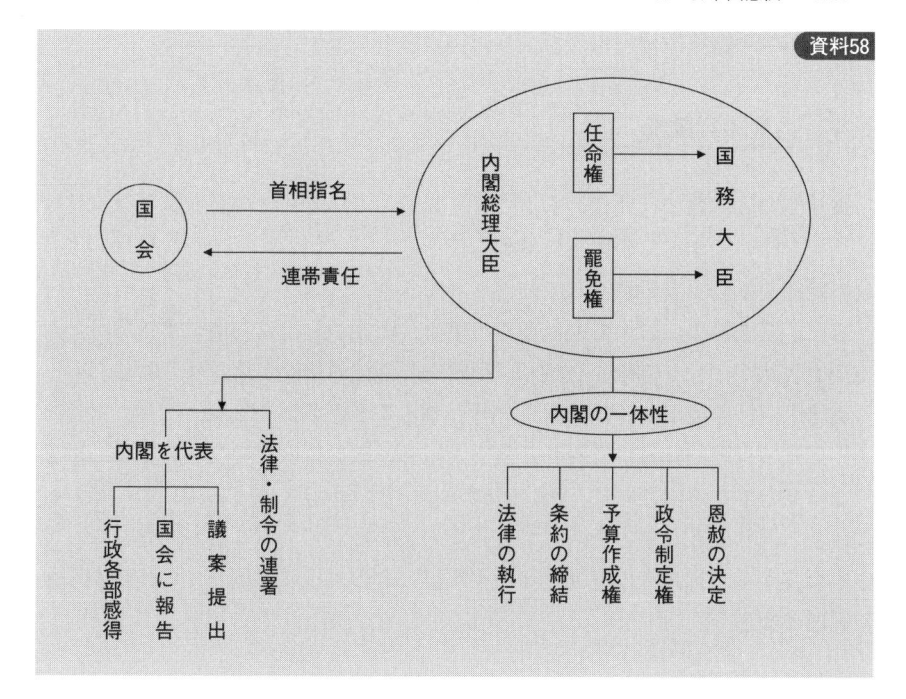

```
                                    ┌─任命権─→ 国務大臣
     国会 ─首相指名→  内閣総理大臣 ─┤
         ←連帯責任─               └─罷免権─→
                     │
                     │                    内閣の一体性
         ┌───┬───┬───┐         ┌───┬───┬───┬───┬───┐
       内閣を  法律・                法律   条約   予算   政令   恩赦
       代表   制令                  の執   の締   作成   制定   の決
              の連署                 行    結    権    権    定
       ┌─┬─┐
      行政 国会 議案
      各部 に  提出
      統轄 報告
```

生じた場合はその職務を代行できるようにしている。

　他の法令においては，警察法71条・72条では緊急事態を布告し，警察を統制をすること，自衛隊法76条は国会の承認を得て，自衛隊に防衛出動を命ずること，自衛隊法78条では国会の事後承認を条件に自衛隊に治安出動を命ずること等を規定している。

　行政事件訴訟法26条は，裁判所の行政処分の執行停止に対して異議申立てを述べることができると規定し，地方自治法246条の2は地方自治体の事務処理に対して監督することを規定している。

　内閣総理大臣の権限において最も重要な権利の行使は衆議院の解散権である。この権利の行使は憲法69条に基づいて，内閣不信任案決議が可決された時に国民の審判を得るために衆議院を解散できるとしている。内閣総理大臣は同条によらなくても憲法7条に基づいて，衆議院を解散できると解されている。

　本来，解散権は内閣総理大臣の専権事項であるとして，政治的意味において，政権与党にとって最も有利な条件において行使することが求められるとすると，

7条に基づいた解散権の根拠がより説得力をもっていると思われる。

4 内閣の行政権

憲法65条は内閣に行政権のあることを規定している。この行政権とは立法権，司法権を除いたすべての国家の権利行使を意味している。この行政権は国家行政の範囲が幅広くなるにつれて強化されてきた。

また，立法関係においても，多くの場合，法案の提出は内閣によって行われている現状からも（議員立法は別），行政権の優位の状況が見受けられる。

実際上，法の運用も行政的裁量で行われることが多い。また，訓令，通達という形式で行政的行為が行われる事実からも，その行政上の権利行使の力は強くなってきている。さらに，法に基づかない行政指導という方式によって，行政命令と同じような効力をもって大きな力を発揮していることが問題になっている事実から，行政権の肥大化という現実にどのように対処していくかが今後の課題となろう。

5 内閣の職務

憲法73条は内閣の職務として以下の事項を掲げている。

① 法の誠実な執行と国務を総理すること　国務とは，行政事務であるとして，最高行政機関として行政各部を指揮監督する。

② 外交関係を処理すること　条約締結を除くすべての外交事務に関しての職務を行う。

③ 官吏に関する事務の掌理　官吏に関する人事行政（職階制・試験・任免・給与，研修，分限・懲戒，服務）に関する事務を行う。

④ 恩赦の決定　大赦・特赦・減刑・刑の執行免除および復権を決定すること。

⑤ 条約締結権　条約を批准する場合，国会の事前，時宜によっては時後の承認が必要である。

⑥ 予算を作成して国会に提出する権利

⑦ 政令を制定する権利　政令は内閣の制定する命令であり閣議により決

定し，主任大臣の署名と内閣総理大臣の連署により天皇が公布する形式をとっている。政令は憲法73条6号における「憲法及び法律の規定を実施するため」のものであり細則的，手続的なものに限られる執行命令が主たるものである。委任命令的性質をもつ政令は73条6号但し書において「政令には，特にその法律の委任がある場合を除いては，罰則を設けることができない」と規定し，内閣法11条は「政令には，法律の委任がなければ，義務を課し，又は権利を制限する規定を設けることができない」と規定していることからも法律の委任は認められるが，国会が唯一の立法権をもつことから国会の議決を経ない政令は一般的，包括的委任は認められず，個別的，具体的委任は認められるとしている。

憲法73条以外の内閣の権限は以下のとおりである。天皇の国事行為に対する助言と承認（3条2項），最高裁判所長官を指名すること（6条2項），最高裁判所裁判官の任命（79条1項），下級審裁判所裁判官の任命（80条1項），臨時国会の召集権（53条），参議院の緊急集会の請求（54条2項），予備費の支出（87条），国家の収入支出の決算の国会への提出（90条1項），国家の財政状況の報告（91条）がある。

6 内閣府の設置

平成11年，内閣府の設置に基づき内閣の権限はさらに強化された。

内閣府は内閣の重要政策に関する内閣の事務を助けることを任務としている。

その主たる任務は，皇室，栄典及び公式制度に関する事務，男女共同参画社会の促進，消費生活及び市民活動に関する国民生活の安定と向上，沖縄の振興及び開発，北方領土解決の促進，災害からの国民保護，事業者間の公正かつ自由な競争の促進，国の治安の確保，国の防衛を通じた国の安全の確保，金融の適切な機能の確保，政府の施策の実施を支援するための基盤の整備並びに経済その他の広範な分野に関する施策に関係する政府全体の見地から関係行政機関の連携の確保を図る。

また，内閣総理大臣が政府全体の見地から管理することがふさわしい行政事務の円滑な遂行を図ることを任務としている。

7　内閣の責任

　憲法66条3項は「内閣は，行政権の行使について，国会に対し連帯して責任を負ふ」と規定している。これは議院内閣制の建前をとっているわが国の制度において当然の前提である。国会における質疑，質問等国政調査権の行使によって内閣の行動を監視し，また，不信任決議案の提出によってその連帯責任を放棄することが最も重要な内閣への責任追及である。

8　独立行政委員会

　この制度は，19世紀末のアメリカ合衆国において，産業資本の寡占化を防止するための経済的規制立法による政策を，政府から独立した行政委員会方式によって実行していこうという形態から始まっている。このような政策の実行には，強大な権限をもつことによって，大統領の行政権からある程度，独立し，時の政治権力からの圧力に屈しない公平な運営を期待されるものであった。

　わが国においても戦後，GHQ によって多くの委員会（証券取引委員会等）が設立されたが，現在は公正取引委員会のみがその独立行政委員会の色彩を多く残し機能している。他の人事院・国家公安委員会も同様な制度であるが，その機能面においては，その独立性はあまり濃くない。これらの委員会は行政事務だけでなく，規則制定権としての準立法的機能と争訟審判権としての準司法的機能を保持し，職務の行使について内閣から独立した合議機関であり，また，委員会の委員の身分保障がなされることが要件とされている。

　特に，公正取引委員会は，独禁行政という特殊性から独立した行政体として機能し，政治的中立性を保ち公平な政策運営を行うことが要求されている。また，その委員が職責を果たすためには，かなり高度な専門性が要求されるため，独立行政委員会としての形態が最も適しているとされている。

　準司法的機能の側面においては，委員会の審判が最終的に最高裁において判断されることからも三権分立の枠内におさまるものである。

9　今後の問題点——首相公選論——

　古くは中曽根元首相が昭和20年代より提唱してきたことであるが，その後，しばらくの間，あまり大きな関心を生むにいたっていなかったが，昨今の政治の閉塞現象を打破するための主張として復活してきた。しかし，この主張を法律問題としてとらえると，首相の公選には大幅な憲法改正が必要となってくる。前述したように，わが国憲法は象徴天皇制を基軸とした議院内閣制であるから，はたして，このような改正が可能なのか，改正の限界を超えてしまうのではないかとの懸念もある。

　現実問題として，議院内閣制で首相公選を実施している国は皆無である。これは議院内閣制そのものを否定することにつながり，どうしても公選制を実現したいならば大統領制に移行すればよいことである。最近，イスラエルが議院内閣制の下で首相公選を実現させたが，現実には小党分離した議会との連立工作が機能せず，政権の基盤が脆弱となり，公選された首相を首班とする内閣が議院内閣制の下にある限り，安定的にその内閣を維持できないことから，この制度は廃止された。

　このような事実からも，議院内閣制と首相公選制の両立はきわめて困難なように思われる。

第32章　裁判所

> **設問**　複雑な現代社会においては，絶えずさまざまな紛争が発生する。国民の権利意識の高まりもあり，その多くが法廷に持ち込まれるようになった。しかし，このすべてについて裁判所は実質的な解決を導くべきであろうか。本章では，立法機関としての国会，行政機関としての内閣につづき，司法機関としての裁判所に憲法上，期待されている（与えられている）機能とは何かを明らかにしていく。その手がかりとして，以下のような問題を考えていただきたい。
> (1) ある国家試験で不合格になったAが，その判定を裁判所で審査してもらいたい。はたして可能か。
> (2) Bは，ある法律（たとえば自衛隊法）と，それに基づいてなされた国家の行為（自衛隊の設置）が違憲であると考えている。具体的に自分の権利が侵害されたというわけではないが，単に抽象的にでも，それらの違憲性を裁判所に判断してもらいたいが，はたして可能か。
> (3) 駐留米軍基地に正当な理由もなく立ち入ったとして，日米安全保障条約の実施にともなういわゆる刑事特別法2条により訴追（2年以下の懲役又は2,000円以下の罰金若しくは科料）されたCは，「日米安全保障条約自体が憲法9条に反して無効であるので，刑事特別法もまた違憲無効であり，自分は右法条により処罰されるいわれはない」と争った。裁判所は，同条約およびそれに基づく米軍を駐留させる措置が憲法違反か否かを審査することができるか。

1　裁判所の性格・司法権

　憲法76条1項は，「すべて司法権は，最高裁判所及び法律の定めるところにより設置する下級裁判所に属する」と規定している。これは，立法権は国会，

行政権は内閣に帰属することを定めたように，司法権については，裁判所が他の機関から独立してこれを担当することを規定したものである。このように憲法は，司法権の帰属についてのみ規定しているが，その内容である「司法権」の概念については，どのように考えるべきであろうか。

　一般に，司法権とは「具体的な争訟について，法を適用し，宣言することによって，これを解決する国家の作用」であるといわれる。裁判所の司法権の対象を特定の者の具体的な法律関係についての争いに限るというのは，いわゆる「事件性・争訟性」を明文上その要件としているアメリカ合衆国憲法を継受している影響ともいえる。判例によると，法律上の争訟とは，「当事者間の具体的な権利義務ないし法律関係の存否に関する紛争であって，それが法律を適用することによって終局的に解決しうるもの」であるという。したがって，単に抽象的に法令の解釈や効力を争うことはできない。後述の「警察予備隊違憲訴訟」では，この具体的事件性を欠くとして，訴えが却下された。設問(1)の国家試験の合否の判定についても，「学問または技術上の知識，能力，意見等の優劣，当否の判断を内容とする行為」であり，試験実施機関の最終判断に委せられ，裁判の対象とならないとされる（最判昭41・2・8民集20巻2号196頁）。同様に，宗教上の教義や信仰の対象の価値に関する判断についても，法令の適用によって終局的に解決しうる法律関係ではないと考えられている（「板まんだら」事件：最判昭56・4・7民集35巻3号443頁）。

　次に，この司法権の及ぶ範囲についても明確にしなければならない。まず，憲法76条2項が，特別裁判所の設置を禁止し，行政機関による終審裁判を禁止していること，また，これを受けて裁判所法3条が「一切の法律上の争訟を裁判」すると規定していることから，司法権の範囲は，原則として「すべての法律上の争訟事件」に及ぶものといえる。しかし，これには次に見るような限界（例外）がある。

　(1)　憲法に規定する限界　　憲法の明文上その限界を規定しているものとしては，国会の各議院の行う議員の資格争訟の裁判（55条），国会における弾劾裁判所による裁判官の弾劾裁判（64条）などがある。

　(2)　国際法上の限界　　国際法上，治外法権の特権を持つ外交使節は，わが国の司法権の範囲外に置かれる。また，特別の条約により裁判権の制限が認められる場合もある。

(3) 事件の性質から生じる限界　明文の規定はないが，事件の性質上，裁判所の審査になじまないとされるものとしては，次のものが重要である。

① 他の機関の自主権（自律権）に属するもの　たとえば議員の懲罰に関する議院の判断や議院の議事手続については，議院の自主性を重んじて，原則として司法審査が及ばないとされる（国会内部の議事手続につき，警察法改正無効事件：最大判昭37・3・7民集16巻3号445頁）。

② 他の機関の自由裁量に属するもの　たとえば国務大臣の任免など，法が一定範囲の行政行為について行政権の自由な裁量に委ねている場合には，裁量権の逸脱や濫用が認められないかぎり，司法審査は及ばない。同様に，経済政策立法（第26章参照）や社会権（第27章参照）などが問題となった場合に，自由裁量が立法権についても認められることは，すでに見てきたとおりである（しばしば「立法政策の問題」という表現がなされる）。

③ いわゆる統治行為に属するもの　統治行為とは「それについての法的判断は可能であっても，高度の政治性を考慮すると，裁判所の審査から除外される行為」であるといわれる。しかし，憲法における司法権の独立，違憲立法審査権などの規定にみられる司法統制の徹底性（法治主義）からいって明文の根拠もなくこれらの行為を司法権の範囲外であるというには，それなりの論拠を示さなければならない。このため，「統治行為」の観念を認めること自体，また認めるとしてもその根拠について，争いがある。

統治行為を否定する説は，憲法81条に根拠をおく。同条が明文で一切の国家行為の合憲性の決定権を裁判所に与えているとして，裁判所の職務を原則として無制限にとらえる。したがって，憲法に明文の規定がないのに，高度の政治性を有するということだけで司法権の対象から除外するのは，裁判所の職務違反であり，それ自身憲法違反であるという。これに対し統治行為を認める説は，主として次の2説に分かれる。1つは，統治行為は，高度の政治性をもつため，その当否は国民の意思が反映する政治部門たる国会や内閣の判断に委ねられるべきで，政治的に無責任な（すなわち国民によって選出されたわけではない）裁判所の審査の範囲外にあるものだという（内在的制約説）。もう1つは，これに対する司法審査は可能であるけれども，審査により違法であるとした場合に起こりうる結果の混乱を回避するために，裁判所は自制するべきであるという（自制説）。「統治行為」を認めるにしても，その概念と範囲については厳格に

限定するべきであろう。

判例は，昭和27年8月28日の衆議院の抜き打ち解散の効力が争われた苫米地事件の最高裁判決（昭35・6・8民集14巻7号1206頁）で，三権分立の原理，行為の高度の政治性，裁判所の司法機関としての性格，裁判に必然的に付随する手続上の制約などによる，司法権の憲法上の本質に内在する制約であるとして，この点に関する裁判所の審査権を否定した。また，日米安全保障条約に関し，駐留米軍の存在の違憲性が争われた砂川事件の最高裁判決（昭34・12・16民集13巻3225頁）は，同条約などの高度の政治性を有する行為については，「一見極めて明白に違憲無効」であると認められない限りは司法審査の範囲外であるとした（第22章2(2)参照）（設問(3)）。

④　団体の内部の問題に属するもの　大学や政党，宗教団体などの自主的な団体の内部の紛争である場合には，それぞれの団体の自治を尊重して，司法権の対象から除外することも必要である。団体の目的や性質は多種多様であり，それぞれの自主性の根拠（重要性）を考慮して，このような紛争を司法審査の対象とするべきか否かが，個別に検討されるべきであろう。

判例は，富山大学事件（国立大学の単位不認定処分の当否が争われた）において，大学の自律性は大学の自治により保障されており，「単位授与（認定）行為は……特段の事情のない限り，純然たる大学内部の問題として大学の自主的，自律的な判断に委ねられるべきものであって，司法審査の対象にはならない」と判示した（最判昭52・3・15民集31巻2号234頁）。

また，議会制民主政治の担い手である政党には，「高度の自主性と自律性を与えて自主的に組織運営をなし得る自由を保障しなければならない」という（党首の除名処分の効力に関する共産党袴田事件：最判昭63・12・20判時1307号113頁）。比較的最近でも，いわゆる旧日本新党名簿訴訟（拘束式名簿による参院選比例代表選挙後，繰り上げ当選になる直前に政党を除名された候補者が，民主的，公正な手続を経ない違法な除名であったとして，中央選管を相手に，自分よりも低順位であった候補の繰り上げ当選の無効を求めた訴訟）において，最高裁（最判平7・5・25）は，「政党の内部的自律権を尊重すべきとした公職選挙法の趣旨に照らすと，除名の効力を裁判所の審理の対象とすることは立法の趣旨に反する」として，繰り上げ当選を無効とした東京高裁（1審も同様）の判断を破棄した。拘束式名簿順位を考慮して投票した有権者の判断や，所属議員の当選後の除名の

場合との均衡を考慮すると，政党の内部問題として回避するべきではないとの批判も多い。

宗教法人内部の紛争については，宗教上の教義や信仰上の争いに関しては，前述のように法令の適用によって解決しうる法律上の争訟とはいえないし，また宗教上の争点を前提とした紛争に関しては，紛争全体としては形式的に司法判断になじむとしても，この争点については団体の自主的判断が尊重されるべきであるから，これが訴訟の結論を左右するような場合には，実質的に法令の適用による終局的解決ができないといえる（前述１の司法権の概念を参照）。

2　裁判官の（職権の）独立

裁判所がその職責を果たすためには，すでに述べた司法権の独立（広義・他の権力機関からの独立）に加えて，裁判官の（職権の）独立が必要である。裁判の公正をはかり，人権保障を確保する上で，担当裁判官が外部の圧力や干渉を受けずに職権を行使できるという意味での，司法権の独立（狭義）である。憲法76条３項は，「すべて裁判官は，その良心に従ひ独立してその職権を行ひ，この憲法及び法律にのみ拘束される」として，裁判官の職権の独立を宣言している。これは，過去において非政治権力である司法府が，しばしば干渉を受けたために，国民の権利保護というその職権を全うできなかったという反省に基づいて，強化された大原則である。憲法78条等において，裁判官の身分保障が規定されているのは，この原則を実質的に確保するためである。

司法権の独立の侵害が問題とされた事例として，有名な大津事件がある。1891（明治24）年に滋賀県の大津で，巡査が外遊中のロシア皇太子を傷害した事件で，政府は外交上の配慮から大審院に圧力をかけたが，当時の大審院長（児島惟謙）はこれに抵抗し，司法に対する政府の干渉は排除され「司法権の独立」を守ったと讃えられた。ただ，大審院長が担当裁判官を説得したという点については，司法内部の干渉ではないかという問題も指摘されている。

司法内部の圧力については，1953（昭28）年の吹田黙禱事件（資料59）がある。担当裁判長の訴訟指揮（被告人らの朝鮮戦争死者への黙禱を制止しなかった）に関して，最高裁判所が通達を出して批判し，問題となった。また，1969（昭44）年の平賀書簡事件（資料60）では，長沼ナイキ基地訴訟（第33章２(3)参照）が係

> **吹田黙禱事件**（最高裁判所通達・法廷の威信について） 資料59
>
> 裁判官各位
> 法廷の威信について（通達）
> 　去る7月大阪地方裁判所におけるいわゆる吹田事件の公判審理に当り，多数の被告人及び傍聴人が黙禱及び拍手を行い，裁判長がこれを制止する意思のない旨を表明しなすがままに放任したという事実があった。
> 　法廷の秩序の維持は，現下のわが司法部の重要問題の一に属するもので従来たびたびの機会に意見を表明し，これに対処する裁判官の心構えが強調されてきたのであるが，それにもかかわらず，かような事態が発生したことは，まことに遺憾としなければならない。
> 　われわれは法廷を指揮する裁判官の態度如何によって法廷の威信がそこなわれ，国民の法に対する尊重の念がゆらぎ，法の威信を失墜するに至ることのあることを，この機会に深く考えなければならない。
> 　本通達は前記吹田事件の裁判にいかなる影響をも及ぼすものではないことは当然である。(1953・9・26)
> 出典：樋口・大須賀『日本国憲法資料集』（三省堂）

属していた札幌地裁の所長が，事件担当の裁判官に対して私信を送り，裁判の方向を示したとして問題とされた。

　司法権の独立は，事実上，実質的に確保されなければならない。したがって，このような政治的圧力，司法内部の圧力に加えて，事実上の権力ともいわれるマス・メディアについても，公正な裁判批判は最大限尊重されるべきであるが，その影響力ゆえに，考慮が必要であろう。

3　裁判所の種類・構成

(1) 裁判所の種類

　司法権はすべて「最高裁判所」および「法律の定めるところにより設置する下級裁判所」に帰属する。最高裁判所は，法令などの合憲性の審査権を有する終審裁判所（81条）として，憲法上直接その設置が要求され，その構成や権能についての概要が規定されているが，下級裁判所については，この点は法律に委ねられている。そこで現行法では，下級裁判所については憲法を受けて，裁

292　第32章　裁判所

> **資料60**
>
> **平賀書簡**（長沼ナイキ基地事件担当福島重雄裁判官に対する
> 平賀健太札幌地裁所長の書簡）
>
> 8月14日午後3時40分
>
> 　　　　　　　　　　　　　　　　　　　　　　　　　　　平賀健太
> 福島重雄様
> 　　　　侍　史
> 　追って，このやうな意見を裁判前に担当の裁判長である大兄に申上げることは些か越権の沙汰とも考えますが事件の重大性もさることながら，あくまでも大兄の人柄を信頼した上での老婆心ですから，何卒小生の意のあるところを率直に汲み取って下さるやうにお願い致します。
> 　1．本件の保安林の指定解除後行はるべき立木の伐採等保安林の現況の変更によって「回復の困難な損害」を生ずると謂い得るか。日光太郎杉の事件においては老杉の大木はいはばかけ替えのないものであって杉の立木の存在そのものが問題であり，これを伐採すれば風致破壊による損害の回復は不可能である。これに反し本件係争保安林にあってはこれを現況のまま存置することそのことが問題なのではなく，立木の伐採その他山林の現況の変更によって生ずるかも知れない水源の涵渇や洪水等の危険が問題なのであって，この危険は社会通念上引水，涸渇の施設や洪水予防の施設等の代替工事を行ふことによって十分に防止することができる性質のものと考へられる。してみれば保安林の指定解除後行はれることもあるべき山林伐採等によって回復の困難な損害が生ずると謂ふことができない。若しさうでなく山林伐採等によって生ずることあるべき危険又は損害が性質上不可避のものであって，およそいかなる代替工事を以ってしても防止することができない性質のものであるといふのであるならばそのことの疎明の責任は申立人側にありと謂ふべきであろう。……
>
> （以下，略）（1969・8・14）
> 出典：樋口・大須賀『日本国憲法資料集』（三省堂）

判所法2条により，高等裁判所，地方裁判所，家庭裁判所，簡易裁判所の4種類を設けている。

　この各裁判所間には，上下の階級（審級という）があって，上級裁判所は下級裁判所の判決を取り消し，変更できるし，下級裁判所は上級裁判所の判断に拘束されるが，裁判機関としてはそれぞれ独立であって，その裁判について上級裁判所の指導監督を受けるものではない。一般的には，地方裁判所から高等裁判所，最高裁判所という順に，下級裁判所から上級裁判所へ上訴される。なお，家庭裁判所は家庭事件や少年事件を，簡易裁判所は少額の事件をそれぞれ

扱う，第1審裁判所である。なお平成8年より，簡易裁判所の管轄である少額事件訴訟（原則として即日判決）が新設されている。

また現行法は，特別裁判所（特別の人あるいは事件について裁判する，戦前の軍法会議など）の設置や，行政機関が終審として裁判を行うことを禁止している（76条2項）。これは，司法権を，最高裁判所を頂点とする通常裁判所に統一させるとともに，裁判を受ける権利を，広く実質的に保障するためである。

(2) 裁判所の構成

最高裁判所は，最高裁判所長官1名と，14名の最高裁判所判事により構成される。長官は内閣の指名に基づいて天皇が任命（6条2項，裁判所法39条1項）するが，判事は内閣が任命し，天皇が認証する（79条1項，裁判所法39条2項・3項）。最高裁判所の審理および裁判は，この15名全員で構成される大法廷と，5名の裁判官の合議体である小法廷のいずれかで行われるが，判例の変更や憲法判断に及ぶ場合などの一定の場合には，大法廷での裁判が必要である（裁判所法10条）。最高裁判所の権限は，上告などの一般裁判権はもとより，法令審査権（後述），最高裁判所の規則制定権，下級裁判所の裁判官指名権，司法行政監督権などに及び，司法権の独立を支えている。また同時に，司法内部における最高裁判所の権限を優位に保っている。

このような最高裁判所の重大な権限を考慮して，その裁判官について，国民審査制度が設けられている。国民主権に基づく民主的コントロールの配慮のあらわれである。しかし，この制度自体の方法上の問題点（信任を不可とする者に×印を付すという方法の適否）をはじめ，現実にはほとんど機能していないなど，批判的な指摘も多い。本来の制度趣旨を尊重し，活性化へ向けて検討が必要である（最高裁判所のウェブサイトに各裁判官の紹介および関与した主要な裁判における意見が掲載されている。また同サイトから最高裁判例や下級審の主要な判例の検索・閲覧も可能である）。

下級裁判所の裁判官は，最高裁判所の指名した者の名簿により，内閣が任命し，それぞれ法律で定められた人数で構成される。最高裁判所の裁判官とは異なり，その任期は10年と定められている（80条1項）が，原則として再任される（1971年の宮本裁判官再任拒否事件では，10年の任期を終えた判事補が再任されず，最高裁がその拒否理由を明確にしなかったため，革新的な思想信条を理由とし

た再任拒否ではないかとの批判を受けた）。この指名の過程に国民の意思を反映させるような諮問機関の設置が必要であるという指摘がある。

(3) 国民の司法参加・司法制度改革

昨今の国民の司法参加を強調する時代思潮にあって，陪審制度・参審制度が注目されている。裁判所法3条は，「この法律の規定は，刑事について，別に法律で陪審の制度を設けることを妨げない」と規定しており，わが国でも，過去（昭和3～18年）に陪審制度（刑事小陪審，答申は裁判所を拘束しない）を採用（第2次世界大戦中に停止）している。憲法上の要請である司法の統一や裁判所における裁判を受ける権利を侵害しない方法で，この民主的な制度を導入（復活）することは可能である。今般の司法制度改革審議会の提言を受け，国民の司法参加（による司法の国民的基盤の確立）のため，裁判員制度（重大犯罪等の刑事事件の裁判において，国民が裁判官と対等の立場で評議し，結論にも影響力をもつ）の導入が決定（平成16年5月可決成立。5年以内の実施を予定）している。

また，国民への司法サービスの充実を目指し，法曹人口の大幅な増員がなされているが，同時にその質を確保するため，法曹養成課程への改革として，法科大学院（ロースクール）が開設された（平成16年4月）。また今日，いわゆる官僚裁判官制度の弊害や複雑な取引社会の紛争を解決する立場にある裁判官の資質・能力等の問題が指摘され，法曹人口の増員を契機として，法曹一元（一定のキャリアを持つ弁護士等から裁判官を選出するシステム）を要望する声も高まっている。

4　裁判の公開

憲法は国民の権利として「裁判を受ける権利」を規定しているが（32条），手続に関しては「裁判の対審及び判決は，公開法廷でこれを行ふ」（82条1項）とし，その詳細については法律や最高裁判所諸規則により規定される。裁判の「対審」とは，裁判官の面前で当事者が主張を提出することをいうが，民事訴訟においては口頭弁論手続であり，刑事訴訟においては公判手続をさす。また，「判決」は対審とともに裁判の重要な部分であって，これを一般に公開することにより審判が公正に行われることを確保する趣旨である。

法廷メモ訴訟（レペタ事件）（最大判平元・3・8民集43巻2号89頁） 資料61

【事案】 上告人（レペタ氏・米国ワシントン州弁護士）は，来日して経済法の研究に従事し，その研究の一環として東京地方裁判所における所得税法違反被告事件の公判を傍聴した。その際，傍聴席でのメモの採取を希望し，事件を担当する刑事部に対して各公判期日（7回）に先立って許可を申請したが，すべて認められなかったため，このメモを制限した措置が憲法21条，憲法82条，刑事訴訟規則215条，憲法14条などに違反する行為であるとして，国家賠償法1条に基づき損害賠償請求を求めて提訴した。一審，控訴審ともに，「情報を受領し，収集する自由」を基本的に尊重しながらも，訴訟の公正かつ円滑な運営という利益の前には無制約ではないとして，いずれも請求を棄却。レペタ氏はこれを不服として上告。

【判旨】 上告棄却

「憲法82条1項の規定は，裁判の対審及び判決が公開の法廷で行われるべきことを定めているが，その趣旨は，裁判を一般に公開して裁判が公正に行われることを制度として保障し，ひいては裁判に対する国民の信頼を確保しようとすることにある。……右規定は，各人が裁判所に対して傍聴することを権利として要求できることまでを認めたものではないことはもとより，傍聴人に対して法廷においてメモを取ることを権利として保障しているものではないことも，いうまでもない」としつつも，「裁判の公開が制度として保障されていることに伴い，傍聴人は法廷における裁判を見聞することができるのであるから，傍聴人が法廷においてメモを取ることは，その見聞する裁判を認識，記憶するためになされるものである限り，尊重に値し，故なく妨げられてはならない」との判断を示した。しかし，本件メモの不許可が違法な公権力の行使（国家賠償法1条1項）にあたるかについては，裁判長には「法廷の秩序を維持するため相当な処分をする権限」（法廷警察権）があり，その判断は最大限に尊重されるべきであるとして，公安事件などが多く荒れる法廷が日常であった当時では，その措置が「法廷警察権の目的，範囲を著しく逸脱し，又はその方法が甚だしく不当」であったとはいえないとして，これを否定した。

従って本件訴訟では，上告人の（損害賠償）請求は棄却されたが，傍聴人のメモの採取に関し，特段の事情のない限り尊重されることが明確にされ，実質的にはその主張が認められたとも評価される。

なお，本判決には，傍聴人のメモの採取行為による証人や被告人に対する心理的な影響，傍聴人のメモに基づく不正確な法廷の情況の再現による社会的影響，法廷警察権に基づく例外的な禁止措置をめぐる法廷の紛糾への危惧などを理由に，（報道機関の記者ではない）傍聴人のメモの採取を一般的に禁止（裁量により許可）するべきである，との意見（結論は上告棄却のため同調）も付記されている。

「公開」とは，一般の傍聴が許されること（傍聴の自由）であるが（刑事手続に関する37条参照），設備上（傍聴席）の人数制限や裁判長による法廷の秩序維持のための制約のほか，「裁判官の全員一致で，公の秩序又は善良の風俗を害する虞(おそれ)があると決した場合」には例外として公開が制限される。ただし，政治犯罪，出版に関する犯罪または憲法第3章で保障する国民の権利が問題となっている事件の対審については，常に公開が要求されている（82条2項）。

法廷における傍聴人のメモの採取（情報収集の自由）に関する「レペタ事件」（資料61）で，最高裁は，傍聴することおよびメモの採取を「権利として保障しているものではない」としながらも，訴訟の運営の妨げとならない限り，傍聴人が法廷においてメモを取ることは，情報収集の自由という観点から尊重に値し，特段の事由がない限りは妨げられるべきではないとして，実質的にメモの採取に寛容な態度を示した。法廷がテレビカメラにより実況されることもあるアメリカとは対照的であるが，従来の厳格な制限からすれば，実際にはかなりの変革であった（もっとも，アメリカでは過剰な報道に対して，裁判に与える影響を指摘した批判もなされている）。

5 違憲法令審査権

憲法は，98条1項で「この憲法は，国の最高法規であつて，その条規に反する法律，命令，詔勅及び国務に関するその他の行為の全部又は一部は，その効力を有しない」と宣言している。残念なことではあるが，現実には，憲法違反の国家行為や法律が，ときおり存在する。そこで，この最高法規性を現実に保障するために，現実の国家行為などが憲法に適合しているかどうかを審査し，その効力を明らかにすることが必要である。

違憲審査のシステムを理論的，あるいは比較法的にみると，この権限を立法機関自身に任せるものと，独立の審査機関を設けるものがあり，現在では，後者が一般的である。独立の審査機関として，司法機関（しかも特別に設置された憲法裁判所ではなく，通常の裁判所）がこれを担当するのが，わが国の制度である（81条）。したがって，わが国の違憲審査は，具体的な訴訟事件の解決を前提として，その事件の解決を目的に，いわば受動的になされるといえる（付随的違憲審査制）（これに対し，特別に設置された憲法裁判所が，具体的な争訟とは

関係なく違憲審査をするのを抽象的違憲審査制という)。

　判例も，当時の日本社会党を代表して鈴木茂三郎氏が，自衛隊の前身である警察予備隊の設置・維持に関する国家行為は，憲法9条に反して無効であるとの確認を請求した警察予備隊違憲訴訟 (最判昭27・10・8民集6巻9号783頁) において，裁判所は具体的な事件を離れて抽象的に法令などの違憲審査をする権限を有しないという。したがって，その請求が裁判所の司法権の範囲外である本件を，不適法として却下した (設問(2)・本章第1節の司法権の範囲も参照)。

　また，違憲判決の効力についてはどうか。ある事件において違憲であると判断された法令の効力は，その事件についてだけでなく，一般的に否定されるのであろうか。立法権とのバランスや法的安定性等を考慮すると，問題の法令についての措置は，国民を代表する立法機関等に委ねるのが妥当であり，裁判所は，具体的事件においてその法令の効力を否定するに止まるというべきであろう。憲法の規定する「憲法の番人」としての司法の役割を，どのように考えるか，である。

　司法としての裁判所の権限を考えるにあたっては，他の権力機関とのバランス，裁判所に求められる公共政策 (是正) 的役割等について，具体的に，しかし理論的に検討されなければならない。ちなみに，「立法の不作為」による違憲が問題とされた最近のハンセン病国家賠償請求訴訟において，患者の早急な救済の実現を理由に国は控訴を断念したが，この問題に関する最高裁判例 (最判昭60・11・21) と異なる熊本地裁判決 (熊本地判平13・5・11) の判断の確定は認め難いとして，特別に政府声明が出された。

第33章 ■ 戦争放棄

> **設問** 『防衛白書』(2004年版)によると，日本の防衛関係費は約5兆円であり，防衛関係費の一般歳出に占める割合は1割にもなり，毎年確実に漸増している。世界の国々の国防費と比較すると，その額は世界で3番目の多さである。
>
> その一方で，第2次世界大戦の惨禍の反省から生まれた日本国憲法は恒久平和主義を謳い，9条には，「戦争放棄」の明文規定がある。しかしながら，2004年5月主要新聞各紙による世論調査によれば，憲法改正支持が初めて5割を超えたと伝えられる。
>
> そのような現状にある今の日本において，「憲法9条の意義」「自衛隊の存在」をわれわれはどのように考えていけばよいのであろうか。

1 憲法における平和主義

　日本国憲法は，前文と9条に次のような内容を明記している。「日本国民は，正当に選挙された国会における代表者を通じて行動し，われらとわれらの子孫のために，諸国民との協和による成果と，わが国全土にわたつて自由のもたらす恵沢を確保し，政府の行為によつて再び戦争の惨禍が起ることのないやうにすることを決意し，ここに主権が国民に存することを宣言し，この憲法を確定する。……日本国民は，恒久の平和を念願し，人間相互の関係を支配する崇高な理想を深く自覚するのであつて，平和を愛する諸国民の公正と信義に信頼して，われらの安全と生存を保持しようと決意した。われらは，平和を維持し，専制と隷従，圧迫と偏狭を地上から永遠に除去しようと努めてゐる国際社会において，名誉ある地位を占めたいと思ふ。われらは，全世界の国民が，ひとしく恐怖と欠乏から免かれ，平和のうちに生存する権利を有することを確認する……」(前文)「日本国民は，正義と秩序を基調とする国際平和を誠実に希求し，

国権の発動たる戦争と，武力による威嚇又は武力の行使は，国際紛争を解決する手段としては，永久にこれを放棄する。②前項の目的を達するため，陸軍空軍その他の戦力は，これを保持しない。国の交戦権は，これを認めない。」（9条）

このように日本国憲法は，前文において国際協調主義，恒久平和主義を宣言するとともに，9条において，戦争およびこれに準ずる行為を永久に放棄し，すべての戦力を保持しないとする非武装平和主義を規定した点において，憲法史上画期的なものといわれている。

しかし，この平和主義宣言は，日本国憲法において最初になされたわけではなく，その萌芽はすでに1971年のフランス憲法に見出すことができる。フランスにおいては，革命（1789年）前，君主が戦争の開始や終結権をもっていたが，革命後，戦争を行うには議会の承認を必要とすること（第3篇第3章），侵略戦争の否定，他国民の自由を侵害しないこと（第6篇）が宣言された。この規定は，現在の1958年第5共和制憲法へと承継されている。その他，現代に至るまで多数の国家が憲法を制定してきたが，侵略戦争の放棄条項をはじめとして，武力行使の禁止を中心とした「平和主義」の規定を含むものであった。たとえば，スペイン（1931年），フィリピン（1935年），イタリア（1947年），旧西ドイツ（1947年）等，「平和主義」条項規定の内容は各国により異なるが，その種の内容を有する国は現段階で150はあるといわれる。こうした各国憲法の動きは，国際法の動向と相互的に関連しながら，また影響を受けながら発展してきたものといえる。すなわち，国際法の領域では，国際連盟規約（1919年），不戦条約（1928年），国際連合憲章（1945年）を通じて，戦争の禁止・放棄および紛争の平和的解決を目指すことが，世界的規模で拡大されてきたという事情がある。しかし，不戦条約は自衛戦争と国際連盟規約およびロカルノ条約（1925年）による制裁戦争を禁じてはいないし，また国際連合憲章のもとでも，国際の平和及び安全の維持又は回復に必要な軍事行動ができるし（国連憲章42条），国際連合加盟国に対する武力攻撃が発生した場合の自衛権の行使を是認している（同51条）。

2 憲法第9条と自衛隊

　前述の国際法の内容や諸国憲法の中にあって，第2次世界大戦の惨禍の反省から生れたわが国の憲法9条は，世界的にみてもきわめて注目に値する条文である。しかし，現実には防衛関係費は確実に増加の一途をたどり，自衛隊の存在そのものを明文化すべきとする憲法改正論議が喧しくなってきているというのが昨今の日本の現況である。なぜこのような状況に至ったのであろうか。設問の問題を考える材料として，憲法9条に対する政府見解，学説の解釈，裁判所の判断を概観してみよう。

(1)　9条に対する政府見解

　憲法制定当時（1946年），政府，国民の憲法9条に対するとらえ方は，絶対的な戦争放棄（自衛権の行使としての戦争も放棄），絶対的な戦力不保持の規定であるというものであり，共産党とごく一部の学説を除いて，この見解に反対するものはほとんどなかったといわれる。しかし，朝鮮戦争勃発（1950年）を契機としてアメリカ側から警察予備隊の設置が指令される頃から，政府の見解は微妙に変化し始めた。政府は，警備予備隊について，「我が国の平和と秩序を維持し公共の福祉を保障するのに必要な限度内で，国家地方警察及び自治体警察を補う」ことを目的とする「警察」であって，軍隊ではないとしていた。1952年，警察予備隊（7万5,000人）は保安隊（地上軍11万人，空軍120機）・警備隊（海軍68隻，7,500人）に発展的に解消した。その後，1952年11月に出された「『戦力』にたいする政府統一見解」において，吉田内閣は「戦力とは，近代戦争遂行に役立つ程度の装備・編成を具えるものをいい，戦力に至らない程度の実力を保持し，これを直接侵略・防衛の用に供するのは違憲ではない」とし，保安隊および警備隊は「戦力」ではないと明言した。その後，1954年，日米相互防衛援助協定（MSA協定）が発効し，保安隊・警備隊は自衛隊に改組される。
　こうした改組がすすむ中で，政府は，自衛力であれば軍備を持ってよいとする防衛力論へと固まっていく。すなわち，1954年鳩山内閣以降の憲法9条解釈は，1項は侵略戦争放棄の意味であり，2項の「前項の目的」も侵略戦争放棄の目的に制限する。したがって2項にいう戦力は侵略戦争を行うための戦力で

あり、自衛のための戦力保持は認められているというものである。1972年、田中内閣は、憲法が禁じている「戦力」とは「自衛のための必要最小限度を超えるもの」を意味し、それ以下の実力の保持は禁じられていないとした。この解釈のもと、自衛隊はその限度を超えていないので戦力ではない、違憲ではないとするのが政府見解であり、この見解は変更されることなく今日に至っている。

(2) 学説の解釈

学説は、憲法9条の解釈や自衛隊の合憲性について対立しているが、以下のように大別することができよう。①9条1項によって、自衛戦争も含めて一切の戦争が放棄されているとする説（1項全面放棄説）。この見解によれば、自衛隊は憲法違反となる。②9条1項は侵略戦争の放棄のみを意味し、自衛戦争は憲法上禁じられていない。しかし、2項は戦力不保持、交戦権の否認をしていることによって、自衛戦争、制裁戦争も否定されているとする説（1項・2項全面放棄説）。③9条1項は侵略戦争の放棄だけを意味し、2項では侵略戦争のためではない戦力は保持しうるので、自衛戦争は憲法上禁じられていないとする説（限定放棄説）。この見解によれば、2項「前項の目的」を侵略戦争の放棄ということに限定するので、自衛のための戦力であれば、これを持てることになり、自衛隊も合憲となる。その他、9条は法的規範ではなく、政治目標を宣言したにすぎず、単なる努力目標とする説や9条は当初は全面的戦争放棄と戦力不保持を規定していたが、その後の国際情勢の変化により9条解釈の変更が必要となってきているとする説もあり、これらの説によれば、自衛隊の存在も認められる。

以上、諸学説が対立するが、自衛戦争を含めて一切の戦争が放棄され、また自衛のための戦力をも含めて、一切の戦力の不保持が規定されているとする考え方が多数説であり（①、③はともに少数説）、学説の解釈からするならば、「自衛隊は違憲」と解することになろう。

(3) 裁判所の判断

自衛隊は戦力ではなく、その存在は合憲であるとする政府と、それに反対する国民との間では、これまで憲法9条に関連した裁判が繰り返されている。朝鮮戦争を契機に1950年設置された警察予備隊が9条に違反するとして直接最高

裁で争われたものが,「警察予備隊違憲訴訟」である。最高裁は,わが国の裁判所は抽象的に法律,命令の違憲,無効を確定する権限を有するものではないとして門前払いの判決を言い渡した（最判昭27・10・8民集6巻9号783頁)。同判決は9条の解釈について一切言及しなかったものの9条に関する裁判例として先駆的な存在となった。その後,日米安保条約が憲法に違反するか否か,9条の「戦力」の概念が初めて争われたのが「砂川事件」である。この事件は,砂川基地拡張に反対する人々が,東京の米軍立川飛行場の測量を妨害するため米軍基地内に立ち入った行為が,安保条約・基地協定に基づく刑事特別法に違反するとして起訴されたものである。第1審は,合衆国軍隊の駐留は日本国憲法9条2項前段によって禁止されている「戦力」の保持に該当し,合衆国軍隊の駐留は憲法に違反するとする画期的な判断を下した。（東京地判昭34・3・30下刑集1巻3号776頁)。政府は最高裁判所に飛越上告を行ったが,最高裁判所は,まず,9条が不保持を述べる戦力とは,わが国の指揮権,管理権を行使しうるものに限られ,外国の軍隊はここにいう戦力に該当しないとし,日米安保条約については,高度の政治性を有するので,一見極めて明白に違憲無効と認められないかぎり司法判断になじまないとして,いわゆる「統治行為論」(政府国会などの政治部門によってなされる国家行為について法律的判断が可能であっても,その行為が高度に政治的であることを理由として,裁判所の審判の対象にはならないとする考え方)を展開し,日米安保条約判断を回避した（最判昭34・12・16刑集13巻13号3225頁)。

　次に,自衛隊が9条に違反するか否かが争われた最初の事件は,「恵庭事件」である。この事件は,北海道恵庭町で酪農を営む人達が,近くの自衛隊演習場内の実弾射撃演習に抗議して自衛隊の野外通信線を切断したが,その行為が自衛隊法121条違反（「自衛隊の所有・使用する防衛の用に供する物を損壊」）として起訴されたものである。裁判所は無罪を言い渡したが,その際,被告人の行為が自衛隊法121条の構成要件に該当しない以上,自衛隊そのものの合憲性を判断すべきではないと憲法判断を回避した（札幌地判昭42・3・29下刑集9巻3号359頁)。

　次に,「長沼ナイキ基地訴訟」においても自衛隊の合憲性が争われた。この事件は,農林大臣が森林法上の保安林に指定されていた北海道長沼町の馬追山国有林について航空自衛隊ミサイル基地建設のために保安林指定解除処分を

行ったことに対し，地元住民が当該指定解除処分は森林法26条に定める「公益法上の理由」に該当しないとその取消を求めたものである。第 1 審判決（札幌地判昭48・9・7 判時712号24頁）は，自衛隊の詳細を実体審理をつくした上，自衛隊は，その編成，規模等からして「外敵に対する実力的な戦闘行動を目的とする人的，物的手段としての組織隊」と認められるので「軍隊」であり，9 条 2 項の「陸軍空軍」として「戦力」に該当するとし，正面から「自衛隊は違憲」とする判決を下した。この判決では，「平和的生存権」を認めた点にも大変意義のある判決といえる。しかし，第 2 審判決（札幌高判昭51・8・5 判時821号21頁）は統治行為論を基本的支柱とし，保安林指定解除にともなって代替施設が完備されたことにより原告には訴えの利益がなくなったとし，訴えを却下した。これにつづく上告審も控訴審判決を支持して上告は棄却された（最判昭57・9・9 民集36巻 9 号1679頁）。

また，「百里基地訴訟」においても同様に，自衛隊の合憲性が争われた。この事件は，昭和31年国が茨城県小川町百里原に航空自衛隊基地建設のための土地買収に着手したが，その土地の所有権をめぐる紛争が国と反対住民との間に生じたものである。第 1 審判決（水戸地判昭52・2・17判時842号22頁）は統治行為論を採ったが，判例としては初めて「自衛のための戦力の保持」は 9 条の禁ずるところではないとの明確な判断を下した。第 2 審判決（東京高判昭56・7・7 判時1004号 3 頁）も 1 審を支持し，住民側の控訴を棄却。この事件は上告され，最高裁判断が注目されていたが，1989年 6 月20日最高裁第 3 小法廷で言い渡された（民集43巻 6 号385頁）。伊藤正己裁判長は住民側の上告を棄却し，9 条の解釈については，「土地売買契約は純粋に民事的な行為で，憲法 9 条が直接適用される余地はない」とし，自衛隊に関する憲法判断は全く示されなかった。恵庭事件，長沼ナイキ事件につづく百里基地訴訟は，自衛隊の合憲・違憲性を争う重要な機会といわれていたにもかかわらず，またもやその判断は回避された。「自衛隊は合憲である」とする裁判所の判断を得ることもなく，自衛隊は，実質上"軍隊"として半世紀にわたって既成事実化してきている。

3 自衛隊の海外派遣

自衛隊と憲法 9 条との関係が新たな角度から問題となったのが，PKO

（peace keeping operation 平和維持活動）における海外派遣においてであった。

　1990年8月2日，イラク軍がクウェートに侵攻し，湾岸危機が生じた。1991年1月17日多国籍軍がイラクに攻撃を開始し，湾岸戦争が始まった。海部内閣は1990年10月自衛隊員を平和協力隊として海外派遣させる目的のもと「国連平和協力法」案を第119臨時国会に提出したが，国会審議の過程で，1990年11月，この法案は廃案となった。海外派兵が禁止されている自衛隊による人的貢献ができないかわりに，多国籍軍への財政支援を中心として130億ドル（約1兆5千億円）が国民の税金から支出されることとなった。この点をとらえて，「国際貢献を金で解決し，汗を流さない日本」と，国際的批判を日本は受けることとなった。

　その後，湾岸戦争終結後の1991年4月26日，ペルシャ湾における機雷除去の任務を遂行するため，自衛隊法99条を根拠として海上自衛隊の掃海艇がペルシャ湾に派遣された。これが戦後における海外への初めての自衛隊派遣ということになった。なお，湾岸戦争において日本が多国籍軍に財政支援したことおよび自衛隊の掃海艇派遣をしたことについて訴訟が提起された（東京地判平8・5・10判時1579号62頁）。

　このような経緯の中で，人的貢献という形で何らかの国際貢献をするべきか否かの議論が重ねられ，1991年9月，「国際連合平和維持活動等に対する協力に関する法律」案が第121臨時国会へ提出された。この法案は，修正を加えたうえ1992年6月15日成立した（1992年8月施行，以下PKO協力法と略称）。しかし，「武力行使」につながらないよう5つの原則が設けられた。すなわち①紛争当事者の間で停戦の合意が成立していること。②平和維持隊が活動する地域の属する国を含む紛争当事者・受入れ国が日本の参加に対して同意していること。③平和維持隊が中立的な立場を厳守すること。④上記のいずれかの原則が満たされない状況が生じた場合には，業務の中断，要員・部隊の撤収ができること。⑤武器の使用は要員の生命等の防護のために必要最小限度のものに限られることである。

　PKO協力法成立後，同年10月13日，カンボジア総選挙の指導監視委員の安全対策のため，自衛隊は国連平和維持活動の一環として，カンボジアに派遣され，その後モザンビーク，ルワンダ，ゴラン高原（シリア）へと要員が派遣され，着実に人的貢献という形での国際貢献がなされてきている。

PKO協力法も武器使用が緩和され（1998年），2001年9月11日米国同時多発テロ以降，アフガニスタン戦争の後方支援のため海上自衛隊の艦艇がインド洋に派遣され（2001年10月「テロ対策特別措置法」（略称）制定），イラクへも海上自衛隊が派遣されるまでになっている。すなわち，「イラク特別措置法」（略称）が2003年7月に成立し（4年間の時限立法），医療・物質補給などの人道復興支援と多国籍軍の後方支援などのために，イラクへの派遣が認められたからである（なお，「自衛隊イラク派兵差止め訴訟」が2004年2月23日に名古屋地裁に提起され，現在係属中である）。

4 日米安保条約と自衛隊との関係

　日本は1951年9月サンフランシスコにおいて対日講和条約（平和条約）を締結し，それと同時に日米安保条約を締結し，日本国内に米軍の駐留が認められることになった。日米安保条約と駐留米軍の存在をめぐって，前述の砂川事件をはじめこれまで訴訟が次々と提起されてきた（那覇地判平2・5・29行集41巻5号947頁〔那覇市軍用地訴訟〕，最大判平8・8・28民集50巻7号1952頁〔沖縄県知事署名等代行職務執行訴訟（資料62参照）〕）。

　日米安保条約は1960年の改定以来，今日に至るまでのそのままの状態であるが，実質的にはその内容は大幅に変容してきつつある。その嚆矢となったのが1978年の「日米防衛協力のための指針」（「ガイドライン」）である。このガイドラインにより日本はアジア・太平洋地域の防衛を担当すると位置づけがされ，さらに1997年9月のガイドライン改定により，日本周辺地域の有事の際に日本の「後方支援」などの積極的な協力が求められることとなった。この新ガイドラインを実効的なものとするために1999年5月ガイドライン関連法として「周辺事態に際して我が国の平和及び安全を確保するための措置に関する法律」（周辺事態法と略称）が制定された。この法律制定と同時に自衛隊法の改正もなされ，災害，騒乱等の緊急事態に際して在外邦人を保護するため自衛隊が海外に出動することができ，その事態に応じて武器使用も認められることとなった（同法100条の8）。

　2001年9月11日「米国同時多発テロ」を契機として，米国が国際テロ組織に対して起こした軍事行動の後方支援ができるように，日本政府は「テロ対策特

> 資料62
>
> **沖縄県知事署名等代行職務執行命令事件**（最判平 8・8・28民集50巻 7 号1952頁）
> 　現在，日本に存在する米軍基地の約75％は沖縄にあるが，国は沖縄返還以来，アメリカのその駐留軍用地として土地所有者との賃貸借契約等の合意による使用権限を取得してきた。その合意が得られない場合には，いわゆる「駐留軍用地特措法」に基づきその使用権限を取得してきた。しかし，平成 8 年 3 月31日及び平成 9 年 5 月14日に使用権限が満了となる土地につき，その土地所有者との合意による使用権限の取得が見込めない状況にあったため，那覇防衛施設局は「駐留軍用地特措法」に基づき使用権限取得の手続を進めることとした。この手続を進めるに際し，土地調書及び物件調書を作成し，その調書には，関係する土地所有者の署名押印が必要であるが，該当土地所有者のうち約 3 分の 2 が署名押印を拒否した。そこで，那覇防衛施設局は，各土地の所在地の市町村長に対して署名押印を求めたが拒否されたため，知事に対して署名押印の代行を求めた。これに対し知事は署名押印の代行には応じられない旨の回答をした。
> 　そこで，内閣総理大臣は知事に対し地方自治法（旧）151条の 2 に基づき「署名等代行事務」を執行するよう勧告し，次いで職務執行命令を発した。しかし，知事がこの命令に従わなかったため，職務代行命令訴訟を提起した。福岡高裁那覇支部は，知事に対して本件署名等代行を行うことを命じた（福岡高那覇支判平 8・3・25判時1563号26頁）。
> 　最高裁は，「本件署名等代行の事務は我が国の安全保障等国家的な利益にかかわる事務であるとともに，……日米安全保障条約に基づく我が国の国家としての義務の履行にかかわる事務である……」として，高裁判決を支持し，上告を棄却した。

別措置法」「イラク特別措置法」を制定し，自衛隊の海外派遣の領域は拡大され，また，戦闘地域への派遣も可能とされるようになった。同時多発テロに対して北大西洋条約機構（NATO）が集団的自衛権の発動を決め，世界の多くの国々が米国への協力を表明する中で，国際社会の一員として劣後を恐れる日本は，自衛隊を積極的に海外へ派遣する方向を選択したのである。この方向は，日本国内においても「武力攻撃事態法」（略称）を2003年 6 月に制定する形でも結実した。この法律においては，「武力攻撃事態」の概念を「武力攻撃事態には至っていないが，事態が緊迫し，武力攻撃が予測されるに至った事態」（同法 2 条 1 項）と広く定義し，内閣に対策本部を設置し，国・地方公共団体に対処措置を講じる責務が求められている。

　1990年代から制定されてきた「周辺事態法」「テロ対策特別措置法」「武力攻撃事態法」を中心とする有事法制につづき（さらに有事法制の完成を目指すべく，日本の有事の際の国や自治体の役割を規定した「国民保護法」が2004年 9 月17日に

施行することを明記した政令も決定された。),「イラク特別措置法」も制定され,「国際平和と安全」の標榜のもとに,自衛隊の海外"派兵"への途が着実につくられつつある。折しも2004年9月21日,小泉首相は国連総会において,イラクへの自衛隊派遣などの日本の人道復興支援での実績を挙げて「安保理常任理事国」入りの決意表明をした。

　このような昨今の日本の現状は,世界に誇ることのできる憲法9条の内容とあまりに乖離した感があり,「憲法9条と現実」との狭間でわが国が今後すすむであろう状況に不安感を抱く国民は少なくはないであろう。

　しかしながら,「国際社会」の一員として日本は今後どのような役割を世界の中で果たしていくべきなのか,そのとき,「自衛隊」を9条との関係でどのような存在として位置づけていくべきなのか,それは日本国民全員に問いかけられている問題でもある。

第34章 地方自治

> **設問** 日本国憲法には,「地方自治の本旨」に関する規定が置かれている。すでに,地方公共団体に対する国家の監督をできるだけ回避すべきとの観点から,地方分権の推進に関する議論が,法律学・政治学を問わず各分野で展開されていた。
> また,現行地方自治制度にあっては,間接(代表)民主制を基本としながらも,住民の意思を地方公共団体に可能な限り反映させるべく,住民には直接請求権が保障されている。そこで,憲法の規定する「地方自治の本旨」とは何か,地方分権とは何か,住民に保障される直接請求権とは何か,これらの点を明らかにすることが重要になってくる。

1 地方自治の保障

(1) 地方自治の本旨

かつての明治憲法下では中央主権主義がとられていたが,日本国憲法下では,地方自治・地方分権の尊重が強調されている。すなわち,日本国憲法92条は,「地方公共団体の組織及び運営に関する事項は,地方自治の本旨に基いて,法律でこれを定める」と規定し,この条文を受けて地方自治法が制定されている。

「地方自治の本旨」とは,一般に,①団体自治,②住民自治を指すものと解されている。前者は,主としてドイツで形成された概念であり,地方公共団体が,1つの団体として国家から独立して自律権を行使するというものである。後者は,主としてイギリスで形成された概念であり,地方公共団体の運営が,住民の意思に基づいて行われるべきというものである。わが国においては,両者が相まって初めて,「地方自治の本旨」が達成されることとなる。

(2) 地方分権

　地方公共団体の有する自治権の法的根拠に関しては，①固有権説（個人が基本的人権を享有するように，国家の成立以前に地方公共団体も自治権を有している）と，②伝来説（地方公共団体の自治権は，国家の統治機構の一環として憲法が法制度的に保障したものである）がある。学説の対立を見ているが，後者が支配的見解となっている。

　従来，国は，財務監視権，検査権・監査権，許認可権などを有し，地方公共団体への権力的関与を行っていた。しかし，国と地方公共団体との関係を見直し，住民の福祉をより一層充実させるという目標に向かって，国と地方公共団体とを「対等・協力」の関係に位置づけ，個性豊かな地域社会を実現するために，平成7年には地方分権推進法が制定された。そして，同法律の趣旨を受け，平成11年には地方分権一括法が制定され，各種の法律も改正が施されることとなった。平成14年に施行された改正地方自治法は，機関委任事務を廃止し（地方自治法新・旧の2条を参照），国から地方公共団体への関与は，法律や政令などの根拠がある場合に限定されるとともに（新245条以下），国の起債許可制度も廃止し（旧250条，地方財政法5条の3も参照），国と地方公共団体との紛争を解決するための国地方係争処理委員会を設置するに至った（新250条の7以下）。

　また，国や都道府県の権限は，都道府県のみならず市町村にまで移譲されることとなった。具体的には，①国から都道府県へは，保安林の指定，都道府県教育長の任命，市町村が作る下水道事業計画の認可，2つ以上の都道府県の区域内にかかわる採石業者・砂利採取業者の登録と拒否など，②都道府県から，指定都市（人口50万人以上の大阪市・横浜市など）へは都市計画決定の権限が，中核市（人口30万人以上）へは都市計画法に基づく開発審査会の設置，そして，特例市（人口20万人以上）へは宅地造成工事規制区域の指定，騒音や悪臭など局地的公害地域と基準の設定などがある。

　さらに，③都道府県から市へは，児童扶養手当の受給資格認定，商店街振興組合などの設立許可，④都道府県から市町村へは，市町村立学校の学級編成と始業日・終業日などの学期の決定，犬の登録・鑑札の交付・注射済み票の交付など，各種の事例が挙げられる。

2 地方公共団体の種別・事務

(1) 地方公共団体の種別

　地方公共団体とは，地方自治の実現を存立目的とする公共団体である。すなわち，一定の地域と住民を基盤とし，地域に関連する事務を執行するために設置される公法人である。そして，地域住民に対して公共的役務を提供するとともに包括的な支配権を有する団体である。そのためには，自主立法権，自主行政権，自主課税権などが地方公共団体に認められなければならない（区長準公選制に関する最判昭38・3・27刑集17巻2号121頁を参照）。

　地方自治法1条の3は，こういった地方公共団体の種別として，①普通地方公共団体（都道府県・市町村），②特別地方公共団体（特別区・組合・財産区・地方開発事業団）を挙げている。都道府県は，市町村を包括する団体であり，ときには上級団体と呼ばれることがある。しかし，両者は，独立した公法人であり，上下関係・支配服従関係に立つものではない（ちなみに，地方自治法旧14条3項に基づく統制条例は廃止されるに至った）。

　また，平成6年には，新しい自治体組合として，市町村・都道府県が加わることのできる「広域連合」が創設されている（地方自治法284条，291条の2以下）。この連合が，広域道路網や介護保険広域連合など，地方公共団体の枠・地域を超えた新しい自治体として注目されている。また，市町村の合併論議が進行していることは周知のとおりである。

(2) 普通地方公共団体の事務

　旧地方自治法の下では，公共事務（固有事務），団体委任事務，行政事務，機関委任事務が存在していた。改正地方自治法は，従来の機関委任事務を廃止し，地方公共団体の事務を自治事務と法定受託事務とに分けている（新2条，資料63を参照）。

(a) 自治事務

　この事務は，地方公共団体の自主的な取扱いに委ねられる事務である。従来の公共事務（固有事務）以外に，都道府県にあっては，工場等立地規制，府県

認定の土地収用手続，林地開発許可，宅地造成許可，漁業免許，公益法人の認可，福祉施設の設置許可，私学設置認可，飲食店・公衆浴場・旅館業・薬局・病院・診療所・食肉販売店などの設置許可，調理師・栄養士の免許などがある。

そして，市町村にあっては，土地区画整理事業，鳥獣捕獲の許可，就学時健康診断，就学校の指定などがある。その他，地方分権一括法で，都道府県や市町村に権限が移譲された事項に関する事務が挙げられる。

(b) 法定受託事務

本来は国の行う事務であるが，法令によって地方公共団体が処理する事務とされる。たとえば，第1号法定受託事務（国から都道府県・市町村に委託される事務）のうち，国から都道府県への事務は，国勢統計等の指定統計事務，国政選挙の事務，農地転用の許可，公有水面の埋立免許，旅券の発給，産業廃棄物の設置許可，宗教法人の登記，道路・河川の維持管理などがある。

そして，国から市町村への事務は，消防事務，戸籍，外国人登録，自動車臨時運行の許可などがある。他方，第2号法定受託事務（都道府県から市町村へ委託される事務）としては，都道府県議会の解散にかかる投票事務，都道府県議会の議員および長の解職にかかる投票事務などを挙げることができる。

3 条例の制定

(1) 条例の意義

条例とは，地方公共団体が，自主立法権に基づいて制定する法規範とされる（憲法94条を参照）。地方公共団体は，「住民の福祉の増進を図ることを基本として，地域における行政を自主的かつ総合的に実施する役割を広く担う」ものであり（地方自治法新1条の2第1項），自主的に条例を制定することができる（新14条1項）。したがって，逐一個別的な法律の委任が必要とされず，住民の権利・自由を規律する必要があれば，地方公共団体独自の判断で条例を制定することができるのである。

ただし，地方自治法によれば，地方税，分担金（下水道建設費の受益者負担金など），公の施設の設置・管理・利用料などに関する場合（96条1項・228条・244条の2など），職員に対する給与などを支払う場合（204条の2）のみならず

旧法と新法の事務の種類の比較

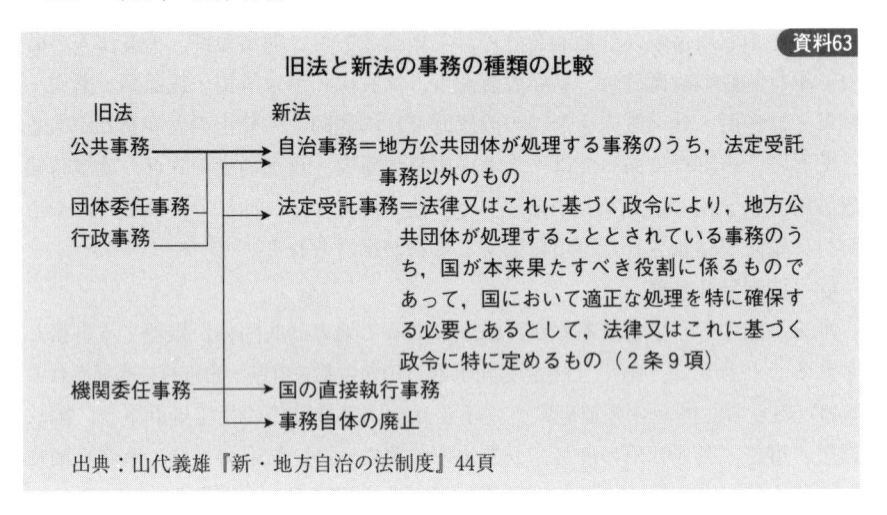

```
旧法            新法
公共事務  ──┐ ┌→ 自治事務＝地方公共団体が処理する事務のうち，法定受託
           ├─┤      事務以外のもの
団体委任事務─┘ └→ 法定受託事務＝法律又はこれに基づく政令により，地方公
行政事務  ──      共団体が処理することとされている事務のうち，国が本来果たすべき役割に係るものであって，国において適正な処理を特に確保する必要とあるとして，法律又はこれに基づく政令に特に定めるもの（2条9項）

機関委任事務 ──→ 国の直接執行事務
              └→ 事務自体の廃止
```

出典：山代義雄『新・地方自治の法制度』44頁

（給与条例主義に違反したものとしては，資料64を参照），地方公共団体が，住民に「義務を課し，又は権利を制限する」場合には，条例の制定が義務的となっている（新14条2項）。また，条例には，法令に特別の定めがある場合を除き，条例違反に対し2年以下の懲役もしくは禁錮，100万円以下の罰金，拘留，科料または没収といった罰則を設けることも可能である（同条3項）。

ところで，条例の対象は，当該地方公共団体の事務に属する事項でなければならない。すなわち，自治事務，法定受託事務に関する事項である。国の専権的事務に属する事項，あるいは国が統一的に処理すべき事項などは，法律によって規制すべきであり，地方公共団体が独自に条例を制定することは許されない。たとえば，司法権に関する事項（新しい刑罰の創設・裁判所の設置など）について，条例を制定することができないのは論をまたない。

(2) 法令と条例

地方自治法上，条例の制定には，「法令に違反しない限りにおいて」との制約が課される（14条1項）。ここでは，法令と条例との抵触関係について，どのように理論的に解決されるべきかが問題となってくる（なお，東京高判平15・1・30判時1814号44頁では，東京都による銀行への外形標準課税が，地方税法に違反するとされている）。

まず，既存の法律が存在する場合には，これに抵触する条例を制定すること

昼窓手当支給事件（最判平7・4・17民集49巻4号1119頁）　　資料64

【事案】　熊本市は、昭和57年以降、一部の課（市民課・保険課・年金課など）において、職員の昼休みの休憩時間を交代で繰り下げることによって、午後零時から午後1時までの時間も継続して窓口業務を行った場合には、特殊勤務手当を支給することとした。熊本市職員特殊勤務手当支給条例の6条は、「この条例に定めるもの以外の勤務で特別の考慮を必要とするものに対しては、市長は、臨時に手当を支給することができる」とされていたため、熊本市の住民であるXは、本件条例6条は、給与条例主義に違反し無効であること、本件手当の支給は、本件条例6条による委任の範囲を超えた違法な支出に当たること、昼休み窓口業務を特殊勤務手当の支給対象とすることは許されないことなどを主張し、熊本市長を相手方として、総額1030万円弱の損害賠償を請求した。当該住民訴訟に関して、第1審ではXの勝訴であったが、控訴審で敗訴したために、Xが上告したのが本件事案である。

【判旨】　破棄自判

本件条例6条は、職員を臨時に従事させた勤務については特別勤務手当を支給しないことが、同条例別表に掲げられた特殊勤務手当の支給の対象となる勤務との対比において不合理があると認められるような場合に、市長が、応急的措置として、特別勤務手当を支給することを許容したものと解するのが相当であって、その限りにおいて、地方自治法及び地方公務員法の前記各規定に抵触しないものということができる。

これを本件についてみると、前記事実関係によれば、熊本市においては、昼休み窓口業務は、昭和57年9月6日以降、継続的、恒常的に行われており、職員を昼休み窓口業務に臨時に従事させたとみる余地はないし、これに対する本件手当の支給も継続的に行われてきたことが明らかである。そうすると、本件手当が、職員を臨時に従事させた職務につき、応急的に支給されたものとは認め難い。市長が、毎年度ごとに、その支給を決定していたという事情があるとしても、この点の評価が変わるものではない。しかも、昼休み窓口業務は、休憩時間が1時間繰り下がるものの、その勤務内容や勤務条件からすれば、本件条例別表に掲げられた13種類の特殊勤務手当の支給の対象となる勤務との対比において、特殊勤務手当の支給の対象としないことが不合理であると認められるような勤務に当たるということもできない。したがって、本件支出は、本件条例6条によって市長に許容された範囲を超えて行われたものであって、条例に基づかない違法な支出であるというほかはない。

ができないとされる。これが、「法律の先占領域」と呼ばれるものである。ただし、上乗せ条例が認められる余地はある。なぜなら、法律がすでに規律対象としている事項であっても、当該法律が最低限度の規制を行っていると解される場合には、地方の状況を加味しながら、同一事項につき法律の規制を上回る厳しい条例規制を行ったとしても、必ずしも違法とは考えられないからである。

現実には，地方公共団体が公害防止条例を制定し，公害防止法よりも厳しい規制を行っている事例も見られる。

次に，法律規制とは別個の観点からなされる条例規制も可能といえる。たとえば，狂犬病予防法の規制対象である飼犬に関し，地方公共団体が近隣住民に対する迷惑行為の防止という観点から，飼犬取締条例を制定し規制を加えることは，自ずからその趣旨・目的が異なっている。したがって，当該条例は，必ずしも法律に抵触するわけではないと解されている。さらに，公衆浴場法施行条例や風俗営業法施行条例などで，地方独自の状況を加味しながら，実質的には法律の内容が補充・補足されることもある。

最後に，既存の法律が規制対象としていない事項（未規制領域）に関しては，地方公共団体が，独自に条例で規制することが可能である。たとえば，ふぐ販売等規制条例が想定されよう。また，いくつかの地方公共団体では，いわゆる「たばこポイ捨て禁止条例」，「歩きたばこ禁止条例」や「身元調査禁止条例」が制定されている。なお，地方公共団体が独自に課税するもの（法定外目的税）としては，山梨県河口湖町等の「遊魚税」，三重県の「産業廃棄物税」や東京都の「ホテル税」などが有名である。

4 住民の権利

(1) 選挙権・被選挙権

日本国民たる普通地方公共団体の住民は（定住外国人の地方参政権に関しては，第21章「法の下の平等」の資料29を参照），その属する普通地方公共団体の選挙に参加する権利を有する（11条）。具体的には，日本国民たる年齢満20年以上の者で，引き続き3カ月以上市町村の区域内に住所を有する者が，その属する普通地方公共団体の議会の議員および長の選挙権を有する（17条以下，公職選挙法9条）。

また，議会の議員の選挙権を有する者で，年齢満25年以上の者は議会の議員の被選挙権を有する。さらに，日本国民たる年齢満30年以上の者が都道府県知事の被選挙権を，年齢満25年以上の者が市町村長の被選挙権を有する。ただし，長の被選挙権に関しては，当該普通地方公共団体の住民であることが要件とさ

れているわけではない（地方自治法19条および公職選挙法9条・10条）。

(2) 直接請求権

　普通地方公共団体の住民には，議会の議員や長の選挙権・被選挙権が認められるとともに，地方自治法上，直接民主制の方式たる直接請求権が保障されている（こういった直接請求権以外に，住民投票の方式が注目を浴びている）。具体的には，以下の権利が挙げられる。

　① 条例の制定・改廃請求権　条例の制定・改廃の請求を行うためには，選挙権者の総数のうち，50分の1以上の者の連署が必要とされる（12条1項・74条）。請求の受理機関は，地方公共団体の長であるが，地方税の賦課・徴収，分担金，使用料，手数料などに関するものについては例外とされる。

　② 事務の監査請求権　事務の監査請求を行うためには，選挙権者の総数のうち，50分の1以上の者の連署が必要とされる（12条2項・75条）。事務の監査請求権の対象は，地方公共団体の事務一般に及ぶ。請求の受理機関は，監査委員である。

　③ 議会の解散請求権　議会の解散請求は，選挙権者の総数のうち，3分の1以上の者の連署が必要とされる（13条1項・76条以下）。この請求は，当該普通公共団体の選挙管理委員会に対して行わなければならない。住民からの議会解散請求が成立した後に解散の投票が行われ，過半数の者の同意があった場合に議会は解散される（78条）。

　④ 解職請求権　長，議会の議員，教育委員会の委員・公安委員会の委員などの役員に対する解職請求は，選挙権者の総数のうち，3分の1以上の者の連署が必要とされる（13条3項・80条以下）。長及び議会の議員の解職請求は，当該普通公共団体の選挙管理委員会に対して，教育委員会の委員・公安委員会の委員などの役員に対する解職請求は，地方公共団体の長に対して行わなければならない。住民からの解職請求が成立した後に，解職の投票で過半数の者の同意があった場合（長または議員の場合），あるいは議会の4分の3以上の者の同意があった場合（役員の場合）には，失職するものとされる（83条・87条）。

　なお，③および④に関しては，平成14年9月から，請求権者数の変更が行われている。すなわち，有権者が40万人以上の地方公共団体にあっては，その超える数に6分の1を乗じて得た数と40万に3分の1を乗じた数とを合算して得

(3) 住民監査請求・住民訴訟

地方公共団体の執行機関または職員による違法または不当な財務会計上の行為，あるいは怠る事実があると認められる場合には，住民は，監査委員に対し，その是正・改善を求めて住民監査請求を行うことができる（242条）。この住民監査請求は，前述の事務監査請求とは異なり，住民であれば一人でも請求を行うことが可能である。当該住民監査請求の結果に不服がある場合には，住民は，さらに財務会計上の行為，怠る事実の予防・是正・損害の補塡などを求めて，裁判所に住民訴訟を提起することができる（242条の2）。当該住民訴訟が，地

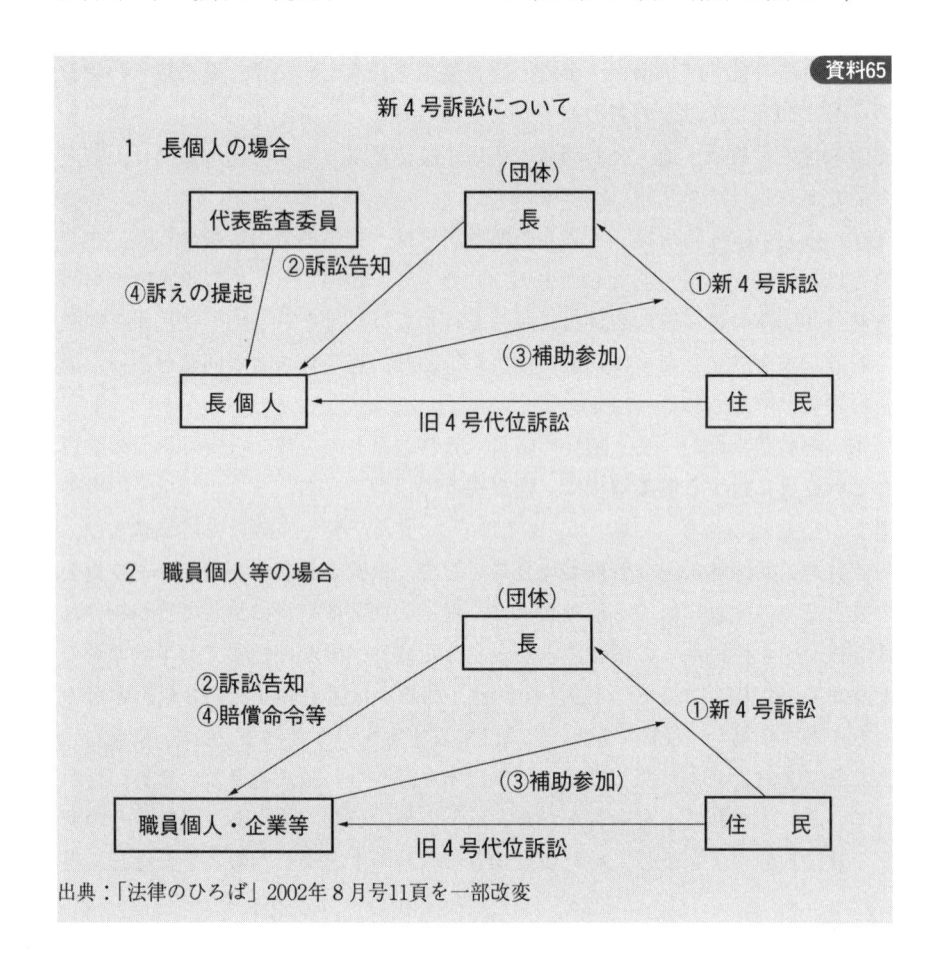

資料65

新4号訴訟について

1　長個人の場合

```
          （団体）
代表監査委員    長
    ②訴訟告知
④訴えの提起        ①新4号訴訟
         （③補助参加）
  長個人 ← 旧4号代位訴訟 ← 住　民
```

2　職員個人等の場合

```
          （団体）
            長
②訴訟告知
④賠償命令等        ①新4号訴訟
         （③補助参加）
職員個人・企業等 ← 旧4号代位訴訟 ← 住　民
```

出典：「法律のひろば」2002年8月号11頁を一部改変

方公共団体に対する住民の監視権として機能していることは周知のとおりである（津地鎮祭事件・第23章「信教の自由」の資料34，本章の資料65の１などを参照）。

なお，住民監査請求と住民訴訟に関しても，平成14年９月から変更が行われている。主な改正点は，監査委員による暫定的停止の勧告制度の創設，242条の２第１項の４号請求の被告を長や職員個人から地方公共団体（執行機関）に変更したことなどである（資料65の２を参照）。

【資料】 　　　　　　　日本国憲法　　　　　　　（昭和21・11・3）

施行　昭和22・5・3（補則参照）

朕は，日本国民の総意に基いて，新日本建設の礎が，定まるに至つたことを，深くよろこび，枢密顧問の諮詢及び帝国憲法第73条による帝国議会の議決を経た帝国憲法の改正を裁可し，ここにこれを公布せしめる。

御名御璽

　　昭和21年11月3日

　　　　内閣総理大臣兼
　　　　外　務　大　臣　　吉田　　茂
　　　　国　務　大　臣　　男爵
　　　　　　　　　　　　　幣原喜重郎
　　　　司　法　大　臣　　木村篤太郎
　　　　内　務　大　臣　　大村清一
　　　　文　部　大　臣　　田中耕太郎
　　　　農　林　大　臣　　和田博雄
　　　　国　務　大　臣　　斎藤隆夫
　　　　通　信　大　臣　　一松定吉
　　　　商　工　大　臣　　星島二郎
　　　　厚　生　大　臣　　河合良成
　　　　国　務　大　臣　　植原悦二郎
　　　　運　輸　大　臣　　平塚常次郎
　　　　大　蔵　大　臣　　石橋湛山
　　　　国　務　大　臣　　金森徳次郎
　　　　国　務　大　臣　　膳　桂之助

　　　　日本国憲法

　日本国民は，正当に選挙された国会における代表者を通じて行動し，われらとわれらの子孫のために，諸国民との協和による成果と，わが国全土にわたつて自由のもたらす恵沢を確保し，政府の行為によつて再び戦争の惨禍が起ることのないやうにすることを決意し，ここに主権が国民に存することを宣言し，この憲法を確定する。そもそも国政は，国民の厳粛な信託によるものであつて，その権威は国民に由来し，その権力は国民の代表者がこれを行使し，その福利は国民がこれを享受する。これは人類普遍の原理であり，この憲法は，かかる原理に基くものである。われらは，これに反する一切の憲法，法令及び詔勅を排除する。

　日本国民は，恒久の平和を念願し，人間相互の関係を支配する崇高な理想を深く自覚するのであつて，平和を愛する諸国民の公正と信義に信頼して，われらの安全と生存を保持しようと決意した。われらは，平和を維持し，専制と隷従，圧迫と偏狭を地上から永遠に除去しようと努めてゐる国際社会において，名誉ある地位を占めたいと思ふ。われらは，全世界の国民が，ひとしく恐怖と欠乏から免かれ，平和のうちに生存する権利を有することを確認する。

　われらは，いづれの国家も，自国のことのみに専念して他国を無視してはならないのであつて，政治道徳の法則は，普遍的なものであり，この法則に従ふことは，自国の主権を維持し，他国と対等関係に立たうとする各国の責務であると信ずる。

　日本国民は，国家の名誉にかけ，全力をあげてこの崇高な理想と目的を達成することを誓ふ。

第1章　天皇

第1条【天皇の地位・国民主権】 天皇は，日本国の象徴であり日本国民統合の象徴であつて，この地位は，主権の存する日本国民の総意に基く。

第2条【皇位の継承】 皇位は，世襲のものであつて，国会の議決した皇室典範の定めるところにより，これを継承する。

第3条【天皇の国事行為に対する内閣の助言

と承認】天皇の国事に関するすべての行為には，内閣の助言と承認を必要とし，内閣が，その責任を負ふ。

第4条【天皇の権能の限界，天皇の国事行為の委任】
① 天皇は，この憲法の定める国事に関する行為のみを行ひ，国政に関する権能を有しない。
② 天皇は，法律の定めるところにより，その国事に関する行為を委任することができる。

第5条【摂政】皇室典範の定めるところにより摂政を置くときは，摂政は，天皇の名でその国事に関する行為を行ふ。この場合には，前条第1項の規定を準用する。

第6条【天皇の任命権】
① 天皇は，国会の指名に基いて，内閣総理大臣を任命する。
② 天皇は，内閣の指名に基いて，最高裁判所の長たる裁判官を任命する。

第7条【天皇の国事行為】天皇は，内閣の助言と承認により，国民のために，左の国事に関する行為を行ふ。
　一　憲法改正，法律，政令及び条約を公布すること。
　二　国会を召集すること。
　三　衆議院を解散すること。
　四　国会議員の総選挙の施行を公示すること。
　五　国務大臣及び法律の定めるその他の官吏の任免並びに全権委任状及び大使及び公使の信任状を認証すること。
　六　大赦，特赦，減刑，刑の執行の免除及び復権を認証すること。
　七　栄典を授与すること。
　八　批准書及び法律の定めるその他の外交文書を認証すること。
　九　外国の大使及び公使を接受すること。
　十　儀式を行ふこと。

第8条【皇室の財産授受】皇室に財産を譲り渡し，又は皇室が，財産を譲り受け，若しくは賜与することは，国会の議決に基かなければならない。

第2章　戦争の放棄

第9条【戦争の放棄，戦力及び交戦権の否認】
① 日本国民は，正義と秩序を基調とする国際平和を誠実に希求し，国権の発動たる戦争と，武力による威嚇又は武力の行使は，国際紛争を解決する手段としては，永久にこれを放棄する。
② 前項の目的を達するため，陸海空軍その他の戦力は，これを保持しない。国の交戦権は，これを認めない。

第3章　国民の権利及び義務

第10条【国民の要件】日本国民たる要件は，法律でこれを定める。

第11条【基本的人権の享有】国民は，すべての基本的人権の享有を妨げられない。この憲法が国民に保障する基本的人権は，侵すことのできない永久の権利として，現在及び将来の国民に与へられる。

第12条【自由・権利の保持の責任とその濫用の禁止】この憲法が国民に保障する自由及び権利は，国民の不断の努力によって，これを保持しなければならない。又，国民は，これを濫用してはならないのであつて，常に公共の福祉のためにこれを利用する責任を負ふ。

第13条【個人の尊重・幸福追求権・公共の福祉】すべて国民は，個人として尊重される。生命，自由及び幸福追求に対する国民の権利については，公共の福祉に反しない限り，立法その他の国政の上で，最大の尊重を必要とする。

第14条【法の下の平等，貴族の禁止，栄典】
① すべて国民は，法の下に平等であつて，人種，信条，性別，社会的身分又は門地により，政治的，経済的又は社会的関係にお

いて，差別されない。

② 華族その他の貴族の制度は，これを認めない。

③ 栄誉，勲章その他の栄典の授与は，いかなる特権も伴はない。栄典の授与は，現にこれを有し，又は将来これを受ける者の一代に限り，その効力を有する。

第15条【公務員選定罷免権，公務員の本質，普通選挙の保障，秘密投票の保障】

① 公務員を選定し，及びこれを罷免することは，国民固有の権利である。

② すべて公務員は，全体の奉仕者であつて，一部の奉仕者ではない。

③ 公務員の選挙については，成年者による普通選挙を保障する。

④ すべて選挙における投票の秘密は，これを侵してはならない。選挙人は，その選択に関し公的にも私的にも責任を問はれない。

第16条【請願権】何人も，損害の救済，公務員の罷免，法律，命令又は規則の制定，廃止又は改正その他の事項に関し，平穏に請願する権利を有し，何人も，かかる請願をしたためにいかなる差別待遇も受けない。

第17条【国及び公共団体の賠償責任】何人も，公務員の不法行為により，損害を受けたときは，法律の定めるところにより，国又は公共団体に，その賠償を求めることができる。

第18条【奴隷的拘束及び苦役からの自由】何人も，いかなる奴隷的拘束も受けない。又，犯罪に因る処罰の場合を除いては，その意に反する苦役に服させられない。

第19条【思想及び良心の自由】思想及び良心の自由は，これを侵してはならない。

第20条【信教の自由】

① 信教の自由は，何人に対してもこれを保障する。いかなる宗教団体も，国から特権を受け，又は政治上の権力を行使してはならない。

② 何人も，宗教上の行為，祝典，儀式又は行事に参加することを強制されない。

③ 国及びその機関は，宗教教育その他いかなる宗教的活動もしてはならない。

第21条【集会・結社・表現の自由，通信の秘密】

① 集会，結社及び言論，出版その他一切の表現の自由は，これを保障する。

② 検閲は，これをしてはならない。通信の秘密は，これを侵してはならない。

第22条【居住・移転及び職業選択の自由，外国移住及び国籍離脱の自由】

① 何人も，公共の福祉に反しない限り，居住，移転及び職業選択の自由を有する。

② 何人も，外国に移住し，又は国籍を離脱する自由を侵されない。

第23条【学問の自由】学問の自由は，これを保障する。

第24条【家族生活における個人の尊厳と両性の平等】

① 婚姻は，両性の合意のみに基いて成立し，夫婦が同等の権利を有することを基本として，相互の協力により，維持されなければならない。

② 配偶者の選択，財産権，相続，住居の選定，離婚並びに婚姻及び家族に関するその他の事項に関しては，法律は，個人の尊厳と両性の本質的平等に立脚して，制定されなければならない。

第25条【生存権，国の社会的使命】

① すべて国民は，健康で文化的な最低限度の生活を営む権利を有する。

② 国は，すべての生活部面について，社会福祉，社会保障及び公衆衛生の向上及び増進に努めなければならない。

第26条【教育を受ける権利，教育の義務】

① すべて国民は，法律の定めるところにより，その能力に応じて，ひとしく教育を受ける権利を有する。

② すべて国民は，法律の定めるところにより，その保護する子女に普通教育を受けさせる義務を負ふ。義務教育は，これを無賞とする。

第27条【勤労の権利及び義務，勤労条件の基準，児童酷使の禁止】
① すべて国民は，勤労の権利を有し，義務を負ふ。
② 賃金，就業時間，休息その他の勤労条件に関する基準は，法律でこれを定める。
③ 児童は，これを酷使してはならない。

第28条【勤労者の団結権】勤労者の団結する権利及び団体交渉その他の団体行動をする権利は，これを保障する。

第29条【財産権】
① 財産権は，これを侵してはならない。
② 財産権の内容は，公共の福祉に適合するやうに，法律でこれを定める。
③ 私有財産は，正当な補償の下に，これを公共のために用ひることができる。

第30条【納税の義務】国民は，法律の定めるところにより，納税の義務を負ふ。

第31条【法定の手続の保障】何人も，法律の定める手続によらなければ，その生命若しくは自由を奪はれ，又はその他の刑罰を科せられない。

第32条【裁判を受ける権利】何人も，裁判所において裁判を受ける権利を奪はれない。

第33条【逮捕の要件】何人も，現行犯として逮捕される場合を除いては，権限を有する司法官憲が発し，且つ理由となつてゐる犯罪を明示する令状によらなければ，逮捕されない。

第34条【抑留・拘禁の要件，不法拘禁に対する保障】何人も，理由を直ちに告げられ，且つ，直ちに弁護人に依頼する権利を与へられなければ，抑留又は拘禁されない。又，何人も，正当な理由がなければ，拘禁されず，要求があれば，その理由は，直ちに本人及びその弁護人の出席する公開の法廷で示されなければならない。

第35条【住居の不可侵】
① 何人も，その住居，書類及び所持品について，侵入，捜索及び押収を受けることのない権利は，第33条の場合を除いては，正当な理由に基いて発せられ，且つ捜索する場所及び押収する物を明示する令状がなければ，侵されない。
② 捜索又は押収は，権限を有する司法官憲が発する各別の令状により，これを行ふ。

第36条【拷問及び残虐刑の禁止】公務員による拷問及び残虐な刑罰は，絶対にこれを禁ずる。

第37条【刑事被告人の権利】
① すべて刑事事件においては，被告人は，公平な裁判所の迅速な公開裁判を受ける権利を有する。
② 刑事被告人は，すべての証人に対して審問する機会を充分に与へられ，又，公費で自己のために強制的手続により証人を求める権利を有する。
③ 刑事被告人は，いかなる場合にも，資格を有する弁護人を依頼することができる。被告人が自らこれを依頼することができないときは，国でこれを附する。

第38条【自己に不利益な供述，自己の証拠能力】
① 何人も，自己に不利益な供述を強要されない。
② 強制，拷問若しくは脅迫による自白又は不当に長く抑留若しくは拘禁された彼の自白は，これを証拠とすることができない。
③ 何人も，自己に不利益な唯一の証拠が本人の自白である場合には，有罪とされ，又は刑罰を科せられない。

第39条【遡及処罰の禁止・一事不再理】何人も，実行の時に適法であつた行為又は既に無罪とされた行為については，刑事上の責任を問はれない。又，同一の犯罪について，重ねて刑事上の責任を問はれない。

第40条【刑事補償】何人も，抑留又は拘禁された後，無罪の裁判を受けたときは，法律の定めるところにより，国にその補償を求めることができる。

第4章　国会

第41条【国会の地位・立法権】国会は，国権の最高機関であつて，国の唯一の立法機関である。

第42条【両院制】国会は，衆議院及び参議院の両議院でこれを構成する。

第43条【両議院の組織・代表】
① 両議院は，全国民を代表する選挙された議員でこれを組織する。
② 両議院の議員の定数は，法律でこれを定める。

第44条【議員及び選挙人の資格】両議院の議員及びその選挙人の資格は，法律でこれを定める。但し，人種，信条，性別，社会的身分，門地，教育，財産又は収入によつて差別してはならない。

第45条【衆議院議員の任期】衆議院議員の任期は，4年とする。但し，衆議院解散の場合には，その期間満了前に終了する。

第46条【参議院議員の任期】参議院議員の任期は，6年とし，3年ごとに議員の半数を改選する。

第47条【選挙に関する事項】選挙区，投票の方法その他両議院の議員の選挙に関する事項は，法律でこれを定める。

第48条【両議院議員兼職の禁止】何人も，同時に両議院の議員たるはことはできない。

第49条【議員の歳費】両議院の議員は，法律の定めるところにより，国庫から相当額の歳費を受ける。

第50条【議員の不逮捕特権】両議院の議員は，法律の定める場合を除いては，国会の会期中逮捕されず，会期前に逮捕された議員は，その議院の要求があれば，会期中これを釈放しなければならない。

第51条【議員の発言・表決の無責任】両議院の議員は，議院で行つた演説，討論又は表決について，院外で責任を問はれない。

第52条【常会】国会の常会は，毎年1回これを召集する。

第53条【臨時会】内閣は，国会の臨時会の召集を決定することができる。いづれかの議院の総議員の4分の1以上の要求があれば，内閣は，その召集を決定しなければならない。

第54条【衆議院の解散・特別会，参議院の緊急集会】
① 衆議院が解散されたときは，解散の日から40日以内に，衆議院議員の総選挙を行ひ，その選挙の日から30日以内に，国会を召集しなければならない。
② 衆議院が解散されたときは，参議院は，同時に閉会となる。但し，内閣は，国に緊急の必要があるときは，参議院の緊急集会を求めることができる。
③ 前項但書の緊急集会において採られた措置は，臨時のものであつて，次の国会開会の後10日以内に，衆議院の同意がない場合には，その効力を失ふ。

第55条【資格争訟の裁判】両議院は，各ゞその議員の資格に関する争訟を裁判する。但し，議員の議席を失はせるには，出席議員の3分の2以上の多数による議決を必要とする。

第56条【定足数，表決】
① 両議院は，各ゞその総議員の3分の1以上の出席がなければ，議事を開き議決することができない。
② 両議院の議事は，この憲法に特別の定のある場合を除いては，出席議員の過半数でこれを決し，可否同数のときは，議長の決するところによる。

第57条【会議の公開，会議録，表決の記載】
① 両議院の会議は，公開とする。但し，出席議員の3分の2以上の多数で議決したときは，秘密会を開くことができる。
② 両議院は，各ゞその会議の記録を保存し，秘密会の記録の中で特に秘密を要すると認められるもの以外は，これを公表し，且つ一般に頒布しなければならない。
③ 出席議員の5分の1以上の要求があれば，

各議員の表決は，これを会議録に記載しなければならない。

第58条【役員の選任，議院規則・懲罰】
① 両議院は，各ミその議長その他の役員を選任する。
② 両議院は，各ミその会議その他の手続及び内部の規律に関する規則を定め，又，院内の秩序をみだした議員を懲罰することができる。但し，議員を除名するには，出席議員の3分の2以上の多数による議決を必要とする。

第59条【法律案の議決，衆議院の優越】
① 法律案は，この憲法に特別の定のある場合を除いては，両議院で可決したとき法律となる。
② 衆議院で可決し，参議院でこれと異なつた議決をした法律案は，衆議院で出席議員の3分の2以上の多数で再び可決したときは，法律となる。
③ 前項の規定は，法律の定めるところにより，衆議院が，両議院の協議会を開くことを求めることを妨げない。
④ 参議院が，衆議院の可決した法律案を受け取つた後，国会休会中の期間を除いて60日以内に，議決しないときは，衆議院は，参議院がその法律案を否決したものとみなすことができる。

第60条【衆議院の予算先議，予算議決に関する衆議院の優越】
① 予算は，さきに衆議院に提出しなければならない。
② 予算について，参議院で衆議院と異なつた議決をした場合に，法律の定めるところにより，両議院の協議会を開いても意見が一致しないとき，又は参議院が，衆議院の可決した予算を受け取つた後，国会休会中の期間を除いて30日以内に，議決しないときは，衆議院の議決を国会の議決とする。

第61条【条約の承認に関する衆議院の優越】
条約の締結に必要な国会の承認については，前条第2項の規定を準用する。

第62条【議院の国政調査権】両議院は，各ミ国政に関する調査を行ひ，これに関して，証人の出頭及び証言並びに記録の提出を要求することができる。

第63条【閣僚の議院出席の権利と義務】内閣総理大臣その他の国務大臣は，両議院の一に議席を有すると有しないとにかかはらず，何事でも議案について発言するため議院に出席することができる。又，答弁又は説明のため出席を求められたときは，出席しなければならない。

第64条【弾劾裁判所】
① 国会は，罷免の訴追を受けた裁判官を裁判するため，両議院の議員で組織する弾劾裁判所を設ける。
② 弾劾に関する事項は，法律でこれを定める。

第5章 内閣

第65条【行政権】行政権は，内閣に属する。

第66条【内閣の組織，国会に対する連帯責任】
① 内閣は，法律の定めるところにより，その首長たる内閣総理大臣及びその他の国務大臣でこれを組織する。
② 内閣総理大臣その他の国務大臣は，文民でなければならない。
③ 内閣は，行政権の行使について，国会に対し連帯して責任を負ふ。

第67条【内閣総理大臣の指名，衆議院の優越】
① 内閣総理大臣は，国会議員の中から国会の議決で，これを指名する。この指名は，他のすべての案件に先だつて，これを行ふ。
② 衆議院と参議院とが異なつた指名の議決をした場合に，法律の定めるところにより，両議院の協議会を開いても意見が一致しないとき，又は衆議院が指名の議決をした後，国会休会中の期間を除いて10日以内に，参議院が，指名の議決をしないときは，衆議院の議決を国会の議決とする。

第68条【国務大臣の任命及び罷免】

① 内閣総理大臣は，国務大臣を任命する。但し，その過半数は，国会議員の中から選ばれなければならない。
② 内閣総理大臣は，任意に国務大臣を罷免することができる。

第69条【内閣不信任決議の効果】 内閣は，衆議院で不信任の決議案を可決し，又は信任の決議案を否決したときは，10日以内に衆議院が解散されない限り，総辞職をしなければならない。

第70条【内閣総理大臣の欠缺・新国会の召集と内閣の総辞職】 内閣総理大臣が欠けたとき，又は衆議院議員総選挙の後に初めて国会の召集があつたときは，内閣は，総辞職をしなければならない。

第71条【総辞職後の内閣】 前2条の場合には，内閣は，あらたに内閣総理大臣が任命されるまで引き続きその職務を行ふ。

第72条【内閣総理大臣の職務】 内閣総理大臣は，内閣を代表して議案を国会に提出し，一般国務及び外交関係について国会に報告し，並びに行政各部を指揮監督する。

第73条【内閣の職務】 内閣は，他の一般行政事務の外，左の事務を行ふ。
一 法律を誠実に執行し，国務を総理すること。
二 外交関係を処理すること。
三 条約を締結すること。但し，事前に，時宜によつては事後に，国会の承認を経ることを必要とする。
四 法律の定める基準に従ひ，官吏に関する事務を掌理すること。
五 予算を作成して国会に提出すること。
六 この憲法及び法律の規定を実施するために，政令を制定すること。但し，政令には，特にその法律の委任がある場合を除いては，罰則を設けるとができない。
七 大赦，特赦，減刑，刑の執行の免除及び復権を決定すること。

第74条【法律・政令の署名】 法律及び政令には，すべて主任の国務大臣が署名し，内閣総理大臣が連署することを必要とする。

第75条【国務大臣の特典】 国務大臣は，その在任中，内閣総理大臣の同意がなければ，訴追されない。但し，これがため，訴追の権利は，害されない。

第6章　司法

第76条【司法権・裁判所，特別裁判所の禁止，裁判官の独立】
① すべて司法権は，最高裁判所及び法律の定めるところにより設置する下級裁判所に属する。
② 特別裁判所は，これを設置することができない。行政権関は，終審として裁判を行ふことができない。
③ すべて裁判官は，その良心に従ひ独立してその職権を行ひ，この憲法及び法律にのみ拘束される。

第77条【最高裁判所の規則制定権】
① 最高裁判所は，訴訟に関する手続，弁護士，裁判所の内部規律及び司法事務処理に関する事項について，規則を定める権限を有する。
② 検察官は，最高裁判所の定める規則に従はなければならない。
③ 最高裁判所は，下級裁判所に関する規則を定める権限を，下級裁判所に委任することができる。

第78条【裁判官の身分の保障】 裁判官は，裁判により，心身の故障のために職務を執ることができないと決定された場合を除いては，公の弾劾によらなければ罷免されない。裁判官の懲戒処分は，行政機関がこれを行ふことはできない。

第79条【最高裁判所の裁判官，国民審査，定年，報酬】
① 最高裁判所は，その長たる裁判官及び法律の定める員数のその他の裁判官でこれを構成し，その長たる裁判官以外の裁判官は，内閣でこれを任命する。

② 最高裁判所の裁判官の任命は，その任命後初めて行はれる衆議院議員総選挙の際国民の審査に付し，その後10年を経過した後初めて行はれる衆議院議員総選挙の際更に審査に付し，その後も同様とする。
③ 前項の場合において，投票者の多数が裁判官の罷免を可とするときは，その裁判官は，罷免される。
④ 審査に関する事項は，法律でこれを定める。
⑤ 最高裁判所の裁判官は，法律の定める年齢に達した時に退官する。
⑥ 最高数判所の裁判官は，すべて定期に相当額の報酬を受ける。この報酬は，在任中，これを減額することができない。

第80条【下級裁判所の裁判官・任期・定年，報酬】
① 下級裁判所の裁判官は，最高裁判所の指した者の名簿によつて，内閣でこれを任命する。その裁判官は，任期を10年とし，再任されることができる。但し，法律の定める年齢に達した時には退官する。
② 下級裁判所の裁判官は，すべて定期に相当額の報酬を受ける。この報酬は，在任中，これを減額することができない。

第81条【法令審査権と最高裁判所】最高裁判所は，一切の法律，命令，規則又は処分が憲法に適合するかしないかを決定する権限を有する終審裁判所である。

第82条【裁判の公開】
① 裁判の対審及び判決は，公開法廷でこれを行ふ。
② 裁判所が，裁判官の全員一致で，公の秩序又は善良の風俗を害する虞があると決した場合には，対審は，公開しないでこれを行ふことができる。但し，政治犯罪，出版に関する犯罪又はこの憲法第3章で保障する国民の権利が問題となつてゐる事件の対審は，常にこれを公開しなければならない。

第7章　財政

第83条【財政処理の基本原則】国の財政を処理する権限は，国会の議決に基いて，これを行使しなければならない。

第84条【課税】あらたに租税を課し，又は現行の租税を変更するには，法律又は法律の定める条件によることを必要とする。

第85条【国費の支出及び国の債務負担】国費を支出し，又は国が債務を負担するには，国会の議決に基くことを必要とする。

第86条【予算】内閣は，毎会計年度の予算を作成し，国会に提出して，その審議を受け議決を経なければならない。

第87条【予備費】
① 予見し難い予算の不足に充てるため，国会の議決に基いて予備費を設け，内閣の責任でこれを支出することができる。
② すべて予備費の支出については，内閣は，事後に国会の承諾を得なければならない。

第88条【皇室財産・皇室の費用】すべて皇室財産は，国に属する。すべて皇室の費用は，予算に計上して国会の議決を経なければならない。

第89条【公の財産の支出又は利用の制服】公金その他の公の財産は，宗教上の組織若しくは団体の使用，便益若しくは維持のため，又は公の支配に属しない慈善，教育若しくは博愛の事業に対し，これを支出し，又はその利用に供してはならない。

第90条【決算検査，会計検査院】
① 国の収入支出の決算は，すべて毎年会計検査院がこれを検査し，内閣は，次の年度に，その検査報告とともに，これを国会に提出しなければならない。
② 会計検査院の組織及び権限は，法律でこれを定める。

第91条【財政状況の報告】内閣は，国会及び国民に対し，定期に，少くとも毎年1回，国の財政状況について報告しなければならない。

第8章　地方自治

第92条【地方自治の基本原則】地方公共団体の組織及び運営に関する事項は，地方自治の本旨に基いて，法律でこれを定める。

第93条【地方公共団体の機関，その直接選挙】
① 地方公共団体には，法律の定めるところにより，その議事機関として議会を設置する。
② 地方公共団体の長，その議会の議員及び法律の定めるその他の吏員は，その地方公共団体の住民が，直接これを選挙する。

第94条【地方公共団体の権能】地方公共団体は，その財産を管理し，事務を処理し，及び行政を執行する権能を有し，法律の範囲内で条例を制定することができる。

第95条【特別法の住民投票】一の地方公共団体のみに適用される特別法は，法律の定めるところにより，その地方公共団体の住民の投票においてその過半数の同意を得なければ，国会は，これを制定することができない。

第9章　改正

第96条【改正の手続，その公布】
① この憲法の改正は，各議院の総議員の3分の2以上の賛成で，国会が，これを発議し，国民に提案してその承認を経なければならない。この承認には，特別の国民投票又は国会の定める選挙の際行はれる投票において，その過半数の賛成を必要とする。
② 憲法改正について前項の承認を経たときは，天皇は，国民の名で，この憲法と一体を成すものとして，直ちにこれを公布する。

第10章　最高法規

第97条【基本的人権の本質】この憲法が日本国民に保障する基本的人権は，人類の多年にわたる自由獲得の努力の成果であつて，これらの権利は，過去幾多の試錬に堪へ，現在及び将来の国民に対し，侵すことのできない永久の権利として信託されたものである。

第98条【最高法規，集約及び国際法規の遵守】
① この憲法は，国の最高法規であつて，その条規に反する法律，命令，詔勅及び国務に関するその他の行為の全部又は一部は，その効力を有しない。
② 日本国が締結した条約及び確立された国際法規は，これを誠実に遵守することを必要とする。

第99条【憲法尊重擁護の義務】天皇又は摂政及び国務大臣，国会議員，裁判官その他の公務員は，この憲法を尊重し擁護する義務を負ふ。

第11章　補則

第100条【憲法施行期日，準備手続】
① この憲法は，公布の日から起算して6箇月を経過した日（昭和22・5・3）から，これを施行する。
② この憲法を施行するために必要な法律の制定，参議院議員の選挙及び国会召集の手続並びにこの憲法を施行するために必要な準備手続は，前項の期日よりも前に，これを行ふことができる。

第101条【経過規定—参議院未成立の間の国会】この憲法施行の際，参議院がまだ成立してゐないときは，その成立するまでの間，衆議院は，国会としての権限を行ふ。

第102条【同前—第1期の参議院議員の任期】この憲法による第1期の参議院議員のうち，その半数の者の任期は，これを3年とする。その議員は，法律の定めるところにより，これを定める。

第103条【同前—公務員の地位】この憲法施行の際現に在職する国務大臣，衆議院議員及び裁判官並びにその他の公務員で，その地位に相応する地位がこの憲法で認められ

てゐる者は，法律で特別の定をした場合を除いては，この憲法施行のため，当然にはその地位を失ふことはない。但し，この憲法によつて，後任者が選挙又は任命されたときは，当然その地位を失ふ。

事項索引

あ 行

アクセス権 …………………………… 229
旭川学力テスト事件 ………………… 234
朝日訴訟 ……………………………… 263
安楽死問題 ……………………………… 40
E-Filing ……………………………… 158
「家」制度 …………………………… 116
家永訴訟 ……………………………… 233
育児・介護休業法 ……………………… 97
意思能力 ……………………………… 35
意思表示 ……………………………… 44
移植医療 ……………………………… 41
一事不再理 …………………………… 149
一般法 ………………………………… 16
一般予防 ……………………………… 92
意に反する苦役 ……………………… 239
委任命令 ……………………………… 14
委任命令的性質 ……………………… 283
違法収集証拠排除法則 ……………… 147
違法性阻却事由（正当化事由）……… 90
違法性の意識 ………………………… 91
イラク特別措置法 …………………… 305
遺留分減殺請求権 ……………………… 83
『宴のあと』事件 …………… 166, 191, 223
宇奈月温泉事件 ……………………… 70
浦和事件 ……………………………… 274
上乗せ条例 …………………………… 313
営業の自由 …………………………… 251
SGML ………………………………… 161

XML（extensible markup language）… 161
恵庭事件 ……………………………… 302
MPEG ………………………… 152, 161
沿革解釈 ……………………………… 31
大阪国際空港事件 …………………… 194
大津事件 ……………………………… 290

か 行

解 散 ……………………………… 271, 276
解散権 ………………………………… 281
解 除 ………………………………… 46
解職請求権 …………………………… 315
快適な生活環境（アメニティ）……… 76
学習権 ………………………………… 264
核心司法 ……………………………… 151
学説の解釈 …………………………… 300
拡張解釈 ……………………………… 30
学問の自由 …………………………… 231
学理解釈 ………………………… 29, 30
瑕疵ある意思表示 …………………… 46
瑕疵担保責任 ………………………… 48
過失責任 ……………………………… 56
過失相殺 ……………………………… 60
家電リサイクル法 …………………… 195
カルネアデスの板 …………………… 2
川崎民商事件 ………………………… 247
簡易公判手続 ………………………… 146
環 境 ………………………………… 74
環境影響評価法 ……………………… 195
環境権 ………………………… 74, 194

監視行為 …………………… *192*	具体的権利説 ………………… *262*
慣習法……………………… *6, 19*	クローン人間 …………………… *41*
姦通罪 ………………………… *116*	計画審理 ……………………… *132*
監督者責任……………………… *60*	経済財政諮問会議 …………… *101*
議員定数 ……………………… *273*	経済的自由 …………………… *249*
議会制 ………………………… *268*	警察的規制 …………………… *251*
議会の解散請求権 …………… *315*	警察予備隊違憲訴訟 ……*297, 302*
擬　制…………………………… *27*	形式的意味の憲法 …………… *172*
規則制定権 …………………… *284*	継受法…………………………… *18*
起訴状一本主義 ……………… *145*	契約解除………………………… *46*
起訴便宜主義 ………………… *144*	契約自由の原則………………… *42*
期待可能性……………………… *91*	結果無価値……………………… *90*
既判力 ………………………… *134*	結婚退職制 …………………… *199*
基本的人権の享有 …………… *187*	厳格な証明……………………… *26*
基本的人権の濫用の禁止 …… *187*	現行犯逮捕 …………………… *143*
教育を受ける権利 …………… *262*	検察審査会 …………………… *144*
協議離婚………………………… *79*	憲　法………………………*14, 172*
強行法…………………………… *18*	憲法改正 ………………*173, 178, 273*
行政解釈………………………… *29*	憲法9条 …………………*298, 300*
行政機関個人情報保護法 …… *193*	──と自衛隊 ……………… *300*
行政指導 ……………………… *282*	謙抑性の原則…………………… *88*
共同不法行為…………………… *63*	権利能力………………………… *35*
強　迫…………………………… *46*	権利擁護概念 ………………… *108*
居住・移転の自由 …………*250, 256*	権力分立 ……………………… *173*
挙証責任 ……………………… *148*	広域連合 ……………………… *310*
緊急集会 …………………*271, 275*	皇位継承 ……………………… *185*
緊急逮捕 ……………………… *143*	行為能力………………………… *36*
緊急避難行為 …………………… *5*	行為無価値……………………… *90*
近代学派………………………… *87*	公開裁判 ……………………… *246*
近代市民法 …………………… *116*	強姦罪 ………………………… *118*
近代的意味の憲法 …………… *173*	公共の福祉……………*11, 217, 250*
均分相続制……………………… *82*	「公共の利益」の理論………… *223*
均分的正義……………………… *9*	拘禁理由の開示 ……………… *244*
勤労の権利……………………… *94*	後　見…………………………… *38*

皇室会議	186
皇室の財産	185
皇室の費用	186
公衆浴場距離制限事件	255, 256
公職選挙法	273
硬性憲法	173
公正取引委員会	284
構成要件	89
拘束的委任	268
公訴の提起	144
「公的存在」の理論	223
口頭弁論	130
公判手続	146
公判前整理手続	149
公 布	22
幸福追求権	189, 212
公平な裁判	246
公 法	16
合目的性	10
合理的区別	201
国際法	18
国政調査権	274, 284
国籍法	115
国選弁護人制度	144
告 知	241
国内法	18
国民皆保険・皆年金	100
国 民	181
国民教育権説	264
国民主権	180
国民審査制度	293
国民総背番号制	194
個人主義	189
個人主義的世界観	11
個人情報保護条例	193
個人情報保護法	193
個人の尊厳	189
国会単独立法の原則	270
国会中心立法の原則	270
国家教育権説	264
国 教	213
子どもの権利条約	188
固有権説	309
固有法	18
雇用（労働契約）	50, 93
婚姻適齢	117
婚姻予約	77

さ 行

罪刑法定主義	88
最高機関	269
最高裁裁判官の国民審査	205
最後の手段（ウルティマ・ラティオ）	88
再婚禁止期間	118, 201
財産権の一般的制限	262
財産権の保障	262
再 審	149
催促手続のオンライン化	154
再任拒否事件	293
裁判員制度	150, 294
裁判外紛争処理制度	123
裁判所の判断	300
裁判の公開	294
裁判の迅速化	158, 159
裁判費用の支払い	159
裁判を受ける権利	246
債務不履行	46
詐 欺	46

事項索引

錯　誤……………………………45
差別的取扱いの禁止……………197
残虐な刑罰の禁止………………247
参審制度…………………………294
三段論法…………………………25
自衛隊の海外派遣………………304
ジェンダー・エンパワメント測定……113
ジェンダーの主流化……………114
ジェンダーバイアス……………114
ジェンダー法学…………………112
死　刑……………………………247
自己決定権………………………212
自己負罪拒否特権………………246
事後法の禁止……………………248
事実の確定………………………26
「事実の証明」の規定…………221
事前差止め………………………221
自然人……………………………35
自然法……………………………173
事前抑制（検閲）禁止の理論…218
思想及び良心の自由……………202
自治事務……………………310, 312
市町村の合併論議………………310
執行命令…………………………14
実質的意味の憲法………………172
実体的真実主義……………26, 138
実体法……………………………17
私的自治…………………………43
自動車損害賠償保障法………26, 64
自動速度監視装置………………193
私人間における人権規定の効力…208
自白法則…………………………147
私　法……………………………16
司法解釈…………………………29

事務の監査請求権………………315
社会権…………………………51, 260
社会的身分………………………200
社会福祉事業法…………………100
社会法……………………………16
社会保障…………………………99
社会保障制度審議会………100, 101
借地借家法………………………50
若年定年制度……………………198
謝罪広告……………………167, 203
写真撮影…………………………192
就学必需費無償説………………265
衆議院の優越的地位……………274
宗教的結社の自由………………210
宗教的行為の自由………………210
自由心証主義………26, 133, 148, 151
周波数の稀少性…………………163
周辺事態法………………………305
住民監査請求……………………316
住民基本台帳法…………………194
住民自治…………………………308
住民訴訟…………………………316
縮小解釈…………………………31
主　権……………………………180
取材の自由……………………168, 225
首長的性格………………………280
出産退職制………………………199
主要事実…………………………26
準婚状態…………………………78
準　用………………………31, 32
少額事件訴訟……………………293
消極的目的………………………252
証　拠……………………………26
　——の証明力…………………26

事項索引　*333*

証拠裁判主義 …………………… *26*	自律した権利義務主体 ……………… *108*
証拠能力 ………………………… *26*	自律性 ……………………………… *289*
少子化 …………………………… *109*	知る権利 …………………………… *224*
少子・高齢化社会 ………………… *101*	人格権 ……………………………… *212*
使用者責任 ………………………… *61*	真偽不明 …………………………… *26*
小選挙区制 ………………………… *272*	信教の自由 ………………………… *210*
承　諾 ……………………………… *47*	人権保障機能 ……………………… *88*
象　徴 ……………………………… *182*	人権擁護法案 ……………………… *168*
象徴的大統領制 …………………… *277*	信仰の自由 ………………………… *210*
少年法 ……………………………… *151*	人　種 ……………………………… *197*
消費者基本法 ……………………… *54*	信　条 ……………………………… *197*
消費者契約法 ……………………… *53*	迅速な裁判 ………………………… *246*
消費者保護基本法 ………………… *52*	新法は旧法を破る ………………… *23*
消費者保護立法 …………………… *52*	深夜就業 …………………………… *97*
消費貸借 …………………………… *49*	心裡留保 …………………………… *45*
情報公開条例 ……………………… *229*	吹田黙禱事件 ……………………… *290*
情報公開請求権 …………………… *228*	推　定 ……………………………… *27*
情報公開法 ………………………… *229*	砂川事件 ……………………… *289, 302*
証明責任 ……………………… *26, 132*	生活妨害（ニューサンス）……… *71, 72*
条　理 ……………………………… *21*	生活保護法 ………………………… *100*
省　令 ……………………………… *14*	正　義 ……………………………… *9*
条　例 ………………… *15, 311, 312*	政教分離原則 ………………… *211, 213*
──の制定・改廃請求権 ……… *315*	制限行為能力 ……………………… *36*
職業選択の自由 …………………… *250*	政治的意見 ………………………… *197*
職権主義 …………………………… *140*	生殖医療 …………………………… *39*
職権探知主義 ……………………… *132*	製造物責任法 ……………………… *65*
女子の結婚退職制 ………………… *95*	生存権 ………………………… *194, 260*
女性差別撤廃条約 ………………… *115*	──の法的性格 ………………… *261*
女性の一般的保護規定 …………… *96*	静的安全の保護 …………………… *44*
処分権主義 ………………………… *127*	性的マイノリティ ………………… *113*
所有権 ……………………………… *68*	正当な補償 ………………………… *263*
──の絶対性とその制限 ……… *67*	制度別区分説 ……………………… *106*
所有権不可侵の原則 ……………… *69*	成年後見制度 ……………………… *37*
自立支援 …………………………… *101*	性　別 ……………………………… *198*

——による差別の禁止 …………… *198*
精密司法 ………………………… *140*
政　　令 …………………………… *14*
責任能力 …………………………… *91*
世襲制 …………………………… *249*
積極的目的 ……………………… *252*
接見交通権 ……………………… *144*
絶対君主制 ……………………… *277*
絶対的平等 ……………………… *201*
選挙権 …………………………… *314*
全農林警職法事件 ……………… *266*
訴　　因 ………………………… *145*
総合調整機能説 ………………… *269*
捜査手続 ………………………… *141*
争訟審判権 ……………………… *284*
相対的応報刑論 ………………… *92*
相対的平等 ……………………… *201*
相対的不定期刑 ………………… *151*
争点整理手続 …………………… *132*
贈　　与 ………………………… *48*
訴訟記録 ………………………… *155*
訴訟物 …………………………… *127*
訴訟要件 ………………………… *127*
即決裁判手続 …………………… *150*
損害賠償 ………………………… *59*
尊属殺 …………………………… *200*

た　行

第 1 回口頭弁論期日 …………… *157*
大学の自治 ……………………… *235*
第三者所有物没収事件 ………… *241*
対　　審 ………………………… *294*
大（中）選挙区制 ……………… *272*
代表民主制 ……………………… *181*
代用監獄 ………………………… *143*
代理母出産 ……………………… *81*
諾成契約 ………………………… *48*
堕胎罪 …………………………… *119*
弾劾主義 ………………………… *140*
男女共同参画社会基本法 ……… *115*
男女共同参画社会に関する世論調査 … *112*
男女雇用機会均等法 …………… *115*
男女別定年制 …………………… *95*
団体自治 ………………………… *308*
団体主義の世界観 ………………… *11*
地方公共団体の種別 …………… *310*
地方自治の本旨 ………………… *308*
地方分権 ………………………… *309*
チャタレー事件 ………………… *219*
仲　　裁 ………………………… *124*
抽象的違憲審査制 ……………… *297*
抽象的権利説 …………………… *261*
注文者責任 ……………………… *62*
調　　停 ………………………… *123*
調停前置主義 …………………… *79*
聴　　聞 ………………………… *83*
直接請求権 ……………………… *315*
直接民主制 ………………… *181, 268*
直系尊属 ………………………… *83*
直系卑属 ………………………… *83*
賃貸借 …………………………… *49*
沈黙の自由 ……………………… *205*
通常逮捕 ………………………… *141*
津地鎮祭事件 …………………… *214*
妻は法的な無能力者 …………… *116*
DNA 鑑定 ………………………… *81*
定住外国人 ……………………… *198*
貞操観念 ………………………… *119*

事項索引　335

適正な手続（デュー・プロセス）……138
手続なければ刑罰なし…………137
手続法………………………17
テロ対策特別措置法…………305
典型契約……………………44
電子内容証明郵便制度………160
電子ファイリング……………158
伝習館高校事件………………234
天　皇………………………185
　　――の権能………………183
　　――の公的行為…………185
　　――の国事行為…………183
　　――の地位………………182
伝聞法則……………………147
伝来説………………………309
電話通信傍受………………193
統括機関説…………………269
当事者間に争いのない事実……26
当事者主義…………………140
当事者適格…………………129
当事者能力…………………127
同時履行の抗弁権……………48
統帥権独立…………………174
動的安全の保護（取引安全の保護）…44
動物占有者責任………………62
徳島市条例事件………………15
督促手続のオンライン化……154
特別裁判所…………………293
特別地方公共団体……………310
特別法………………………16
特別予防……………………92
苫米地事件…………………289
トリオフォン………………154
奴隷的拘束…………………238

ドロワ………………………3

な 行

内閣不信任案………………281
内閣不信任決議…………275, 281
内閣府令……………………14
内心における信仰の自由……212
長沼ナイキ基地訴訟…………302
那覇市軍用地訴訟……………305
成田新法事件……………242, 243
二院制………………………270
西船橋事件…………………121
二重起訴の禁止……………130
二重の基準の理論……………217
日米防衛協力のための指針（ガイドライン）…………………305
日照妨害における差止請求権……73
任意法規……………………6, 18
人間開発指数………………112
人間環境宣言（ストックホルム宣言）…75
脳　死………………………41

は 行

陪審制度……………………294
売　買………………………47
　　――は賃貸借を破る………49
配分的正義……………………9
博多駅事件…………………168
漠然性の故に無効の理論……218
8月革命説…………………179
反対解釈……………………31
判例法………………………20
反論権………………………229
反論文掲載請求権……………167

336　事項索引

PL（製造物責任）法 ……………53
PKO ……………………………304
比較衡量論 ……………………217
被疑者の権利 …………………243
非拘束的委任 …………………269
被告人の権利 …………………246
微罪処分 ………………………143
被選挙権 ………………………314
必要的口頭弁論 ………………130
非典型契約 ………………………44
罷　免 …………………………280
百里基地訴訟 …………………303
表現の自由 …………162, 216, 217
平　等 ……………………………9
平等原理 ………………………196
比例代表制 ……………………272
夫婦別姓 …………………………79
フェミニズム …………………113
福岡事件 ………………………121
付随的違憲審査制 ……………296
不逮捕特権 ……………………272
普通地方公共団体 ……………310
物権法定主義 ……………………68
不法行為 …………………………55
プライヴァシー …………166, 222
　──の権利 …………………190
不利益な供述 …………………246
武力攻撃事態法 ………………306
プログラム規定説 ……………261
文理解釈 …………………………30
平和主義宣言 …………………299
別件逮捕 ………………………244
弁護士会からの照会 …………193
弁護人依頼権 …………………244

弁論主義 …………………26, 132
法 ………………………2, 4～6, 25, 27
　──の解釈 ………………25, 28
　──の欠缺 ……………………28
　──の適正な手続 …………240
　──の適用 ……………………25
　──の目的 ……………………10
　──の理念 ……………………7
法益保護機能 ……………………87
包括的基本権 …………………190
法　人 …………………………188
放送番組編集準則 ……………164
放送・プレスの自由 …………162
傍聴の自由 ……………………296
法定刑 ……………………………86
法定受託事務 ……………311, 312
法的安定性 ………………………12
報道の自由 ………………162, 224
訪問販売法 ………………………52
法　律 ……………………………14
　──の先占領域 ……………313
　──の留保 …………………174
法律意思説 ………………………29
法律不遡及の原則 ………………23
法　令 …………………………312
保護すべき弱者という法客体 …108
保　佐 ……………………………38
補正解釈 …………………………31
母性保護規定 ……………………96
ポツダム宣言 …………………174
北方ジャーナル事件 …………168
ポポロ劇団事件 ………………232

ま行

マクリーン事件 …………………………188
未成年者 ……………………………………37
三菱樹脂事件 …………………………206, 208
身分制 ……………………………………249
身分登録吏 …………………………………78
無償範囲法定説 …………………………264
明確性の理論 ……………………………218
明治憲法（大日本帝国憲法）……………173
明白かつ現在の危険の理論 ……………217
明白の原則 ………………………………252
名　誉 ……………………………………166
名誉毀損 …………………………………221
命　令 ………………………………………14
免責特権 …………………………………272
面接権 ………………………………………82
申込み ………………………………………47
申立て等のオンライン化 ………………155
目的効果基準 ……………………………214
目的別 ……………………………………106
目的論的解釈 ………………………………30
黙秘権 ……………………………………143
勿論解釈 ……………………………………31
門　地 ……………………………………200

や行

結　納 ………………………………………77
夕刊和歌山時事事件 ……………………167
有権解釈 ……………………………………29
有責配偶者 …………………………………80

容器包装リサイクル法 …………………195
要物契約 ……………………………………49
要保障者 …………………………………108
予算案 ……………………………………274
より制限的でない他の選択しうる手段
　（LRA）の理論 ………………………218

ら行

立憲君主制度 ……………………………277
立憲主義 …………………………………172
立証責任 ……………………………………26
立法解釈 ……………………………………29
立法者意思説 ………………………………29
立法者の合理的意思 ………………………29
立法の不作為 ……………………………297
略式命令 …………………………………146
両院協議会 ………………………………274
類　推 …………………………………31, 32
令状主義 …………………………………141
レヒト ………………………………………3
レペタ事件 ………………………………296
老人保健法 ………………………………101
労働基準法 …………………………………94
労働基本権 ………………………………265
労働法 ………………………………………93
論理解釈 ……………………………………30

わ行

わいせつ文書 ……………………………219
和　解 ……………………………………123

執筆者紹介

　　　編者　石川　　明
　　　　　　永井　博史
　　　　　　皆川　治廣

（執筆者）		（担当箇所）
石川　　明	（慶應義塾大学名誉教授）	第1章, 第4章
笠原　毅彦	（桐蔭横浜大学教授）	第1章, 第16章
永井　博史	（近畿大学教授）	第2章, 第23章
河村　好彦	（関東学院大学教授）	第3章
渡辺　森児	（信州大学助教授）	第4章
小池　和彦	（立正大学教授）	第5章
中路　喜之	（大月短期大学助教授）	第6章
大内　義三	（亜細亜大学教授）	第7章, 第26章
波多野雅子	（松山大学教授）	第8章, 第33章
河原田有一	（二松学舎大学教授）	第9章, 第31章
飯島　　暢	（香川大学助教授）	第10章, 第15章
日向野弘毅	（常磐大学教授）	第11章, 第19章
大窪　久代	（近畿大学教授）	第12章, 第28章
谷田川知恵	（東京経済大学講師）	第13章
本間　　学	（朝日大学講師）	第14章
上村　　都	（岩手大学講師）	第17章, 第27章
大濱しのぶ	（岡山大学教授）	第18章, 第22章
皆川　治廣	（駒澤大学教授）	第20章, 第21章, 第24章, 第25章, 第34章
中村　光宏	（神戸学院大学講師）	第29章
藤井まなみ	（埼玉大学助教授）	第30章
狩野　敬子	（福島学院大学助教授）	第32章

　（執筆順）

プライマリー法学憲法

2005年4月25日　第1版第1刷発行

編者　石川　明
　　　永井博史
　　　皆川治廣

発行　不磨書房
〒113-0033 東京都文京区本郷 6-2-9-302
TEL 03-3813-7199／FAX 03-3813-7104

発売　㈱信山社
〒113-0033 東京都文京区本郷 6-2-9-102
TEL 03-3818-1019／FAX 03-3818-0344

©著者, 2005, Printed in Japan　　印刷・製本／松澤印刷

ISBN 4-7972-9109-5 C3332

不磨書房

横田洋三 著 (中央大学教授・国連大学学長特別顧問)
日本の人権／世界の人権

◆21世紀の人権を考える ◆日本の人権と世界の人権[瀋陽日本領事館亡命事件／拉致]
◆人権分野の国連の活動と日本[アパルトヘイト／ミャンマー／従軍慰安婦／難民／差別]
◆生活の中の人権[家庭／学校／大学／役所／職場／企業／病院]◆人権教育は家庭から
◆国際人権大学院大学設立への期待　　　　　　　　9299-7　四六判　■本体 1,600円

---

gender law books
■男女共同参画社会をめざして
ジェンダーと法

辻村みよ子 著 (東北大学教授)

9114-1　A5変判・上製　■本体 3,400円 (税別)

導入対話による
ジェンダー法学
【第2版】　監修：浅倉むつ子

Ⅰ　ジェンダーと差別　◆浅倉むつ子 (早稲田大学)
　阿部浩己 (神奈川大学)／林瑞枝 (元駿河台大学)
　相澤美智子 (一橋大学)／山崎久民 (税理士)
Ⅱ　ジェンダーからの解放　◆戒能民江 (お茶の水女子大学)
　武田万里子 (金城学院大学)／宮園久栄 (東洋学園大学)
　堀口悦子 (明治大学)　　　9130-3　■本体 2,400円 (税別)

■女性の人権を考える
ドメスティック・バイオレンス

戒能民江 著 (お茶の水女子大学教授)　　山川菊栄賞受賞

9297-0　A5変判・上製　■本体 3,200円 (税別)

キャサリン・マッキノンと語る
ポルノグラフィと買売春

角田由紀子 (弁護士)
ポルノ・買売春問題研究会

9064-1　四六判　■本体 1,500円 (税別)